生态损害法律责任实施机制的选择

Discourse on the Choice of Legal Mechanism to
Realize Ecological Damage Liability

程 玉 著

中国社会科学出版社

图书在版编目(CIP)数据

生态损害法律责任实施机制的选择 / 程玉著 .—北京：中国社会科学出版社，2021.12
ISBN 978-7-5203-9178-8

Ⅰ.①生…　Ⅱ.①程…　Ⅲ.①生态环境—环境保护法—研究—中国　Ⅳ.①D922.684

中国版本图书馆 CIP 数据核字（2021）第 189545 号

出 版 人	赵剑英
责任编辑	梁剑琴
责任校对	朱妍洁
责任印制	郝美娜
出　　版	中国社会科学出版社
社　　址	北京鼓楼西大街甲 158 号
邮　　编	100720
网　　址	http：//www.csspw.cn
发 行 部	010-84083685
门 市 部	010-84029450
经　　销	新华书店及其他书店
印　　刷	北京君升印刷有限公司
装　　订	廊坊市广阳区广增装订厂
版　　次	2021 年 12 月第 1 版
印　　次	2021 年 12 月第 1 次印刷
开　　本	710×1000　1/16
印　　张	25
字　　数	347 千字
定　　价	148.00 元

凡购买中国社会科学出版社图书，如有质量问题请与本社营销中心联系调换
电话：010-84083683
版权所有　侵权必究

出 版 说 明

为进一步加大对哲学社会科学领域青年人才扶持力度，促进优秀青年学者更快更好成长，国家社科基金2019年起设立博士论文出版项目，重点资助学术基础扎实、具有创新意识和发展潜力的青年学者。每年评选一次。2020年经组织申报、专家评审、社会公示，评选出第二批博士论文项目。按照"统一标识、统一封面、统一版式、统一标准"的总体要求，现予出版，以飨读者。

全国哲学社会科学工作办公室

2021 年

序

环境法诞生于现实，也必须回归于现实。作为一门实践性较强的应用法学学科，环境法研究必须坚持问题导向，直面中国社会经济发展过程中出现的各种环境问题，参引法学理论，回应现实关切，才能具有更强的证明力和解释力。

生态损害法律责任问题，是近年来学界和实务界重点关注的问题之一。有效的生态损害法律责任制度有助于威慑生态损害风险行为，补救生态损害结果，促进生态保护的"法律化"治理。实施机制的选择和运用在生态损害法律责任制度的构建过程中居于最关键的地位，因为这决定了生态损害法律责任目标的实现效果。如果实施机制选择错误，生态损害法律责任目标的实现就会大打折扣，甚至与原初的目标发生背离。程玉博士以生态损害法律责任实施机制的选择为研究对象，深入论证二者利弊，通过对域外法律制度的观察和借鉴，进而对我国生态损害法律责任实施机制的完善提出了可行性路径。相较于已有研究成果，该书从行政机制和司法机制两个维度进行讨论，更加客观。对于因应当下实践而言，该书提出了生态损害法律责任实施机制的构建方案，对于从立法和司法角度完善我国生态损害法律责任体系具有重要的现实价值与意义。

该书的创新性和理论价值明显，通读全书，至少有如下可圈可点之处：

第一，我国学界对生态损害法律责任实施机制选择问题的研究目前正在次第展开，已有研究成果不多，体系性的研究更是付之阙如。作者选择以制度成本效益分析为工具，在介绍域外法制经验的基础上，围绕生态损害法律责任实施机制的备选方案、功能优劣和路径选择等问题进行了系统化分析，形成了较为体系性的、一以贯之的理论分析框架，体现了较鲜明的理论特色。在此意义上，该书可以弥补我国环境法研究在一定程度上重制度轻实施、重制度轻理论、重细节轻宏观的不足，对于环境法基础理论的发展和前沿问题研究的推进具有较大的带动意义。

第二，作者在对大量碎片化的资料（尤其是欧洲诸国和美国的生态损害救济法制资料）进行收集、整理、消化和吸收的基础上，对生态损害法律责任实施机制的选择问题进行了专业分析，使研究具有前沿性。此外，作者在法学规范分析的基础上，较为适当地借鉴、运用了法律与经济学、法社会学等学科的学术资源和研究方法，既有法学搭建的框架，又有经济学的方法，还有社会学的观察，综合运用的效果较好，使得该书研究可以超越纯粹规范意义上的研究，更有说服力。

第三，从研究结论来看，作者提出的观点具有一定的创新性，对于我国生态损害法律责任实施机制的选择具有建设性的指导意义。对于生态损害法律责任的法律属性，作者从公共利益的角度将其界定为公法责任；对于生态损害法律责任实施机制的选择，作者认为行政机制和司法机制之间的功能优劣均是相对的，故立法者应当在尊重中国国情、法治体系和法制现实的基础上，从合作治理的角度出发构建同时融合行政机制和司法机制的混合实施机制。可以说，该书具有前瞻性和应用性，能够为国家政策和法律的制定和修改提供理论方案和学术支撑。

学术研究是不断否定和不断进步的过程，任何理论研究相对而言都是不完美的，该书作为一项探索性研究，还存在一些需要完善的地方。比如，对不同责任实施机制的实施程序着墨甚多而较少论及不同实施机制中责任构成的差异，在进行成本收益分析时还要考虑中国特色社会主义法治体系自身的特点，对实施机制的选择尚需更多的理论分析和实践检验，以增强理论的说服力和解释力。

程玉是我指导的硕士和博士，毕业后在冷罗生教授的指导下完成了博士后研究。我期待他今后多加努力，在环境法领域继续进行深入研究，取得更多丰硕的学术成果。

是为序！

曹明德

2021 年 3 月 25 日

摘　　要

随着生态系统服务功能有价、生态修复、污染者付费以及可持续发展等生态环境伦理原则和准则在全球范围内向纵深化拓展，人们开始在继续完善现代环境法以更好救济那些以环境为媒介之传统损害的同时，进一步转向思考如何为纯粹的生态损害提供法制化救济。生态损害法律责任规则相较于其他法律制度具有明显的功能优势（如体现道德谴责要求、对受损环境予以直接修复或赔偿，为责任人设定不利负担进而形成"威慑"），成为各国立法者青睐的制度选择。尽管域外立法采纳的生态损害法律责任规则在规范形态上相对一致（"救济权法律关系"——权利人有权要求义务人修复受损环境，或就事故发生前后减损的生态服务功能价值支付金钱赔偿），但各国为生态损害法律责任配置的实施机制却呈现出多样化特征。法律属性是决定生态损害法律责任实施机制的关键因素。如果生态损害法律责任是公法责任，则其实施机制可以是行政机制，也可以是司法机制；如果生态损害法律责任是私法责任，则其实施机制只能是司法机制。对于中国而言，以公私法二元论为出发点，无论从规范目标还是从功能面向出发展开论证，生态损害法律责任的法律属性均宜定性为公法责任。这也就意味着，生态损害法律责任公法属性决定了其实施机制既可以是行政机制，也可以是司法机制。

行政机制和司法机制的主要差异在于何者享有救济权法律关系的启动权（或者说有关生态损害法律责任问题的首次判断权）。具言之，行政机制在生态损害发生后形成的救济权法律关系是由行政机关根据公法体系中的授权规范，通过自行收集或来自其他渠道的信息，启动的政府公权力主导的法律责任规则实施程序。它因循的是"法律的公共实施理论"，旨在确立一种以行政权为主导的责任实施机制。行政机关作为生态损害救济的首次判断主体。针对行政机关作出的失灵、违法判断，才由具有谦抑权的司法机关进行司法控制。而司法机制的基本原理是运用民事诉讼机制来启动、实施生态损害法律责任规则，故司法机制在生态损害发生后所形成之救济权法律关系的启动权是依据私法规范确立的请求权规则。司法机制因依托于司法程序而呈现出一种司法控制特征，这也决定了其是以诉讼和司法裁判作为核心要素的司法权主导模式——有关法律责任的承担主体、成立要件之满足和具体责任承担方式均由司法机关作首次判断。

中国作为典型的后发型发展中国家，为因应生态损害救济法制建设的全球化趋势，回应国内日益频发之生态损害问题的现实国情，以及人民群众对于良好生态环境日益增长的生活需求，适时开启了生态损害救济立法进程。在生态损害法律责任实施机制的选择问题上，中国立法者针对不同生态损害类型确立了"双轨制"模式。一方面，在土壤污染/损害领域，确立了一种融合行政、司法机制的混合模式；另一方面，在其他生态损害领域，适用司法机制。如此制度设计是否具有正当性，以及未来中国立法者应当如何修正、完善既有规则，均需要从理论层面进行分析、论证。由此，本书旨在研究和回答的问题焦点便是在行政机制和司法机制之中，何者是生态损害法律责任的最佳实施机制。运用法经济学的分析方法，本书假定两种机制的制度效益相同，故关键问题便转化为对两种实施机制的制度成本进行比较。通过理论分析和现实考察，本书得出结论：两种生态损害法律责任实施机制的功能优劣具有相对性和不确定性，对二者的选择实际上是在两种不完善工具间的选择。该结论亦可以从域外各国立法关于实施机制的多样化选择（多杂糅两种机制）中得到印证。在前文基础上，本书试图尝试回答未来中国该如何选择生态损害法律责任的实施机制。制度的设计或选择并不是在一张白纸上绘画，它需要以一国已经确立或者形成的法制传统为基础。因此，鉴于中国已在土壤损害和其他生态损害领域确立了一种"双轨制"的制度安排，未来法律改革应着重修补这种"双轨制"。

关键词：生态损害；法律责任；生态公共利益；行政机制；司法机制

Abstract

With the development of some ecological ethical principles and guidelines such as the value of ecosystem services, the concept of ecological restoration, the polluter pays principle, the payment of ecosystem services and sustainable development goals in the global scope, people began to improve modern environmental law to provide legal remedies for pure ecological damage, while better remedy the traditional damage caused by the environment as a medium. Compared with other legal system tools, legal liability rules have leading functional advantages, such as embodying the requirement of moral condemnation, directly achieving the goal of repairing or compensating damaged environment, and imposing additional unfavorable burden and behavioral deterrence on liable persons. Therefore, legislators in various countries generally choose the legal liability rules for remedying ecological damage (i.e. EDLLR). Although the EDLLR adopted by extraterritorial legislation are relatively consistent in the normative forms ("legal relationship formed by relief right" —the right holder has the right to require the obligor to repair the damaged environment, or pay monetary compensation for reduced value of the degraded ecological services), but the liability implementation mechanism (or combination) actually selected by each country shows diversified characteristics. Legal nature is the key factor that determine the implementation mechanism of ecological damage legal liability. If the EDLLR is a public law liability, its implementation mechanism can be an administrative mechanism or a judicial mechanism; if it is a private law liability, its implementation mechanism can only be a judicial mechanism. For China, taking the dualism of public and private law as the starting point, no matter from the normative goal or from the functional perspective, the EDLLR should be a kind of public law liability. This means that the implementation mechanism for EDLLR can be either an administrative mechanism or a judicial mechanism.

In general, the main difference between the two kinds of implementation meachnisms is mainly reflected in the right to form the legal relationship (or the right to first make decisions on the questions related to the EDLLR). Specifically speaking, the legal basis for the right to initiate the kind of legal relationship under the administrative mechanism is authorization norms in public law, i.e. administrative organs can collect any necessary information and use the public administrative power to enforce the EDLLR. Meanwhile, only the judicial control power can be carried out when there are failures or illegality of exercising administrative power. While the basic principle of the judicial mechanism is to use the civil enforcement mechanism to enforce the EDLLR, so the right to start the legal relationship after the occurrence of ecological damage under the judicial mechanism is the claim right established by private law. The judicial mechanism presents a characteristic of judicial control due to its reliance on civil judicial procedures, which also determines that it is a judicial power-led model with private litigation and judicial judgment as the core element. In other words, the judicial power does have the right to decide the questions related to the EDLLR firstly.

As a typical late-developing country, China has initiated legislation process of remedying ecological damage in response to the global trend in terms of remedying ecological damage, in combination with the reality of the increasingly frequent ecological damage problems in China, and the people's growing demands for a good ecological environment. On the issue of the EDLLR, Chinese legislators have established a "dual-track model" for different types of ecological damage. On the one hand, in the field of soil pollution or land damage, a mixed model integrating administrative and judicial mechanisms has been established. On the other hand, in other areas of ecological damage, the judicial mechanism is applicable. Is such a system design legitimate, and how should Chinese legislators revise and perfect existing rules in the future? All need to be analyzed and demonstrated from the theoretical level. Therefore, this book aims to research and answer which is the best implementation mechanism for EDLLR between administrative mechanism and judicial mechanism. Using the analysis method of law and economics, this book assumes that the implementation benefits of the two mechanisms are the same, so the key question is transformed into a comparison of the implementation costs of the two implementation mechanisms. Through theoretical analysis and practical investigation, this book draws the conclusion that the function of two implementation mechanisms for EDLLR is relative and uncertain, and the choice of them is actually a choice between two imperfect tools. This conclusion can also be confirmed by the diversified choices in other countries' legislation, there are always a mixture of two mechanisms. Finally, this book attempts to answer how China should choose between administrative mechanism and judicial mechanism for EDLLR? As system design is not drawing on a piece of white paper, legislators need to consider carefully about their established legal tradition and reality. Therefore, in the last chapter, given that China has established a "dual track system" for EDLLR, future legal reforms therefore should focus on repairing this "dual track system".

Key Words: Ecological Damage; Legal Liability Rules; Ecologial Public Interest; Administrative Meachnism; Judicial Meachnism

目 录

引论 …………………………………………………………（1）
  一 问题的提出 ……………………………………………（1）
  二 研究意义 ………………………………………………（4）
  三 研究文献综述 …………………………………………（9）
  四 研究分析框架 …………………………………………（38）
  五 研究思路和方法 ………………………………………（42）
  六 可能的创新点 …………………………………………（44）

第一章 生态损害法律责任及其两种实施机制 ……………（46）
  第一节 生态损害的概念定义、特征及救济法理 ………（47）
    一 生态损害概念的本质及定义 ………………………（47）
    二 生态损害的特征及救济难题 ………………………（58）
    三 生态损害应救济性和可救济性的法理 ……………（66）
  第二节 生态损害法律责任的概念、属性及定位 ………（77）
    一 生态损害法律责任的概念 …………………………（78）
    二 生态损害法律责任的公法责任属性 ………………（82）
    三 生态损害法律责任的两种实施机制 ………………（91）
    四 生态损害法律责任的规制功能定位 ………………（96）
  第三节 中国生态损害法律责任实施机制的现状与问题 …（98）
    一 有关生态损害法律责任法律属性的争鸣 …………（98）
    二 生态损害法律责任行政实施机制的"隐退" ………（102）

三　生态损害法律责任司法实施机制的"勃兴"………（104）
　本章小结………………………………………………………（107）

第二章　生态损害法律责任实施机制的域外法经验………（109）
　第一节　生态损害法律责任实施机制的国际法发展……（110）
　　一　国际法规则项下生态损害责任的司法实施机制…（111）
　　二　生态损害法律责任行政实施机制的国际法规则…（114）
　第二节　欧盟及成员国的生态损害法律责任实施机制…（117）
　　一　《欧盟环境指令》中的生态损害法律责任实施
　　　　机制………………………………………………（121）
　　二　主要欧盟成员国的生态损害法律责任实施机制…（132）
　第三节　美国法上的生态损害法律责任及其实施机制…（176）
　　一　污染场地反应行动机制………………………………（178）
　　二　自然资源损害赔偿制度………………………………（185）
　本章小结………………………………………………………（190）

第三章　两种法律责任实施机制的原理和内容结构………（197）
　第一节　两种备选实施机制的研究范围限定……………（198）
　　一　不同规制工具的分类及比较…………………………（199）
　　二　本书研究范围的限定…………………………………（201）
　第二节　生态损害法律责任行政实施机制的原理和
　　　　程序……………………………………………………（202）
　　一　生态损害法律责任行政实施机制的理论基础和
　　　　作用原理…………………………………………（203）
　　二　生态损害法律责任行政实施机制的实施程序……（207）
　第三节　生态损害法律责任司法实施机制的原理和
　　　　程序……………………………………………………（216）
　　一　生态损害法律责任司法实施机制的理论基础和
　　　　作用原理…………………………………………（216）

二　生态损害法律责任司法实施机制的实施程序 …… (228)
　本章小结 …………………………………………………… (234)

第四章　两种法律责任实施机制的效果和比较选择 ……… (236)
　第一节　两种法律责任实施机制的最佳实现条件 ………… (237)
　　一　行政实施机制的最佳实现条件 ……………………… (238)
　　二　司法实施机制的最佳实现条件 ……………………… (239)
　第二节　行政实施机制的实施效果考察 …………………… (242)
　　一　行政机关是否享有明确的法定授权 ………………… (242)
　　二　行政机关及其执法人员的失灵 ……………………… (246)
　　三　行政机关及其执法人员的专业化行政能力 ………… (250)
　　四　小结 …………………………………………………… (253)
　第三节　司法实施机制的实施效果考察 …………………… (254)
　　一　法定原告提起诉讼时面临的障碍 …………………… (254)
　　二　生态公共利益多元代表的失灵 ……………………… (259)
　　三　司法机关及法官的专业化裁判能力 ………………… (265)
　　四　司法裁判的稳定性和可执行性 ……………………… (268)
　　五　小结 …………………………………………………… (273)
　第四节　两种法律责任实施机制间的比较选择 …………… (274)
　　一　路径选择的基本理论框架和分析方法 ……………… (275)
　　二　两种机制实施成本的比较分析 ……………………… (276)
　　三　两种不完善机制间的选择 …………………………… (292)
　本章小结 …………………………………………………… (295)

第五章　生态损害法律责任实施机制的中国选择 …………… (298)
　第一节　选择生态损害法律责任混合实施机制的理由 …… (299)
　　一　生态公共利益要求采纳混合实施机制 ……………… (300)
　　二　公私法的融合式发展奠定了规范基础 ……………… (303)
　　三　域外立法经验对混合实施机制的支持 ……………… (305)

  四　我国生态损害法律责任法的客观现实 …………… (312)
第二节　生态损害法律责任混合实施机制的规范进路 … (315)
  一　对《土壤污染防治法》第 97 条体系定位的
    解读和反思 ……………………………………… (317)
  二　一般生态损害（非土壤损害）法律责任实施
    机制的完善 ……………………………………… (323)
第三节　生态损害法律责任混合实施机制的程序构成 … (337)
  一　土壤污染损害法律责任实施机制的程序结构 …… (337)
  二　一般生态损害法律责任实施机制的程序结构 …… (344)
  本章小结 …………………………………………………… (347)

结　语 ……………………………………………………… (350)

参考文献 …………………………………………………… (354)

索　引 ……………………………………………………… (370)

后　记 ……………………………………………………… (373)

Contents

Introduction ·· (1)
   1. Problem Statement ··· (1)
   2. Research Significance ·· (4)
   3. Literature Review ·· (9)
   4. Research and Analysis Framework ································ (38)
   5. Research Ideas and Methods ·· (42)
   6. Possible Innovations ··· (44)

Chapter 1 Ecological Damage Liability and Its Two Enforcement Mechanisms ·· (46)
   Section 1 The Concept, Definition, Characteristics and Relief Jurisprudence of Ecological Damage ··················· (47)
     1. Essence and Definition of the Concept of Ecological Damage ··· (47)
     2. Characteristics of Ecological Damage and Its Relief Problems ··· (58)
     3. Legal Reasons of Ecological Damage should be Remedied ·· (66)
   Section 2 The Concept, Legal Nature and Orientation of Ecological Damage Liability ······························· (77)
     1. The Concept of Ecological Damage Liability ··················· (78)

2. The Legal Nature of Ecological Damage Liability ………… (82)
　　3. The Two Enforcement Mechanisms of Ecological Damage
　　　　Liability ……………………………………………………… (91)
　　4. Regulatory Function of Ecological Damage Liability ………… (96)
　Section 3　The Status Quo and Problems of China's Ecological
　　　　　　Damage Liability Enforcement Mechanism …………… (98)
　　1. Controversy over the Legal Nature of Ecological Damage
　　　　Liability ……………………………………………………… (98)
　　2. "Fade Away" of the Administrative Enforcement
　　　　Mechanism of Ecological Damage Liability ……………… (102)
　　3. "Booming" of the Judicial Enforcement Mechanism of
　　　　Ecological Damage Liability ……………………………… (104)
　Summary ………………………………………………………………… (107)

Chapter 2　The Extraterritorial Law Experience of the Enforcement Mechanisms of Ecological Damage Liability ……………………………………… (109)

　Section 1　The Development of International Law in the
　　　　　　Enforcement Mechanisms of Ecological
　　　　　　Damage Liability …………………………………………… (110)
　　1. The Judicial Enforcement Mechanism of Ecological
　　　Damage Liability under the rules of international law …… (111)
　　2. The International Law Rules of the Administrative
　　　Enforcement Mechanism of Ecological Damage
　　　Liability ……………………………………………………… (114)
　Section2　The EU and Member States' Enforcement Mechanism
　　　　　　of Ecological Damage Liability ………………………… (117)
　　1. Enforcement Mechanism of Ecological Damage Liability in
　　　EU Environmental Directive ……………………………… (121)

2. Enforcement Mechanism of Ecological Damage Liability in
　　　　Major EU Member States ………………………………（132）
　Section 2　Ecological Damage Liability and Its Enforcement
　　　　　　　Mechanism in AmericanLaw …………………………（176）
　　1. Contaminated Site Response Action Mechanism ……………（178）
　　2. Natural Resource Damage Compensation System ……………（185）
　Summary …………………………………………………………（190）

Chapter 3　The principle and content structure of two Enforcement Mechanism of Ecological Damage Liability ……………………………………………（197）

　Section 1　Research Scope Limitation of two Alternative
　　　　　　　Enforcement Mechanism ………………………………（198）
　　1. Classification and Comparison of Different Regulatory
　　　　Tools ……………………………………………………………（199）
　　2. Research Scope Limitation of this book ……………………（201）
　Section 2　Principles and Procedures of Administrative
　　　　　　　Enforcement Mechanism of Ecological Damage
　　　　　　　Liability …………………………………………………（202）
　　1. Theoretical Basis and Function Principle of Administrative
　　　　Enforcement Mechanism of Ecological Damage Liability
　　　　……………………………………………………………………（203）
　　2. Implementation procedures of Administrative Enforcement
　　　　Mechanism of Ecological Damage Liability …………………（207）
　Section 3　Principles and Procedures of Judicial Enforcement
　　　　　　　Mechanism of Ecological Damage Liability …………（216）
　　1. Theoretical Basis and Function Principle of Judicial
　　　　Enforcement Mechanism of Ecological Damage
　　　　Liability …………………………………………………………（216）

2. Implementation procedures of Judicial Enforcement
   Mechanism of Ecological Damage Liability …………… (228)
Summary ……………………………………………………… (234)

Chapter 4　The Effects and Comparative Choice of two Kinds of Enforcement Mechanisms of Ecological Damage Liability ……………………………………………… (236)

Section 1　The Best Realization Conditions of two Kinds of
　　　　　Enforcement Mechanisms of Ecological Damage
　　　　　Liability ……………………………………………… (237)
　1. The Best Realization Conditions of Judicial Enforcement
　　 Mechanism of Ecological Damage Liability …………… (238)
　2. The Best Realization Conditions of Administrative
　　 Enforcement Mechanism of Ecological Damage
　　 Liability …………………………………………………… (239)
Section 2　Investigation on the Implementation Effects of
　　　　　Administrative Enforcement Mechanism …………… (242)
　1. Does Administrative Agencies Have Clear Statutory
　　 Authorization? …………………………………………… (242)
　2. Failure of Administrative Agencies and their Personnel … (246)
　3. Professional Administrative Capabilities of Administrative
　　 Agencies and their Law Enforcement Personnel ………… (250)
　4. Summary …………………………………………………… (253)
Section 3　Investigation on the Implementation Effects of
　　　　　Judicial Enforcement Mechanism …………………… (254)
　1. Obstacles Faced by the Statutory Plaintiff in Filing
　　 Lawsuits …………………………………………………… (254)
　2. Failure of Multiple Representatives of Ecological Public
　　 Interest …………………………………………………… (259)

3. Professional Adjudication Capabilities of the Judiciary
   and Judges ································ (265)
4. Stability and Enforceability of Judicial Decisions ············ (268)
5. Summary ································ (273)
Section 4　Comparison and Choice between Two Kinds of
   Enforcement Mechanisms of Ecological Damage
   Liability ································ (274)
   1. The Basic Theoretical Framework and Analysis Methods
      of Path Selection ································ (275)
   2. Comparative Analysis of Implementation Costs of Two kinds
      of Enforcement Mechanisms ································ (276)
   3. Choice Between Two Imperfect Enforcement
      Mechanisms ································ (292)
   Summary ································ (295)

Chapter 5　Chinese Legislators' Choice of Enforcement Mechanisms of Ecological Damage Liability ······ (298)

Section 1　Reasons for Choosing a Mixed Enforcement
   Mechanism of Ecological Damage Liability ············ (299)
   1. Ecological Public Interest Requiresa Mixed Enforcement
      Mechanism ································ (300)
   2. The Integrated Development of Public and Private Law
      Has Laid a Normative Foundation ································ (303)
   3. The Support of Foreign Law Experience toa Mixed
      Enforcement Mechanism ································ (305)
   4. The Objective Reality of China's Ecological Damage
      Liability Law ································ (312)
Section 2　The Standardized Approach of the Mixed Enforcement
   Mechanism of Ecological Damage Liability ············ (315)

1. Interpretation and Reflection on the Positioning of Article 97 of the "Soil Pollution Prevention and Control Law" ……… (317)
　　2. Improvement of General Ecological Damage (Non-soil Damage) LiabilityEnforcement Mechanism …………… (323)
　Section 3　The Procedural Composition of the Mixed Enforcement Mechanism of Ecological Damage Liability ………… (337)
　　1. The Procedural Structure of the Enforcement Mechanism of Soil Pollution Damage Liability …………………… (337)
　　2. The Procedural Structure of the Enforcement Mechanism of General Ecological Damage (Non-soil Damage) Liability …………………………………………………… (344)
　Summary ……………………………………………………… (347)

Concluding Remarks ……………………………………… (350)

References ………………………………………………… (354)

Index ……………………………………………………… (370)

Acknowledgements ………………………………………… (373)

引　论

一　问题的提出

随着人类风险社会进一步向纵深化方向发展，作为全球性风险典型代表的环境风险的内涵也发生了扩展，从传统的人身、财产损害，开始转向对环境要素以及由各种环境要素组成之生态系统的损害。现代经济学普遍将这种环境风险及其所致损害界定为一种需要内化的"负外部性"。但不完全竞争市场的存在，使得哈耶克式的"自发社会秩序"以及科斯主义者所神往的"自由交易市场"，均无法自足地承担起"内部化环境风险负外部性"的使命。这是因为两种方案存在天然局限，均无法摆脱福利经济学揭示的理性经济人行动逻辑。[①] 换言之，任何纯粹寄希望于生产者抑制自我谋利冲动并自主控制环境风险及其所致损害的"规制"思路，始终存在着逻辑上的"自然悖论"。这便是理论界常提及的"自治失灵"和"市场失灵"。由此，我们必须考虑引入法律责任制度，对环境风险及其损害的救济（经济学家所谓的内部化）施以"责任规制"。然

[①] 根据福利经济学的一般逻辑，致害行为人（一般是生产者）不会在不考虑收益的情况下为控制生态环境风险或救济生态损害投入超出比例的成本，相反，一旦有利可图，致害行为人会选择最大限度地降低环境风险控制成本投入，并"尽最大努力"将生态环境风险转移给无辜第三人。

而，现代环境法对环境风险及损害的关注并不充分，其制度体系内部结构存在着不均衡特征。具言之，现代环境法仅侧重于环境风险的"社会性内涵"（以生态环境为媒介的传统人身、财产等损害），而并未对环境风险的"自然性内涵"（对自然生态、环境所致的直接不利影响）给予充分重视。伴随着生态系统服务功能有价、生态修复理念、污染者付费原则、生态系统服务付费以及可持续发展等生态环境伦理原则和准则在全球范围内的拓展，人们开始在继续完善现代环境法以更好救济那些以环境为媒介之传统损害的同时，进一步转向思考如何为纯粹的生态损害（对各种环境要素及生态系统的不利影响，本书简称生态损害）设计责任规制工具。

肇因于环境风险及其所致生态损害的全球性特征，新时代的环境法也呈现出一种典型的全球化特征，由此诞生了一种全新的"全球环境法"。一方面，从横向来看，世界各国陆续启动生态损害法律责任立法进程，美国20世纪80年代的自然资源损害赔偿制度是第一次系统性尝试。在美国经验的直接催化下，[1] 欧盟环境责任立法在20世纪90年代启动，并在2004年暂时落下帷幕，其标志性成果是《欧盟环境责任指令》。随后，各成员国陆续启动了指令向国内法转化的立法进程。在美国和欧洲以外，其他国家在调整、扩展原有环境法律体系以纳入生态损害责任方面走得更远。[2] 受各国经验的启示，联合国环境规划署2009年发布了《关于有害环境活动所造成损害之责任、应对行动和赔偿的国内法的编制准则草案》，其目标是反映将生态损害（即草案文本中的"环境损害"）问题纳入国家法律体系中的立法趋势，并努力推进国家层面

---

[1] See Robert V. Percival, Katherine H. Cooper, Matthew M. Gravens, "CERCLA in a Global Context", *Southwestern Law Review*, Vol. 41, No. 4, 2012, pp. 727-772.

[2] See Simon Taylor, "Extending the Frontiers of Tort Law: Liability for Ecological Harm in the French Civil Code", *Journal of European Tort Law*, Vol. 9, No. 1, 2018, pp. 81-103.

的相关立法。① 但草案对各国立法仅有指引作用，各国并不负有转化草案规则的强制义务。另一方面，从纵向来看，生态损害责任规则的设计和应用不仅局限于单独的国家管辖区范围内，其在区域乃至国际层面的重要性也日益凸显，越来越多的区域性和国际性公约、议定书等国际法规则开始将生态损害责任作为其核心内容。② 毫无疑问，这种全球化生态损害责任立法的趋势，是对全球化环境风险的一种自然反映，其不仅标志着国际社会对救济生态损害这一普遍共识的达成，更揭示了一种不同国家生态损害责任规则立法彼此之间相互影响的"法律现代化现象"。③

中国作为典型的后发型发展中国家，为因应生态损害责任立法的全球化趋势，结合国内日益不断频发之生态损害问题的现实国情，以及人民群众对于良好生态环境日益增长的生活需求，也适时开启了生态损害责任立法进程。从目前立法实践来看，中国立法者倾向于将生态损害法律责任定性为私法责任，进而在民法体系的框架中配置生态损害法律责任的司法实施机制，即立法者在侵权法框架中创设的环境民事公益诉讼制度和生态环境损害赔偿诉讼。2020年《民法典》第1234条和第1235条有关"生态修复责任""生态损害赔偿责任"的规定直接为这种制度设计奠定了实体法依据。然而，这种"公法隐退""私法勃兴"现象的正当性基础何在？司法机制

---

① See United Nations Environment Programme, *Draft Guidelines for the Development of Domestic Legislation on Liability, Response Action and Compensation for Damage Caused by Activities Dangerous to the Environment*, UNEP/GCSS. XI/8/Add. 1, December 3, 2009.

② 事实上，这些条约或议定书均将因生态损害事件产生的各种合理恢复和应对措施费用纳入可救济环境损害概念中。如《危险废物及其他废物越境转移及处置所造成损害的责任及赔偿巴塞尔议定书》《国际油污损害民事责任公约》《关于危害生态环境的活动造成损害的民事责任公约》《关于工业事故越境影响对越境水体造成损害的民事责任和赔偿的议定书》等。

③ See Emanuela Orlando, "From Domestic to Global? Recent Trends in Environmental Liability from a Multi-level and Comparative Law Perspective", *Review of European, Comparative & International Environmental Law*, Vol. 24, No. 3, 2016, pp. 289-303.

是否能满足中国生态损害救济的现实需求？从实施成效来看，尽管初步建立健全的环境民事公益诉讼制度和正在试点的生态环境损害赔偿制度已经在实践中发挥重要作用，成为中国生态损害责任实施的有力制度抓手，然而，两种制度在功能方面的可能冲突，以及它们在整体上作为新生事物与传统法律制度体系之间产生的制度重叠，均对生态损害责任目标的有效实现构成了限制。由此，立法者必须厘清：多元生态损害法律责任实施机制是否必要？如何就多元生态损害法律责任实施机制确立一种科学合理的协同适用关系？对这些问题的回答直接促生了本书的中心命题：生态损害法律责任实施机制的选择。

二 研究意义

生态损害法律责任实施机制的选择问题，是一项既抽象又具体的选题，抽象之处在于其指向的是一种法规范层面的基础理论问题——比较不同法律责任实施机制对于某一现实问题（生态损害救济问题）的可能制度成效；具体之处在于其直接指向当前各国必须面对的生态损害救济全球性议题，其所要探寻的结果也是选择出最适合中国国情的最佳生态损害法律责任实施机制，因此这是一种致力于解决客观现实问题的法制实践思考。这将使本书论证往返于"规范"和"现实"之间，成为一个具有极强现实意义的命题。这是因为：其一，行政机制和司法机制均可作为生态损害法律责任的实施机制，甚至二者之间具有可替代性（少数国家会择其一）；其二，以行政机制或者司法机制实施生态损害法律责任，会产生不同的制度效益，这是由二者在机制结构、实施原理、作用效果等方面的差异性决定的。职是之故，在实施生态损害法律责任规则时，两种机制均具有可适用性（甚至可替代性），加之二者在生态损害法律责任实体规则方面的共通性、在制度效益方面的差异，使得本书选题同时具有理论和实践双重维度上的重要意义。

(一) 理论意义

本书研究的生态损害法律责任实施机制选择问题，不仅是一项致力于纠正当前日益严重之生态环境问题的实务对策研究问题，更是一项环境法学基础理论层面的问题——如何为生态损害法律责任选择一种最佳的实施机制。就其理论意义而言，可以分别从规范维度和实证维度加以理解：

第一，在规范研究层面，本书运用法规范分析方法，结合法社会学、法政策学知识，在描绘当前中国立法者试图构建之生态损害法律责任实施机制现实图景的基础上，致力于归纳、总结其特色和问题所在，并尝试构建一项分析框架，以比较分析、检验两种实施机制在实施生态损害法律责任规则方面的制度成本效益。在结合制度成本/收益等多元因素考量的基础上，选取最适合中国法制国情的生态损害法律责任实施机制，这将构成本书的主体内容。这一比较分析框架如果可以成立，也可以为当前复杂多样的生态损害救济立法（如环境民事公益诉讼制度、生态损害赔偿诉讼制度等）的整合提供相应的制度性解决方案，为未来中国生态损害法律责任实施机制的发展和完善提供立法建议。当前中国生态损害法律责任实施机制选择的是以司法权为主导的司法实施机制，致使行政机关"避责卸权"，而本应谦抑之司法机关则"主动出击"。这种制度设计不同于国际上的普遍立法趋势，更有扰乱权力分立制衡结构的嫌疑。因此，本书在比较两种法律责任实施机制的基础之上，深入探析二者的制度优势和局限，并思考是否存在有助于两者协同配合之"第三条道路"，即划清二者的制度功能分野并及实现行政权和司法权的协调。若能找到"第三条道路"，或许可以成为当代中国"国家治理能力和治理体系现代化"在生态保护领域的重大理论成果之一。

第二，在实证研究层面，本书也将从法律解释论的角度，以我国现行法体系所确立之生态损害法律责任司法实施机制的具体规则以及在当前生态损害司法实践中形成的司法裁判为分析样本，深入探讨我国生态损害法律责任司法实施机制的现实成效和可能问题，并为规范研究提供实证层面的佐证资料。尽管当前各国就生态损害法律责任实施机制所做的选择，可能会因各自的法制传统和国情差异而有所不同，但基本上均会在实施方案中融入公法元素，具体包括两种类型，其一，直接采用纯粹的生态损害法律责任行政实施机制；其二，同时融合行政和司法的元素建构一套混合性的生态损害法律责任实施机制。由此，当前中国径直采纳以司法机制作为主导来实施生态损害法律责任的制度设计是否存在思路不合理、不科学的问题？实际上，域外经验之于本土而言，并非理所当然，是否适宜于中国法制国情，仍有待论证。本书针对当前生态损害法律责任司法实施机制以及相应司法裁判的法律解释论分析，可以在一定程度上为当前中国采取的生态损害法律责任司法实施机制提供一种理论上的解释和评价。如果司法实施机制被证明为适合中国国情，本书之论证自然可以作为我国立法者采取生态损害法律责任司法实施机制的正当性说明。

(二) 实践意义

本书探讨的问题虽然是一项理论层面的问题，但对于立法、执法和司法实践也具有一定的积极作用和参考价值。

首先，从立法价值来看，本书的研究成果可以为从立法层面厘清生态损害法律责任实施机制的选择，提供有益参考价值。一方面，本书对当前世界各国采取的生态损害法律责任实施机制进行图景式描绘和深入分析，可以为中国选择输入"域外法经验"；另一方面，本书对当前中国的立法选择作出评价，不仅重点关注当前环境民事公益诉讼制度、生态环境损害赔偿制度的制度效果，尤其是实践中的诸多实施困境，还深入论证行政机制与生态损害法律责任的契合性，以及中国引入行政机制的可行性。最后，本书还探究了多元实施机制的整合。

其次，就行政执法而言，本书通过对生态损害法律责任行政实施机制的分析，充分揭示了该机制的优缺点，并在此基础上分析当前各国采行生态损害法律责任行政实施机制的理由和成效，进而为我国生态损害法律责任实施机制的选择提供改革思路。

最后，就司法控制而言，本书重点关注如何借道法院司法裁判来实施生态损害法律责任规则。本书对我国目前确立的生态损害法律责任司法实施机制进行规范考察和实践分析，并结合世界先进国家和地区的司法实践进行比较法分析，预期对比得出中外立法的差异及其潜在的法社会学、法政策学等理由。

总之，本书分析不仅能为当前"火热"开展之生态环境损害赔偿制度提供些许"冷思考"，还能为中国生态损害法律责任实施机制的选择提供参考价值。

（三）对中国环境法学的意义

不同于以环境为媒介产生之传统的人身、财产损害，生态损害在中国法律实践中的发展相对滞缓，这与环境法学理论界对纯粹环境损害的"超前关注"形成鲜明反差。早期环境法学者业已在相关环境法著述中提及纯粹环境损害（即本书所称生态损害），[①] 不过立法者并未对此给予高度重视，其背后的原因可能是立法资源有限且主要被用于救济相对纯粹生态损害具有更为急迫需要的传统损害，也有可能是彼时学界的研究相对浅显且不成体系——对纯粹生态损害则仅尝试作出定义，并未就其法律责任难题做深入研究，从而制约了立法者的行动。近些年，环境法学界开始就生态损害如何作为一种法律损害应被法律予以救济之问题展开了全面且系统的理论分析，这为立法者提供了有效的理论资源供给，也由此拉开了我国生态损害责任立法的进程，立法者出台、修改了多部法律法规。然而，由于多种合力作用（包括制度惯性、法制文化、学界影响等），以私法规则实现生态损害救济目标已经成为环境法学者的研究重点，这

[①] 从早期环境法学者的研究重点来看，学者们多在其发表的环境侵权博士论文或有关专著中提及纯粹生态损害问题，并将其作为环境侵害或环境损害的下位概念，如曹明德教授的《环境侵权法》（2000年）、王明远教授的《环境侵权法律救济制度》（2001年）、邹雄教授的《环境侵权的救济研究》（2004年）等。

也为我国采纳生态损害法律责任司法实施机制奠定了规范基础。

由于生态损害法律责任具有公共利益属性，域外各国更倾向于运用传统行政机制来实施生态损害法律责任。由此，我们自然会产生一种疑问：不以传统行政机制（其实质是行政权的行使）作为生态损害法律责任的主导性实施机制，是否合理、正当？本书对生态损害法律责任两种实施机制（即行政机制和司法机制）之间制度成效的比较分析，正是为了回应此类质疑，即我国仅依托生态损害法律责任司法实施机制，是否可行？如果可行，则本书的价值便在于通过规范、实证分析为我国当前生态损害法律责任司法实施机制正名。当然也可更进一步，找出司法机制的不足并提出相应改进建议。如果不可行，则本书也可为中国未来生态损害法律责任实施机制从司法转向行政或在司法中融入公法元素，提供一种制度选择的正当性根据。实际上，中国环境法学界已开始认识到行政机制的潜在优势，并进行了一定的学理解释、分析，但目前仍缺乏对这两种实施机制的系统比较、分析。在此意义上，本书研究在一定程度上将有利于把环境法学界在该问题上的研究更进一步推向纵深化发展，有助于改变当前学界和立法者高度重视生态损害法律责任司法实施机制而忽视行政实施机制的结构失衡状态，并促进私法和公法在环境法这一特殊法律场域中的"公平对话"。

从比较法的角度来看，本书研究因为要描绘、分析当前主要国家关于生态损害法律责任实施机制的制度选择，故也可在一定程度上推动比较环境法学术研究的进一步发展。从国内目前研究成果看，当前"一边倒"地支持采取生态损害法律责任司法机制的原因，也可部分归因为目前学界对其他国相应法律规则研究的滞后。本书选取英国（英国较为特殊，不仅具有深厚的普通法传统，还受到了欧盟法的影响）、美国和欧盟及其成员国（即德国、法国、荷兰）的立法作为重点研究样本，在部分论证过程中也会涉及其他国家和地区的相关立法，这在一定程度上可以为国内环境法学界进行同样议题的研究，提供最新的文献支持。

三 研究文献综述

生态损害法律责任实施机制是实现生态损害法律责任的关键，受到了域内外环境法学者的长期且广泛的关注。为了更好地对现有研究文献进行梳理和总结，本书将相关研究成果区分为中国、美国和欧盟三个方面进行梳理。

（一）关于中国生态损害法律责任实施机制的研究

生态损害法律责任是当前法学理论界的焦点。环境法学者之外的民法、行政法学者也广泛参与如何构建生态损害法律责任制度的讨论热潮之中，直接催生了大量研究成果。从本书关注的议题来看，在这些层出不穷的研究文献中，部分成果已经对"生态损害法律责任实施机制选择"问题进行了初步研究。不同于其他领域法学研究者过度依赖国外已有理论框架和法制实践经验，中国当前关于生态损害法律责任实施机制选择的研究成果，具有很强的本土化色彩。但由于缺乏对国外相关理论成果和法制实践的系统性介绍与批判分析，我国研究也陷入了"自说自话"的境地，一定程度上导致当前研究"后发优势"不明显。

从著作来看，最早对环境法律责任展开系统研究的当属张梓太，其2004年出版的《环境法律责任研究》一书对环境法律责任的概念及其三项具体的法律责任类型（环境民事责任、环境行政责任、环境刑事责任）展开了论述，但因年代相对久远，该书的论证侧重点仅在于因环境污染导致的传统人身、财产损害，而有关生态损害法律责任实施机制的论述相对缺乏。[①] 随后，2007年竺效的博士学位论文《生态损害的社会化填补法理研究》作为国内学界第一本专门就生态损害法律责任展开论述的理论成果，其视野局限于生态损害法律责任的社会化填补，并未详细涉及实施机制的选择问题。[②] 但其

[①] 参见张梓太《环境法律责任研究》，商务印书馆2004年版。
[②] 参见竺效《生态损害的社会化填补法理研究》，中国政法大学出版社2017年版。

于2016年出版的另一部专著《生态损害综合预防和救济法律机制研究》则填补了前述空白，提出了生态损害预防与救济一体化的综合性立法模式，并就法律责任实施机制确立了"民法的归民法，环境法的归环境法"的原则，其核心思路是：承认未来民法的生态损害间接救济功能，并同时主张通过特别立法系统建构生态损害法律责任。①

此外，环境法学界还有一些学者侧重于讨论民法在救济生态损害问题方面的可能性和局限性，例如：其一，辛帅从理论学界有关运用民法救济环境损害（包括生态损害）的核心主张以及环境法的公、私法属性之辩出发，通过环境权具体化的失败、环境侵权的制度缺陷，②以及传统民事私益诉讼对于纯粹生态公共利益的间接保护，得出结论，"不可能以民法实现对环境损害的救济"；③其二，张宝在《环境侵权的解释论》第五章第二节中，专门讨论了以侵权法调整生态损害的可能性和限度，并最终得出结论，主张采用环境责任专门立法。④而在论著中就生态损害法律责任实施机制展开全面论述的学者当属樊杏华，其在总结利用司法机制救济环境损害（包括生态损害）时面临的局限性的基础上，主张引入行政实施机制来破解难题。⑤但樊杏华有关选择行政机制的论证理由略显简单，没有形成一套成型的比较分析框架，这正是本书力图完成的目标。2017年，胡卫进一步将生态损害法律责任定性为环境司法中的核心范畴，并从实证角度将生态损害法律责任类型化为民事法律责任、行政法

---

① 参见竺效《生态损害综合预防和救济法律机制研究》，法律出版社2016年版。

② 根据辛帅总结，环境侵权规则在救济生态损害时面临的制度缺陷包括：环境侵权立法目的与环境损害的不适应性、环境侵权责任构成要件对环境损害的识别能力、环境侵权责任方式对救济环境损害的能力分析。

③ 参见辛帅《不可能的任务：环境损害民事救济的局限性》，中国政法大学出版社2015年版。

④ 参见张宝《环境侵权的解释论》，中国政法大学出版社2016年版。

⑤ 参见樊杏华《环境损害责任法律理论与实证分析研究》，人民出版社2015年版。

律责任和刑事法律责任，但并未从规范研究角度分析何者才是最佳的生态损害法律责任实施机制。①

当我们将注意力转向近几年学界发表的有关生态损害法律责任的环境法研究论文时，可以发现，越来越多的学者开始关注如何在生态损害法律责任不同实施机制之间进行选择的问题。

一方面，大部分学者将注意力集中于生态损害法律责任的法律属性。由于生态损害责任以"修复优先、赔偿次之"为原则，故理论研究中多将生态损害责任直接替换为生态修复法律责任。关于生态损害法律责任性质的讨论，目前学者观点不一，以公法责任和私法责任二分为依据，大体上归为三类。其一，私法责任论。该说可分为三种：生态损害法律责任应是一种可以纳入传统民事责任范畴内的责任，其形式可以被纳入"恢复原状"，② 也可以理解为"损害赔偿"的变形；③ 生态损害法律责任无法归入传统的民事责任方式，应当被定性为一种独立于传统民事责任方式的特殊侵权责任，应当被法典化；④ 生态损害法律责任虽具有公法特征，但其本质是对传统民事责任规则的改变和调适，故仍应定性为私法责任。⑤ 其二，公法责任论。此说可进一步划分为直接公法责任论和间接公法责任论。后者一般不直接将生态损害法律责任界定为公法责任，仅主张以行政法框架中的行政命令（包括责令修复、责令赔偿）或行政处罚工具作为生态损害法律责任的追究机制；⑥ 前者直接论证生态损害法律

---

① 参见胡卫《环境侵权中修复责任的适用研究》，法律出版社2017年版。

② 参见胡卫《环境污染侵权与恢复原状的调试》，《理论界》2014年第12期。

③ 参见康京涛《生态损害法律责任：一种新型的环境责任形式》，《青海社会科学》2017年第4期。

④ 参见石春雷《论环境民事公益诉讼中的生态环境修复：兼评最高人民法院司法解释相关规定的合理》，《郑州大学学报》（社会科学版）2017年第2期。

⑤ 参见晋海《生态损害赔偿归责宜采过错责任原则》，《湖南科技大学学报》（社会科学版）2017年第5期。

⑥ 参见李挚萍《环境修复法律制度探析》，《法学评论》2013年第2期；况文婷、梅凤乔《生态损害行政责任方式探讨》，《人民论坛》2016年第5期。

责任应定性为公法责任，如辛帅基于公法中的污染者付费原则主张针对纯粹环境公益的赔偿责任的属性应当为公法责任；[①] 康京涛以"司法权对行政权的尊重""行政效率"为由主张生态损害法律责任宜定性为公法责任；[②] 为论证土壤修复责任的公法责任属性，巩固阐述了土壤修复责任的"公共责任""法定责任""执法责任"等特性，[③] 胡静则从"目的""工具"双重维度展开了论述。[④] 其三，二元论。该说认为生态损害法律责任既是民事责任，也是公法责任体系中的行政责任和刑事责任。[⑤]

另一方面，有少数学者已经开始注意到如何在行政机制和司法机制之间选择生态损害法律责任实施机制的问题，但总体上来看，目前研究成果数量相对较少，且深度不足。就收集到的资料来看，主要有以下几位学者在论证过程中略有提及：第一，学者梅宏、胡勇认为，生态损害救济有两种方式：以行政权力强制命令支付生态修复资金的行政法律责任机制和赋予行政机关诉权之生态损害赔偿制度，通过简要对比分析后，梅宏、胡勇主张应支持后者。[⑥] 第二，廖建凯认为，生态损害救济有两条路径，即行政救济和司法救济，并主张"以行政救济为主，司法救济为辅"，作者在此框架下探讨了生态损害救济过程中环境监管部门、检察机关和环保

---

① 辛帅：《不可能的任务：环境损害民事救济的局限性》，中国政法大学出版社2015年版，第130页。

② 参见康京涛《生态损害法律责任的法律性质及其实现机制》，《北京理工大学学报》（社会科学版）2019年第5期。

③ 参见巩固《公法责任视角下的土壤修复：基于〈土壤污染防治法〉的分析》，《法学》2018年第10期。

④ 参见胡静《土壤修复责任的公法属性：目的和工具面向的论证》，《湖南师范大学社会科学学报》2020年第5期。

⑤ 参见徐本鑫《论生态损害法律责任的实践创新与制度跟进》，《大连理工大学学报》（社会科学版）2017年第2期。

⑥ 参见梅宏、胡勇《论行政机关提起生态损害赔偿诉讼的正当性与可行性》，《重庆大学学报》（社会科学版）2017年第5期。

组织的相互关系。① 第三，张宝在考虑政府生态损害索赔权和政府监管权的关系基础上，主张政府索赔权应当限缩为以下法定情形：受损生态无法修复导致行政机关无法通过责令消除、修复环境以及相应代履行规则来救济生态损害问题。② 第四，李晨光基于国家所有权社会化的限度、社会利益与公共利益的关系以及自然资源具有的特性三个方面的理由提出，"行政处理模式并不适合当前中国国情，中国生态损害赔偿制度的构建应当以私法为根基，同时注重发挥公法的作用，做好公与私的衔接"③。第五，韩英夫、黄锡生区分了传统行政规制（"命令—控制"工具）和司法诉讼救济模式，为更好地救济生态损害，主张在环境基本法中设立"责令修复"等生态损害行政命令工具，同时确立行政公益诉讼渠道。④ 虽用语不同，但这些环境法学者将生态损害法律责任的实现路径区分为"行政规制"和"司法诉讼"，初步研究了生态损害法律责任实施机制的选择问题，为本书研究奠定了分析基础。

我国当前生态损害救济立法采取的是双轨制模式——环境民事公益诉讼和生态损害赔偿制度，因此有关生态损害法律责任实施机制的论述也经常被学者分别置于环境民事公益诉讼制度和生态损害赔偿制度议题中进行。从路径选择角度来看，研究环境民事公益诉讼的学者一般会推定生态损害法律责任的民法责任属性，不会涉及如何在行政机制和司法机制之间作最佳选择的问题。但部分学者尝试在环境民事公益诉讼制度框架中分析如何实现行政权和司法权最

---

① 参见廖建凯《生态损害救济中环保组织的定位与功能：以几个典型环境公益诉讼案件为切入点》，《社会科学家》2017 年第 10 期。

② 参见张宝《生态损害政府索赔权与监管权的适用关系辨析》，《法学论坛》2017 年第 3 期。

③ 李晨光：《生态损害救济模式探析：游走在公法与私法之间》，《南京大学法律评论》2017 年春卷。

④ 参见韩英夫、黄锡生《生态损害行政协商与司法救济的衔接困境与出路》，《中国地质大学学报》（社会科学版）2018 年第 1 期。

优配置，这些研究成果可以为研究生态损害法律责任实施机制选择问题提供借鉴思路。① 从本质上看，这些论文的思路均是在预先推定生态损害法律责任具有私法责任属性的前提下，思考如何在生态损害民事法律责任机制（即司法机制）中融入公法元素（即行政权要素），这实际上是一种融入公法元素的司法机制，其不同于本书在制度设计层面比较分析不同实施机制的研究思路。

纵观上述既有成果，并结合本书目标，笔者将中国学者就中国生态损害法律责任实施机制选择问题相关之研究成果的主要特点总结如下：第一，关于生态损害法律责任实施机制，中国学者重司法机制而轻行政机制。这种现象与中国法学者在社会性规制领域的研究多侧重于行政规制而非司法控制的研究习惯相悖。② 然而，值得注意的是，中国学者并非没有研究生态损害法律责任的行政实施机制，只是相关研究成果极其稀少。第二，虽然近年来中国学者对生态损害法律责任实施机制的研究开始密集起来，研究成果层出不穷，但从比较分析不同法律责任实施机制视角出发的并不多，大多是推定生态损害法律责任规则的私法责任属性，并于此基础上调适传统司法机制之不足，即结合生态损害所牵涉公共利益的公法属性，对其进行调整。第三，对于少量提到生态损害法律责任实施机制选择问题的成果，中国学者也多偏重于实证而轻规范研究，很少自主运用理论模型来研究实施机制的选择问题。这与该问题的新颖性、复杂性以及中国学术界整体研究能力尚有不足等有关。具言之，其一，中国学者在社会性规制领域的研究中面临着有关路径选择理论研究的相对匮乏、不成体系等问题，这在一定程度上间接制约了法学界就生态损害法律责任实施机制选择开展较为完备研究的可能性；其

---

① 参见胡静《环保组织提起的公益诉讼之功能定位：兼评我国环境公益诉讼的司法解释》，《法学评论》2016 年第 4 期；王明远《论我国环境公益诉讼的发展方向：基于行政权与司法权关系理论的分析》，《中国法学》2016 年第 1 期；等等。

② 参见宋亚辉《社会性规制的路径选择》，法律出版社 2017 年版，第 11 页。

二，我国当前因环境行政执法疲软而转求通过司法力量对生态损害予以"急救"式救济的环境司法能动理念，也直接促使学界侧重于生态损害法律责任司法实施机制的研究，而忽略了更具强制性实施权威的行政实施机制。

（二）关于美国生态损害法律责任实施机制的研究

由于传统普通侵权法规则在救济生态损害问题时存在的局限性以及行政规制国理念在美国的兴起，[①] 美国国会自 20 世纪 70 年代便开始大量制定环境成文法以保护生态公共利益，致使环境成文法呈指数式增长。就生态损害法律责任而言，美国 1962—1970 年现代环境运动的重要成果之一便是在联邦成文法层面确立了美国式的生态损害法律责任规则——环境污染反应行动机制和自然资源损害赔偿制度，前者的理论基础是联邦政府根据联邦法律享有的公共警察权力，而后者的理论基础是传统普通侵权法规则中的公共信托原则，即赋予特定政府机关以自然资源受托人的法律地位（一种衡平法上的所有权资格）向污染者主张清理活动后仍剩余自然资源损害的赔偿。[②] 从法律实施的角度来看，联邦政府（主要是联邦环保署）发起的反应行动以及就相应反应行动成本提起的费用追偿机制本质上是一种生态损害法律责任行政实施机制，而特定政府机关作为受托人针对剩余生态损害提起的损害赔偿实质上是法律责任司法实施机制，是一种特殊侵权责任规则（因为原告是政府机关而非私人主体）。[③] 尽管美国实在法规定同时包含了生态损害法律责任的行政机

[①] 美国法使用的是自然资源损害概念，为保证全书用语一致，本书一般以生态损害代替自然资源损害概念。

[②] See John Arnold, Andrew Jacoby, "Examining the Public Trust Doctrine's Role in Conserving Natural Resources on Louisiana's Public Lands", *Tulane Environmental Law Journal*, Vol. 29, No. 2, 2017, pp. 149-241.

[③] See James P. Power, "Reinvigorating Natural Resource Damage Actions through the Public Trust Doctrine", *N.Y.U Environmental Law Journal*, Vol. 4, No. 2, 1995, pp. 418-448.

制和司法机制，但美国法学界很少对二者进行比较分析，主要原因是美国环境法中的"反应行动及反应成本追偿机制"和"自然资源损害赔偿制度"不仅理论基础不同，制度目标也不同——修复受损环境和赔偿公共资源损失，并且在适用逻辑上存在"顺位"（这并非意指自然资源损害赔偿行动只能发生在反应行动之后），即自然资源损害赔偿仅可针对反应行动实施后仍剩余的"自然资源损害"启动。换言之，对二者进行比较分析实无必要。

事实上，在不严格区分公法、私法的美国法学界，学者们很少直接从行政机制和司法机制二分的角度来探讨法律责任的实施机制选择问题。但鉴于法律责任实施机制的选择问题是对环境规制工具路径选择的进一步纵深化发展，以及不同规制工具分类标准彼此很难做到绝对二分，美国法学界已充分展开的关于如何在不同规制工具间进行比较选择以及法律二元实施结构（即公共实施和私人实施）的分析成果，可在一定程度上为本书就生态损害法律责任实施机制选择选题开展有关学术研究提供广泛的智识基础，故本书对其进行简要评述。

美国法学界关于环境规制工具路径选择问题的研究主要包括：

1. 事前安全规制和事后责任规则之间的路径选择问题

根据不同规制工具的属性差异，美国法学界倾向于在传统的事前性行政规制工具（"命令—控制"工具，抑或称事前安全规制）和事后责任规则（普通法侵权责任）之间进行比较分析，重点探讨二者之间的制度成效问题以及针对环境问题如何在二者之间进行制度选择的问题。纵观学术研究史，美国法学界关于事前规制和事后责任之间路径选择问题的研究成果呈现出一条较为明晰的发展脉络。20世纪以前，美国普通法体系承担了大部分的规制功能。[①] 进入20世纪后，市场失灵的频繁出现使得行政规制不断扩大，并在20世纪60—70年代进入顶峰，被称为"权利革命"时期。到20世纪60年

---

① 参见［美］盖多·卡拉布雷西《制定法时代的普通法》，周林刚译，北京大学出版社2006年版，第10页。

代末，随着国家干预引发的"滞胀"问题越来越严重，美国学界开始对行政规制工具进行反思，由此诞生了复兴普通法的主张。理论学界开始强调运用普通法体系中的事后责任规则而非事前的行政规制手段来对市场失灵进行干预。"普通法的复兴"以"自由主义法学"和"法律经济学"的兴起为基点，前者主张"政府存在着比市场更为严重的缺陷，政府干预非但不能完全解决市场失灵，反而会带来更多、更大的问题"①；后者则以科斯1960年出版的《社会成本问题》为标志，强调从微观制度层面论证普通法在资源配置方面的效率特征，进一步推动普通法在经济社会规制领域的扩大适用。

自20世纪70年代开始，受到科斯定理的影响，美国法学者开始全面展开对普通法效率特征的研究，以卡拉布雷西、波斯纳的研究最具代表性。卡拉布雷西通过比较财产规则、责任规则和不可让渡规则在解决外部性问题上的效果，认为选择普通法规则是最佳选择。②实际上，早在卡拉布雷西1970年出版的《事故的成本》一书中，他便系统分析了基于普通法责任规则的司法控制路径，并将"最小化事故总成本"区分成3个具体的子成本目标，并检验了不同侵权责任规则在降低事故成本方面的效果。③波斯纳同期的研究也支持了普通法规制路径，他全面介绍了普通法侵权责任规则在解决外部性问题上的功能及其优缺点。④波斯纳提出了事前安全规制和事后普通法责任规则之间的"替代性关系"，这一观点也体现在其于次年（1973年）出版的《法律的经济分析》一书中，"公共规制的两种方

---

① 张文显：《二十世纪西方法哲学思潮研究》，法律出版社2006年版，第206页。

② See Guido Calabresi and A. Douglas Melamed, "Property Rules, Liability Rules, and Inalienability: One View of the Cathedral", *Harvard Law Review*, Vol. 85, No. 6, 1972, pp. 1089-1128.

③ 参见［美］盖多·卡拉布雷西《事故的成本》，毕竞悦等译，北京大学出版社2008年版。

④ See Richard A. Posner, "A Theory of Negligence", *The Journal of Legal Studies*, Vol. 1, No. 1, 1972, pp. 29-96.

法——私人诉讼的普通法体系和直接控制的行政规制体系，要在结合不同环境进行权衡优劣后，才能作出制度选择"。① 随后，不同领域的法律学者开始探讨传统"命令—控制"式行政规制工具和普通法责任规则间的替代性关系，包括消费者保护、企业重大生产事故、交通事故、高科技工业风险以及环境保护等领域。这种替代性分析思路一直延续至今，只不过近期研究成果开始批判科斯主义者的普通法规制路径，并在不同假设条件下比较分析行政规制和普通法规则。

值得注意的是，替代性路径的分析思路并未在美国法上占据绝对的主导地位。自20世纪80年代始，以萨维尔、柏林斯基和爱泼斯坦为代表的学者，开始从互补性角度分析联合使用普通法责任规则和传统事前安全行政规制工具的可能性和必要性。学者一般论证的出发点是，普通法责任规则也具有相应的制度劣势，但其可以和事前安全规制工具实现优势互补。因此，在理论上建构一套互补性的分析框架并在实践中研究分析二者进行互补的最优合作规制条件，便成为很多学者的研究思路。② 从互补性分析框架的角度来看，最为系统性比较分析两种规制工具优劣势问题的学者当属萨维尔，他在1984年发表的两篇法律经济学文献中提出了对"事前安全规制工具"和"普通法责任规则"进行比较分析的系统指标，具体包括信息成本、加害人责任承担能力、受害人起诉动力以及执法成本。在萨维尔看来，普通法责任规则（即普通法侵权责任规制）在信息成本和执法成本方面具有优势，而普通法责任规则在受害人起诉动力和加害人责任承担能力方面存在缺陷，故应联合使用普通法侵权责任和事前安全规制工具。③ 萨维尔的理论分析框架在美国法学界产生

---

① 参见［美］理查德·A. 波斯纳《法律的经济分析》，将兆康译，中国大百科全书出版社1997年版，第483页。

② 参见宋亚辉《社会性规制的路径选择》，法律出版社2017年版，第25页。

③ See Steven Shavell, "Liability for harm versus Regulation of Safety", *Journal of Legal Studies*, Vol. 13, No. 2, 1984, pp. 357-374; Steven Shavell, "A Model of the Optimal Use of Liability and Safety Regulation", *Rand Journal of Economics*, Vol. 15, No. 2, 1984, pp. 271-280.

了广泛影响力，使得后续美国法学界对普通法侵权责任规则和事前安全规制工具（即"命令—控制"）二者之间的互补性分析，均以萨维尔的理论分析框架作为"基准模型"（benchmark）。① 1991年，罗斯-阿克曼继续采纳了萨维尔的比较分析指标体系，但阿克曼强调，这些差别仅体现的是行政规制工具和普通法责任规则在实施程序上的差异，而这两种规制工具在"实质标准"和"损益分配"方面，并不存在实质区别。②

此外，还有很多学者专注于从单一视角对两种规制工具的运行机制和实施效果进行对比分析，例如：第一，从信息和交易成本角度出发，认为事前规制和普通法责任工具间的权衡受到信息获取、保险和交易成本的影响，在这些因素影响下，有时联合使用两种规制工具可能是最佳选择；③ 第二，从普通法结构特征出发，认为普通法规则对于某些特殊性紧迫社会问题具有非效率特征，此时要运用行政规制工具；④ 第三，从规制俘获角度论证单纯依赖行政规制的不足，可以运用普通法责任规则来弥补该缺陷，普通法责任规则可以监督行政规制机关积极执法，降低其被俘获的风险；⑤ 第四，科斯坦、优伦和约翰逊则认为，普通法责任规则依托的司法控制在实施

---

① See Katharina Pistor, Chenggang Xu, "Incomplete Law: A Conceptual and Analytical Framework and its Application to the Evolution of Financial Market Regulation", *Journal of International Law and Politics*, Vol. 35, No. 4, 2004, p. 934.

② See Susan Rose-Ackerman, "Regulation and the Law of Torts", *American Economic Review*, Vol. 81, No. 2, 1991, p. 54.

③ See Donald Wittman, "Prior Regulation versus Post Liability: The Choice between Input and Output Monitoring", *Journal of Legal Studies*, Vol. 6, No. 1, 1977, pp. 193-211.

④ See Richard A. Epstein, "The Social Consequences of Common Law Rules", *Harvard Law Review*, Vol. 95, No. 8, 1982, pp. 1717-1751.

⑤ See Matthew D. Zinn, "Policing Environmental Regulatory Enforcement: Cooperation, Capture, and Citizen Suits", *Stanford Environmental Law Journal*, Vol. 21, No. 1, 2002, pp. 81-174.

方面具有不确定性，① 此时应当由行政规制工具弥补缺陷；② 第五，与前述学者的论证思路略有不同，施密兹并不预先假定或证明普通法责任规则的实施过程会因为特定缺陷因素的存在而发生失灵，例如：信息来源不足、起诉激励不足、加害人赔付能力有限等，而是从潜在加害人赔付能力并不相同的客观现实出发，论证联合使用行政规制和普通法责任规则的必要性。③

从"事前安全规制"和"普通法责任规则"两种规制工具之间的最佳合作规制条件来看，科斯坦、优伦和约翰逊的合作论文"Ex Post Liability for Harm vs. Ax Ante Safety Regulation：Substitutes or Complements？"和施密兹的"On the Joint Use of Liability and Safety Regulation"已经识别出了两种规制工具之间的最佳合作规制条件，即行政规制设定的潜在加害人谨慎行为标准应低于谨慎行为标准的社会最优水平（单独使用行政规制工具时），而不足部分由事后的普通法责任规则进行填补。④ 2007 年，吉斯特和达里-马蒂亚奇通过数学建模对前述学者达成的最佳合作规制条件进行解释，即将行政规制工具规定的谨慎行为标准设定在社会最优水平之下，并辅之以事后的普通法责任规则，这将不仅可以降低行政规制工具的信息成本、执法成本，还可通过事后责任追究确保潜在加害人实施符合社会最优

---

① 潜在加害人对法官是否判决其承担责任的预期不确定，进而导致加害行为人的实际谨慎行为标准可能高于也可能低于社会最优水平的谨慎行为标准。

② See Charles D. Kolstad, Thomas S. Ulen, Gary V. Johnson, "Ex Post Liability for Harm vs. Ax Ante Safety Regulation：Substitutes or Complements？", *American Economic Review*, Vol. 80, No. 4, 1990, pp. 888-901.

③ See Patrick W. Schmitz, "On the Joint Use of Liability and Safety Regulation", *International Review of Law and Economics*, Vol. 20, No. 3, 2000, pp. 371-382.

④ See Charles D. Kolstad, Thomas S. Ulen, Gary V. Johnson, "Ex Post Liability for Harm vs. Ax Ante Safety Regulation：Substitutes or Complements？", *American Economic Review*, Vol. 80, No. 4, 1990, pp. 888-901; Patrick W. Schmitz, "On the Joint Use of Liability and Safety Regulation", *International Review of Law and Economics*, Vol. 20, No. 3, 2000, pp. 371-382.

水平的谨慎行为标准。① 这种笼统宏观的条件设定并不利于对行政规制和普通法责任规则间的合作规制条件进行科学理解。实际上，早在2003年，皮斯特和许成钢便通过"不完备法律理论"对行政规制和事后责任规则二者间的合作规制分界条件进行了体系化的研究，只不过其用的法律术语是"剩余立法权（residual law making power）的分配"，即在"法律不完备"的现实背景下，将所有剩余立法权全部委托给法院并非永远正确的方案，基于普通法责任规则的法院执法往往超出或低于社会最优水平（这便是普通法责任规则的非效率性特征或不确定性问题），此时需要引入行政规制工具，但二者的边界如何确定？皮斯特和许成钢通过考虑选定的影响因素来分析剩余立法权的最优分配方案，这些因素包括法律的不完备程度、潜在违法行为的可标准化程度、负外部性或者预期损害的程度、事前完全行政规制的成本、社会变迁的速度以及事后立法的可接受程度。②

建立在上述分析框架上，美国环境法学者分别以不同指标考察了事前安全规制工具和普通法责任规则在环境规制问题上的互补性合作规制关系以及二者间的最佳合作规制条件。从互补性分析框架的角度来看，美国环境法学者在继续强调行政规制工具和普通法责任规则间仅存在实施程序差异的前提下，进一步完善了萨维尔的四个指标。梅内尔为比较分析侵权责任和行政规制工具的不同规制效果设计了一套客观的指标体系，具体包括：制度的发起程序、决策过程、行动阈值、结构、问题处理的思维、决策者、侧重点、信息来源、救济权和政治局限性。③ 值得注意的是，梅内尔将美国法上的

---

① See Gerrit De Geest, Giuseppe Dari-Mattiacci, "Soft Regulation, Tough Judges", *Supreme Court Economic Review*, Vol. 15, No. 1, 2007, pp. 119-140.

② See Katharina Pistor, Chenggang Xu, "Incomplete Law: A Conceptual and Analytical Framework and its Application to the Evolution of Financial Market Regulation", *Journal of International Law and Politics*, Vol. 35, No. 4, 2004, pp. 931-1013.

③ See Peter S. Menell, "The Limitations of Legal Institutions For Addressing Environmental Risks", *Journal of Economic Perspectives*, Vol. 5, No. 3, 1991, pp. 93-113.

有毒物质侵权和《超级基金法》规定的自然资源损害赔偿法律责任机制（特殊的侵权责任）纳入法律责任规则，并结合前述指标体系，认为其存在局限性。2002年，博耶和波里尼进一步从实施程序差异的角度，将梅内尔设计的比较分析指标体系精简概括为七个指标，具体包括：实施主体是私人还是公共权威机关、实施程序是诉讼还是标准固定和控制、实施效果是间接通过震慑效果来实现行为修正还是直接通过要求方式来修正行为、实施机制的机构是分权制还是集权制、实施的侧重点是诉讼中的当事方还是整体民众、实施机制中的决策主体是法官还是专家，以及实施机制是一种独立的规制程序还是受到政治压力影响的司法诉讼实施机制。① 值得注意的是，博耶和波里尼在有关实施主体的分类中特别提及责任规则的实施主体并不必然是私人当事方，也可能是公共机关。② 也有部分学者并未采取这种分类框架，而是提出了新的分析框架，如施罗德将比较分析的指标分为三个具体方面的问题：（1）程序方面的问题，行政规制通过公共过程和集体选择来决定环境质量水平，而不是侵权中的一系列个体化决定的集合；（2）救济方面的问题，行政规制寻求预防而非事后赔偿；（3）实体方面的问题，当前行政规制包括的环境质量水平不能通过当前的侵权法标准来实现，因为集体选择水平与侵权旨在实现的符合成本效益的环境质量水平并不相同。③

---

① See Marcel Boyer, Donatella Porrini, "The Choice of Instruments for Environmental Policy: Liability or Regulation?", in Timothy Swanson, ed., *An Introduction to the Law and Economics of Environmental Policy: Issues in Institutional Design*, Vol. 20, Elsevier Science Ltd., 2002, pp. 245-268.

② 这种分类方法在美国比较常见。萨维尔曾于1987年对规制工具进行了分类，包括私人发起的事前规制工具（如法院禁令等）、私人发起的事后规制工具（如普通法侵权责任）、公共或者说国家发起的事前规制工具（如"命令—控制"工具以及征收的税费等），以及公共或国家发起的事后规制工具（如对所致损害的罚款）。该分类随后为罗斯-阿克曼和希尔顿采纳、修正。

③ See Christopher H. Schroeder, "Lost in the Translation: What Environmental Regulation Does That Tort Cannot Duplicate", *Washburn Law Journal*, Vol. 44, No. 3, 2002, pp. 583-606.

最后，在承认了事前行政规制和事后责任规则两种规制工具的互补性关系后，学者也开始在假设条件下分析不同规制工具的最佳合作规制边界。英尼斯指出，在纯监管框架下，行政规制者必须监控污染者的预防水平和事故概率。比如说，如果规制者的执法成本表现出规模不经济或污染者的活动水平影响了污染事故的概率，则责任制度仍然是一个理想的补充方案。① 此观点为波霍尔和瓦格纳所赞同，他们认为，当环境污染的注意义务水平不可观察或难以执行时，可能需要共同使用行政规制和责任规则。② 希尔顿在对比分析普通法责任规则和行政规制工具后提出，普通法责任规则应在环境规制问题上占主导性地位，政府可为私主体提供信息来源，并在私人当事方不能胜任任务时作为最后手段的执行者。③

2. 普通法责任规则和法定责任机制之间的路径选择问题

在20世纪70年代以前，美国法体系中的联邦环境成文法极其少见，环境损害问题的处理也多归由普通法调整，适用普通法责任规则的主张便因此得到了很多学者的支持。④ 尽管理论研究支持将普通法责任规则应用于环境损害的规制问题中，但研究仅限于水污染和空气污染，并且美国的环境损害救济司法实践也并不乐观，例如：

---

① See Robert Innes, "Enforcement Costs, Optimal Sanctions, and the Choice between Ex-post Liability and Ex-ante Regulation", *International Review of Law and Economics*, Vol. 24, No. 1, 2004, pp. 29-48.

② See Bharat Bhole, Jeffrey Wagner, "The Joint Use of Regulation and Strict Liability with Multidimensional Care and Uncertain Conviction", *International Review of Law and Economics*, Vol. 28, No. 2, 2008, pp. 123-132.

③ See Keith Hylton, "When Should We Prefer Tort Law to Environmental Regulation?", *Washburn Law Journal*, Vol. 41, No. 3, 2002, pp. 515-534.

④ See Virginia F. Coleman, "Possible Repercussionsof the National Environmental Policy Act of 1969 on the Private Law Governing Pollution Abatement Suits", *Natural Resources Lawyer*, Vol. 3, No. 4, 1970, pp. 647-693; Julian C. Juergensmeyer, "Control of Air Pollution Through the Assertion of Private Rights", *Duke Law Journal*, Vol. 1967, No. 6, 1967, pp. 1126-1155; Leonard A. Miller, Doyle J. Borchers, "Private Lawsuits and Air Pollution Control", *American Bar Association Journal*, Vol. 56, No. 5, 1970, pp. 465-469.

发现自己土地遭受有害废弃物污染的土地所有人虽可以依据州的普通法规则提起诉讼，但该类诉讼从未被法院成功支持，[1] 而法院在其他环境领域问题中也并未采取支持原告的普通法规则解释方案。[2] 1970 年，萨克斯从政府环境决策（即行政规制工具）实施程序缺陷的角度，提出应以公民诉讼策略作为优化政府环境决策的辅助性工具，这不仅可以使环境决策更具有对整体民众关心问题的回应能力，也不会加重法院的负担。[3] 该观点获得同时期其他学者的广泛支持，如朱根斯梅耶认为，传统普通法概念过于局限和混乱，无法作为广泛私人环境诉讼的基础，而萨克斯建构的独立于传统普通法理论的私人诉讼理论（公共信托理论）直接揭示了普通法在处理环境保护问题上的无力。[4] 加之美国 1962—1970 年现代环境运动对政府不作为的"攻讦"，美国开始转向环境保护的政府规制干预，在 1970—1980 年通过国会立法完成了基本健全的以联邦环境成文法为基础的联邦环境规制结构。该阶段出台的多部联邦成文法（除《联邦杀虫剂、杀菌剂和灭鼠剂法》）均确立了以萨克斯公共信托理论为基础的自然资源损害赔偿制度，[5] 一定程度上反映了立法机关对普通法责任规则局限性的承认。

由此，不少环境法学者开始针对成文法确立的政府主导型法定责任机制（反应成本追偿和自然资源损害赔偿机制）和普通法责任规则这两种规制工具间的制度功效进行比较分析。实际上，这种对

---

[1] See Tom Kuhnle, "The Rebirth of Common Law Actions for Addressing Hazardous Waste Contamination", *Stanford Environmental Law Journal*, Vol. 15, No. 1, 1996, pp. 187-229.

[2] See Michael B. Hingerty, "Property Owner Liability for Environmental Contamination in California", *University of San Francisco Law Review*, Vol. 22, No. 1, 1987, pp. 31-40.

[3] See Joseph L. Sax, *Defending the Environment: A Strategy for Citizen Action*, New York: Knopf, 1971.

[4] See Julian C. Juergensmeyer, "Common Law Remedies and Protection of the Environment", *University of British Columbia Law Review*, Vol. 6, No. 1, 1971, pp. 215-236.

[5] See Barton H. Thompson, Jr., "The Continuing Innovation of Citizen Enforcement", *U. Ill. L. Rev.*, 2000, pp. 185-192.

比分析已经体现了本书的研究视角，因为美国环境成文法中的法定责任机制已不再是单纯的事前安全行政规制工具，而是一种行政机制和司法机制的混合。对于美国联邦成文法引入法定责任机制的做法，不同学者的看法并不一致，支持者有：1987 年，辛格蒂认为政府主导实施的法定责任机制有更高的可用性和效率，普通妨害法只能在场地清理中发挥支持作用。① 2014 年，阿贝尔科普从环境公共政策学的角度，以美国《超级基金法》为例分析法定责任机制的制度实效，并认为其是政府为弥补其他规制工具不足而引入的一种规制工具。② 而反对者主要是著名行政法学者斯图尔特教授，他认为使用侵权责任法（法定责任机制是一种特殊的侵权责任机制）解决公共自然资源损害是一件具有内在困境的事业，③ 未来发展应改用一种基于市场损害的计划性损害赔偿机制，或者尝试创设信托基金、征收税费，以及更加灵活地使用环境修复基金以作为替代或补充方案。④ 有学者不同意斯图尔特教授的观点，比如，鲍尔认为，针对侵权法律责任机制在解决环境损害问题方面的困境，应考虑修改现行成文法以使其更符合普通法的公共信托原则基础；⑤ 约翰逊认为，关键问题是联邦政府未能有效实施环境成文法的规定，而非法定责任机制本身存在问题。⑥

---

① See Michael B. Hingerty, "Property Owner Liability for Environmental Contamination in California", *University of San Francisco Law Review*, Vol. 22, No. 1, 1987, pp. 31-40.

② See Adam D. K. Abelkop, "Tort Law as an Environmental Policy Instrument", *Oregon Law Review*, Vol. 92, No. 2, 2014, pp. 381-469.

③ 这些困境主要包括：陪审团审判、受托人间的冲突、大量受托人导致分化、基线确定难题和因果关系确定难题以及如何保障专款专用等问题。

④ See Richard B. Stewart, "Liability for Natural Resource Injury: Beyond Tort", in Richard L. Revesz and Richard B. Stewart eds., *Analyzing Superfund: Economics, Science and Law*, 1995, pp. 219-222.

⑤ See James P. Power, "Reinvigorating Natural Resource Damage Actions through the Public Trust Doctrine", *N. Y. U Environmental Law Journal*, Vol. 4, 1995, pp. 418-448.

⑥ See Gordon J. Johnson, "Playing the Piper: Comments on Liability for Natural Resource Injury: Beyond Tort", *Alb. L. J. Sci. & Tech.*, Vol. 6, 1996, pp. 265-293.

但吊诡的是，自 1991 年加利福尼亚州上诉法院支持了土地所有人针对有害废弃物污染提起的损害赔偿妨害主张获赔 1300 万美元损害赔偿金后，越来越多的州法院支持了原告使用普通法诉因来解决有害废弃物污染索赔争端。事实上，普通法诉讼开始在有害废弃物污染问题和损害赔偿案件中发挥有效作用。[1] 同时，鉴于联邦环境成文法具有诸多未能震慑污染者和保护环境的原因，[2] 美国环境法学者开始探讨重新复兴普通法以规制环境损害问题的可能性。2002 年，希尔顿认为当前美国环境法过于依赖成文法导致了其对普通法的适用限制，而普通法责任（即过失法）相较于行政规制在处理地方性信息和执法激励措施方面具有优势。[3] 同年，施罗德分析了普通法责任和行政规制在程序、救济和实体内容三方面的区别后得出结论：即使普通侵权法不符合行政规制的现代环境目标——不使用公共过程进行环境质量决策，但在处理部分环境问题时比行政规制更有优势。[4] 2007 年，扎内茨基和汤姆森提出，联邦环境法中的法定责任机制会因为联邦政府的预算限制以及不同届政府执法的不连贯性，导致环保署难以有效约束可能的污染者并修复受损生态，并且反应成本机制也面临着成本支出过大的难题。因此，他们建议重新启动州普通法责任规则（包括进行一些适当的修正），因为其不仅实现赔偿受害人的目的，还可以促进受损自然资源或

---

[1] See Tom Kuhnle, "The Rebirth of Common Law Actions for Addressing Hazardous Waste Contamination", *Stanford Environmental Law Journal*, Vol. 15, 1996, pp. 187-229.

[2] See Jason J. Czarnezki, "Shifting Science, Considered Costs, and Static Statutes: The Interpretation of Expansive Environmental Legislation", *Virginia Environmental Law Journal*, Vol. 24, 2006, p. 434.

[3] See Keith Hylton, "When Should We Prefer Tort Law to Environmental Regulation?", *Washburn Law Journal*, Vol. 41, No. 3, 2002, pp. 515-534.

[4] See Christopher H. Schroeder, "Lost in the Translation: What Environmental Regulation Does That Tort Cannot Duplicate", *Washburn Law Journal*, Vol. 44, No. 3, 2002, pp. 583-606.

土地的及时恢复。① 同年，克拉斯指出普通法应对过失和妨害概念进行重新界定，以吸收联邦和州的环境法律，并更好地利用行政机构开发的大量信息和专业知识来确定和量化对公共健康和环境的危害。② 2016年，爱泼斯坦将美国环境法系统性忽视普通法责任带来的不利后果总结为两种极端后果，即"太多的污染事件被设定为需要被容忍的事件；在没有污染的情况下，对土地使用施加了过多限制"③。总之，不少学者开始重申普通法在环境规制上的适用潜力，但也强调需要结合环境问题的特殊性进行适度修正。

与学界就行政规制和普通法责任规则之间进行的互补性关系分析以及在假设条件下探讨最佳合作规制边界的做法相似，一些学者也对法定责任机制和普通法责任规则间的合作规制进行了研究。1996年，库勒认为，国会可以修正《超级基金法》将责任和损害问题交由州法院依照普通法规则处理，使联邦政府继续履行法院不能履行的任务——管理和监测清理活动。至少，《超级基金法》不应该取消普通法损害赔偿主张的平行适用可能性；④ 2002年，亚伯拉罕主张在联邦和州清理活动机制外，允许平行的私人普通法侵权诉讼；⑤ 2011年，莱瑟姆、施瓦兹和阿佩尔通过系统研究环境法和侵

---

① 需要修正的问题包括：法院的环境科学能力不足、原被告聘请专家证人的成本高昂以及损害赔偿基金可能不被用于环境恢复等。See Jason J. Czarnezki, Mark L. Thomsen, "Advancing the Rebirth of Environmental Common Law", *Boston College Environmental A airs Law Review*, Vol. 34, No. 1, pp. 1–35.

② See Alexandra B. Klass, "Common Law and Federalism in the Age of the Regulatory State", *Iowa Law Review*, Vol. 92, No. 2, 2007, pp. 545–600.

③ See Richard A. Epstein, "From Common Law to Environmental Protection: How the Modern Environmental Movement Has Lost Its Way", *Supreme Court Economic Review*, Vol. 23, No. 1, 2016, pp. 141–167.

④ See Tom Kuhnle, "The Rebirth of Common Law Actions for Addressing Hazardous Waste Contamination", *Stanford Environmental Law Journal*, Vol. 15, 1996, pp. 187–229.

⑤ See Kenneth S. Abraham, "The Relation Between Civil Liability and Environmental Regulation: An Analytical Overview", *Washburn Law Journal*, Vol. 41, No. 3, 2002, pp. 379–398.

权法之间的关系，尝试为环境法中的法定责任机制和普通法侵权责任在环境规制方面划定一条边界线——环境法不能扭曲普通侵权法规则的基础。但莱瑟姆、施瓦兹和阿佩尔将普通侵权法规则限定于因环境媒介作用所致传统损害，故其结论能否扩展适用于生态损害仍然存疑。①

总之，由于联邦环境成文法为生态损害确立了特殊的法定责任机制，很多环境法学者开始针对法定责任机制和普通法责任规则之间的制度成效展开比较分析。其中，学者一般多以美国《超级基金法》作为具体的分析实例。

3. 公共实施机制和私人实施机制之间的路径选择

美国环境法学者还会从规制工具实施主体的角度将环境规制工具区分为公共实施和私人实施，然后展开比较分析。自 20 世纪 70 年代起，美国学界开始关注法律的具体实施过程，并掀起了一场比较分析法律公共实施和私人实施的研究热潮，这场热潮的开端是贝克尔和斯蒂格勒于 1974 年发表的论文 "Law Enforcement, Malfeasance, and the Compensation of Enforcers"。贝克尔和斯蒂格勒以罚款为研究对象，并提出通过罚款的私人竞争性实施机制（第一个发现和报告违法行为的个体或公司获取罚款）也可以得到通过最佳公共实施水平实现的实施结果。但由于公共实施过程中存在公共渎职问题，他们建议采纳私人实施。② 随后，在 1975 年 "The Private Enforcement of Law" 中，兰德斯和波斯纳进一步通过分析私人实施相较于公共实施的效率特征得出结论，私人实施可以存在，但私人的垄断性实施相较于公共实施会导致过度实施的结果——垄断性实施

---

① See Mark Latham, Victor E. Schwartz, Christopher E. Appel, "The Intersection of Tort and Environmental Law: Where the Twains Should Meet and Depart", *Fordham Law Review*, Vol. 80, No. 2, 2011, pp. 737-773.

② See Becker Gary S., George J. Stigler, "Law Enforcement, Malfeasance, and the Compensation of Enforcers", *Journal of Legal Studies*, Vol. 3, No. 1, 1974, pp. 1-18.

水平会低于竞争性实施的实施水平。① 1980 年,波隆斯基探讨了罚款的公共实施和私人实施,并得出结论,任何法律实施方法都可能在社会上更可取,这取决于每种方法的成本及外部损害的严重程度。② 伴随着学界对私人实施相较于公共实施效率特征研究的开展,肇始于 19 世纪美国反垄断商业规制问题的私人执法开始不断在美国法领域中成为一种基本的法律实施方法。③ 有学者针对美国法中的法律私人实施传统做出如下总结:其一,赋予私人以普通法索赔权利,以便于其起诉,如长臂管辖、集体诉讼、信息自由、风险代理费、惩罚性赔偿和民事陪审团审理权等,被称为"民事私人权利的聚宝盆";其二,在民事责任中授予原告主张惩罚性赔偿的索赔权利,在损害填补之外制裁被告的故意或重大过失的行为;其三,任何公民均可提起针对政府机关或加害人危害行为的公民诉讼。④

美国法学界对法律公共实施和私人实施的比较分析,主要集中于二者间各自制度优劣势的对比分析,以及如何对二者进行划界的问题。

对于前者,科恩和罗宾于 1985 年提出,即便是良好的行政规制政策也难以产生有效结果,因为良好的政策必须通过一系列详细的规则和程序来实施。由于政府执法人员缺乏充分的激励去考量法律实施中的社会成本和收益,因而公共政策的实施是没有效率的。作为替代选择,规制政策的有效实施,可通过转移法律实施权来实现,即将法律实施权授予给私人,他们有充分的激励来实施法律。以环

---

① See William M. Landes, Richard A. Posner, "The Private Enforcement of Law", *Journal of Legal Studies*, Vol. 4, No. 1, 1975, pp. 1-46.

② See A. Mitchell Polinsky, "Private versus Public Enforcement of Fines", *Journal of Legal Studies*, Vol. 9, No. 1, 1980, pp. 105-127.

③ 如美国的证券法、消费者保护法、民权法、反托拉斯法和环境法领域。See Paul D. Carrington, "The American Tradition of Private Law Enforcement", *German Law Journal*, Vol. 5, No. 12, 2004, pp. 1413-1429.

④ See Paul D. Carrington, "The American Tradition of Private Law Enforcement", *German Law Journal*, Vol. 5, No. 12, 2004, pp. 1413-1429.

境政策为例，他们认为，从公共执法转向私人执法有三个优点：（1）私人一般比公共机关的运行更有效率；（2）选择正确的诉讼当事人比选择有效的结果要容易得多，如果政府将注意力集中于给当事人创设一个产权，并赋予当事人以适当的经济利益，那么有效率的规制结果就会出现；（3）最重要的是，若私人执法者被创设了适当的激励机制，则利益的驱动将会导向有效的规制结果。① 2005 年，斯蒂芬森也从三个角度对私人执法的优势进行了分析，具体包括：（1）私人执法可以提供更多的执法资源，并促进更有效地分配公共资源；（2）私人执法诉讼可对行政权威机构进行监察，防止他们逃避责任；（3）私人执法诉讼可促进法律创新（无论是以新颖的法律理论，争议解决的创造性方法，还是新的调查和证明技术的形式），为行政权威机构提供的具有创新意义的诉讼策略与和解技巧。但斯蒂芬森也同时指出了私人执法活动可能存在的问题。②

对此问题做出最系统研究的当属伯班克、法尔杭和克利策，他们认为相对于法律公共实施，私人实施具有以下优势：（1）增加用于发起法律实施行动的资源；（2）将监管成本从政府预算转移到私营部门；（3）充分利用私人信息来监测违规行为；（4）鼓励法律和政策创新；（5）发出明确一致的信号，违法行为将被起诉，为违反行政执行制度的风险提供保险；（6）限制官僚机构在经济和社会中进行直接和明显干预；（7）促进参与性和民主治理。但私人实施也存在很多局限：（1）赋予缺乏政策专长的法官制定政

---

① See Mark A. Cohent, Paul H. Rubin, "Private Enforcement of Public Policy", *Yale Journal on Regulation*, Vol. 3, No. 1, 1985, pp. 167-193.

② 私法执法存在的问题包括：（1）私人行动权可能导致执法水平低下，造成司法资源的浪费，并导致对社会有益活动的过度威慑；（2）私人执法行动可能直接干扰公共执法工作，扭曲政府执法的优先事项，破坏监管机构与受监管实体之间的合作关系——这通常是实现法定目标的必要条件；（3）私人执法行动引起了对执法者民主问责的担忧，因为私人原告没有像行政官员那般受到选票的限制。See Matthew C. Stephenson, "Public Regulation of Private Enforcement: The Case for Expanding the Role of Administrative Agencies", *Virginia Law Review*, Vol. 91, No. 1, 2005, pp. 93-173.

策的权利；（2）倾向于让法院产生不一致和矛盾的学说；（3）通过先行于行政规则制定，削弱行政国家制定连贯一致的监管方案的能力；（4）篡夺实施裁量权；（5）阻碍与监管机构的合作和自愿遵守；（6）削弱立法和行政部门对政策执行的监督；（7）缺乏民主合法性和问责制。① 三位作者通过分析法规数据对不同领域法律的私人实施和公共实施机制，还有二者混合的实施机制进行了比例统计，使得该研究极具实证价值。但伯班克等人的研究预先假定立法者采纳私人实施作为法律实施机构的必要性，然后从起诉的经济动机角度分析了如何设计实施机制的启动主体以及实施激励机制的问题，这种方法并未就二者间的合作实施机制进行探讨，存在不足。

2002 年，巴思提出，私人实施可进一步划分为受害人私人实施、混合私人实施以及公共物品私人实施，而环境法私人实施（即公民诉讼）一般被归于公共物品私人实施中。巴思进一步指出，不同类型的私人实施结构在优劣势上并不相同。他以为公共规制者提供有益资源作为区分不同私人实施机制优劣的标准，② 结论是公民诉讼为公共规制者提供有益资源的能力最弱。同时，巴思也总结了私人实施的不足之处：（1）私人实施（尤其是公共物品型私人实施）会给潜在加害人企业带来困难，导致这些企业支付过多成本以应付私人调查和诉讼，有时是不必要的成本支出；（2）私人诉讼会干扰规制活动。它会吸收行政规制机关的资源，因为行政规制机关要对私人实施诉讼进行审查、检测，并在必要时予以指导等。私人诉讼可能会影响规制者对受规制行业制定决策的灵活性规制能力。③ 此

---

① See Stephen B. Burbank, Sean Farhang & Herbert M. Kritzer, "Private Enforcement", *Lewis & Clark Law Review*, Vol. 17, No. 3, 2013, pp. 637—722.

② 有益资源包括进行违法调查的资源以及从加害人内部获得违法信息的资源。

③ 例如，私人实施司法行动也可能使规制机构更难说服工业界进行自我规制，因为私人实施机制中的原告可以使用行业制定的准则来确定责任。

外，私人实施可能会催生对公共监管机构而言的有害先例;[①]（3）私人实施也会给司法制度带来困难，因为公民诉讼可能导致大量私人诉讼行动，消耗稀缺性的司法资源，延误司法机关对其他事务的裁决，并可能导致对司法系统的不尊重。[②]

此外，还有很多学者将注意力集中于如何确定法律公共实施和私法实施之间的最佳合作条件问题。伯班克、法尔杭和克利策曾于2013年指出，"在公共执法和私人执法之间的选择"并不直接对应着"在强法律实施和弱法律实施之间的选择"。[③] 随后，三位学者将法律实施区分为三种，即公共实施、私人实施和混合实施机制。斯蒂芬森也曾指出，决定是否授权私人来实施法律主要取决于具体情境的判断，这一具体情境指的是"关于私人诉讼对执行特定法定责任机制的可能影响"。[④] 但这种研究过于简单，很难起到对实践的指引作用。格洛弗于2012年提出了一种将私人实施融入公法规制的"概念框架"，为立法者应在何种情形下引入私人实施提供了原则性的指导标准：（1）将实施机制分配给拥有更多信息的主体；（2）将私人实施定位为救济空白和救济过度的情况；（3）对无法通过事前规制预防进行避免的损害，立法者应保留私人提起索赔的权利；

---

① 例如，私人实施引起的诉讼几乎肯定会约束那些采用相同或类似行为以及理论原因的监管机构。因此，无能力、过度工作或缺乏经验的私人律师，其寻求的利益可能偏离公共利益，可能会产生限制政府规制机构的不利先例。并且，这些先例不仅对公共监管机构产生约束力，也会使规制者失去制定新法律的机会。

② See Stephen B. Burbank, Sean Farhang & Herbert M. Kritzer, "Private Enforcement", *Lewis & Clark Law Review*, Vol. 17, No. 3, 2013, pp. 637-722.

③ 因为，相比具有强大的正式权力、充足的资源以及致力于强有力法律实施的行政权威机关，具有有限资源和激励机制的私人执法制度可能会产生更弱的法律实施水平。相反，强有力的私人法律实施机制可以比具有适度权力、资源不足或行政权威机关不愿意大力实施法律的公共机构产生更强有力的法律实施。

④ See Matthew C. Stephenson, "Public Regulation of Private Enforcement: The Case for Expanding the Role of Administrative Agencies", *Virginia Law Review*, Vol. 91, No. 1, 2005, pp. 93-173.

(4) 在公共规制失灵时提供私人实施机制。① 随后,克洛普顿提出,我们无法脱离冗余问题来谈衡量法律实施的成本和收益,并构建更完善的法律实施机制体系。② 克洛普敦以公共政策学中的"冗余理论"探讨了法律实施中的冗余问题,并试图结合美国实践得出解决方案。但该研究仅是起点,对于如何理解法律实施中的冗余问题并在冗余现实的基础上划定公共和私人实施的边界问题,仍有待深入研究。

4. 关于美国生态损害法律责任实施机制研究成果的总结

综观美国学术界的研究成果可以发现:(1) 美国法学界关于生态损害救济规制工具路径选择的研究主要沿袭两个维度,一是从事前安全行政规制工具和事后责任规则(主要是普通法责任规则)的角度探讨生态损害的最佳规制工具,二是从法律执行的角度对法律的公共实施和私人实施进行对比分析。但随着20世纪70年代美国联邦环境成文法运动不断确立起法定责任机制,为美国法学界注入了一种新的规制工具路径选择研究方向——比较分析传统普通法责任规则和法定责任机制在救济包括生态损害(主要指向污染场地损害)在内之环境损害问题上的制度成效。然而,很少有学者直接对生态损害法律责任的行政机制和司法机制进行制度效益方面的比较分析。(2) 法律责任不同实施机制间的制度优劣比较,实际上也是一种路径选择问题。尽管美国法学界很少对其进行直接研究,但如前文所述,其建立起的具有开放性的理论比较分析框架对于比较分析生态损害法律责任不同实施机制,具有可适用性。该分析框架内的具体参考指标众多,根据已有研究成果可知,包括但不限于以下因素:信息成本、执法成本、起诉激励、加害人责任支付能力、加

---

① See J. Maria Glover, "The Structural Role of Private Enforcement Mechanisms in Public Law", *William & Mary Law Review*, Vol. 53, No. 4, 2012, pp. 1137–1217.

② See Zachary D. Clopton, "Redundant Public–Private Enforcement", *Vanderbilt Law Review*, Vol. 69, No. 2, 2016, pp. 285–332.

害人被发现违法并被定责的可能性、不确定性、加害人自身的财富不均现实、法律规则的不完备化程度、法律传统、预期损害的发生概率与规模、规制俘获、逆向选择、道德风险以及法制传统、加害行为的可标准化程度等。值得注意的是，以上因素绝非全部，随着研究的深入，可能会揭示出来更多的指标，这将为本书研究提供理论基础。本书将在既有研究基础上，设定适合中国国情的指标体系，进一步分析这些因素对于确定生态损害法律责任实施机制的不同影响。(3) 不同学者基于不同研究视角，从路径选择角度对生态损害规制工具进行了研究，所得结论也略有不同。但是，可以肯定的是，以行政机关为主导实施的事前安全规制和事后责任规则，相较于司法机关主导实施的事前禁令工具和事后法律责任规则，并非始终占据优势，二者在不同情境下会存在不同的优劣势。为探寻最佳的规制路径，有必要在理论上对这里的不同情境进行探讨。

(三) 关于欧盟及其成员国生态损害法律责任实施机制的研究

欧盟自20世纪90年代启动生态损害救济立法以来，[①] 有关生态损害法律责任实施机制的研究随之成为欧盟环境法学界的研究重点，近几年研究成果较为突出。从既有成果来看，欧盟环境学界的研究多偏向于实证和比较法研究，实证研究偏重于欧盟层面生态损害责任立法及其向成员国国内法转化适用过程中出现的问题，而比较法多侧重于欧盟成员国之间以及与美国法之间的比较。形成如此偏向实证研究的学术风格，是因为欧盟生态损害法律责任立法尚处于立法调适期，如何更好地调整立法规则以适应生态损害问题，是现阶段的研究重点。总体上来看，欧盟层面关于生态损害法律责任实施机制的研究大体上可分为两个阶段，其一，在欧盟考虑采用环境责任行政实施机制以前，欧盟环境法学者多集中于论述将传统民事责

[①] 欧盟及其成员国关于生态损害的概念用语并不一致，为保证行文用语一致，本书统称为生态损害。

任（司法机制）引入欧盟环境损害立法的必要性、可行性以及对传统规则的必要修正问题；其二，在2003年欧盟开始从法律责任司法实施机制转向行政实施机制（或者说公法方法）的同时，大批欧盟环境法学者开始论证行政实施机制的可行性和制度优越性，时而略论及其与法律责任司法实施机制之间的制度成效对比分析。以下针对这两阶段的研究成果作简要总结：

其一，研究欧盟环境法律责任司法实施机制的理论成果。1995年，阿克曼对欧盟层面尝试引入统一民事责任规则用以救济生态损害的立法进程进行简要总结后，着力分析了美国普通法侵权责任和法定责任机制间的关系以及美国的公民诉讼制度，并最终得出要进一步修正欧盟生态损害民事责任规则的建议。① 次年，波佐运用法律经济学的知识比较分析了过失责任原则和严格责任原则在救济环境损害问题（包括生态损害）上的制度效益，并最终以《卢加诺公约》、1993年《欧盟环境损害救济绿皮书》、德国《环境责任法》及其《环境法典（草案）》、奥地利《环境民事责任法》为例，研究了欧盟及部分成员国的生态损害民事责任问题，最终得出结论，严格责任原则相较于过失责任原则更适合于救济生态损害。② 随后，2001年，英国学者玛丽亚·李提出，民事责任是环境规制工具的重要组成部分，但其以私人利益保护为前提的局限性并不利于立法者将其作为环境公共利益规制工具。但这种民事责任工具的局限性并非不可缓和，可以通过修正法律责任规则以适于救济生态损害问题。随后，玛丽亚·李以欧盟白皮书中的环境责任为例探讨了创立新环境民事责任机制的可行性。③ 这一阶段的研究成果，多支持欧盟将生

---

① See Susan Rose-Ackerman, "Regulation and the Law of Torts", *The American Economic Review*, Vol. 81, No. 2, 1991, pp. 54-58.

② See Barbara Pozzo Zanchetta, "The Liability Problem in Modern Environmental Statutes", *European Review of Private Law*, Vol. 4, No. 2, 1996, pp. 111-144.

③ See Maria Lee, "From Private to Public: The Multiple Roles of Environmental Liability", *European Public Law*, Vol. 7, No. 3, 2001, pp. 375-397.

态损害法律责任界定为民事责任,并修正民事责任在救济生态损害问题方面的局限性。目前,这种支持运用民事责任来救济生态损害的主张仍存在,如韦尔德强调,"环境侵权责任可以也应当成为救济生态损害的有力制度工具",且其比较分析了环境规制和侵权责任之间的制度功能差异。① 由此可知,此阶段学者关注的是生态损害法律责任的民事责任属性,并未明确论及司法实施机制。

其二,以2003年6月《欧盟环境责任指令(草案)》的发布为契机,欧盟环境法学者开始转向对生态损害法律责任行政实施机制的研究。2003年,罗伯特·李以《欧盟环境责任指令(草案)》为例,并结合欧盟之前的1993年《欧盟环境损害救济绿皮书》、2000年《欧盟环境责任白皮书》分析了欧盟生态损害法律责任实施机制从司法机制向行政机制的转变,以及《欧盟环境责任指令(草案)》中所规定的有关生态损害法律责任行政实施机制的具体内容。② 2005年,有学者分析了公法、私法在救济生态损害问题上的功能界限,他们强调民法的基本任务是划定个人权利保护的领域,其目的是保护个人权利,但生态损害通常或至少部分涉及超越个体的损害(如生物多样性、非使用价值的损害);公法以其抵御危险和替代执行的手段似乎更适合提前避免危险或在自然资源遭受损害的情况下提供直接性的救济。③ 但这些学者并未直接论及生态损害法律责任的实施机制问题。2010年,玛丽亚·李以2000年《欧盟环境责任白皮书》和2004年《欧盟环境责任指令》为例分析了环境责任在

---

① See Mark Wilde, *Civil Liability for Environmental Damage: Comparative Analysis of Law and Policy in Europe and the US*, Second edition, Zuidpoolsingel: Kluwer Law International, 2013.

② See Robert Lee, "EU Proposals on Environmental Liability: from a Private to a Public Law Framework", *Journal of Business Law*, 2003, pp. 180-191.

③ See J. Kokott, A. Klaphake, S. Marr, "Key Elements of a Liability Regime Taking into Account Ecological Damage", *Journal for European Environmental & Planning Law*, Vol. 3, No. 4, 2005, pp. 277-286.

环境规制工具体系中的地位，以及环境责任和侵权法、行政规制之间的关系，并强调了法律责任对于实现生态损害救济目标的重要性。此时，玛丽亚·李强调的环境责任已不是传统的环境民事责任，而是一种环境法律责任的公法实施方式或者说行政方式。① 此外，早在1999年，拉尔森就以美国污染场地法律责任机制以及自然资源损害法律责任机制为例，探讨了运用行政法来救济生态公共利益的问题。②

欧盟层面立法经历了从20世纪90年代对建立统一生态损害民事责任立法向构建统一生态损害法律责任行政实施机制转变的过程，并最终以2004年《欧盟环境责任指令》确立了生态损害法律责任的行政实施机制。对此行政实施机制负有转化义务的各国在转化方法上享有自由裁量权。但指令的目的不是要替代各国原有机制发挥作用。由此，各国在转化指令的过程中，便需要解决一个关键难题，即如何将指令中生态损害法律责任行政实施机制与本国的已有实施机制进行融合和协同的问题。可以说，欧盟生态损害法律责任行政实施机制会对成员国的立法行动产生两方面的影响，其一，对各国传统生态损害法律责任行政实施机制的影响；其二，对成员国原有生态损害法律责任司法实施机制（民事责任）产生影响。诚如有学者所言，尽管指令并不涉及民事侵权责任，但这种关于环境法律责任的行政实施机制（公法实施方案）会影响各国的传统民事责任。③ 具言之，指令并未明确排除民事责任适用的可能性，故其适用范围外的其他损害类型和损害阈值外的损害也存在适用原有环境损害法律责任实施机制的可能性。各成员国在决定国内生态损害法律

---

① See Maria Lee, "Tort, Regulation and Environmental Liability", *Legal Studies*, Vol. 22, No. 1, 2010, pp. 33-52.

② See Marie-Louise Larsson, *The Law of Environmental Damage: Liability and Reparation*, Leiden: Brill, 1999.

③ See Juris Endre Stavang, "Two Challenges for the ECJ When Examining the Environmental Liability Directive", *Environmental Liability*, No. 5, 2010, pp. 198-201.

责任实施机制的选择时，便至少有三项可能选择：第一，大范围适用行政实施机制而排除适用司法机制，如英国；第二，在转化指令项下行政实施机制的同时，保留原有民事责任（司法机制）对生态损害的间接救济功能，如德国；第三，在转化指令中行政实施机制的同时，积极发展民事责任（司法机制），如法国、荷兰。关于各国在转化指令时如何定位和协调不同机制之间关系的问题，散见于欧盟委员会对《欧盟环境责任指令》的审查报告和各国环境法学者的研究成果中。

总之，在生态损害法律责任实施机制选择的议题上，欧盟环境法学者尚未就此展开全面的系统性研究，仅有部分学者略有涉及路径选择之问题。

四 研究分析框架

美国联邦最高法院大法官布雷耶曾于2008年出版的《规制及其改革》一书中就如何选择最佳规制方案作过论述："任何公共规制方案均建立在一个基本的原理之上：确立规制目标；考察实现这些目标的备选方法；选择实现这些目标的最佳方法。"[①] 该理论分析框架已被国内经济法学者应用于探讨社会性规制路径选择的相关研究成果中，[②] 其也同样可作为本书的基本分析框架。依据前文理论分析框架，本书结构安排分为三个部分：第一，确定生态损害法律责任的基本目标——以最低制度成本实现生态损害补救；第二，考察生态损害法律责任实施机制的两种备选方案，包括行政实施机制和司法实施机制；第三，通过对比分析得出可以实现生态损害法律责任目标的最佳实施机制选择，即如何在实施机制备选方案之间进行选择。下文将对前述理论分析框架的三个核心要素作进一步的阐释。

---

① ［美］史蒂芬·布雷耶：《规制及其改革》，李洪雷等译，北京大学出版社2008年版，第8页。

② 参见宋亚辉《社会性规制的路径选择》，法律出版社2017年版，第25页。

(一) 确立生态损害法律责任的基本制度目标

人类对生态系统服务功能价值的认知不断发生转变，从之前仅强调生态、环境所能提供的直接经济利用价值，转向侧重更为间接性的审美、娱乐等间接使用价值，乃至生态、环境作为存在物本身具有的伦理价值。然而，人类对自然资源或生态、环境的利用并不能做到完全无害，相反，自然资源匮乏、生态环境恶化是人类现代文明的副产品，其会通过负反馈机制反向影响人类健康。并且，更为关键的是，只要人类社会想要维持生存、发展，这种对生态、环境造成损害的可能性便无法被完全消除。不可消除并不代表不可降低其风险或损害规模，也不代表不能对现实损害进行恢复、修复。正是为了回应此问题，诞生于现代社会的环境法成为人类社会控制生态损害风险及其所致损害的重要工具。对生态损害发生风险和损害的防止，实际上强调的是一种预防式救济，这是第二代环境法关注的重点，与第一代环境法关注事后末端治理不同。此外，第二代环境法还强调在生态损害切实发生后采取相应预防措施以防止损害的进一步扩大，并同时兼及生态损害的事后填补（实质上是修复）。可以说，生态恢复理念在当代环境法中的发展，[①] 促使人们开始反思第一代环境法确立的末端治理思路，强调对受损生态环境的"恢复原状"或"完全赔偿"。但这种生态修复不可能是完全修复，不仅是因为它们都是内生性风险的直接后果抑或当前环境修复技术的不足，更是由于生态环境的系统性、复杂性特征可能会导致极其高昂的生态修复成本。姑且不论人们是否有必要"完全恢复/赔偿"生态损害以及环境修复技术是否可行，其在实践中也可能导致一种收益和成本不相称的问题，毕竟人类社会的发展不只有生态损害问题，

---

① See David M Martin, "Ecological Restoration Should be Redefined for the Twenty-first Century", *The Journal of the Society for Ecological Restoration*, No. 9, 2016, pp. 1–6; Benjamin J. Richardson, "The Emerging Age of Ecological Restoration Law", *Review of European Community & International Environmental Law*, Vol. 25, No. 3, 2016, pp. 277–290.

还有诸多事关生存发展的教育、民生、贫穷等问题亟待解决。

事实上，旨在补救（包括修复/赔偿）生态损害的法律责任也不可能在理论上实现对受损生态、环境的"完全恢复或赔偿"，实践中的科学技术水平和成本效益会约束生态损害法律责任补救功能的完全实现。这是因为，即使在理论上可以通过生态损害法律责任实现对生态损害的完全填补，但法律责任本身的实施也是有成本的。因此，我们可以也应当将生态损害法律责任的制度目标界定为"以最低的制度成本实现生态损害法律责任旨在补救受损生态环境的目标"。套用制度经济学的概念范畴，其定义应为：为实现生态损害法律责任目标而付出的边际实施成本应等于因此而获得的相应边际效益（即损害填补目标的实现程度）。其中，成本包括制度设计、制度实施和在制度失灵时进行矫正三项子成本，收益则是指对受损生态的救济（直接目标），包括修复和赔偿两种形式。由此，生态损害法律责任的基本制度目标可以具体化为——设计并选择最佳的实施机制方案，确保以最低成本（前述三种成本之总和）实现最大化的生态损害救济收益——受损生态之最富效益的"完全"修复。实际上，如果假定现实的世界是信息完备的世界，则不同实施机制均可负担起实现生态损害法律责任的目标，即修复受损生态至原有状况或法律要求的状态。但现实世界中的信息并不完备，导致实施机制的成本不同。鉴于此，不同实施机制的制度实施成本应当成为制度选择的准据，即立法者应选择制度实施成本较低的生态损害法律责任实施机制。

（二）考察生态损害法律责任实施机制的备选方案

确定生态损害法律责任实施机制的备选方案，是构建最佳生态损害法律责任实施机制的重要前提。尽管对生态损害进行事后法律救济的工具种类多样，可能包括非法律化的社会规范、事前规制，以及法律责任规则，但结合本书选题（如何使用最佳的法律责任规则来救济生态损害），我们需要首先推定适用法律责任作为生态损害救济的规制工具，不将其与其他两种制度工具（非法律社会规范和事前性行政规制工具）进行比较。纵观国外立法经验，生态损害法律责任可以被分别置于公法体系中或私法框架内，二者虽具有相同的实体规范内容，但彼此的实施程序存在本质差异。具言之，生态损害法律责任如果是公法责任，则其实施机制可以是行政机制也可以是司法机制，而如果是私法责任，则其实施机制只能是司法机制。行政机制和司法机制的主要区别在于：行政机制依托于行政执法程序，既可以是传统的高权行政命令，也可以是协商行政背景下的行政磋商，但无论是哪种程序，其核心特征是由行政机关对有关生态损害法律责任是否成立、责任范围如何以及责任如何在多个责任人间进行分担的问题享有首次判断权；而司法机制，强调的是将有关生态损害法律责任的成立、责任范围和责任分担等具体问题的首次判断权赋予司法机关。换言之，在司法机制中，行政机关不再作为责任决策主体（但仍可能是启动主体），其仅起到一种辅助功能。关于这两种法律责任实施机制的原理、内容和实施程序等内容，本书第三章有详论。

（三）选择最佳的生态损害法律责任实施机制

在确立了基本的生态损害法律责任目标以及备选的法律责任实施机制方案之后，本书的研究任务便是要在比较两种法律责任实施机制优劣势的基础上，选择一种最佳的实施机制。从理论上看，可能的结果是单一的行政机制或者司法机制，也可能是经过调适的"第三条道路"，即融合行政机制和司法机制的混合型法律责任实施机制。实际上，最佳生态损害法律责任实施机制的选择与法律责任的目标是相契合的，因为生态法律责任的制度目标是以最低的成本来实现最有效的生态损害救济效益，此处成本不仅包括实施方案的制度设计和制度实施成本，也包括机制失灵时的矫正成本。然而，成本和效益两个要素若同为变量，势必无法进行比较，因此我们假定两种实施机制的效益为恒量，即两种实施机制在完全信息世界中可以获得同样的制度效益。由此，本书实际上需要比较分析的便是两种机制的制度实施成本，即生态损害法律责任行政实施机制和司法实施机制在确保相同生态损害之救济效益过程中的制度成本大小。

换言之，本书关键任务就在于判断何种实施机制能以更低制度成本实现最大化的生态损害救济效益（即最大限度地将受损生态环境恢复原状、赔偿全部损失），进而选择理想的实施机制。

五 研究思路和方法

如何选择最佳的生态损害法律责任实施机制？行政机制和司法机制代表的是两种不同的责任规则实施思路：将相应法律责任规则的启动实施权交由公权力机关还是私人，将相关损害问题和法律责任规则适用之首次判断权交由行政机关还是司法机关？这是两种法律责任实施机制的显著不同之处。但无论是何种法律责任实施机制，其关于法律责任的设定标准（即法律责任的成立和具体责任的范围）均应当以能够符合生态损害救济目标（即充分补救生态损害）为标准。在此意义上，可以说，生态损害法律责任行政实施机制和司法实施机制在理论上都能有效实现生态损害救济目标，即它们在制度功能上是等价的，剩下的便是法律责任实施机制的具体实施问题。理论上看，如果两种实施机制均能够得到完全实施，则选择任何一种实施机制都是无差异的。但是，两种实施机制如果不能得到完全实施，则在二者间进行选择便显得尤为重要。最终选择何种实施机制，将取决于何者的制度实施成本更低。本书运用新制度经济学的交易成本理论（即制度实施成本），借助成本效益分析工具，从法律实施的视角出发，通过比较两种机制的制度实施成本大小来选择最佳的法律责任实施机制。在本书语境中，制度实施成本最低的实施路径便是最佳的法律责任实施机制。鉴于此，本书研究思路可总结为：用更低的成本实现生态损害法律责任目标。

传统法经济学一直关注的重点是如何减少事故的总成本，包括减少事故发生的数量和严重程度、减少事故造成的实际损失以及减少规制者的管理成本和实施成本。这实际上跟其一直致力于比较研究如何在事前安全规制和事后责任规则间进行路径选择问题有关，因为其目标在于找到一条可以最大化降低事故成本的规制工具。但笼统的比较势必无法进行，因此不同的法经济学者采用了不同的逻辑假设，有学者假定不同规制工具的制度实施成本为零然后比较两种规制工具实施后有关事故发生概率及其相应损失的减少情况，还有一些则假定两种规制工具的实施效益（有关事故发生概率及其相应损失的减少情况）相同然后比较制度的实施成本大小。① 无论采取何种研究思路，这实际上都是一种"向前看"的研究思路，其逻辑前提均是在事故发生前运用特定的规制工具可以减少事故发生或降低事故造成的损害严重程度。但对于损害发生后如何最大限度地救济损害则并非以往学者关注的重点，本书以生态损害的事后救济为目标，强调生态损害发生后如何使用责任规则进行救济可以实现最大化生态损害救济效益。换言之，本书假定生态损害已经发生，然后探讨如何使用法律责任规则来完成实现救济生态损害的制度目标。因此，在逻辑上，本书选择的假设起点应是两种法律责任规则实施机制具有相同的制度实施效益，然后从责任规则的实施层面，以具体实施成本为切入点，来探讨具有最小化制度实施成本的法律责任实施机制。从一般意义上看，法律责任实施机制的制度实施成本包括：（1）实施机制的启动成本，如违法信息的获取成本；程序启动的障碍；行政权配置和行政权的俘获问题等。（2）实施机制的运行成本，如应对科学技术性问题的能力；个案判断和政策判断相比较的规模效应问题；实施机制的效率（修复方案的设计和执行）等。（3）实施机制的附属性成本，即矫正责任规则失灵之救济程序的启动和实施成本。

实际上，从法经济学的角度来看，肇始于制度经济学的成本收益分析工具早已被学界用来比较分析不同法律制度，甚至已被一些国家（例如美国）作为立法评估的指导工具，即法律规则制定之前应通过详细的成本收益分析，以确保其不至于对社会经济发展造成不良影响。从这个角度看，成本收益分析方法与本书研究的开展一

---

① 参见宋亚辉《社会性规制的路径选择》，法律出版社2017年版，第28—29页。

脉相承，因为试图在两种不同法律责任实施机制备选方案之间择出最佳者，立法者便需要一种分析工具可以为其揭示出两种备选方案的优劣，抑或可以在对比分析的基础上找到融合两者优缺点的"第三条路径"。成本收益是一种比较分析方法，结合制度经济学的研究属性，其可分为两种：其一，定性式的成本收益分析，其侧重于从制度本身的逻辑自洽角度推演得出可能的实施成本和效益，而并不涉及具体核算问题，是一种主观性的评估方法；其二，定量式的成本收益分析，即通过样本统计和宏观经济学等量化分析方法以试图计算出某项规则的具体实施成本和量化收益，进而对两者进行客观化的比较。结合本书选题以及笔者能力所限，本书以定性比较作为研究方法。这里需要提前说明的是，纵观世界各国立法经验，"以何种机制来实施生态损害法律责任规则"有时不仅仅只是理论上逻辑推演的结果，一国的法制传统乃至一些偶然因素也会起到不容忽视的作用。因此，本书在以成本收益分析方法对两种实施机制备选方案进行比较分析的同时，也尝试结合历史的研究方法，对本书所涉国家立法经验进行资料总结、梳理，尤其关注各国立法者在进行生态损害法律责任实施机制选择时的法制背景。

六 可能的创新点

本书研究创新之处在于视角和方法创新，以及一定程度的观点创新。

从视角和方法的创新角度来看，本书采用的路径选择理论框架主要是以制度成本收益分析作为研究方法，在假定一个变量相同的情况下比较另外的变量，这种研究方法已经在学术研究中相对成型。但是，从应用较为广泛的美国学术界来看，这种成本收益分析被广泛应用于行政规则的制定和实施以及侵权责任和其他政府行政规制手段的功能比较上，其并未被用于比较分析如何在生态损害法律责任行政实施机制和司法实施机制间进行制度选择；目前的欧洲法学界也正在尝试在立法和学术研究中引入成本收益分析的法经济学研究框架，但其目前尚未被各国学者援引作为分析生态损害法律责任实施机制选择问题的理论工具。可以说，本书将路径选择理论运用于生态损害法律责任实施机制的选择问题上，不同于国外学者忽略不同法律责任实施机制而将其作为整体与政府规制等其他制度工具进行对比分析的学术传统，在研究深度和广度上更进了一步。正如前述文献综述所表明的，国内已有部分学者开始关注到了生态损害法律责任行政实施机制和司法实施机制的不同制度功效，但并未形成系统的理论分析框架，这正是本书力求实现的目标。在此意义上，本书研究体现了一种研究视角方面的边际创新。

从观点创新的角度来看，就当前学界有关生态损害法律责任实施机制的主张而言，支持司法实施机制的学者占绝对多数，仅有少数提及了行政实施机制选择的可行性和合理性。本书通过对比分析后得出的结论是，行政机制和司法机制的制度功能优势均是相对的，因此对二者进行选择可能并非"非此即彼式"的"替代性"选择，而是一种"两种不完美事物"间的"互补性"选择，并且这种互补优势可以成为融合两种法律责任实施机制的理论基础，进而可以为本书提出"第三条路径"提供相应的理论支撑。也正是在这个意义上，本书将从合作治理的视角出发，构建行政机制和司法机制在生态损害法律责任实施层面的"合作"，而非单纯地指向生态损害法律责任行政实施机制或司法实施机制。若以上思路没有问题，则相较于欧美环境法学界的既有研究成果，本书的可能创新之处有二：其一，本书在运用成本收益分析方法考察两种法律责任实施机制的实施效果时，结合中国国情，选取了一些对中国而言具有影响力的因素作为参照指标，并分析这些因素对中国路径选择的影响，以此丰富了中国的理论体系，这是本书对路径选择理论的边际贡献；其二，将法律责任理解为一种规制工具，一旦本书最终形成的结论是构建一种同时融合行政机制和司法机制的混合型实施机制，则其便是一种"合作规制"，这将成为本书的另一创新之处，有利于国家环境治理体系和环境治理能力现代化。

第 一 章

生态损害法律责任及其两种实施机制

生态损害是指环境要素或生态系统遭受的损害，并不是对传统人身或财产的损害。① 随着现代社会生态问题的日益严峻，不同层级立法者（地方政府、国家、区域、国际社会）开始采用各种法律制度工具来规制危害生态、环境的行为，并预期最大化救济（修复/赔偿）各种现实的生态损害。尽管采用事前规制工具来预防和避免生态损害发生是最为理想化的制度安排，但生态损害内生于现代文明的属性以及科技发展的时空局限性（有限时空条件下的科学技术无法实现零污染），致使事前安全规制措施仅能起到有限规制效果。因此，为充分救济生态损害，当前各国环境法的发展重点已经从生态损害的事前预防转向生态损害的事后救济。在事后救济工具中，尤为关键者是要构建起一套科学有效且合理正当的生态损害法律责任规则。然而，作为一种规制工具的法律责任规则，可能被分别置于公法和私法体系中，并由此衍生出两种在实施程序上有极大差异的实施机制，即生态损害法律责任行政实施机制和司法实施机制。本

---

① 从目前学界的术语使用情况来看，生态损害、生态环境损害、纯粹环境损害等概念均可被用来指称本书所谓的不同于传统人身、财产损害概念的生态损害。但从目前政策实务和法律实践来看，立法者倾向于使用生态环境损害概念，但由于目前学界对于生态、环境二词并用仍存争议，因此本书采用相对争议较少的生态损害概念，但在行文中可能会提及生态、环境，如无特别释明，二者可以互通使用。

章作为全书的开宗明义章，旨在处理生态损害概念的定义、特征及救济法理，生态损害法律责任及规则的概念定义，以及中国语境中生态损害法律责任实施机制的发展现状。

第一节　生态损害的概念定义、特征及救济法理

相较于久远的人类文明发展历史，生态损害是新生事物。在构建生态损害法律责任规则及其实施机制之前，有必要深入探究生态损害概念的定义、内涵、特征，以及相应救济法理等基础理论知识，这也是构建一套生态损害法律责任规则的逻辑前提。笔者择其要点而论，将基础理论知识分解为三方面的核心命题，即对生态损害概念及其内涵的理解，对生态损害不同于传统损害类型之特殊性的把握，以及对生态损害之应救济性和可救济性的法理分析。

一　生态损害概念的本质及定义

生态损害概念是理解生态损害以及构建生态损害法律责任规则的起点，若对生态损害没有明确、科学的认知，则生态损害法律责任规则的构建及对具体问题的分析均将沦为空中楼阁。因此，尤应探讨何谓生态损害？结合一般法理学的知识可知，对生态损害概念的理解或界定方法，一般可有五个角度：第一，自然意义上的界定，即将生态损害等同于一种法律上的不利益，认为生态损害是人遭受的生态不利益；第二，本体论认知，就何谓法律意义上的生态损害，进行本体属性的抽象解读，即探究生态损害涵盖之不利益的本质属性问题；第三，类型化分析，即按照一定标准，对生态损害指向的生态不利益进行具体类型化区分；第四，忽略本体性问题，直接列举生态损害的具体赔偿项目；第五，对生态损害项下的各类具体损

害展开个别化的针对性分析,例如:渔业资源损失和纯粹经济损失等。① 对于以上视角,第一类因外延过于广泛而不具有实践意义,第四、五类则分别涉及的是生态损害的具体计算以及具体生态损害类型的研究,均属于具体化研究,很难为生态损害的一般性研究提供理论指导。因此,要为生态损害法律责任规则的构建提供一般性的基础支持与指导,则必须要结合前述第二类本体论视角和第三类类型化视角分析,就生态损害概念的本质进行深入剖析。事实上,从本体的角度来理解生态损害概念同时具有理论上的思辨意义和实践价值。②

早在生态损害现象发轫之前,有关损害概念的本体论认知已成为私法理论体系讨论的核心命题,并直接影响了损害赔偿法的发展。迄今为止,理论界已形成了多种本体论意义上的损害认知方法,共识与分歧并存。共识是指,损害概念的本体是一种"不利益"(即事实利益的减损),或称为"权益减损"(即经由法律确认之权益的减损),且具有事实和法律的双重属性。然而,这种损害概念本体的理解方式与损害的自然定义方式相同,会因为外延过于广泛而丧失实践价值。因此,有必要就作为损害概念本体的"利益减损"(实际上是法律上的"权益减损")作深入理解。也正是在此问题上,理论学界基于不同观察视角形成了一些彼此相分歧的认知方式,包括:差额说、组织说、规范说、商品化说。

那么,对损害概念本体的理解究竟应采取何种视角?四种有关损害概念本体论认知的已知方案各有优缺点,这也是不同国家损害

---

① 这五类研究视角,笔者借鉴自徐银波博士在其《侵权损害赔偿论》中就损害问题研究视角所做的类型化分析。具体内容,请参见徐银波《侵权损害赔偿论》,中国法制出版社2014年版,第16—18页。

② 对生态损害概念的本体论理解不仅具有理论上的思辨作用,其也可以指导、服务于实践,用以确定损害赔偿范围和损害量化计算等。如果本体论认知所揭示的方法存在缺陷,学界和立法者也会调整损害赔偿范围和计算方法,并反向思考如何完善对损害的本体论认知。

赔偿立法选择不同方案的原因。就中国侵权法而言，原则上采取的是"组织说"，强调对各种具体剥夺、毁损或伤害的计算。但对于生态损害而言，组织说的观察视角显然是不合适的，因为生态损害概念的考察重点应是对不特定社会公众所享有的公共性生态环境权益的整体性把握，相应损害的计算不是也不应是对某一环境要素所负载权益的个别化具体计算。此外，从实践来看，针对某一环境要素所负载权益的计算，实际上也会因无法完全脱离所处生态系统而独立进行，故生态损害无法纳入侵权责任法中的"民事权益损害"范畴。[①] 对于"差额说"，也无法用以妥当解释生态损害概念的本体，因为"差额说"强调整体利益在损害事故发生前后的差额，其需参酌被害人的特殊因素进行损害的主观计算，故生态损害的无主属性使得主观计算在实践上并不可能。而且，组织说和差额说均侧重的是传统意义上的人身、财产权益，并且它们对损害概念本体的理解具有限定于有形损害的局限性（因为其将损害定性为一种简单的事实判定问题，并要求损害的发生必须以权益的有形损害为前提），这便使应被归属于无形权益的生态损害概念很难得到合理解释。"规范说"作为矫正"差额说"和"组织说"缺点的新学说，其优势在于并不以造成有形权益损害作为损害赔偿责任的成立前提，这一点对于生态损害概念具有重要意义。正是在此意义上，可以说，"规范说"可为生态损害概念的本体融入事实判断之外的规范评价因素。因此，我们可在一定程度上经由一种规范意义的解释路径，为那些尚未被环境法、民法明文确立为应予救济权益减损的生态损害，提供一种损害救济意义上的实体法理基础。然而，"规范说"有内容空洞的致命缺陷，[②] 其于实践层面的适用潜力会受到严重限缩，因为对某一利益减损是否属于损害的规范评价必须经由个案分析来完成。

[①] 参见吕忠梅、窦海阳《修复生态环境责任的实证解析》，《法学研究》2017年第3期。

[②] 参见徐银波《侵权损害赔偿论》，中国法制出版社2014年版，第34—35页。

本书目的是从立法规则设计角度来理解生态损害概念，因此"规范说"也并非本书应采取的本体论认知方案。

可见，在使用前三种有关损害的本体论认知视角解读生态损害概念时，均会存在或多或少的难题。那么，最后一种"商品化说"，是否可以承担起支持我们定性理解生态损害概念本体的任务呢？从实质来看，"商品化说"，仍是一种组织说，其强调的是以一种商品化的计算方法来实现对某些特殊权益（生命权益和人格尊严权益等）损害的客观化计算。笔者认为，以"商品化说"作为理解生态损害概念本体的理论基础具有可行性，理由如下：第一，生态损害概念蕴含的生态权益也可归属于一种特殊性权益，其与"商品化说"旨在计算的特殊权益具有同样的利益属性，即无形性和主观性；第二，这种商品化计算方法并非仅限于特定权益负载的经济价值，其强调的是一种对于特殊权益的客观化计算方法，无关乎权益负载的具体价值类型。结合生态损害的认定方法，我们可以将这种商品化过程理解成一种客观中立的生态损害鉴定评估方法。但是，"商品化说"的适用并非畅通无阻，其可能会遭受两方面的质疑：其一，"商品化说"在本质上仍是一种"组织说"，因此其也可能会遭遇到"组织说"在计算整体利益（即生态公共利益）时存在的"具体化缺陷"。实际上，这是一个假想问题，因为生态损害指向的生态权益具有公共性特征，因此生态权益减损的计算应以不特定社会公众的整体性生态权益减损为准，这便要求我们采用一种基于生态系统方法或理念的损害计算方法。其二，也有人可能会质疑，生态权益能否被商品化？笔者认为，商品化仅是一种拟制办法，并不是要将某特殊权益真正转化为一种可以市场上进行交易的商品。实际上，与生命价值、情感价值、人格尊严等权益相似，生态权益也是一种主观性极强的实体价值/利益，它不应也不可能转化为一种可交易的商品，但它可通过事先拟定的一种商品化方法进行客观化的理解、计算。

至此，我们可以就生态损害概念本体论认知问题初步得出结论：生态损害指的是，"人类以集体身份针对生态、环境所享有的公共性生态权益，因事故而产生的前后差额"，并且这种生态权益减损是一种可通过特定评估方法确定价值的特定"商品"。因此，在逻辑上，我们便需解决一个至关重要的概念问题，即如何理解生态损害概念中具有本体意义的生态权益减损概念？生态权益，指向的是一种完全独立的新型利益类型，还是一种可通过解释归属于传统人身、财产、人格利益类型的复合型利益类型？尽管学术界关于生态权益的学术概念用语纷繁复杂，且不同学者会基于自己的研究需要对其性质、内容和特征等问题作不同的解读，但一般来看，生态权益可以具体划分为两类：其一，主观性生态权益，是指可直接归属于私人主体的人身、财产和人格权益，但它专指那些以良好生活和生态环境之存在为前提的人身、财产和人格权益，它本质上仍是一种私人权益；其二，公共性生态权益，从可持续发展角度来看，强调的是对环境要素或生态系统本身权益的客观侵害，是一种公共性的"纯粹环境利益"，如自然资源生态利益。① 实际上，公共性生态权益的主体仍是"人"，而非环境要素或生态系统自身，否则会沦为一种非人类中心主义的环境法律视角，这种观念显然会与传统法律观（即法律是调整人与人之间法律关系的工具）产生难以调和的冲突。② 尽管二者均以人作为权益的享有者，但有不同：主观性生态权益本质上仍可归属于传统民法保护的人身、财产或人格权益，只不过其损害发生可归因于生态媒介作用，可称为"受环境状态影响的利益"；而公共性生态权益是不可归属于传统民法所界定私权益类型

---

① 参见于宪会《环境损害民事责任的研究：主要以纯粹环境损害的私法应对为核心》，硕士学位论文，山东大学，2013年，第11页。

② 环境法中的生态中心主义学说一般主张，自然生态环境本身可成为法律关系的主体，因而所谓的生态环境权益可理解为生态环境系统自身的权益，意即生态环境系统自身独立存在的价值、利益所在，不因人类而改变；人类中心主义学说则认为，环境法作为法律的一个部门其无法脱离人而谈生态环境的保护，对生态环境之保护本质上是对人类自身价值和利益需求的保护，其将生态环境视为满足人类利益需求的一种载体。笔者在本书中不详细分析两种学说的是非曲直，而径直推定支持环境法人类中心主义学说的合理性。

的社会公共利益，其权益负载客体已不再是传统的人身、财产或人格，而是环境要素或生态系统（或者说是人因"生态环境—人类交互过程"而产生的利益感知），是一种"以环境状态为内容的利益"。①

正是在此意义上，可以说，公共性生态权益已不再是一种传统权益，而是一种独立化的以"生态环境"为内容的利益类型。这种新型的生态权益有以下特色：第一，就性质来说，公共性生态权益通常情况下是一种社会公共利益，不同于以生态、环境为载体的传统私人权益类型，它的权益享有主体也多以集体或全体社会公众形式出现，且在损害发生前生态权益主体往往是不特定的。第二，权益的本质是利益，而利益的本质是价值（客体对于主体需求的满足），因此，公共性生态权益的本质，应从生态环境对于人类社会整体而言所能提供的各种功能价值属性中探寻。而生态环境对人类社会所提供的功能价值的多元属性，②使得公共性生态权益在内容构成上呈现出一种多元、多层次性的结构特征，它不是一种单一的纯粹利益形式，而是一种复合型的利益综合体。第三，公共性生态权益仍是人对生态、环境客体的需求的满足，在价值上有时会与传统的人身、财产权益发生重合，致使生态权益的独立性特征不明显。因此，从损害计算的角度看，在计算生态损害时需要注意的是，如何排除以生态、环境为客体而遭受的私人权益损害，以避免双重赔偿。第四，在救济方式上，救济公共性生态权益损害必须有赖于针对生态、环境本身的救济（修复/赔偿），无论是通过对受损生态进行"原地修复"还是对其他相邻地区生态进行"异位恢复"，抑或通过

---

① 参见周珂、林潇潇《论环境民事公益诉讼案件程序与实体法律的衔接》，《黑龙江社会科学》2016年第2期。

② 例如，就某一特定的森林生态系统来看，其不仅可以为人类提供各种木材经济使用价值，还可以为人类的精神娱乐、心情愉悦提供机会，更重要的是森林生态系统可以为气候调节作出贡献。如此纷繁多元的功能价值，使得这种公共性生态环境权益的内容构成呈现出复杂性、开放性和动态性特征。

赔偿为环境保护提供专门资金，均旨在强调的是对环境要素或生态系统的救济，在实质上与传统意义上对人或物（生态、环境不是物）的救济并不相同。因为，只有生态状况得以恢复或者保持，以生态状况为载体的公共性生态权益才能得到救济。

因此，生态损害概念的事实面向和法律特质被勾勒而出：在事实层面上，生态损害表现为各种自然环境要素的不利改变或整体生态环境系统的功能退化，其量化标志可以是环境介质标准或区域内动植物种的变化；① 在法律性质上，生态损害意指公共性生态权益的减损，这种生态权益减损直接具化为生态、环境为人类社会提供的各种生态服务功能价值减损，主要原因在于：生态权益本质上便是经由生态服务功能形成的人与生态、环境间的利益关系，即人的生存、发展需求可通过生态服务功能得到满足。结合生态损害概念的事实和法律双重属性，可将生态损害定义为，"因生态损害事件导致的生态服务功能价值供给能力的减损"，这种减损以事实上的生态服务功能价值减损为衡量标准。从逻辑上看，这种服务功能价值的减损进一步使得人本应享有的生态权益发生减损，由此便形成了法律意义上的生态损害概念。为简化起见，我们可将这一逻辑关系总结为，"生态服务功能价值的减损＝生态权益减损＝生态损害（即法律意义上的损害）"。其中，"生态权益减损"是生态损害概念的法律本体，但要具体计算损害（即生态权益减损）的大小，仍要依赖于对事实层面之生态服务功能价值减损进行客观化的评估，此即有关生态损害概念本体理解的商品化说所要完成的任务。实际上，各国生态损害法律责任规则的核心组成部分之一，便是要在经过可救济生态服务功能价值的立法识别后，② 设计和实施各种商品化的评估方案和规则——对生态损害概念蕴含的生态服务功能价值进行量化。

---

① 参见吕忠梅《"生态环境损害赔偿"的法律辨析》，《法学论坛》2017年第3期。
② 为确保法律规制的稳定性和可实践性，立法者对生态服务功能价值的识别过程可能会排除部分生态环境服务功能价值获得法律救济的可能性。

尽管生态服务功能价值本身的复杂性和抽象性，使得它并不易于被商品化，但作为精细化正义调节机制的法律制度不能对此望而却步，必须尝试对生态服务功能价值进行类型化，然后设计相应的商品化评估方案，进而有助于筛选、量化那些需要救济的生态权益减损。

在类型化生态服务功能价值之前，必须先把握生态服务功能的类型化，二者均是生态学家的任务。生态服务功能是各环境要素作为生态系统在整体上表现出的一种为人类生活提供必需生活产品，并保证人类相应生活品质得以维持的生态功能，来自自然资本流量（物质流、能量流和信息流）和人造资本、人力资本的结合。早在1997年，康斯坦等学者在《自然》杂志上发表的《全球生态系统服务与自然资本的价值估算》一文中，首次将生态服务（本书不区分使用生态服务概念和生态系统服务概念）区分为十七个类型，并针对每种类型的生态服务列举了一到多种的生态服务功能，[1] 随后的一些研究均以此分类方案为基础。[2] 戴尔和波拉斯基进一步将生态服务功能区分为四个子类：其一，调节功能，旨在维持生态系统与生命支持系统；第二，生境功能，为各种动植物种的生命延续提供栖息地；第三，生产功能，为人类提供直接或者间接利益的产品；第四，信息功能，对人类心智和精神福利有贡献作用。[3] 2005年联合国环境规划署完成的《千禧年生态系统评估》也采取了类似的分类方案，具体包括：第一，支持服务，如养分循环土壤形成以及初级生产等；第二，供给服务，如提供食物、木材、纤维和燃料等生活产品；第

---

[1] See Robert Costanza et al., "The Value of the World's Ecosystem Services and Natural Capital", *Nature*, Vol. 387, No. 1, 1997, pp. 3–15.

[2] See Andrew F Seidl, Andre Steffens Moraes, "Global Valuation of Ecosystem Services: Application to the Pantanal da Nhecolandia, Brazil", *Ecological Economics*, Vol. 33, No. 1, 2000, pp. 1–6.

[3] See Virginia H. Dale, Stephen Polasky, "Measures of the Effects of Agricultural Practices on Ecosystem Services", *Ecological Economics*, Vol. 64, No. 2, 2007, pp. 286–296.

三,调节服务,如调节气候、调节洪水、净化水质等;第四,文化服务,如美学服务、精神娱悦、教育功能等。① 总之,这四种服务功能与人类福利有密切的直接和间接联系,不仅可直接为人类提供各种生活、生产用品,即供给服务;还可以为人类生活品质之维持提供间接的调节、文化、支持功能,这些都与人类福利需求的满足密切相关。可以说,生态环境通过复杂的生态服务功能与人类之间形成了一种相互依赖、息息相关的利益交互关系,这种利益关系随着生态损害的日趋严重开始进入现代法律保护规范的射程中,并直接体现为以人为主体的公共性生态权益。换言之,欲继续维持人类生存和生活品质,必须将生态系统及其提供生态服务的稳定性和健康性作为法律规范保护的对象。

尽管前述生态服务功能的类型化具有生态学意义上的重要性,但它对法学研究并无多大价值,因为生态服务功能概念太过复杂,且不符合法律学术用语的习惯。在法律意义上,肇因于生态服务功能减损的生态损害概念的本体,实际上指向的是生态权益减损,其本质是生态服务功能相对于人类而言所具有的价值的减损。因此,很多学者开始对生态服务功能价值进行类型化分析。根据生态服务功能的价值与能否以市场化商品形式出现,将它区分为三类:第一,以市场化商品形式出现的服务功能;第二,不能以市场化商品形式出现,但具有与其他某些商品类似的性能或对市场行为有明显影响的服务功能;第三,既不能以市场化商品形式存在,也不能明显影响市场行为,需要通过特殊方式进行计算。② 欧阳志云等学者则根据价值的属性种类,将生态服务功能分为直接使用价值、间接使用价值和选择价值、存在价值四类。其中,选择价值根据主体不同可以

---

① See Millennium Ecosystem Assessment, *Ecosystems and Human Well-being: Synthesis*, Washington: Island Press, 2005, p. 6.

② 参见徐嵩龄《灾害经济损失概念及产业关联型间接经济损失计量》,《自然灾害学报》1998年第4期。

进一步划分为：本世代将来使用的选择价值、为未来世代利用之遗产价值和为别人将来使用的替代消费价值。① 环境法学者徐祥民等采纳了前述分类，并作了进一步的体系化处理，生态服务功能包括：其一，使用价值，包括直接使用价值、间接使用价值和选择价值，直接使用价值指的是提供直接价值的功能，如食物、医药和景观娱乐等；间接使用价值则提供间接的功能效益，如土壤肥力、净化环境等功能；选择价值则指向一种将来意义上的使用或非使用价值，如生物多样性等。其二，非使用价值，包括遗产价值和存在价值，前者是指为后来遗留的使用价值和非使用价值；后者指向环境要素或生态系统继续存在的价值，如生物栖息地、濒危物种等。② 因此，在理论上，我们可得出计算生态权益减损大小的一般方法，即以生态服务功能价值减损的总和来衡量生态权益减损的额度，进而作为计算生态损害大小的量度。

但不可否认的是，尽管生态服务功能价值类型化在一定程度上有利于我们对生态服务功能价值的具体化理解，但其仍然难以被框定计算，这便制约了此种损害计算方法（商品化方法）的科学性。尽管各国已针对环境要素和生态系统所负载的生态服务功能价值进行量化，开发了很多环境价值估值方法（Environmental Valuation Methods），包括但不限于直接市场方法、陈述偏好方法、显示偏好方法以及效益转移法等，但任何依托市场进行生态损害评估的方法均面临着投机性和随意性的不确定性难题，很难为恢复受损生态服务功能提供准确的修复资金，故一般被各国选定为次优方案，即在其他方案不可行的情况下启动环境价值估值方法。从各国实践经验看，首要损害量化方法应是替代等效方法（Alternative Equivalency

---

① 参见欧阳志云等《生态系统服务功能及其生态经济价值评价》，《应用生态学报》1999年第5期。

② 参见徐祥民等《海上溢油生态损害赔偿的法律与技术研究》，海洋出版社2009年版，第54页。

Analysis Methods)。① 该方法的核心思路是将关注点从价值减损的计算直接转向对受损生态环境的等效恢复，即以等效恢复作为生态损害量化的等值，等效恢复是指将受损环境要素或生态系统恢复至基线条件，或者提供与受损生态、环境具有等效生态服务功能价值的生态环境。不可否认，这种等效方法有一定的进步意义，但它对于两个生态环境状况/条件的等效比较，仍必须以生态服务功能价值的类型化作为分析指标。最终，为破解计算难题——生态损害的商品化，我们似乎必须思考的一个问题是，如何开发可适用于前述不同生态服务价值减损计算的科学方法，同时注意避免计算重叠。因为很多类型的生态服务功能在内涵和外延上并不十分清晰，存在着彼此交叉的可能性，重复计算导致的结果是对现实生态损害的"过度救济"或"救济不足"。

总之，生态损害概念的本体可被概括为"公共性生态权益的减损"，其量度是生态服务功能价值的减损。生态损害概念的类型化，便可进一步转化为生态服务功能价值的类型化，此时可根据前述学界观点的分类。最终，我们对生态损害概念的多层含义及其本体论认知可作如下总结：第一，事实层面的环境要素不利改变和生态系统功能退化；第二，事实层面的生态服务功能价值减损；第三，法律意义上的生态权益减损，生态损害的量化计算应以权益减损作为量度，且它应以法定规则所涵摄的生态服务功能价值减损的大小作为量度。至于如何选择量化生态服务功能价值减损的方法，不仅是各国政策立法者的自由裁量权，更是直接与一国已有生态损害鉴定评估实践经验相关——不仅要有相应的科学技术，还要有大量样本数据。截至目前，各国已积累起的生态损害计算方法主要有三种，其一，等效恢复法，即基于生态系统的理念和方法，以损害事故发

---

① 《生态环境损害鉴定评估技术指南—总纲》第 8.2.1 条："生态环境损害评估方法包括替代等值分析方法和环境价值评估方法。替代等值分析方法包括资源等值分析方法、服务等值分析方法和价值等值分析方法。"

生前后可得生态服务功能价值的减损作为量化损害的标准；其二，环境价值估值方法，直接或间接依赖于市场机制的环境要素或生态系统估值方案；其三，可归属于环境价值估值方法的特殊方法，即生态损害计算固定公式——通过特定的公式来计算生态损害，如目前中国普遍适用于水污染、大气污染事故中的虚拟治理成本法。

二 生态损害的特征及救济难题

生态损害不同于因环境媒介作用导致的传统人身和财产损害，后者是对受环境状态影响的传统权益类型的损害，并且已经为民事法律明确界定为受法律保护的权益；而前者指向一种以环境状态为内容的新型生态权益类型。生态损害具有不同于传统损害的特征，在一定程度上加剧了生态损害法律责任设定的难度。

（一）内在道德正当性：道德和法律的交织

生态损害风险是一种内生于现代工业文明发展模式中的天然风险，具有不可避免性和不可消除性。其中，不可避免性是指，"环境污染和生态破坏是伴随人类社会发展必然会产生的'工业化副产品'，这种公共风险无法回避，且经常会超出人类社会的实际控制能力"。换言之，生态损害的发生，是现代工业文明内生性生态损害风险导致的必然产物——具有不可避免性，有学者称为"生态风险致害行为在价值判断上具有社会和经济等效用"[①]。不可消除性实际上指的是不可完全消除性，即生态损害风险的发生及其相应损害结果的严重程度，虽可通过不断完善风险控制程序加以降低，但不可能被完全消除。这是因为：（1）完全消除是需要投入成本资源的，资源有限性使得我们不能够随心所欲地采取可以完全消除损害结果的方案；（2）人类目前尚未发现可将受损环境要素或生态系统完全恢复到原初条件的科学技术，即使技术上可行，也可能因为需要支付

[①] 参见刘倩《生态环境损害赔偿：概念界定、理论基础与制度框架》，《中国环境管理》2017 年第 1 期。

过于高昂修复成本而导致成本—收益方面的不可行；（3）风险控制措施本身并非完全风险中立，我们为降低公共风险采取的风险消除措施，可能会引发另一种现实风险，使我们得不偿失。① 由此，尽管我们可能通过风险治理机制来消除部分生态损害，但始终无法将生态损害的发生概率和现实损害的严重程度完全降至为零，也无法将受损的环境要素或生态系统完全恢复到损害没有发生时的情况。

生态损害的不可避免性和不可消除性特征，不仅直接印证了生态损害内生于人类社会文明的天然属性，也使生态损害概念融入了一种道德正当性色彩。换言之，生态损害可以理解成人类社会发展的代价，是一种人类社会发展过程中必然会产生的具有天然道德正当性的结果，是一种因社会正当性行为（促进社会经济发展、实现人类生存必需性要求）而产生的必然结果。从法律责任规则设计的角度来看，立法者不应忽视生态损害具有的这种内生性道德正当性特征，因为这与生态损害法律责任规则中的责任人范围和责任程度范围问题紧密相关。

对于责任人范围问题，这种道德正当性特征会使我们加深理解已在各国普遍确立的污染者负担原则，因为旨在为人类社会发展开展生产的"污染者"仅是直接污染者而非最终的污染者，由直接污染者承担法律责任成本可能会通过市场价格传递机制转移到最终污染者（消费者）身上。在此意义上，"污染者负担原则"实际上是"消费者负担原则"，只不过市场机制的存在使得消费者负担法律责任成本具有一种再分配效果，因为消费者最终承担的负外部性成本并不是一种永恒变量，其可以通过生产者的技术创新而不断降低，因此在经过无数次博弈过程后，理性的消费者会选择承担最低法律责任成本的产品，其直接后果便是将消费者自己承担负外部性成本产生的收益（这种收益是相对于生产者而言的）转移给产生最低负

---

① 参见［美］凯斯·R. 桑斯坦《风险与理性：安全、法律及环境》，师帅译，中国政法大学出版社2005年版，第163—164页。

外部性成本的生产者。从更广泛意义上的社会层面来看，这种道德正当性特征，也使得生态损害法律责任的社会化填补制度（其目的在于解决历史性污染以及责任人无法确定或不具有充分财务能力等问题）具有了正当性根据。

对于责任程度范围，这种道德正当性特征要求立法者仔细考虑两方面的问题：其一，立法者要考虑，若加害行为人符合法定规则、公法许可或命令之行为造成了生态损害，他应否承担责任或享有减轻责任的抗辩权利；其二，法律责任规模的设定应符合成本效益原则，因为污染企业可能会因为过重责任的设定而无法保证供给相当量的社会福利，也就是说产生生态损害风险的污染活动如果被过度抑制会导致社会福利的减损。因此，生态损害法律责任规模的设定应遵循基本的成本效益原则，即生态损害法律责任规则给企业施加的边际总成本增加额应等于因法律责任设定给社会边际总收益的减少额。

（二）复杂科学技术性：科学与法律的交织

在生态损害救济问题领域中，法律和科学并不能实现所谓的泾渭分明。从法律的视角来看，生态损害应被理解为一种公共性生态权益的减损，或者具有事实属性的生态服务功能价值的减损，在确立了前述"利益/价值"对于人类生存发展的重要性后，法律便需考虑将其纳入可救济的法律责任规则中。然而，无论是采取行政实施机制还是司法实施机制，立法者都需要解决如何确立生态损害法律责任是否成立以及相应责任规模范围的问题，这二者实际上指向的是可救济生态损害的归因和量化问题。然而，不同于传统损害类型，生态损害的归因和量化因为牵涉复杂的环境科学技术问题，因此具有极高的不确定性。具言之：其一，对于生态损害的归因问题（即法律上的因果关系问题），生态损害往往涉及极其广泛和多样的侵害人，受害主体也一般是集体意义上的公众，并且具体污染物质和具体损害结果间的因果关系链条也具有复杂的科学技术性，可能存在多因一果、多果一因乃至难以找寻到致损原因的多种复杂情形。此外，损害结果也可能会具有长尾性特征。其二，对于生态损害的量化，如何对已经发生的事实性生态损害进行损害确认和评估量化，已成为各国生态损害救济法律规则设计的重点难题。无论立法者选择何种生态损害量化方法，都必须依赖于环境科学技术的应用：（1）对于恢复成本等效方法，若欲确保生态损害救济，则需确定损害的量化值，受损生态恢复方案的选择和实施，以及二者之间是否可以等效的判断；（2）对于环境价值估值方法，环境科学家必须不断研究、开发不同的科学估值方法，目前方法包括但不限于影子工程法、市场价值法、旅行成本法等。

当然，本书并非意在强调传统损害类型不会面临科学不确定性的问题，事实上，它们也同样会存在类似的科学不确定性，只不过生态损害牵涉的损害本体是生态权益而非传统人身和财产权益，对它进行识别和量化会更加困难。这些困难产生的主要原因在于生态损害具有更复杂的科学技术性，它在很大程度上会反向制约具体生态损害法律责任规则的设计。具言之，适用于传统损害的法律因果关系的识别规则和量化认定方法，可能需要结合生态损害的具体特征进行相应的规则调整。这也与环境正义目标的实现密切相关。换言之，如仅因为环境科学不确定就否认生态损害及其与致损行为间的因果关系，或一味降低可被法律救济之生态损害的严重程度，便会使加害人生态损害风险行为得不到制约且受损的环境要素或生态系统也得不到救济（修复/赔偿），有悖于环境正义。相反，如因为不存在可有效确认生态损害因果关系和评估量化的科学技术规则，而对生态损害采取一刀切的救济方法，便可能导致行为人承担畸重畸轻的法律责任，也不符合环境正义目标。在此意义上，更可取的生态损害认定和评估量化方案，应是基于个案情况进行考量的个性化制度安排，其前提是创设一套符合环境科学基本原理且经过法律规范认可的环境科学技术规则，以作为认定和量化的方法准据。

（三）多元利益交织性：公益、私益的交织

公益和私益交织，是生态损害的第一项多元利益交织性特征。

损害生态环境的行为可能会同时造成对私益和公益两种不同性质权益的损害，并且在具体实践中，同时存在公益损害（纯粹的生态损害）和因环境污染或生态破坏导致的私益损害是一种常态，如海洋溢油污染导致的渔业资源损害、海洋环境容量损害以及渔民收入损失和国家自然资源收入利益损失等。① 由此，若想计算得出纯粹公共性生态权益减损，则立法者必须将它与传统的私益损害相区分。然而，理论上尚可明确区分的公益和私益，在实践中并不易区分。② 这是因为，公益损害和私益损害具有共同的事实载体，即自然资源或生态系统所负载的生态服务功能。事实上，很多私人利益的存在也必须以生态服务价值的存在为前提，如此私人利益便可被视为生态服务功能价值的自然延伸，例如：渔民因渔业资源损害导致的收入损失和政府因自然资源损害导致的政府租金损失（这是一种政府利益，因为其不能直接等同于公共利益，在性质上它更接近于一种私人性质的利益）。

公共性生态权益的本质是一种公共利益，其自身内部也存在多元复杂性结构。作为一种公共利益，公共性生态权益是指独立且不同于传染人身、财产和人格权益的一种纯粹性生态环境权益，系指不特定多数人的公众基于清洁、健康的生态环境而针对其为公众提供的生态服务功能享有的"价值/利益"，这种利益可以为不特定多数人中的每个个体所切实享有，但又超脱于个体之外，具有公共性和不可分割性。③ 显然，这种定义无法为我们理解生态公共利益的具体内涵和外延提供实质帮助。从法律规定来看，尽管《环境保护法》

---

① 实践中也可能有其他两种情形，即可能会存在仅有生态公益损害而没有私益损害，以及仅有私益损害而没有公益损害的可能，前者如无人居住区地下水资源的污染和破坏，后者似因臭味导致的相邻污染侵害。

② 参见张旭东《环境民事公私益诉讼并行审理的困境与出路》，《中国法学》2018年第5期。

③ 参见王世进、王蔚中《论环境请求权与生态环境损害赔偿》，《江西社会科学》2016年第10期。

(2014年)和《民法典》(2020年),均正式确立了环境公益诉讼制度,但截至目前,无论是实体法还是程序法规则并未就何为生态公共利益作出明确界定,其具体含义只能由法官在现实司法实践中进行个案判定。① 可以说,生态公共利益本身仍是一个法律上的不确定概念。实际上,转化一下视角,我们可以将生态公共利益理解为对不特定社会公众之相应需求的满足。因此,结合生态服务功能价值类型化的知识,生态损害指向的生态权益,实质上即是经过立法选择后确认应被法律保护的各种生态服务功能价值,只不过其享有主体是不特定社会公众而非具体的私人个体。但如前文述及,生态服务功能价值本身的多元复杂性和各种子项价值概念自身的模糊性(不同价值分类彼此间可能也会存在交叉而无法实现周延分类的效果),自然会使得其生态利益结构的内部呈现出一种多元复杂性结构。在立法尚未明确确认哪些价值可被上升为权益予以保护的前提下,生态损害便会因为其所牵涉之生态公共利益内部的结构不清晰和彼此重叠,呈现出一种多元利益交织性特征。

这种多元利益交织性特征,不仅要求立法者在设计生态损害法律责任规则时需要考虑和传统私益损害责任规则的"分工与联动",还要求新设立的生态损害法律责任规则必须能有效识别出应受到法律保护的生态公共利益类型和内容。

(四)损害结果严重性:损害填补的社会化

因污染环境或破坏生态可能造成巨大损害,常常遍及广阔地理空间、历时弥久,可能以各种途径、多种渠道和不同方式影响几代人。② 一般来看,随着生态修复理念在中国司法实践中的贯彻落实,这种巨大损害结果主要体现为中国司法实践中已非鲜见的动辄数千

---

① 参见吕忠梅《生态环境损害赔偿的法律辨析》,《法学论坛》2017年第3期。
② 参见侯佳儒《生态环境损害的赔偿、移转与预防:从私法到公法》,《法学论坛》2017年第3期。

万元的环境修复费用或生态损害赔偿金。① 从环境科学技术的角度来看，产生如此高昂生态损害赔偿金的主要原因是对受损环境要素或生态系统进行修复在技术上极其困难，且修复过程常常必须花费高额成本以及漫长的修复周期。② 按照各国生态损害救济立法普遍认可的污染者负担原则，这些修复费用或赔偿金应由污染者负担，并且污染者应负担的并不能仅限于生态修复费用或赔偿金，还应包括修复期间的生态环境服务功能损失以及相应的调查、评估等费用。从当前的环境司法判决中可知，生态服务功能损失一般委托给专业的中介咨询机构负责，其具体额度从数万到数百万元不等；而调查和评估费用一般以实际的财务支出为准，其具体数额一般也从数万元到数十万元不等。可以预见，随着生态损害法律责任规则的完善，生态损害致害行为人需负担更严格的责任。责任的严格性主要体现为两方面：其一，加害行为人造成损害被发现的概率会因为执法机制的完善而提高；其二，加害行为人应当承担的责任额会增加，直至与生态功能服务价值损失相当，甚至可能需要承担更严厉的惩罚性赔偿责任。③

严厉的生态损害法律责任在实践中可能无法实现。这是因为，

---

① 例如，2014年12月30日，江苏泰州1.6亿元天价环境公益诉讼案终审宣判，江苏省高级法院维持了一审法院作出的"排污企业需支付1.6亿元环境修复费用"的判决；2017年山东省高级法院二审判决支持了"原告中华环保联合会主张的2274万元环境修复费用请求"。

② 以常用的土壤修复技术为例，根据土地污染类型而可被选择适用的各种物理、化学和生物修复技术，在修复成本和修复周期以及有缺点方面存在不同的特点，其修复成本一般在85—3000元/立方米，而修复周期则从数周到几十年不等。这仅是就一般情况来看，对于一些长期累积性的污染、较难处理的污染物质以及更为脆弱的生态环境系统，其要耗费的修复费用可能更多，且修复周期可能更长。

③ 尽管有学者对惩罚性赔偿适用于公益诉讼提出怀疑，但实践中有法院已经对此做出判决。参见《全国首例适用民法典污染环境惩罚性赔偿条款民事公益诉讼案件宣判》，《检察日报》2021年1月5日第1版。

其一，难以明确应承担生态损害法律责任的主体；① 其二，即使可以明确责任人，也可能会面临其责任能力不足以实现生态损害救济目标的现实问题。② 诚如有学者所言："生态危机爆发可能会因为其影响范围之大、危害程度之深、生态修复费用之高和修复科学技术之难，使得单靠单个或几个致损行为主体通过自己的财务能力来弥补生态损害责任，并不具有现实的可行性。"③ 为破解第一项难题，立法者已考虑将生态损害法律责任转由政府兜底承担；④ 而为破解第二项难题，立法者一般会借鉴被学界称为"侵权法思维方式"的"损害分散"思想，即先将损害内部化（由创造危险活动之企业者负担），再经由商品或者服务的价格机能，或者责任保险机制加以分散，转由多数人承担，该机制的优点在于"使被害人的救济获得较佳的保障"和"加害人不致因大量损害赔偿而陷于困难或破产"。⑤

那么，生态损害法律责任承担和损害填补的社会化机制以及无法确定责任人时转由政府承担的制度设计，是否会直接否定被当代法律奉为圭臬之个体环境责任制度？答案为否，因为，对于政府承担责任而言，政府始终处于补充责任承担者的位置，仅在无法确认责任人或责任人不具有责任承担能力时才替补责任人的位置。然而，

---

① 造成这一难题的原因可能是：生态损害具有的复杂科学技术性使得致损行为和结果间的因果关系、损害结果的量化和修复方案认定的复杂性等，以及相关法律规则的不明确。有时，法律赋予责任人享有的抗辩理由也会使得责任人可以规避或减轻生态损害法律责任的承担，这在一定程度上便可能会造成无法就全部承担生态损害救济费用确立充足的"责任人"。

② 参见王岚《个体环境责任制度与环境责任社会化的互补：以土壤污染修复费筹措机制为视角》，《甘肃政法学院学报》2016 年第 3 期。

③ 参见竺效《生态损害的社会化填补法理研究》，中国政法大学出版社 2017 年版，第 164 页。

④ 一般采取的方式是政府设立专门性来自政府税收的基金或财政转移机制，这实际上是转由全体纳税人负担最终的生态损害救济成本。因此，为保证社会公平正义理念和污染者负担原则，这种损害移转方案应当是法律制度体系中的最后一道防线。

⑤ 参见竺效《生态损害的社会化填补法理研究》，中国政法大学出版社 2017 年版，第三章第五节。

如果不经考虑一味将所有生态损害纳入政府责任范围，则势必会导致污染企业不假思索地损害生态环境而无所顾忌，这将形成一种负向激励，更何况政府的财政能力也并不允许政府包揽一切生态损害法律责任。故法律责任制度还应考虑如何增强责任人承担法律责任的财务能力，责任的社会化填补是理想的选择。社会化填补的目标是损害分散，为责任人承担责任提供一种强有力的财务保证（风险保障措施）。由此，社会化填补并不是对生态损害法律责任的一种平均化处理，其仍应以个体生态损害法律责任制度为核心，以污染者负担为原则，在此基础上，通过对生态损失分散化、合理分担，使得外部性分配趋于合理，以弥补环境公益缺失。①

总之，由于生态损害结果的严重性，立法者在设计生态损害法律责任规则时便不能固守传统且严格意义上的个体环境责任制度，需要设计一些增强个体责任能力以及政府兜底责任的辅助规则。其中，政府兜底责任适用的情形包括：适用了社会化生态损害填补机制后仍不足以承担责任的责任人能力不足问题；责任人最终无法确定的问题，即现实中无法发现责任人或根据责任规则应被豁免。

三　生态损害应救济性和可救济性的法理

尽管生态损害在事实上指向某种具体的生物要素（例如：植物、动物、微生物等）或者某类环境要素（例如：大气、地表水、地下水、土壤等），抑或对前述要素所组成的生态系统的破坏、损伤和损害，但它实际上损害的是这些环境要素和生态系统所负载的生态服务功能价值，不仅包括为人类社会发展提供物质资料的经济性功能价值，还包括各种非物质性的历史、文化、审美、娱乐等生态性功能价值。现代法律一般关注的是其中的经济性功能价值，但随着人类社会对于生态环境保护重要性之认知能力的不断提升，以及国际社会中有关可持续发展和生态环境恢复理念的进一步落实，当代环

---

① 参见钭晓东《论环境法功能之进化》，科学出版社2008年版，第61页。

境法律制度的保护对象开始兼顾生态性功能价值，这种对于生态性功能价值的损害也被称为纯粹生态损害。纵观各国生态立法的演进史，生态损害被纳入法律制度保护的射程之内已成为一种共通的法律现实，呈现出一种典型的"国际趋同性"和"全球性思考"。① 但有关将生态损害纳入法律保护范围的理论基础尚未得到明确，在本部分内容中，笔者将在规范层面，系统阐释生态损害作为一种应由且可以由法律进行救济的损害的法理基础。

（一）生态损害：应当由法律进行救济的一种事实上损害

生态损害的事实属性，② 决定了其应是一种现实中客观存在的事实损害。然而，并非所有类型的事实损害均应纳入法律救济范围，即使对于某特定损害，也并非所有可归于该事实上损害项下的全部损失类型均应纳入法律救济范围。这一点对于公法责任和私法责任而言均适用，因为损害救济意味着责任承担，而责任承担应当是有限且明确的，无论何种责任属性，其均应遵循此项原则，否则无限延伸的责任会损害受其调整的私主体的行为并最终摧毁整个法律体系。由此，我们有必要回应一个规范意义上的问题，即生态损害应否纳入法律救济的调整范围？或者说将其纳入法律救济范围之中归属为一种应救济性损害的法理基础为何？实际上，立法者决定对某类损害予以法律救济是一种价值选择的过程，他们可以基于某种损害所牵涉的价值减损对于人类而言的重要性，有选择性地将相应的某种价值或者说利益纳入法律救济范围。换言之，生态损害作为一种应归由法律调整的事实损害，探寻其背后法理依据的视角是探究生态损害所涉价值对于人类而言的重要性。同时，法律最本质的规范功能在于调节、保障正义理念的落实，生态损害应否纳入法律救

---

① 参见杨群芳《论生态损害的救济及其特征》，《学术交流》2011 年第 12 期。
② 诚如前文述，生态损害的事实属性有两个方面：其一，生态损害客体指向的载体是现实中存在的各种环境要素、生物要素以及这些要素构成的生态系统；其二，生态损害概念的客体是环境要素或生态系统负载的生态功能服务价值，尤其是生态性功能价值，其本身是一种客观的事实存在。

济范围的另一项法理基础,还应回归到法律最本质的功能或者目标中,即实现生态正义。以下内容将详述这两方面的法理依据。

1. 生态有价原则的要求:生态服务功能的价值

德国利益法学家菲利普·赫克认为,法律之所以产生,原因就在于利益这一动因,没有利益,人们不会制定法律,法律是社会中各种利益冲突的表现,是人们对各种冲突的利益进行评价后制定出来的,实际上是利益的安排和平衡。[1] 利益是客观实在的范畴,其指称的是人们受社会物质生活条件所制约的需要和满足这些需要的手段和措施,因此利益既是需要本身又是实现这些需要的工具,是一种有助于实现人们所具有的各种需要或欲望的"重要生活资源";[2] 法律是在社会上占统治地位的阶级在认识和确认其根本利益的基础上,协调社会各种利益并保护被确认为合理利益的手段,故其本质是对客观存在的各种利益进行认知和协调。[3] 事实上,仅将利益理解成一种主体需求及其满足并不全面,因为它会掩盖或者忽略利益所蕴含的社会关系属性,它本质上是一种个人与社会其他个体或社会整体的交互关系,即利益其实就是我们每一个人认为对自己的幸福是必要的东西。[4] 同时,由于资源的稀缺性、有限性和人类欲求的无限性,使得个体都倾向于不断积累、扩张自己的"幸福",并认为那些对幸福而言必要的东西越多越好,这种无节制的利益追求和享有在资源有限的条件下,必然引发冲突。这种利益冲突必然存在的现实决定了法律的产生、发展和运作,并且法律也会反向影响(即促进或阻碍)利益的实现程度和发展方

---

[1] 参见何勤华《西方法律思想史》,复旦大学出版社2005年版,第255页。
[2] 参见周旺生《论法律利益》,《法律科学》(西北政法学院学报) 2004年第2期。
[3] 参见孙国华、黄金华《论法律上的利益选择》,《法律科学》(西北政法学院学报) 1995年第4期。
[4] 参见[法]霍尔巴赫《自然的体系》,管士滨译,商务印书馆1964年版,第27页。

向。① 换言之，法律是利益冲突的产物，而它的目的则是调节利益冲突。② 那么，法律是如何对错综复杂的利益冲突进行协调和规制的呢？实际上，法律的调整具有明显的目的性和选择性，对于诸多冲突的利益只能依照法律所要追求的目的，对其进行有选择地调整，这便是利益选择问题。③ 一般来看，立法者必须决定：哪些生活中的利益可以上升为法律上的利益，并通过法律予以保护，此即为事实上利益成为法律上权益的筛选过程；对于不同类型的法律上利益，是否进行同等水平的保护，还是按利益的重要程度附加不同规格的保护机制，此为利益的位阶安排；对于同一位阶的利益，若产生冲突，则需要设计相应的利益冲突解决机制，这是利益的冲突调节机制。

生态损害概念的本质是公共性生态利益减损。从内涵来看，公共性生态利益系指人类对环境要素或生态系统所能提供的生态服务功能价值的需求以及这些功能价值对人类需求的满足。因此，当我们在探讨生态损害应否成为一种法律上应予救济的损害时，实际上是要探究生态损害所涵盖的生态利益是否具有足够的重要性，以至于立法者应将其纳入法律救济范围。一般来说，现实生活中的"事实上的利益"要想成为一种在法律上受到规范保护的利益，需要符合稀缺性、价值性和可识别性的条件。第一，稀缺性，指的是如果某一利益可无限为主体所享有，则对其进行法律保护的需求也并不具备，但稀缺性概念本身是一个有相对性的动态发展概念，某一时刻不具有稀缺性的资源或利益可能在另一时刻变得稀缺起来。第二，价值性，指的是利益必须能够满足主体一定的需要，且这种需求对于主体而言应具有一定程度的重要性。

---

① 参见孙国华《论法与利益之关系》，《中国法学》1994 年第 4 期。
② 参见范忠信、侯猛《法律冲突问题的法理认识》，《江苏社会科学》2000 年第 4 期。
③ 参见孙国华、黄金华《论法律上的利益选择》，《法律科学》（西北政法学院学报）1995 年第 4 期。

显然，价值性也具有相对性，会因不同的时空条件而发生变化。第三，可识别性，要求利益具有自身的独特性，是可以被人类感知的，能够为立法者所明确界定和类型化。实际上，这三项条件并不严苛，一般情况下，能被人类感知并对人类生存发展构成一定影响的利益均可纳入法律救济范围，只不过它可能仅能以法律保护的利益（非权利）的形式出现。

生态利益符合这三项条件。首先，生态利益依托的载体是环境要素或生态系统为人类社会提供的生态服务功能价值，并且随着生态问题的日益严峻，生态利益已经成为一种稀缺性的利益。其次，生态利益具有价值性，它本身即是对人类特定需求（在良好环境中生存、发展）的满足，随着生态问题的日益严峻，这一利益的重要性不断凸显。随着可持续发展理念的不断深化，生态利益的价值性被不断予以重视，各国立法者普遍认可了生态有价原则。最后，生态利益明显区别于传统人身、财产或人格利益以及环境要素或生态系统所具有的经济性利益，是一种强调生态性功能价值的利益，符合可识别性。事实上，从逻辑角度来看，也只有将生态利益上升为在法律上受到规范保护的利益，它才能成为一种可被法律救济的损害类型。换言之，法律上生态损害概念存在的基本前提，应是生态利益上升为法律上受到规范保护的利益。因此，生态损害作为一种法律上应救济的"事实上的损害"，取决于它所指向的生态功能服务对于人类而言是一种有价值的利益，且该利益的稀缺性和可识别性正随着生态恶化被逐渐揭示出来。

2. 生态正义原则的要求：污染者负担原则

正义是社会制度的首要价值，正像真理是思想系统的首要价值。社会正义是人类社会长期以来高度关注和必须面对的一项焦点问题，但它的内涵和诉求并非一成不变，相反，它会随着历史发展阶段的演进呈现出不同的内涵和诉求，生态正义便是社会正义理念在生态保护领域的自然延伸。从不同的视角出发，生态正义的内涵可作不同区分，虽然不同类型的生态正义在侧重点上有所不同，但它们的核心要义并无不同，均强调的是一种对于生态利益和相应不利负担的公正态度和公平分配，以及在分配不正义时通过相应的手段予以调整、矫正。① 在这个意义上，可以说，生态正义的本质也是一种价值判断、选择，即通过价值判断、衡平实现人类彼此之间以及人与自然之间关于生态权益和负担的公正公平分配与再分配，目的在于构建一套公平公正的生态正义秩序，通过多种制度工具实现生态正义理念、平衡生态正义价值冲突、分配生态权益和负担。因此，如果法律规则不将生态损害确立为一种可救济性的法律上的损害，则其指向的人类生态权益减损便无法得到填补，而造成生态损害的行为人却可以在将成本转移给无辜第三人的条件下，从生态加害行为中获得高额的经济收益。这种"人类整体利益受损而生态加害行为人受益"的现实情境，显然并不符合生态正义的要求。因此，为实现人类社会的生态正义，我们必须以符合正义的方式救济生态损害。

如果说生态有价原则决定了生态损害应成为一种法律上获得救济的损害，则生态正义原则更是要求法律以一种符合正义的方式来救济这种法律上的损害。换言之，若欲保证生态正义理念和秩序的实现，确保由生态损害造成的社会成本可被正当性地予以配置，则对生态损害的救济理应由污染者来负担，此即"污染者负担原则"，因为"损之所归，利之所生"。换言之，只有当法律责任规则明确规定：造成具体生态损害的特定污染者，应对其行为所致生态损害承担相应法律责任（修复受损环境要素或生态系统，赔付相应的损害赔偿金）时，才能说其是一种符合生态正义理念和原则的法律责任规则。事实上，生态损害救济理应由其肇因者负担，何况促使生态损害产生的肇因者，往往也是损害行为的得利者，故由其负担也符合通常的法律正义理念。然而，值得注意的是，生态损害与一般损害的特质并不完全相同，它具有一种内在的道德正当性特征，这极有可能影响到我们对污染者负担原则的误解，即"所谓的污染者负

---

① 参见郑少华《生态主义法哲学》，法律出版社 2002 年版，第 170—171 页。

担原则最终导致的将是消费者负担"？笔者认为，我们对此无须过于担忧。① 纵观各国立法例，欧盟成员国和美国已将污染者负担原则确立为生态损害法律责任规则的指导原则。

（二）生态损害：作为一种法律上可救济性损害的可能性

生态损害应否被法律救济以及它在现实中可否被法律救济，是两个层面的问题，前者关注的是生态损害应被法律救济的应然性基础；后者侧重于生态损害作为一种法律上损害进行救济的可行性。事实上，在讨论生态损害可救济性问题之前，我们必须首先明确在运用法律制度救济生态损害时可能存在的救济难题，关于这一点，笔者已在论述生态损害特征时提及。其中，生态损害的内在道德正当性和损害结果的严重性，一般不会直接影响生态损害的可救济性，因为：前者关涉如何设定生态损害责任承担者才符合公平正义理念；后者关涉生态损害法律责任的范围问题，并且其一般可以通过社会化责任机制得以纠正。但另外两项特征会对生态损害的现实可救济性产生极大影响。对于多元利益交织性，该特征会对生态损害的识别、量化，以及是归由公法还是私法体系调整发生影响。因为一旦生态损害无法从传统损害中识别出来或者说其本身无法被量化，此时生态损害法律责任便无法单独成立，其责任规模也无法确定，生态损害也就无法救济。对于复杂科学技术性，该特征也会使得生态损害难以被识别和量化。一个

---

① 生态损害具有的道德正当性特征，使得生态损害的得利者并非仅有直接致使生态遭受损害的行为人，还应扩展至所有的消费者群体，尤其是对那些负责人类生活必需品的生产企业而言，更是如此。然而，消费者一般并不能被理解为"污染者负担原则"中的"污染者"，有人可能会因此提出怀疑，这是否当然意味着"污染者负担原则"对于生态损害救济而言的不适用？实际上，尽管存在一条众所周知的经济学原理是，生态损害作为企业的生产成本可通过市场价格机制传递给消费者，致使所谓的"污染者负担"在一定程度上体现出"消费者负担"的特征，但这仅是消费者和污染者之间的非正式的"间接责任移转"，本身并不影响到污染者对生态损害的直接承担。换言之，即使最终的负外部性法律责任成本承担由消费者承担，其也可以通过市场机制反向制约生产者的成本收益方程，并进而影响到生产者的个体化生产行为选择。

值得深思的疑问是，在环境科学技术意义上，人类能否修复受损的环境要素或生态系统。

1. 生态损害可以通过损害评估程序被识别和量化

根据法律的正义理念，损害发生应以损害的实际填补为原则，即恢复受损权益客体的原状或赔偿相应损失。但现实中，基于法制稳定性、有效性和责任人有限责任能力等现实，立法者会倾向于通过价值选择和特殊法律技术将部分损失类型从损害中剥离出去，致使完全救济原则被搁置，仅能实现部分救济。显然，要成为一种可以由法律救济的生态损害，则其必须能够被识别和量化。但生态损害具有的多元利益交织性和复杂科学技术性，使得我们难以将生态损害从传统损害类型中识别出来，并进行量化。由此，一个关键的问题是：生态损害这种难以识别和量化的困难是否始终无法克服，还是说可以通过法律技术予以"修补"。

一方面，就生态损害的识别而言，它和传统人身损害、财产损害有着实质差别，致使我们可以在理论上对二者进行区分。[①] 但实践中，由于生态损害和传统损害多发生于同一事实载体上（即环境要素或生态系统及其所负载的生态服务功能），使得二者并不易于区分。然而，这种不易区分性仅具有相对性，立法者可通过特殊法律技术来对它们进行最大限度的区分。[②] 另一方面，从生态损害的量化

[①] 生态损害和传统的人身、财产损害间存在本质性区别，前者指向的是不特定社会公众或人类集体所享有的生态权益，是一种针对公共性生态权益的损害；而后者系指对私人个体所享有的人身、财产或人格权益损害，是一种私益损害。因此，生态损害在实质上完全不同于传统损害，理论上二者可以区分。

[②] 一般来看，可供立法者选择的特殊法律技术包括：第一，法律可以明确规定生态损害的具体可赔偿项目，如《最高人民法院关于审理环境公益诉讼案件适用法律若干问题的解释》第 19—23 条的体系解释和《最高人民法院关于审理海洋自然资源与生态环境损害赔偿纠纷案件若干问题的规定》第 7 条规定的海洋自然资源与生态环境损失赔偿范围。可以说，这种方法在一定程度上可以起到限定生态损害赔偿内容的作用；第二，运用公共利益和私人利益的概念区分，将归属于私人利益的损害类型从生态损害类型中排除出去，如在北京朝阳区自然之友环境研究所、福建省绿家园环境友好中心与（转下页）

角度来看，要成为法律上可以被救济的损害，生态损害在被定型化和区别于传统损害之后，它尚需要具有能够被量化的特性，因为无法量化的生态损害便无法确定具体的救济责任范围，这便可能使潜在责任人承担畸轻畸重的责任，有违生态正义。一般而言，生态损害很难量化，这是因为：其一，从生态损害概念的内涵和外延来看，它指向的受损生态服务功能价值经常是以一种无形的功能"价值/利益"形态出现的，如审美功能、娱乐功能、历史文化功能以及气候调节功能等；其二，生态损害的产生具有复杂科学技术性，加剧了我们进行生态损害归因和相应评估量化的困难。然而，这种难以量化的属性也仅具有相对性。这是因为：第一，不断发展的环境科学技术会提高我们对生态损害进行量化的客观能力，生态经济学领域不断开发了各种可用来对生态损害进行定价的方法，如恢复成本法、环境价值估值法（包括假设市场法、影子市场法、市场意愿调查法等）等方法。第二，尽管我们可能无法在事实层面上极其精确地把握生态损害的量化额度，但依前文述及的"商品化"思路，立法者可通过法律技术对生态损害的量化难题进行消解。① 换言之，随着科学技术的发展，生态损害逐渐可以量化。

2. 受损生态环境可以通过环境科学技术得到恢复

生态损害的识别和量化具有一定的不确定性，但它并不是绝对

（接上页）谢知锦、倪明香等侵权责任纠纷案中，福建省南平市中级人民法院认为，原告所主张的损害价值 134 万元中的损毁林木价值 5 万元和推迟林木正常成熟的损失价值 2 万元，均属于林木所有者权利，不属于对植被生态服务功能的损失，该观点随后为福建省高级人民法院和最高人民法院所支持。第三，融合公共利益和私人利益的制度设计，我国法上的自然资源国家所有权便是如此，国家作为公共利益的代表对自然资源享有私法性所有权，并由其同时主张致损行为人对自然资源经济价值和生态价值损害予以赔偿。这种制度设计导致的直接结果是，对于无主自然资源发生的生态损害便可能不存在公共利益和私人利益的龃龉。

① 纵观美国法和欧盟法在关于生态损害量化问题上的立法实践可知，各国立法者倾向于通过自然资源损害或生态损害评估程序，将生态损害量化为：基于等效方法将受损生态环境恢复至基线条件，并赔偿相应恢复期间内的服务功能损失，以及评估、调查等附属成本。这三类损害获得救济便可充分抵消生态损害。

意义上不可知的领域。尽管我们可能无法准确把握生态损害量化的具体额度,但基于等效方法的思维,将生态损害等效为受损环境要素或生态系统(实际上是生态服务功能价值)的恢复成本,是一种可行的方案,因为无形的价值减损难以估量,而修复受损环境的成本是有形且可量化的。如此,便产生一个逻辑上的问题,即是否存在可行的生态修复科学技术能实现对受损环境要素或生态系统的恢复?从哲学的角度来看,完全恢复受损环境要素或生态系统至原有状况并不可能,毕竟世界上不存在两片一样的树叶,自然也就不存在两处具有完全相同功能条件和特征的环境要素或生态系统。但应注意,将受损环境要素或生态系统恢复至原有条件并不是生态损害救济的根本目标,只要经过恢复后的环境要素或生态系统可以提供与受损环境要素或生态系统未遭受损害时所能提供相同的生态服务功能,则生态损害救济的法律目标便足以得到满足。事实上,尽管环境要素或生态系统一经损害便不可复原,但它所负载的生态功能却可通过对环境要素和生态系统的修复得到恢复。一般而言,生态修复包括:(1)在被污染和破坏的环境中清除污染物质或者致害因素;(2)消除和减缓污染物质或者致害因素不良影响的持续和扩散;(3)恢复受损害区域生态系统的功能和价值。① 此外,生态修复的类型有多样性,针对不同区域环境保护和环境恢复的要求,不同区域经济发展水平和不同人群环境治理能力的差异,生态修复方案也必须从现实出发,因人、因时、因地制宜。②

然而,在不同损害事件中,生态损害的类型和具体的损害程度并不相同,有轻重缓急之分。此外,类似于弹簧秤的弹性原理,并非所有的受损环境要素或生态系统均可通过特定的生态科学技术得以恢复(即生态环境功能服务价值的恢复),相反,有些环境要素或

---

① 参见李挚萍《环境修复法律制度探析》,《法学评论》2013年第3期。
② 参见李挚萍《生态环境修复司法的实践创新及其反思》,《华南师范大学学报》(社会科学版)2018年第2期。

生态系统遭受的损害程度和规模已使得环境要素或生态系统丧失了修复可能性。那么，这是否意味着生态损害便不再具有法律上的可救济性了呢？答案为否。因为生态损害概念的实质是环境要素或生态系统所负载的生态服务功能价值的减损，因此对生态损害进行救济实际上要求的是对受损生态服务功能价值的恢复。在受损环境要素或生态系统无法恢复的情形中，亦可基于等效思维实施所谓的"异地修复"或"替代性修复"。诚然，对于某些特定生态损害，有无法进行"就地修复"和"异地修复"的可能性，如修复工作可能不具有技术可行性和成本效益性。此时若继续主张，可通过生态修复科学技术恢复受损环境要素或生态系统，并以之作为"生态损害是一种可经由法律予以救济的事实上损害"的论证基础，会稍显单薄。由此，我们会产生一个疑问，可否直接得出结论——无法修复的生态损害是一种无法经由法律救济的事实损害？

其实不然，法律对某损害的救济并不一定必须采取将某一受损物件或客体恢复原状的方式（对于生态损害而言，即生态服务功能价值），它也可以通过金钱赔偿的方式实现损害救济。这一点对于公法、私法体系而言，并无区别，当致害行为导致个体受损的权益已在客观上或从成效分析角度考虑无法进行恢复时，可通过金钱赔偿的方式进行抵偿。对于生态损害而言，该原理也同样适用，即我们可通过对受损的生态服务功能价值进行定价，然后进行生态损害的金钱赔偿。结合生态经济学家提出的方案以及欧美各国所采纳的立法经验可知，实践中被用来作为受损环境要素或生态系统定价的估值方法已广泛存在，主要包括价值—价值法（value to value）、价值—成本法（value to cost）两类，具体有履行成本法、市场假设法、影子工程法等。[①] 尽管不少学者经常主张，前述方法均具有一定程度上的科学不确定性，无法完全准确认知和把握生态损害的价值减损

[①] 参见徐祥民等《海上溢油生态损害赔偿的法律与技术研究》，海洋出版社2009年版，第68页。

量度，进而可能导致无法认定损害赔偿额度的现实法律困局，但笔者认为，我们不应夸大这种不确定性的困境。一方面，不确定性可以随着科学技术的不断进步而逐步得以消解；另一方面，法律和科学之间的这种龃龉也并非生态损害所独有，传统权益损害也必然会面临着如何精确客观、量化的科学困境。因此它不可以也不应当成为一种对"生态损害成为一种法律上可救济性损害"构成制度障碍的难题。①

第二节 生态损害法律责任的概念、属性及定位

生态损害问题，从经济学的角度来看，实质是负的外部性的问题。② 在经济学中，"正的外部性"和"负的外部性"亦被分别称为"外部经济性"和"外部不经济性"，是生产、消费过程中经常存在的两类情形，前者意指，在没有交易对价的情况下，一些经济活动主体（生产者或消费者）的经济活动会使另一些人获得收益（受益人无须进行补偿）；而后者意指，在没有交易对价的情况下，一些经济活动主体（生产者或消费者）的经济活动会强加给某人负担一定的额外成本（受害人无法获得补偿）。负外部性导致的直接后果是资源配置的低效率、无效率，使得个人最优不等于"帕累托标准"下的社会最优选择。③ 因此，为实现社会最优目标，便需要引入外在力量以规范、约束和调整个人的决策行为。这里的"外在力量"既可

---

① 实际上，对于任何权益减损的量化实际上都会面临着科学不确定性的难题，如生命权益的价值，即使对于财产权益价值也难说可以通过完全中立的市场化评估进行量化。因为利益的价值属性是与人的主观判断分不开的，而从逻辑上看，主观判断是难以完全客观化的。

② 参见刘友芝《论负的外部性内在化的一般途径》，《经济评论》2001年第3期。

③ 即便在"卡尔多—希克斯效率标准"下，加害人（如排污企业）所获收益也难以弥补产生的社会成本。

以是政府力量或市场力量，也可以是政府力量和市场力量相结合，抑或第三种力量。法律责任是典型的"政府力量"。本书在对生态损害概念的定义、内涵和特征进行解读后，便需要进一步探讨：生态损害法律责任的概念及其法律属性，可用来实现生态损害法律责任目标的两种备选实施机制，以及法律责任规则作为一项规制工具在整个生态损害规制工具谱系中的功能定位。

一 生态损害法律责任的概念

生态损害法律责任概念是一个复合概念。在阐明了生态损害概念后，我们需要界定法律责任概念。从一般法理学的角度来看，法律权利、法律行为和法律责任是构成各项法律制度的三项本体元素，是对法律规则进行规范和实证研究时的重要范畴。但法律责任概念的语义复杂性使得其难以成为法律学意义上的"元概念"，因为它需要由一系列在逻辑上相互承接的权利义务关系来构成，加之责任一词在日常场合中的解释歧义可能会进一步延伸至对其进行的规范定义过程之中（因为对概念的定义应以其日常通常用法为出发点），使得有关法律责任概念一般理论的构建仍不完善，直接导致的不利后果是纷繁复杂且难免混乱的法律责任概念，不同部门法对法律责任概念的解释也随之充满分歧。① 截至目前，有关法律责任概念的学说大致共有七种，依次为处罚说、后果说、责任说、否定性评价说、义务说、负担说和新义务说。② 前述学说均揭示了法律责任概念的某些特征但不够全面，除处罚说外，其他定义均可作为法律责任的中心指称范畴，亦即法律责任概念的属概念，包括："不利后果""否定性评价""义务""责任"和"负担"。其中，处罚说因为仅侧重于惩罚色彩而置法律责任概念所蕴含的损害填补功能于不顾，有失偏颇，并不足取。而第二种至第六种学说，均强调"不利后果"的

---

① 参见余军、朱新力《法律责任概念的形式构造》，《法学研究》2010年第4期。
② 参见张梓太《环境法律责任研究》，商务印书馆2004年版，第9—13页。

承担，但并未探讨这种"不利后果"的具体产生原因，即并没有强调作为"不利后果"产生之前提的法律责任内涵。新义务论的提出便是要区分作为原因、结果的法律责任概念，它将法律责任界定为，"由特定法律事实（违法、违约或基于法律特别规定之法定义务——第一性权利义务关系）产生的并应由特定法律主体负担的法律上的不利法律后果（第二性权利义务关系）"①。

尽管新义务论的提出，进一步重申了法律责任概念内部的逻辑性，即将法律责任区分为作为前因的责任关系和作为后果的责任方式。这种方式在一定程度上向法律责任概念之中融入了价值判断的要素——责任产生根据的判断，但它将"第一性义务的违反"作为责任根据的做法不仅过于保守，也并未从根本上解决某一法律责任能够成立的本体价值正当性的问题，即如何运用规范技术将作为评价标准的道德因素、社会因素予以客观化，从而使遭受侵害之权利/法益与造成侵害之原因结合。同时，新义务论将法律责任定义为第二性义务的做法也值得商榷，姑且不论法律责任可能会因陷入"套套逻辑"而面临逻辑漏洞（因为在未明确义务概念外，将责任定义为义务，并将义务区分为作为原因和结果之两种义务于规范分析并无实质助益），它也违背了法律责任在本质上是一种法律关系而并不仅仅是纯粹单向度之义务/责任的逻辑结构。最后，虽有学者指出新义务论的法律责任概念包含了依靠国家强制力来保障实现的要素，②但它指向一种结果意义上的"强制"（在法律责任的执行上，它是由国家强制力保证执行的），关于权利义务关系因具有可通过强制（物理力量的使用或威胁使用）保障实施的特质而成为法律责任的问题，新义务论并未涉及。在这个意义上可以说，新义务论对法律责任概念的理解虽较之以往学说有一定的进步性，但也并非尽善尽美。

---

① 参见张文显主编《法理学》，高等教育出版社 2003 年第 2 版，第 144 页。
② 参见孙笑侠《公、私法责任分析》，《法学研究》1996 年第 4 期。

实际上，新义务论已经触及了法律责任概念的形式构造，体现了一种实证分析法学的概念定义思维，只不过仍略显粗糙。法学界已有学者开始运用实证分析法学思路来理解法律责任概念，在知名刑法学者冯军将刑事责任概念结构区分为"义务指定""归责要素""负担形式"之后，① 余军等则在结合哈特、凯尔森等人所提倡之法律责任概念学说的基础上提出了法律责任概念的形式构造。一个理想的法律责任概念应当包括三个要素：（1）"责任根据"或"归责"是法律责任概念中的价值要素；（2）"救济权关系"是法律责任中的规范要素；（3）强制是法律责任概念中的事实、经验性要素。② 其中，尤为关键者是法律责任概念的规范要素——救济权法律关系，它必须具有两项条件才能成为一种作为法律责任构成要素的救济权法律关系（并非所有救济权法律关系均是法律责任意义上的规范要素）：（1）以"制裁"为内容，即刑罚、民事赔偿与行政制裁；（2）以强制力为实施保障，指的是法律关系的实现取决于权利人或义务人的行为。③ 在此意义上可以说，依托实证分析法学思想对法律责任概念进行的三元要素区分，有效回应了新义务论所提出的法律责任概念可能会面临的规范难题。第一，法律责任概念应指向一种不法行为，只有依托整体法秩序进行评价后被判定为"不法行为"的行为才能成为法律责任的归责原因。换言之，并非所有违法行为均必然引起法律制裁的规范效果，违法行为仅仅指的是违反具体法律义务（即具体法规范）之行为事实，它是否有"不法性"（即法律上的不正当性），仍需考察造成权利侵害的行为事实是否有整体法秩序上的正当理由（正当防卫、紧急避险、合法权利行使行为等）。④ 第二，法律责任概念指向的是一种救济权法律关系，并非

---

① 参见冯军《刑事责任论》，法律出版社 1996 年版，第 12—15、33 页。
② 参见余军、朱新力《法律责任概念的形式构造》，《法学研究》2010 年第 4 期。
③ 参见余军、朱新力《法律责任概念的形式构造》，《法学研究》2010 年第 4 期。
④ 参见余军、朱新力《法律责任概念的形式构造》，《法学研究》2010 年第 4 期。

如新义务论所主张的仅是一种第二性的"义务"范畴,因而法律责任得以确立的一个逻辑前提便是有赖于救济权法律关系的存在,而该法律关系的启动也因不同法律责任种类而存在差异:民事法律责任是由民事私法所确立的请求权规则启动的救济权法律关系,而公法层面的刑事法律责任和行政法律责任,则必须经由司法权力/行政权力创设——法院的有罪判决和行政机关作出的行政制裁决定等。由此,可以说,法律责任的规范本质是一种"救济性权利义务关系",这比新义务论的理解更加妥当和周延。第三,无论是私法责任还是公法责任,不同于人们通过"自治协议"实现损害救济目标之处,便在于规范层面的救济权法律关系应具有"强制+制裁"属性,即在事实上应具有"可通过强制措施保证实施的制裁内容"。这体现了法律责任所具有的"公权元素",也排除了那些不具有"制裁内容""强制措施保障"特征的救济权法律关系。

实证分析法学给我们提供了另外一条用以理解法律责任概念的全新路径。纯粹规范意义上(剔除价值与经验、事实要素后)的法律责任概念实际上是一种"救济权法律关系",即一种因特定法律事实侵犯权利/法益而产生的特定救济权法律关系。其中,所谓的特定法律事实是指经由"不法性评价"后确定需要承担相应责任的违法行为(造成了相应的权益损害或风险),它导致的法律后果便是救济权法律关系,即救济不法行为所致不利后果(这里的救济同时包括损害填补和针对违法行为的制裁,并且在不同法律部门中形式有所不同,包括刑罚、民事赔偿与行政制裁)。所谓的特定救济权法律关系,实际上是可经由强制方法确保其内含"制裁内容"得以实现的救济权法律关系,强制方法则包括对物理力量的直接使用或威胁使用。具体到本书,生态损害法律责任概念是指一种对受损环境要素或生态系统进行救济(修复或赔偿)的责任承担规则,且其规范形式具体表现为一种典型的"救济权法律关系",即权利人有要求义务人履行生态损害法律责任的权利,而义务人负有承担、履行相应责任的义务——履行修复受损环境要素或生态系统的行为义务(修复)或就事故发生前后减损的生态服务功能价值支付金钱的损害赔偿义务。如果考虑到法律责任的制裁功能,则加害人在填补损害之外,还应负有承担相应民事制裁、行政制裁或刑事制裁的法定义务。①

二 生态损害法律责任的公法责任属性

不同于一般法理学将法律责任描述为"违反第一性义务的第二性义务(不利后果)",沿袭实证分析法学的思路,生态损害法律责任的规范形式应是一种救济权法律关系。这种定义方式无法揭示生态损害法律责任的法律属性。由于法律属性决定着责任实施机制,故在探讨法律责任实施机制的概念之前,有必要首先探究生态损害法律责任的法律属性。长期以来,公私法二元论是主导大陆法系国家法治建构的基础,也构成了法释义学的前提。由此,法律责任因其所属法律部门有公法和私法之分,故其在理论上也具有二元性,即公法责任和私法责任。本书以下内容将结合规范目标和制度功能双重视角分析生态损害法律责任的属性。

(一) 公法责任和私法责任的区分及其实益

公法责任和私法责任相区分是法律责任历史发展的产物。② 从法律的发展史来看,经历了一元法律结构到二元法律结构再到三元法律结构的演变过程。在早期诸法合体阶段,"国家本位"的一元法律结构以刑法为核心,在法律责任方面具有两个突出特点。其一,"刑民不分,以刑为主",对民事伤害等也适用刑事制裁。③ 事实上,

---

① 由于本书仅关注生态损害的事后填补,故对于行为制裁,笔者不予赘述,仅在必要处略有论及。

② 公法责任和私法责任只是学理概念,并非实定法概念,实践中我们一般将民事责任称为私法责任,而将非民事责任概括为公法责任,因此行政责任和刑事责任一般被归为公法责任范畴。生态损害公法责任主要是指行政责任,而生态损害私法责任是指民事责任。下文如未特别说明,公法责任均不包括刑事责任。

③ 李志敏:《中国古代民法》,法律出版社1998年版,第188页。

"任何民族，于其法律观念幼稚之时代，皆无民事责任与刑事责任之区别"①。其二，责任形式带有原始复仇遗迹，具有野蛮性和残酷性。随后，资本主义法承继罗马法学家公私法的观念，形成了公私法二元法律结构。② 在法律责任上，除了保留原有的刑事责任外，还从中分离出了作为私法责任的民事责任和作为公法责任的行政责任。③ 首先，随着犯罪与违法区分，刑事责任逐渐分化出民事责任，责任方式以财产赔偿为原则；其次，随着国家职能的日益扩展，行政主体与相对人之间的法律关系从平等主体之间的法律关系中独立出来，与之相应的行政法律责任得到发展；最后，与公私法对立相适应，民事责任和行政责任各自经过系统化发展，最终在强制程度、功能性质、承担方式和归责原则等方面均有不同。总之，二元法律结构导致诸法由合体走向分离，民事责任和行政责任区别明显，连同原有的刑事责任，三者适用范围清晰，特点明显，各自发挥作用，综合调整趋向更精细化的个别调整。④ 公法责任和私法责任自此并列而存。⑤

---

① 李宜琛：《日耳曼法概说》，中国政法大学出版社2003年版，第131页。
② 在形式上不严格区分公私法的英美法系国家，在法律实践中，公与私也泾渭分明。美国宪法严格适用于公法争议。在英国，虽然没有一套界定明确的公法，但在某些救济形式中有这种要素。法院依据一套混合的救济方式，有些是私法救济方式，有些是公法救济方式，以便涵盖更多的案件。参见赵娟《楚河汉界与貌离神合：对公法与私法之间关系的基本认识》，《江苏社会科学》2007年第6期。
③ 作为公法责任的刑事责任和行政责任与作为私法责任的民事责任三者实际上同源，"在法律发展史上，三种法律责任同出一源，起初并无区别"。梁慧星：《民法总论》，法律出版社2007年第3版，第83页。
④ 参见董保华等《社会法原论》，中国政法大学出版社2001年版，第374页。
⑤ 随着兼具公法、私法特征之第三法域（社会法）的诞生，法律结构调整为三元。公法责任和私法责任也随之融合成为一种新型的综合调整的法律责任。但这种融合是有限度的，社会法并未从根本上消弭公法私法的区别，社会法律责任也并非要直接替代或者覆盖原有的公法责任和私法责任，而仅是作为与原有三种法律责任并列的补充。换言之，即使公法责任私法化和私法责任公法化的互动进一步深化，二者间的基本分界线始终明晰。参见刘水林《经济法责任体系的二元结构及二重性》，《政法论坛》2005年第2期。

法律责任区分为公法责任和私法责任，不仅是历史的产物，还具有深刻的法律规范意义。我们区分私法责任和公法责任的目的和意义在于：

其一，区分两种法律责任实现过程中国家权力因素的干涉。作为私法责任之民事责任的实现可以不通过甚至完全不通过国家权力，也就是说民事责任可在当事人间"私了"。对于私法责任而言，法律责任的国家强制性可以理解为一种可能性，即当责任主体不履行特定义务时，权利一方可以通过民事诉讼提请国家权力介入来帮助实现权益。事实上，追究民事责任的诉讼程序也较少掺杂国家权力因素，这一特征集中体现在"不告不理""谁主张谁举证""法院不积极调查取证"等方面。而作为公法责任的行政责任，其实现依托于行政机关的职权，在相对人不履行特定义务时，行政机关可依法启动行政强制措施、行政强制执行。近年来，随着公法私法化理念的深入，行政机关"以私法实现公法任务"的实践盛行，也促使行政机关通过诉讼方式实现公法责任成为现实。① 换言之，私法责任的追究机制只能是司法机制，而追究公法责任既可以是行政机制，也可以是司法机制。但追究公法责任的民事诉讼和追究私法责任的民事诉讼存在本质不同。对于前者，国家权力仍享有主导权，即使走到诉讼阶段，即使责任最终以判决形式做出，其实施也仍然应当由行政机关主导。总之，无论是行政机关通过行政权还是借道司法权（民事诉讼）实现公法责任，本质都是国家权力因素的强势介入。

其二，区分两种法律责任实现过程中当事人的自主权。私法提供的是一个自我形塑利益并展现其自主性的框架；公法则是规约受特别公益付托的高权主体的公职务法。② 私法责任的"私利性""自

---

① 参见辛帅《不可能的任务：环境损害民事救济的局限性》，中国政法大学出版社 2015 年版，第 132 页。

② 参见［德］施密特·阿斯曼《秩序理念下的行政法体系建构》，林明锵等译，北京大学出版社 2012 年版，第 266 页以下。

主性"决定了私法自治原则在私法责任实现过程中的普遍适用。具言之,一方面,只要不损害国家和社会利益,当事人双方可以平等自愿协商、自行决定责任的范围和方式;另一方面,对于法院依当事人申请做出的生效责任判决,权利人一方也可以选择放弃全部或部分权利。而公法责任的"公益性""公职务属性",① 决定了公法责任的实现过程具有典型的"非自主性"特征,即公法责任一般不考虑当事人的意愿,不实行当事人自治原则(当事人之间不得和解,对责任范围和责任方式没有自主选择权),而是由特定国家机关强制追究,对于提请司法权做出的生效责任裁决,也必须执行。

(二) 区分公法责任、私法责任之既有标准及其不足

至于公私法责任的划分标准,目前有两种方案:第一种方案是以当事人行为所侵犯法律规范的性质为标准,依一般法理学规定,法律责任根据侵犯的法律规范是公法还是私法可以进一步区分为公法责任和私法责任。② 其实,这和学界一贯秉持的法律责任概念定义方式有关。我们习惯于将法律责任界定为"因违反特定法律规范而应承担的法律上的不利后果"③。因此,公法责任是指公法关系主体因行为违反公法规范遭受的否定评价,包括宪法责任、行政法责任、刑事法责任;私法责任是指民商事法律关系主体因违反私法规范或契约行为而承担的不利法律后果,主要指民事责任。第二种方案是以法律责任的功能目标为标准,依据责任目标是补偿损害还是惩罚行为来划分。具言之,私法责任是为了修复功利性法律关系而对行为人施加的一种补偿性责任形式,而公法责任则是为了修复道义性

---

① 公法核心是公共职能的依法有效履行,而公权力设置的目的是公民基本权利保障和公共利益的实现。由此,公法责任之设定和追究的主要目的,便在于维护国家或者社会共同体的公共利益,维护现行的自由民主的公法秩序。可以说,在公法责任设定和追究过程中,参与竞争的诸利益必然至少有一方是公共利益。

② 参见张秉民、陈明祥《论我国公法责任制度的缺陷与完善》,《法学》2006 年第 2 期。

③ 参见张文显主编《法理学》,高等教育出版社 2003 年第 2 版,第 144 页。

法律关系而对行为人施加的一种惩罚性责任形式。① 申言之，私法责任指向违法行为所致损害的填补，而公法责任旨在对行政机关为特定处置的赋权，因此公法责任包括权利人遵守公法对权利的限制规定，以及接受行政处置和相应刑事制裁。②

前述这两种公私法责任划分标准适用于生态损害法律责任，均不妥当。第一种学说采纳了一种事后视角——以立法者已经选择了公私法规范为前提来判断生态损害法律责任的应然属性。具言之，既然立法者选择在民法或者侵权法的框架内安排生态损害法律责任，因此其应归属于私法责任。③ 这种做法无法解释司法实践中为何法官在直接以民法、侵权责任法等私法规范判决被告承担私法责任时，又会依据环境资源管理等公法规范来认定被告的违法行为。有学者据此主张，因生态损害法律责任是违反公法规范行为造成的责任，故生态损害法律责任是公法责任。④ 而第二种学说直接以生态损害法律责任的主要目标是填补生态环境损害进而将其定性为私法责任。这种观点存在一种思维跳跃——损害填补是私法责任，生态损害法律责任旨在填补生态损害，故生态法律责任是私法责任。但这一逻辑链条的前提并非必然为真，以"行为制裁"和"损害填补"作为界分公私法责任标准的观点过于片面，过度强调了两者的区别，割裂了彼此联系。如此解释也与法律实践产生龃龉。这是因为，法律实践中出现了越来越多的填补性公法责任和制裁性私法责任现象，如《民法典》中的惩罚性赔偿和公法中的生态修

---

① 参见孙笑侠《公、私法责任分析：论功利性补偿与道义性惩罚》，《法学研究》1996年第4期。

② 参见沈百鑫《环境损害的修复责任制度初探：以水体损害修复责任中的中德比较为视角》，《清华法治论衡》2014年第3期。

③ See Taylor, Simon. "Extending the Frontiers of Tort Law: Liability for Ecological Harm in the French Civil Code", *Journal of European Tort Law*, Vol. 9, No. 1, 2018, pp. 81-103.

④ 参见龚学德《论公法制裁后环境民事公益诉讼中的重复责任》，《行政法学研究》2019年第5期。

复措施。

（三）基于规范目标与功能主义的论证

当新的法律现象出现，旧有的理论难以解释时，就需要对旧有理论进行修正或引入新的解释理论，以适应新的法律现象。既有的公私法责任界分标准无益于在事前判断生态损害法律责任的应然属性，因此我们有必要引入一种新的理论来描述公法责任和私法责任的划分标准。从立法论的角度来看，"新标准的引入"实际上就是立法者应当依据何种标准来决定生态损害法律责任的法律属性。

诚如前文所述，公法责任和私法责任最为核心的区别在于两者的实现过程存在差异，前者国家权力因素介入多、当事人自主权少，后者国家权力因素干涉少且当事人自主权利范围大。事实上，之所以有如此区别，实质原因是私法责任具有"私利性"，而公法责任具有"公益性"。这种观点与在公法私法区别标准方面流行的"利益说"相契合。① 正是公私法侧重的利益不同，导致二者的目标有差异。私法的目标是对市民社会中个人利益的承认与保障，公共利益的角色只是约束个人利益的边界；而公法是对政府的"赋权"与"控权"，赋予其维护公共利益的公权，同时又通过为公权力的运行勘定界限，使政府在公法的调控下活动和生存。私人利益在公法中只是附属角色，当私人利益遭受公权侵害时有权主张知情、救济。同理，公法责任和私法责任的差异也主要体现在二者旨在保护的利益上。私法责任直接保护的是私人利益，是责任人对私人利益遭受侵害后应负担的责任，公法责任的直接保护对象是公共利益，是责任人侵害了公共利益后应承担的法律责任。申言之，法律责任旨在救济的利益类型决定了其法律属性，以公益为目的的法律责任就是公法责任，而以私益为目标的法律责任是私法责任。

---

① 参见［日］美浓部达吉《公法与私法》，黄冯明译，中国政法大学出版社2003年版，第28页。

那么，生态损害法律责任的规范目标究竟是公共利益还是私人利益？一般而言，公共利益区别于私人利益的特征在于其具有不确定性，即利益内容的不确定性和受益对象的不确定性。① 仔细研究可知，生态损害法律责任旨在救济的生态权益与公共利益的不确定性特征耦合。其一，生态权益是人与生态环境交互过程中产生的一种利益感知。② 从利益内容来看，生态权益的内容具有不确定性。因为这种利益感知是一种复合型的利益综合体，内容结构呈现出多元层次性特征——这种权益产生于生态环境对人类社会所提供生态系统服务功能的多元性，包括保障精神娱乐、心情愉悦、调节气候等。其二，生态权益的享有主体是集体或全体社会公众，且在损害发生之前主体往往无法特定化，符合公共利益受益对象不确定性的要求。其三，生态权益的救济或修复方式不是对个体利益的救济，而是修复受损的生态环境。由此，生态权益是一种无法归属于个人的公共利益。

此外，特定利益究竟是公共利益还是私人利益，除了取决于特定利益能否在法理上作为一种独立的私人利益以外，还与一国立法者的价值选择相关。不同国家形态、公私法制度的完善程度、市民社会的发展基础等因素，都会影响一国立法者对私人利益和公共利益的范围勘定。在此意义上，界定公共利益或者私人利益与其说是一个科学命题，毋宁说是一项价值选择。③ 笔者以为，我国公私法严格区分的法制传统、行政权主导的生态环境治理体制和市民社会基础仍十分薄弱的现实，决定了生态权益目前尚不宜界定为由私法确

---

① 参见陈新民《德国公法学基础理论》（上），人民出版社2001年版，第182页。

② See Ungureanu, Ciprian, "General Considerations on the Elements of Civil Liability in the Environmental Law", *European Journal of Law and Public Administration* 6.2 (2019), pp. 268–277.

③ 在英美法系，就有将生态公共利益与个人所有权或者环保组织私人利益相关联的实践。参见［英］马克·韦尔德《环境损害的民事责任：欧洲和美国法律与政策比较》，张一心、吴婧译，商务印书馆2017年版，第199—211页。

认、维护的私人利益。①

生态损害法律责任旨在救济以生态系统服务功能为载体的生态权益，并非私人的人身、财产权益，这种维护生态公共利益的规范目的决定了其属性应当是公法责任。② 然而，以公法责任维护生态公共利益，还应从功能主义层面展开论证。

其一，生态公共利益的特殊性决定了作为强行法的公法更为妥当。生态公共利益已经成为立法明确认可的保护对象，其"应当获得持续、稳定保护"的特征，决定了生态公共利益的识别和维护都需要且必须以法律为依据，并且这一过程应当具有强制性。③ 相较于私法责任的任意性，公法责任的强行性更能达到保障生态公共利益目标。这是因为，私法责任意味着责任是否成立、责任范围以及责任的追究程序等都可以由个人意志决定，这无疑会加剧生态公共利益保护的不确定性。而公法责任专门为保护公共利益而设，责任本身由法律设定，责任内容也依法确定而非为执法者的个人意思所左

---

① 如果我们将公共性生态权益分解、还原为私人利益，对生态环境的维护将依赖于私人主体，这不仅无法完全做到，也不利于公共性生态权益的维护。首先，公共性生态权益无法完全还原为私人利益，即使自然资源存在价值中的选择价值、替代价值都能通过特定法律技术处理界定为私人利益，将自然资源保护以为后代使用的遗产价值以及将自然资源用于未知用途的准选择价值都难以界定为私人所有。其次，经过数十年的生态文明建设实践，我国市民社会基础尚不发达，民众环保意识虽有所提升，但仍主要依赖政府保护环境。这可从我国行政机关不断增强的执法权力中得到印证。可以说，我国目前市场主体和社会力量相对薄弱，无力单独承担起政府让渡出来的治理责任。最后，尽管近年来我国吸收了较多的美国法经验，且公私法之间的联系日益紧密，但我国法律体系奉行的公私法二分理念不易也不宜贸然突破。如果混淆了二者的基本界限，就很有可能导致公私域错位，进而有损于我国长期以来一直旨在划定公私边界的法治能力。

② 假如立法以环境污染所致人身损害和财产损失为关注对象，其重点应是民事赔偿责任；假如立法以环境自身受到污染所产生的生态和自然资源的损害为关注对象，则其重点应是行政责任。参见潘德勇《欧盟环境损害赔偿立法模式对中国的借鉴》，《贵州大学学报》（社会科学版）2010年第5期。

③ 参见胡静《土壤修复的公法责任属性：目的和工具面向的论证》，《湖南师范大学社会科学学报》2020年第5期。

右，责任实施也不以个人意志为旨归，不得随意放弃。① 由此，私法责任领域的任意性规定无法切实保障旨在救济生态公共利益之生态损害法律责任的履行，而公法责任领域的强行性规定更能确保生态损害法律责任履行的强制性。② 这就意味着，生态损害法律责任的启动、实施均有强制性。第一，不得任意放弃启动；第二，责任追究程序应由法律规定，不得随意变更。

其二，行政机关在代表生态公共利益方面具有主导性、优先性。一方面，相较于环保组织，行政机关在生态公共利益维护方面占据主导地位。这是因为，环保组织非经过民主程序产生，存在利益偏好，财务资金来源不稳定，以及当前中国孕育环保组织的社会基础尚不成熟，导致环保组织的公共利益代表能力受限。③ 与之相应，行政机关产生的民意基础、依法行政特征、稳定预算来源、生态环境统一监管职责以及经年累积的专业知识和信息资料储备等执法优势，使得行政机关在代表、维护生态公共利益方面明显优先于环保组织，因此环保组织应居于补充角色。这一点可在域外法制经验中得到印证。④ 另一方面，相较于司法机关对于生态损害法律责任履行过程中各种专业性问题（如修复目标的确定、修复方案的编制与调整、修

---

① 参见巩固《公法责任视角下的土壤修复：基于〈土壤污染防治法〉的分析》，《法学》2018 年第 10 期。

② 参见萧文生《行政法基础理论与实务》，五南图书出版股份有限公司 2017 年版，第 26 页。

③ 有研究表明，2014 年《环境保护法》推动了环境公益诉讼的发展，但参与诉讼的环保组织仅占可提起环境公益诉讼环保组织总数的 5%。参见栗楠《环保组织发展困境与对策研究：以环境民事公益诉讼为视角》，《河南大学学报》（社会科学版）2017 年第 2 期。

④ 从域外经验来看，环保组织发展相对更加成熟的欧美国家对环保组织的优先代表能力持普遍怀疑态度。美国公民诉讼制度要求环保组织起诉潜在责任人之前通知行政机关；在德国，环保组织更无权直接对潜在责任人发起民事诉讼，只能请求行政机关行动或提起行政诉讼。参见胡静《环保组织提起的公益诉讼之功能定位：兼评我国环境公益诉讼的司法解释》，《法学评论》2016 年第 4 期。

复标准的采用、修复效果的评估以及后期管控措施的采用等）的判断和决策能力，行政机关应当享有优先的首次判断权。这是因为，法官受到的是法律适用方面的训练，缺乏常规性、专门性的行政专业知识，也缺乏技能和行政职业方面的历练，因此在面对具有专业性、技术性的行政事务时，由于对其欠缺判断和审查能力，明智的法官会尊重行政机关的首次判断权。① 事实上，生态修复过程的复杂性、动态性以及与经济利益的关联性，也决定了相较于司法机关拥有更多自主决定空间的行政机关更为适合。总之，行政机关在代表生态公共利益方面的主导性、优先性，决定了行政机关应当在生态损害法律责任追究过程中占据主导地位，这也意味着生态损害法律责任的法律属性应是公法责任。

三 生态损害法律责任的两种实施机制

责任属性不宜与责任的实施机制混淆。公法责任属性并不必然意味着生态损害法律责任的实施机制只能是传统行政执法机制，"公法私法化"指引下的"以私法实现公法任务理念"为生态损害法律责任实施机制的柔性化、司法化提供了可能性。从理论上看，生态损害法律责任的实施机制具有二元结构的特征。

（一）生态损害法律责任的行政实施机制

传统行政执法机制是追究生态损害法律责任的最基本选择。不同于以权利为核心的私法（民法是权利法），公法以权力为轴心（公法是权力法），其本质是公共权力（行政权）的行使与制约。这也决定了公法责任的实现过程严重依赖于行政权的有效运行。早期阶段，行政权的运行方式仅限于行政机关的传统行政执法机制——行政依照法律授权使用最传统之行政决定来识别和维护生态公共利益，这些机制的本质是一种"命令—服从"的控制模式。从理论上看，在传统行政法体系框架中，可用来实施生态损害法律责任的最

---

① 参见黄先雄《行政首次判断权理论及其适用》，《行政法学研究》2017 年第 5 期。

传统的行政决定主要是指单向度的"行政命令"。随着公法私法化的进一步发展，一系列私法调整机制及相关理念被引入公法领域，特别是私法领域中的平等理念、契约理念、自愿理念、诚信理念、和解理念等。公法私法化的本质特征是以私法手段来完成公共目标。由此，行政机关在实现公共任务的过程中拥有了更多的"具体行为形式选择自由"。在这一制度背景下，行政权的运行方式也发生了根本转变，从传统高权式的"命令—服从"模式转变为现代平等式的"对话—商谈"模式。① 在新模式中，行政机关和潜在责任人法律地位平等，用来实现生态损害法律责任目标的实施机制也变得更加柔性化、私法化，转变为协商和解。协商和解不同于强制性的、单向度的行政命令，行政主体和利益相关方可以通过信息交流、理性协商的方式，来理解彼此立场，并在相互倾听和交流的基础上，调整各自诉求，有利于寻求共识和合意。生态修复是系统工程，从责任分配到具体修复方案的设计、选择，再到修复活动的监管和验收等，都需行政机关和利益相关方的精诚合作。相较于行政命令，协商和解更能为讨论生态修复公共事务提供一种合作平台。

（二）生态损害法律责任的司法实施机制

行政机关基于民法或者侵权法的规定通过司法机制要求责任人承担生态损害法律责任的立法例十分常见，如荷兰法中行政机关根据《民法典》第六编第162条提起的侵权诉讼和美国法中的自然资源损害赔偿制度。那么，一个值得深思的问题是，行政机关在实现公法责任时能否利用司法实施机制呢？纵观立法例来看，在公法私法化的背景下，授权行政机关通过私法机制实现公法性生态损害法律责任的国家立法例也是相对普遍的。例如，意大利《环境法》第18条为国家确立的"公法性质、私法操作"的生态损害责任请求权，实际上是授权行政机关通过民事诉讼的方式追究责任人的生态损害法律责任。换言之，在意大利环境法体系中，生态损害被作为

---

① 参见陈可《行政民主化发展的路径选择》，《中国行政管理》2005年第7期。

公法事务，生态损害法律责任即是公法责任，但其实施方式却采纳的是偏私法化的司法手段。这种立法设计为我们提供了一种新的思路，即行政机关实现行政任务的手段是多样化的，行政机关不仅可以使用传统高权性的"最根本的公法行政决定"（即行政命令），还可以使用柔性化的协商和解，甚至可以直接通过司法裁判的方式实现法律责任目标。[①] 事实上，这种制度方案在一些不区分公法和私法的国家立法中也十分显见，行政机关除了享有警察权之外，一般还被授权通过民事诉讼方式实现公共行政目标。例如，美国《超级基金法》在其反应行动机制中，不仅授权行政机关与潜在责任人就修复行动进行协商和解的权力和发布单方行政命令的权力，还授权行政机关寻求司法命令的权利。由此，从域外各国立法经验来看，越来越多的国家立法允许行政主体通过民事诉讼方式实施生态损害法律责任规则，此即生态损害法律责任的司法机制。

司法实施机制之所以能够成为生态损害法律责任实施机制的备选方案，不仅来源于公法私法化的进一步发展，还取决于司法机制相较于行政机制具有的制度优势。司法实施机制和行政机制之间的最大区别不是结果意义上的不同，而是取得这种结果的程序规则上的差异。当行政机关凭借民事索赔权进入司法领域，其权力的运用方式就发生了重大转变，其也从一种"权力的拥有者"（即决定机关）质变为"权利的诉请者"（即法定原告）。这种转变并不是要剥夺和削弱行政权，而是试图将整个行政权的运行过程暴露在司法这个相对透明的系统下，接受行政机关和社会各界的监督，如此，行政权的运行会更加公开化、透明化、规范化。[②] 此外，在披上司法外衣之后，还可以增强最终结果的合法性和权威性，通过诉讼程序的"过滤"和"担保"，增强结果的公信力。因此，在当前人们普遍对

[①] 法国《环境法典》中亦有类似规定，第 L-142 条。
[②] 参见王树义、李华琪《论我国生态环境损害赔偿诉讼》，《学习与实践》2018 年第 11 期。

行政机关实施环境法律的态度与能力保持高度怀疑和不信任的社会背景下,① 可对行政权施加一种"制衡"和"保护"的司法机制更符合现实需要。

(三) 两种实施机制的核心差异

综前所述,至少从理论上看,若以行政机关作为追究生态损害法律责任的实施主体,则其可以利用的责任实施机制具有两种可能性。具言之,立法者既可以为实施生态损害法律责任配备行政执法机制(包括高权行政命令和柔性行政协商),也可以确立新型的司法机制。然而,在现实中,各国立法并无定式,一国立法者可能基于特殊的法制传统、现实国情之考量,从两种机制中选择一种,或者并用两种。尽管两种实施机制都应归为法律的公共实施——导致两种机制的实施过程中均存在"国家权力因素的干涉"以及"对当事人自主权的限制",② 但两者之间亦存在核心差异,即针对有关生态损害法律责任成立、范围和实施等问题享有首次判断权的主体不同。具言之,在行政实施机制中,行政机关享有首次判断权,处于司法审查框架中的司法权负责制衡行政权的违法或不当运行;而在司法实施机制中,行政机关仅是生态损害法律责任实现过程的启动者,有关生态损害法律责任是否成立、范围大小,由司法机关决定。之所以有此差异,实际上是因为生态损害法律责任行政实施机制和司法实施机制的运行原理存在差异。

---

① 长久以来,生态环境治理效果不尽如人意、执法腐败、权力寻租、地方保护,只会追求政绩等现象屡屡见诸报端,不绝于耳,人们对行政机关实施生态环境法律的态度与能力保持高度怀疑和不信任。参见陈海嵩《国家环保义务的溯源与展开》,《法学研究》2014年第3期。

② 具言之,其一,对于司法机制,国家权力仍享有主导权,即使走到诉讼阶段,即使责任最终以判决形式做出,其实施也仍然应由行政机关主导。鉴于生态修复的专业性和技术性,其具体实施,无论是方案确定、修复主体选择,还是过程监督、成果验收以及必要的后监督等,都已经超出法院的常规"业务范围",故法院主导实施,不仅浪费司法资源,也难免存在因业务不熟而犯错的风险。其二,行政机关启动司法机制是其法定职责,并且行政机关在司法机制运行过程中不得自由处分生态公共利益。

生态损害法律责任行政实施机制的基本原理是通过运用行政权来启动、实施生态损害法律责任规则，从而解决负外部性问题。具言之，行政机关可选择对损害环境行为人发送修复受损环境要素或生态系统的公法命令，或直接责令要求其承担相应的修复费用支出，抑或基于平等协商理念达成和解协议。从实施机制的内涵角度来看，它在损害发生后形成的救济权法律关系是由行政机关根据公法规范启动并形成的。行政机关通过自行收集或公众的举报信息，借助于政府公权力主导的法律责任规则实施程序，在实践中通过"前后连贯一致"式的决策方式来实施生态损害法律责任。① 由此，行政实施机制旨在确立一种以行政权为主导的责任实施机制——赋予行政机关在生态损害法律责任相关问题上的首次判断权，而对行政机关作出的失灵、违法判断或者行为，才由具有谦抑权的司法机关介入，通过司法审查予以控制。换言之，生态损害法律责任行政实施机制的背后通常蕴含着"公共执法"问题——以及事后针对违法行为的行政或刑事制裁。②

生态损害法律责任司法实施机制的基本原理是依托民事诉讼和执行机制来启动、实施法律责任规则，将生态损害行为造成的外部社会成本，强迫行为人自己承担，从而内部化负外部性问题。从实施机制的内涵看，它在损害发生后形成的救济权法律关系是经法律授权的主体（可以是行政主体，也可以是私主体）依据请求权规则启动并由法院通过个案裁决方式最终形成的。③ 由此，由于司法实施

---

① 由于行政执法易受到传统依法行政原则的约束，并且行政机关倾向于在执法中形成一种"前后连贯一致"的决策结果，因此生态损害法律责任的行政实施机制在一定程度上具有非个案决策特征。

② 参见杨志壮《公司法规范体系中的私法责任与公法责任》，《齐鲁学刊》2013年第3期。

③ 尽管在司法实施机制中，这种个案决定方式可能会因为司法政策的统一化和精细化被消解，进而呈现出一种非个案式的连贯决策特征，但法院在很多问题上享有广泛裁量权，进而导致其决策具有个案特征。此外，法院不受先例拘束，其也无须在实践中形成内容尽量相对一致的决策规则。

机制依托于司法程序，其呈现出典型的司法控制特征。具言之，在司法机制实施过程中，行政机关仅仅是作为实施机制的启动主体，而有关生态损害法律责任承担主体、构成要件之满足和具体责任承担范围及方式如何，均由司法机关作首次判断。在此意义上，我们可将生态损害法律责任司法实施机制称为"司法控制"。相对地看，生态损害法律责任行政实施机制便是一种"行政规制"，只不过此时其强调的已不再是"事前的安全规制"，而是一种具有事后救济属性的生态损害法律责任实施机制。值得注意的是，司法实施机制的理论基础并不限于"法律的公共实施"。换言之，私主体（包括作为私主体的行政机关、环保组织，乃至公民）经授权均可成为司法实施机制的启动主体。

四 生态损害法律责任的规制功能定位

生态损害法律责任是一种典型的规制工具，在生态损害救济规制工具体系中占据重要的地位。"有效率的法律制度必须具有有效率的法律责任"①，决定了生态损害法律责任规则在制度选择层面具有正当性和必然性。事实上，各国立法者纷纷采取"事先预防"和"事后救济"两相并重的举措，以实现充分救济生态损害的制度目标。② 这是因为，无论是事先预防法律制度，还是事中控制法律制度，均可能会发生规制失灵，无法完全从源头上避免生态损害。③ 由此，生态损害法律责任作为事后规制工具与其他事前规制工具和辅

---

① 廖建求、姜孝贤：《法律责任模型之法经济学分析》，《西北大学学报》（哲学社会科学版）2010 年第 6 期。

② 参见竺效《论生态（环境）损害的日常性预防》，《中国地质大学学报》（社会科学版）2018 年第 2 期。

③ 相较于生态损害发生后（事后）的救济问题，事前预防法律制度和事中控制法律制度均属于事前制度工具。事前规制工具均未能将生态环境损害的事后救济问题（修复或赔偿）整合进制度工具中，其主要原因是事前规制工具所依赖的决策（无论是命令—控制工具中对行为注意标准的设定，还是经济激励工具中对排污税费率的设定）均会因为信息不完备性导致事前决策不足以对事后损害问题给予完全充分的考虑。

助（保障性）规制工具共同构成了纷繁复杂的生态损害救济规制工具体系（详见图1-1）。仔细研究规制工具体系，可以发现生态损害法律责任两种实施机制的具体形态。其一，生态损害法律责任行政实施机制依托于传统行政命令制度或新型协商和解制度；其二，生态损害法律责任的司法实施机制因启动主体不同而有区别。行政机关发起的司法实施机制属于主要（基础性）制度工具中的组成部分，而环保组织乃至公民个人启动的司法机制，既可以是主要（基础性）制度工具（此时环保组织或公民个人替代行政机关），也可以是辅助性制度工具中的执法诉讼，即督促行政机关行动的诉讼，此时环保组织或者公民个人不能直接对责任人，只能对行政机关发起诉讼。至于立法者采取司法诉讼还是执法诉讼，视情况而定。

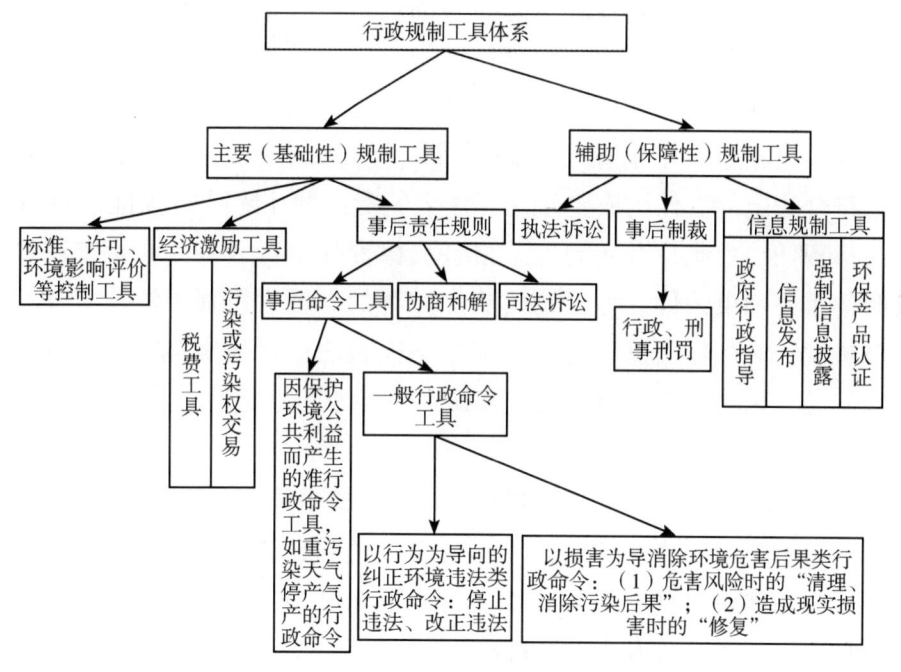

图1-1 生态环境保护行政规制工具体系[①]

---

① 表中关于行政命令工具的分类，借鉴自胡静《我国环境行政命令体系探究》，《华中科技大学学报》（社会科学版）2017年第6期。

第三节　中国生态损害法律责任实施机制的现状与问题

诚然，西方资本主义国家和中国在经济发展模式、社会文化背景以及政治法律制度等方面均存在着极大的差异，但由于生态损害具有的全球性风险特征，使得中西方面临着类似的生态损害救济问题。作为新兴崛起的发展中大国，中国在改革开放 40 多年来的爆发式经济发展历程中，以高物耗、高能耗、高污染为特征的粗放型经济发展模式，催生了大量的生态损害问题。在生态损害救济法制全球化的背景下，中国已经并将继续在生态损害救济议题上进行积极的法制探索，以寻求救济生态损害的应对良策。几十年的法制实践经验已经表明，事后的法律责任规则是重要的基础性规制工具，是生态损害救济法律制度不可或缺的组成部分。换言之，行为主体除了要满足相应的事前安全规制要求以外，在事后造成生态损害时，若符合法定的责任构成要件（无法定免责或例外情形），则必须承担法律责任。由此，潜在的生态损害法律责任是行为主体在事前决策时的重要约束条件。为了构建更加完善的中国生态损害法律责任实施机制，必须仔细梳理总结当前生态损害法律责任实施机制的现状和问题，为后文研究奠定背景知识。

一　有关生态损害法律责任法律属性的争鸣

生态损害法律责任的属性及其实施机制是关系到生态损害法律责任目标能否得到有效实施的关键问题。其中，生态损害法律责任属性决定着责任实施机制的备选方案。具言之，如果是私法责任，则其实施机制只能是司法实施机制；而如果是公法责任，则其实施机制具有多样性特征，可以是行政实施机制，也可以是司法实施机制。鉴于生态损害法律责任的法律属性和实施机制选择之间的紧密关系。在探讨生态损害法律责任实施机制的现状与问题之前，有必要先简要探讨我国理论界和实务界关于生态损害法律责任法律属性的态度。与在本章第二节中主张将生态损害法律责任宜界定为公法责任的观点不同，理论界和实务界关于生态损害法律责任法律属性的认知仍处于不确定的状态——始终在公法责任和私法责任之间摇摆，甚至有学者主张二元论。这种公私法责任属性不明的争论在一定程度上导致当前立法者对生态损害法律责任实施机制的定位谬误，进而造成立法者在选择生态损害法律责任实施机制时的思维跳跃，最终形成当前生态损害法律责任行政实施机制整体隐退而司法实施机制蓬勃发展的现象。

在理论界，以公法责任和私法责任二分为依据，学者关于生态损害法律责任属性的观点大体可归为三类。其一，私法责任论。该说可分为三种：生态损害责任应是一种可以纳入传统民事责任范畴内的责任，其形式既可以纳入"恢复原状",① 也可以理解为"损害赔偿"的变形;② 生态损害责任无法归入传统的民事责任方式，而应当被定性为一种独立于传统民事责任方式的特殊侵权责任，应当被法典化;③ 生态损害责任虽具有公法特征，但其本质是对传统民事责任规则的改变和调适，因此仍应定性为私法责任。④ 其二，公法责任论。此说可进一步划分为直接公法责任论和间接公法责任论。后者一般不直接将生态损害责任界定为公法责任，仅主张以行政法框架中的行政命令（包括责令修复、责令赔偿）或行政处罚工具作为生态损害责任的追究机制;⑤ 前者直接论证生态损害责任应当定性为

---

① 参见胡卫《环境污染侵权与恢复原状的调试》，《理论界》2014 年第 12 期。

② 参见康京涛《生态修复责任：一种新型的环境责任形式》，《青海社会科学》2017 年第 4 期。

③ 参见石春雷《论环境民事公益诉讼中的生态环境修复：兼评最高人民法院司法解释相关规定的合理》，《郑州大学学报》（社会科学版）2017 年第 2 期。

④ 参见晋海《生态损害赔偿归责宜采过错责任原则》，《湖南科技大学学报》（社会科学版）2017 年第 5 期。

⑤ 参见李挚萍《环境修复法律制度探析》，《法学评论》2013 年第 2 期；况文婷、梅凤乔《生态损害行政责任方式探讨》，《人民论坛》2016 年第 5 期。

公法责任，例如：辛帅基于公法中的污染者付费原则主张针对纯粹环境公益的赔偿责任的属性应当为公法责任；① 康京涛以"司法权对行政权的尊重""行政效率"为由主张生态损害责任宜定性为公法责任；② 为论证土壤修复责任的公法责任属性，巩固阐述了土壤修复责任的"公共责任""法定责任""执法责任"等特性，③ 胡静从"目的""工具"双重维度展开论述。④ 其三，二元论。该说认为，生态损害责任既是民事责任，也是公法责任体系中的行政责任和刑事责任。⑤

事实上，理论界之所以争鸣不断，是因为立法未能定纷止争，即立法者始终没有在任何法律文本和相关官方解释、说明中明确提及生态损害法律责任的法律属性。从私法体系来看，立法者利用侵权法的制度框架就生态损害法律责任的司法实施机制（包括生态环境损害赔偿制度和环境民事公益诉讼制度）制定了一系列的审判规则。但迄今为止，立法者并未明确前述两种制度的请求权基础。⑥ 早

---

① 辛帅：《不可能的任务：环境损害民事救济的局限性》，中国政法大学出版社2015年版，第130页。

② 参见康京涛《生态修复责任的法律性质及其实现机制》，《北京理工大学学报》（社会科学版）2019年第5期。

③ 参见巩固《公法责任视角下的土壤修复：基于〈土壤污染防治法〉的分析》，《法学》2018年第10期。

④ 参见胡静《土壤修复责任的公法属性：目的和工具面向的论证》，《湖南师范大学社会科学学报》2020年第5期。

⑤ 参见徐本鑫《论生态修复责任的实践创新与制度跟进》，《大连理工大学学报》（社会科学版）2017年第2期。

⑥ 值得注意的是，立法者在解释生态环境损害赔偿制度时，倾向于将其理论基础界定为私法框架中的（物权化）自然资源国家所有权理论，如此似乎立法是倾向于将生态损害法律责任定性为私法责任。最高人民法院认为，生态环境损害赔偿诉讼维护的是不同于公共利益的国家利益，其理论基础是自然资源国家所有权。参见《最高人民法院关于充分发挥审判职能作用为推进生态文明建设与绿色发展提供司法服务和保障的意见》（法发〔2016〕12号）。环保部负责人在解读《生态环境损害赔偿制度改革方案》时亦明确提道："国家所有的财产即国有财产，由国务院代表国家行使所有权。"参见《环保部有关负责人解读〈生态环境损害赔偿制度改革方案〉》，http://www.gov.cn（转下页）

在《民法典（草案）》审议之时就有删除文本中有关"修复责任"的提议，最终通过的 2020 年《民法典》虽然在第 1234 条和第 1235 条中系统地规定了生态修复责任和生态损害赔偿责任，但对生态损害法律责任的请求基础并未提及。也正是在此意义上，学界对《民法典》第 1234 条和第 1235 条中规定的法律责任属性产生了认知分歧，除少数学者依然坚持生态损害责任的私法责任属性外，① 不少学者转而认可生态损害责任是公法责任，并主张将第 1234 条中的生态修复责任理解为"运用民法手段实现生态修复的公法责任"。② 而在公法体系中，作为基本法的《环境保护法》仅原则性地提及"损害担责原则"，并未明确规定生态损害法律责任。在环境单行法律中，系统规定了生态损害法律责任的当属《土壤污染防治法》。该法在第四章中系统规定了土壤污染责任人和土地使用权人应当承担的风险管控和土壤修复等法律责任，但其在第 97 条中同时保留了环境民事公益诉讼和生态环境损害赔偿诉讼的适用。由此，便会存在疑问，第 97 条中的司法实施机制是公法责任项下的实施机制，还是旨在实现私法责任的实施机制？

（接上页）zhengce/2017-12/17/content_ 5247962.htm。对于诉讼之前的生态环境损害赔偿磋商，行政机关也倾向于认为是民事磋商。参见生态环境部《贵州省制定出台生态环境损害赔偿磋商办法》，http：//www.mee.gov.cn/xxgk/gzdt/201712/t20171222_ 428414.shtml。在山东省利丰达公私生态环境损害赔偿协议履行纠纷案件中，法院对利丰达公司的上诉请求（本案不同于一般民事合同纠纷，因合同双方存在事实上的管理与被管理关系，省生态环境厅对生态损害实践依法具有监管职能，一审法院完全适用民事合同和民事借贷的相关法律规定和司法解释判定此案值得商榷）并未支持，而是直接将本案确定为合同纠纷，适用民事案由。参见山东省济南市中级人民法院民事判决书，〔2019〕鲁 01 民终 6863 号。

① 王旭光认为，《民法典》第 1234 条将生态损害纳入民法救济范围，使生态公共利益成为我国侵权责任法的保护对象，因此生态修复责任是环境公益侵权责任的承担方式，其性质应属私法责任。参见王旭光《〈民法典〉绿色条款的规则构建与理解适用》，《法律适用》2020 年第 23 期。

② 参见吕忠梅《〈民法典〉"绿色规则"的环境法透视》，《法学杂志》2020 年第 10 期；胡静《土壤修复责任的公法属性：目的和工具面向的论证》，《湖南师范大学社会科学学报》2020 年第 5 期。

事实上，正是当前理论界和实务界中有关生态损害法律责任属性的争鸣在一定程度上遮蔽了生态损害法律责任本身的公法责任属性，也使得其实施机制呈现出一种"司法实施机制勃兴、行政实施机制隐退"的特征。

二 生态损害法律责任行政实施机制的"隐退"

所谓生态损害法律责任的行政实施机制，实际上是指将生态损害法律责任规则的启动权交给特定行政机关，并通过公权力的行使来确保法律责任规则的实施。考虑到生态损害法律责任的公法责任属性，以行政权为保障实施的行政实施机制具有制度上的正当性和功能优势。事实上，传统的公法体系能够在一定程度上兼容生态损害法律责任的追究目标，这是因为传统行政命令和行政处罚可以在一定程度上实现生态损害法律责任目标。然而，遗憾的是，由于特定制度局限的存在，这些既有的制度工具无法完全实现生态损害法律责任的目标。具言之：

一方面，传统行政命令中有些规范形式可用来实施生态损害法律责任，如"责令（限期）改正""责令（限期）治理""责令恢复原状"等，这些责任形态若适用于"危害后果"而非"违法行为"，则其在功能上就具有了实现生态损害法律责任目标的可能。然而，由于长期行政执法实践中形成的法概念术语解释桎梏（如改正、治理在适用于危害后果时也一般限于消除污染，而"恢复原状"一般也不能直接被理解为是对受损环境要素或生态系统的恢复），[①] 以及当前行政执法实务中形成的"重处罚、轻改正"的环境执法惯

[①] 基于立法并未明确设立环境修复之公法义务，我们便需思考得否依据法律解释路径找寻公法义务成立之理由。结合一般行政法理和《环境保护法》第六章之明文规定，可发现部分概念和用语似可解释为环境修复义务之法律理由，具体包括责令限期改正、责令停产整治、责令恢复原状、责令停止违法行为、责令限期治理和责令限期拆除等。然则，前述责令改正形式与环境修复责任虽有一定的关联性，但又不完全相符，行政执法对"恢复原状""限期治理"等概念的理解通常并不包括修复环境。

性思维,① 使得这些既有的行政命令制度在很大程度上被"闲置",无法用来实现生态损害法律责任目标。

另一方面,行政处罚可在一定程度上填补生态损害,进而有利于生态损害法律责任目标的实现。这是因为,根据现有的罚款设定标准,环境行政罚款的计算额通常要考虑到生态损害的程度问题,但现有规则设计仅将损害程度作为罚款计算的考量因素,并未要求最终收取的行政罚款一定要完全弥补生态公共利益的损失。由此,导致的不利后果是,行政机关针对违法行为人收取的罚款总额实际上远远不足以涵盖全部的生态损害。尽管立法者已经多次在修订环境单行法时,对相关行政处罚条款进行了修正,包括"取消上限""按日计罚",但立法者并未明确将"生态公共利益损失列为行政罚款之部分"的背景下,其效果仍存疑。②

总之,这两类制度工具虽可在一定程度上实施生态损害法律责任,但其均存在制度缺陷,使得其现阶段无法承担起充分实施生态损害法律责任的重任。诚如有学者所言,传统行政规制手段(行政命令、行政处罚),主要侧重于对环境危害行为人行政违法行为之惩戒与规制,较大程度上忽视了生态修复、损害赔偿功能之发挥。③ 无论是通过行政处罚,还是借道行政命令,行政机关均无法强制要求行为人完全修复受损生态环境,或者支付全部的生态环境服务功能损失以及鉴定评估费用。④ 按照制度演进发展的思路来看,既然行政实施机制存在制度缺陷,那么立法者应当对这些行政实施机制进行修正、完善,以使其符合生态损害法律责任的目标。但是,吊诡的

---

① 参见胡静《我国环境行政命令体系探究》,《华中科技大学学报》(社会科学版) 2017 年第 6 期。

② 参见刘长兴《论行政罚款的补偿性:基于环境违法事件的视角》,《行政法学研究》2020 年第 2 期。

③ 参见谭冰霖《环境行政处罚规制功能之补强》,《法学研究》2018 年第 4 期。

④ 参见梅宏、胡勇《论行政机关提起生态环境损害赔偿诉讼的正当性与可行性》,《重庆大学学报》(社会科学版) 2017 年第 5 期。

是，中国立法者并未遵循这一惯性思路，相反，其思维发生了"击鼓传花式"的"结构性跳跃"——既然行政执法机制存在漏洞，我们就要另寻其他制度工具，环境民事公益诉讼制度依托于"法律的私人实施"能够有效弥补行政机关的执法缺陷，故司法能动主义指引、加持下的司法实施机制应运而生。① 并且这种司法实施机制进一步扩张，行政机关也可以成为启动主体——提起生态环境损害赔偿诉讼。值得注意的是，我国立法者在生态损害法律责任实施机制选择方面的应对思维除了向司法实施机制跳跃以外，还有一种在行政机制内部的跳跃，即以协商和解为特征的生态环境损害赔偿磋商制度。② 从目前的制度设计来看，生态环境损害赔偿磋商是生态环境损害赔偿诉讼这一司法实施机制的前置程序，而生态环境损害赔偿诉讼优先于环境民事公益诉讼，故可以推论得出，生态环境损害赔偿磋商优先于司法实施机制。在此意义上，可以预期，生态损害法律责任行政实施机制的隐退具有"相对性"，随着生态环境损害赔偿磋商制度在实践中的广泛适用，行政实施机制将会复兴。

三 生态损害法律责任司法实施机制的"勃兴"

鉴于行政实施机制存在的局限，以及司法能动理念的发展，③ 立法者开始将生态损害法律责任实施机制的启动权限赋予经法律特别授权的公共利益代表人（可能是行政机关、检察院，或者环保组织）——依托民事诉讼框架主张生态致害行为人承担生态损害法律

---

① 参见陈海嵩《国家环境保护义务的溯源与展开》，《法学研究》2015年第2期。
② 尽管学界关于生态环境损害赔偿磋商是法律属性仍有争议，有公法协议说、公法事实行为说、私法协议说以及双阶结构说，但近年来，越来越多学者主张公法协议说。协商行政与赔偿磋商具有高度契合性，据此可将生态损害赔偿磋商认定为一种兼具权力柔化与平等协作机理的协商性行政执法行为。参见彭中遥《生态损害赔偿磋商制度的法律性质及发展方向》，《中国人口·资源与环境》2020年第10期。
③ 参见吴英姿《风险时代的秩序重建与法治信念：以"能动司法"为对象的讨论》，《法学论坛》2011年第1期。

责任,并将生态损害法律责任的首次判断权赋予司法机关(法院)。在此意义上,可以说,立法者开始摒弃传统民事司法要求司法机关所保持的"政治中立"或政策无涉传统,要求法院承担起更多的公共规制功能,成为一种名副其实的"辅助管制的工具"。① 纵观我国立法现状,当前可用以实施生态损害法律责任的司法机制主要是三类民事诉讼。

其一,为反映中国部分地方法院推行的环境民事公益诉讼司法实践经验并为它提供法制化依据。2012 年新修订的《民事诉讼法》第 55 条和 2014 年《环境保护法》第 58 条规定了环境民事公益诉条款。② 自此,"法律规定的机关"和"环保公益组织"正式获得法律授权,可以对污染环境、破坏生态并损害社会公共利益的行为,提起民事公益诉讼。2017 年《民事诉讼法》修正案为第 55 条新增第 2 款,将民事公益诉讼的起诉主体扩展至人民检察院。③

其二,中国自 2015 年开始启动生态环境损害赔偿制度的试点工作,④ 并自 2018 年 1 月 1 日始,将生态环境损害赔偿试点工作扩展至全国范围。⑤ 根据试点方案,生态环境损害赔偿制权利人是经过国务院批准授权的省级政府、市地级政府(包括直辖市所辖的区县级政府),⑥ 由其负责与生态损害赔偿义务人进行诉前磋商以达成由责

---

① 参见苏永钦《民事立法者的角色》,载苏永钦《民事立法与公私法的传统》,北京大学出版社 2005 年版,第 9—10 页。

② 参见《民事诉讼法》第 55 条,《环境保护法》第 58 条。

③ 参见《民事诉讼法》第 55 条第 2 款,《关于检察公益诉讼案件适用法律若干问题的解释》第 13 条。

④ 参见《生态环境损害赔偿制度改革试点方案》(中办发〔2015〕57 号),2015 年 12 月。

⑤ 参见《生态环境损害赔偿制度改革方案》(中办发〔2017〕68 号),2017 年 12 月。

⑥ 在健全国家自然资源资产管理体制试点区,受委托的省级政府可指定统一行使全民所有自然资源资产所有者职责的部门负责生态环境损害赔偿具体工作;国务院直接行使全民所有自然资源资产所有权的,由受委托代行该所有权的部门作为赔偿权利人开展生态环境损害赔偿工作。参见《生态环境损害赔偿制度改革方案》(中办发〔2017〕68 号),第 3.2 条。

任人履行生态损害修复或货币赔偿责任的协议,并在事前无法达成磋商协议的情况下由政府机关向法院提起民事诉讼。①

其三,依托环境侵权责任规则承载的公共利益维护功能(环境侵权责任规则的间接溢出效应),②传统环境侵权受害人可以在私益诉讼中请求侵权人恢复原状,人民法院可依法裁判污染者承担修复责任,并同时确定不履行时的环境修复费用。③这种诉讼请求存在的原因是环境要素或者生态系统的整体系统性与内在联系性,使得公共性生态权益与环境私益很难绝对区分,即受害人针对致害行为人主张的相应私人权益损害赔偿会间接救济到生态损害。④从司法实践经验看,目前已有环境侵权受害人在要求责任人赔偿个人损失的同时要求修复特定环境要素的案例。⑤但这种依托环境私益诉讼的生态损害救济方案,仅有间接性和不充分性:生态损害和私益损害必须发生于同一生态环境载体之上,且原告有权自行决定是否索赔以及如何使用最终获赔的损害赔偿金。

目前,相较于行政执法机制的被"搁置"适用,前述司法实施机制在生态损害救济实践中被广泛适用。以《土壤污染防治法》为例,虽然《土壤污染防治法》已经施行,但实践中几乎没有行政机关根据该法追究土壤修复责任的案例,在过去几年,有关土壤修复

---

① 参见《生态环境损害赔偿制度改革方案》(中办发〔2017〕68号),第4.4条。

② 刘超:《环境修复审视下我国环境法律责任形式之利弊检讨:基于条文解析与判例研读》,《中国地质大学学报》(社会科学版)2016年第2期。

③ 参见《关于审理环境侵权责任纠纷案件适用法律若干问题的解释》第14条。

④ 以土地资源为例,若法院最终裁决责任人恢复私人土地财产权利,则责任实施效果自然可以在一定程度上起到维护生态公共利益的作用。当然这并非仅限于土地财产权利案件,广西防城港市中级人民法院于2017年审结的一个关于水污染责任纠纷的案件中明确支持了原告主张的要求责任人承担原告支出的相应水底污泥清除费用和水质改良费用。参见防城港市中级人民法院民事判决书,〔2017〕桂06民终137号。

⑤ 环境侵权受害人在主张个人财产损失的同时,可能会主张由加害人支付相应土壤修复费用,参见江苏省南通市中级人民法院民事判决书,〔2017〕苏06民终180号;广西壮族自治区南宁市中级人民法院,〔2001〕南市经终字第323号;江苏省无锡市中级人民法院,〔2013〕锡环民终字第1号。

责任的追究主要通过民事公益诉讼和生态环境损害赔偿制度进行。① 对于专门创设了公法性修复义务的《土壤污染防治法》尚且如此，可想而知，其他环境单行法律法规中相关生态损害法律责任的实施更是直接转致《侵权责任法》《民法典》中的司法实施机制。有学者将此现象描述为中国现行法律中有关生态损害救济机制的"结构性跳跃"——中国尚未充分发挥各类环境行政管制措施之应有功效，当前生态损害救济问题主要依靠司法实施机制。② 但诚如前文所述，行政实施机制内部也在转型，从传统高权行政逐渐转向新型协商行政，立法者确立了生态环境损害赔偿磋商制度，并以之作为生态环境损害赔偿诉讼的前置程序。至此我们可得出结论，尽管司法实施机制是当前我国生态损害法律责任实施的主导机制，但其未来是否仍具有主导性有一定程度的不确定性。

本章小结

通过本章分析，我们可以针对生态损害概念的多层含义及其本体论认知作如下总结：第一，事实层面环境要素的不利改变和生态系统功能的退化；第二，事实层面生态服务功能价值的减损；第三，法律意义上生态权益的减损。由此，生态损害的量化计算应以权益减损作为量度，具体表现为法定规则所涵摄的生态服务功能价值减损。尽管生态损害自身具有复杂性，但它在法律上是一种可以且应当由法律予以救济的事实上的损害。经过法律现代化发展，各国立法者普遍选择以不同的法律制度工具来救济生态损害，其中，具有事后救济功能的法律责任规则业已成为一种不可或缺的生态损害救

---

① 参见胡静《土壤修复责任的公法属性：目的和工具面向的论证》，《湖南师范大学社会科学学报》2020年第5期。

② 参见刘静《论生态损害救济的模式选择》，《中国法学》2019年第5期。

济规制工具。具化到生态损害问题中，法律责任在本体上指向一种对受损环境要素或生态系统进行救济（修复或赔偿）的责任规则，具体表现为一种典型的救济权法律关系，即权利人有权要求义务人履行修复受损环境要素或生态系统的行为义务，或者根据恢复成本（或环境价值减损）支付相应金钱用于修复的损害赔偿义务。然而，由于域外各国法制传统和现实国情之不同，各国最终选择的生态损害法律责任实施机制可能并不一致。

  对于中国而言，立法者为了救济生态损害，已经在借鉴国际立法经验的基础上，将注意力从事前安全规制转移至事后责任规则——一种市场风险的定价机制。但是，由于中国传统行政执法机制存在制度缺陷，生态损害法律责任行政实施机制存在诸多制度缺陷，并且始终未能完成制度变革。在司法能动理念的指引下，中国立法者（准确地说，应是中国的最高司法者）开始尝试以侵权责任规则为基础建构生态损害法律责任的司法实施机制（即一种不同于公法或行政法的民事执行方案），并由此确立了三类具体的民事诉讼。从法律实践的经验来看，相较于更具行政管制传统的行政实施机制，这种新兴的司法实施机制在整体上呈现出一种"勃兴"的趋势，已在当前生态损害法律责任的实施领域中占据了主导地位。由于行政实施机制和司法实施机制的运行机理并不完全一致，我们有理由怀疑当前的"司法机制勃兴、行政机制隐退"是否具有制度的正当性、合理性？对此问题的探索，将构成本书主体内容（比较分析两种实施机制）的逻辑起点。

第 二 章

生态损害法律责任实施机制的域外法经验

自美国于 20 世纪七八十年代确立了自然资源损害赔偿制度以后，国际立法者和国内立法者都开始选择以法律责任规则来救济生态损害。在国际层面，立法者不断在国际成文法规则和相关司法实践中发展生态损害法律责任规则。① 从 90 年代开始，这一法律现代化发展运动的浪潮开始卷至欧洲大陆，欧盟于 2004 年通过的《欧盟环境责任指令》（ELD）是这次运动的高潮，它不仅预示着欧盟层面统一生态损害法律责任框架的确立，也揭示了欧盟生态损害法律责任从民事责任转向公法责任，相应法律责任实施机制也从司法机制转向了行政机制。② 但这并不意味着，在负有转化 ELD 项下法定义务的条件下，所有欧盟成员国均已或将要采取这类公法责任以及行政实施机制。因为，指令同时为成员国设定了不与既有国内法律规则产生冲突的自由选择权利。换言之，成员国仍有可能将生态损害

---

① 从条约来看，越来越多的国际公约承认了生态损害的可救济性。在国际司法实践中，2018 年国际法院在哥斯达黎加与尼加拉瓜跨界环境损害纠纷案中作出的判决，标志着国际司法实践对生态损害可救济性的承认，这是国际法在公约文本之外第一次正式将生态损害纳入可救济损害范围的司法尝试。

② See Maria Lee, "Tort, Regulation and Environmental Liability", *Legal Studies*, Vol. 22, No. 1, 2010, pp. 33-52.

法律责任设定为私法责任，即使将其定性为公法责任，成员国也可以保留原有的行政实施机制和司法实施机制。实际上，限于不同欧盟成员国的法制传统和现实国情不同，ELD 在向国内法转化的过程中，必然要面临如何与各成员国国内法传统相融合的问题，不同成员国就此采取了不同策略。本章将简要描述、总结国际社会中已有有关生态损害法律责任及其实施机制的立法经验。

第一节 生态损害法律责任实施机制的国际法发展

生态损害的发生并不一定必然限于一国主权管辖范围内，它也可能具有跨界特征，即"跨界生态损害"。事实上，国际法层面早已认可了生态损害的可救济性，并为此确立了相应的国际法律责任规则。但传统意义上的跨界生态损害国际法律责任是一种民事责任，其不利结果是带来很多不必要的复杂性、管辖权的重叠以及受损生态恢复的不足等，这一点已由国际法委员会在受损生态损害赔偿制度外尝试引入更有效恢复措施的不断努力所证实。① 随后，一些国际法规则尝试引入公法性"恢复措施"方案来救济生态损害，② 但截至目前，其适用范围仍相对有限。③ 从目前国际法律规范体系看，

---

① See Claudia Colmenarez Ortiz, "Is the administrative approach to liability the most effective way to address environmental damage?", *Panel 2C Enforcement of International Environmental Law*, 2014, https://biblio.ugent.be/publication/6914893.

② 例如:《关于工业事故对跨界水域的跨界影响造成损害的民事责任和赔偿议定书》(2003 年) 规定了工业事故发生后采取恢复措施的责任规则，《关于环境保护的南极条约议定书》(2006 年) 规定了在发生紧急环境污染或破坏情况下采取反应行动的公法规则。

③ 《关于工业事故对跨界水域的跨界影响造成损害的民事责任和赔偿议定书》仅在第 4 条原则性规定了运营者应根据公约和国内法任何规定采取反应行动，而《关于环境保护的南极条约议定书》第 5 条将反应行动的适用限定于发生环境紧急事件时，可以说这仅是一种非严格意义上的法律责任行政实施机制。

2010年制定通过的《卡塔赫纳生物安全议定书关于赔偿责任和补救的名古屋—吉隆坡补充议定书》，可被称为鼓励采用法律责任行政实施机制的国际法典范。[①] 尽管确立了生态损害法律责任行政实施机制的国际条约或议定书的数量在不断增加，但至今我们仍无法得出结论：跨界生态损害法律责任实施机制已完全从司法实施机制转向了行政实施机制。

一 国际法规则项下生态损害责任的司法实施机制

长期以来，跨界生态损害法律责任一般被置于国际民事责任框架中，由此导致生态损害法律责任的实施机制表现为政府或者私人向致害人起诉，这一点可从早先相关民事责任公约的名称上得到印证。

以海洋石油污染所致损害为例，目前国际法分别就油轮的货运石油、燃油污染和非油轮的燃油污染导致的海洋环境污染损害设定了两套相似的民事责任公约体制。[②] 公约文本虽然均未明确采纳"生态损害"概念，而文本中的"油污损害"概念实际上包含了"生态损害"，具体如表2-1所示。但"油污损害"包含的"生态损害"极为狭窄，仅限于"实际已采取或即将采取之合理恢复措施的费用"。这些合理恢复措施同时包括：污染物清除及对受损生态环境

[①] See Akiho Shibata, *International Liability Regime for Biodiversity Damage: The Nagoya-Kuala Lumpur Supplementary Protocol*, Routledge, 2014, p.243.

[②] 第一类民事责任机制指的是国际海事组织（IMO）分别于1969年、1971年制定的两项国际公约——《油污损害民事责任国际公约》（*International Convention on Civil Liability for Oil Pollution Damage*, CLC）和《油污损害赔偿基金国际公约》（*International Convention on the Establishment of an International FUND for Compensation for Oil Pollution Damage*, FUND），以及1992年通过的两项公约议定书和2003年通过的《民事责任基金补充议定书》；第二类民事责任机制指的是国际海事组织于2001年3月23日正式决议通过的《国际燃油污染损害民事责任公约》（*International Convention on Civil Liability for Bunker Oil Pollution Damage*, BOC），该公约于2008年11月21日生效。

的恢复，但从文义角度来看，它将两种损失排除在救济范围之外。① 然而，近年来起草的国际公约却在一定程度上对前述油污损害概念的文义局限性进行了修正。越来越多的公约和议定书开始承认，"那些在已经不可能实施基础性恢复措施时应就所造成的损失采取相应补充性恢复措施"②。换言之，很多公约、议定书已允许在未遭受损害的自然栖息地上进行替代恢复，以赔偿实际受损自然栖息地的生态损害。对于海洋生态环境污染，《国际石油污染赔偿基金索赔指南》（2002 年）（以下简称《基金索赔指南》）规定了"补充恢复措施"，③ 但为了确保和 1992 年油污责任基金公约相一致，《基金索赔指南》所规定"补充恢复措施"适用的海洋环境必须在受损海洋生态环境附近（可以与受损生态保有一定距离），并且需要证明这些恢复措施可以在一定程度上增进受损海洋生态环境的恢复，④ 2016 年版的《基金索赔指南》沿袭了这一观点。值得注意的是，尽管"恢复期间"可以作为决定所采取恢复措施是否合理的一项重要考量因

---

① 这两种被排除在外的损失类型是：其一，如采取的生态修复措施在技术上不可行，或无人愿意采取恢复措施，抑或恢复措施成本不符合成本效益，则加害人可能无须就其已造成的损害承担相应法律责任。换言之，公约并不允许在无法采取"基础性措施"（ELD 术语，指"原地修复"）时，采取"补充性措施"（ELD 术语，指"异地修复"）。其二，油污损害概念并不包括期间损失，即作为生态损害一类的生态在修复期间发生的自然资源或生态环境服务功能价值减损，并不能在当前的民事责任公约体制项下获得救济。See Edward H. P. Brans, "Liability for Damage to Public Resources under the 2004 EC Environmental Liability Directive: Standing and Assessment of Damages", *Environmental Law Review*, Vol. 7, No. 2, 2005, pp. 107-108.

② 例如：1997 年《修正〈关于核损害民事责任的维也纳公约〉的议定书》（*Protocol to Amend the Vienna Convention on Civil Liability for Nuclear Damage*）和 1993 年《关于危害环境的活动造成损害的民事责任卢加诺公约》（*Lugano Convention on Civil Liability for Damage Resulting from Activities Dangerous to the Environment*）。

③ 1992 年国际石油污染基金是为管理 1992 年海洋石油污染公约而设立的专门性机构。

④ See IOPC Funds, Claims Manual of the International Oil pollution Compensation Fund (2002 Edition), p. 29.

素，但《基金索赔指南》以及近年来起草的诸多国际民事责任公约，均未认可生态环境损害期间损失。此外，对于如何判断求偿人的生态恢复措施是否合理，历年来不同版本的《基金索赔指南》均列举了应当予以考量的相应技术因素。①

表 2-1　　海洋石油污染诸国际公约中关于油污损害的定义

公约	条文	涵盖生态损害之油污损害概念的定义
CLC	第1条（6）款	（1）因船舶所泄漏或排放之石油造成污染而不论该污染发生于何处，在该船舶本身意外发生的损失或损害，但有关石油污染所造成利益损失外的环境损害赔偿，应限于实际采取或即将采取的合理恢复措施之费用； （2）为采取预防措施而支出的费用以及因采取预防措施而造成的进一步损失或损害。所谓预防措施，系指船舶油污发生后，为防止或减轻污染损害而采取的任何合理措施
FUND	第1条（1）款	本公约中有关"污染损害"和"预防措施"的定义，与1992年民事责任公约具有相同的含义
BOC	第1条（9）款	（1）因船舶所泄漏或排放之石油造成污染而不论该污染发生于何处，在该船舶本身意外发生的损失或损害，但有关石油污染所造成利益损失外的环境损害赔偿，应限于实际采取或即将采取的合理恢复措施之费用； （2）为采取预防措施而支出的费用以及因采取预防措施而造成的进一步损失或损害。所谓预防措施，系指船舶油污发生后，为防止或减轻污染损害而采取的任何合理措施

与公约名称中所包含的"民事责任"术语相呼应，公约中所规定的有关油污损害的法律责任实际上是一种民事责任，这就决定了其法律责任实施机制应当是司法机制。事实上，海洋油污损害赔偿公约法律文本授权政府或私人作为原告向法院起诉以请求污染损害赔偿，并未赋予行政机关追究法律责任的行政权。

---

① 这些需要考量的因素包括以下几种：受损环境要素或生态系统以自然方式可以恢复的速度、恢复措施可能增加或妨碍自然恢复方式的程度、恢复措施应当技术上可行、恢复措施不能导致其他自然栖息地的退化或对其他自然或经济资源产生不利后果，以及环境恢复费用相对于损害或结果不应不成比例等。See IOPC Funds, Claims Manual of the International Oil pollution Compensation Fund（2016 Edition）, p. 39, https：//www. iopc-funds. org/uploads/tx_ iopcpublications/IOPC_ Funds_ Claims_ Manual_ ENGLISH_ WEB_ 01. pdf.

伴随着海洋油污损害民事责任公约的长期试验及其取得的制度成效，越来越多的国际公约采取了相似的民事责任体制，以救济不同类型的生态损害。这些民事责任公约无论在公约名称中是否直接含有"民事责任"，均与海洋油污民事责任公约体系具有以下类似特征：第一，具有类似生态损害概念，一般来说，该些公约文本并未直接采纳生态损害概念，而是采用"污染损害""环境损害"概念，其含义与海洋油污损害民事责任公约的概念相同，即环境损害的赔偿限于那些已经实际采取或即将采取的合理恢复措施的成本；① 第二，除部分民事责任公约外，大部分公约均要求恢复措施应限于对受损生态的原地修复，不包括异地修复；② 第三，包括国际海洋油污损害民事责任公约在内，所有民事责任公约均不认可生态损害期间损失的可救济性；③ 第四，所有公约项下法律责任实施机制均是司法实施机制，即在公约及相应议定书确立的法律责任规则框架下，行政机关无权据此作出相对人履行公法义务以及相应公法责任的决定，其仅能通过民事诉讼方式寻求生态损害救济。

二 生态损害法律责任行政实施机制的国际法规则

根据民事责任公约，救济生态损害的方案实际上是允许行政机

---

① See Louise De La Fayette, "The Concept of Environmental Damage in International Liability Regimes", in Michael Bowman and Alan Boyle eds., *Environmental Damage in International and Comparative Law*: *Problems of Definition and Valuation*, Oxford: Oxford Press, 2002, pp. 149-190.

② 例外是 1997 年《修正〈关于核损害民事责任的维也纳公约〉的议定书》(*Protocol to Amend the Vienna Convention on Civil Liability for Nuclear Damage*)、1993 年《关于危害环境的活动造成损害的民事责任卢加诺公约》(*Lugano Convention on Civil Liability for Damage Resulting from Activities Dangerous to the Environment*) 和《国际油污民事责任基金索赔指南》。

③ See Edward H. P. Brans, "Liability for Damage to Public Resources under the 2004 EC Environmental Liability Directive: Standing and Assessment of Damages", *Environmental Law Review*, Vol. 7, 2005, p. 108.

关或者（预先经过法律授权的）任何法定原告直接根据责任公约设定的法律要求向法院提起民事诉讼，以给潜在责任人附加一项法律责任——修复受损生态环境或者支付相应损害赔偿金。同时，行政机关和其他法定原告也可以在自行修复受损生态环境以后向潜在责任人提起诉讼，要求潜在责任人赔偿其因采取恢复受损生态措施而支出的成本。[①] 这种基于私法的法律责任司法实施机制，直接导致法律责任规则的实施面临不必要的复杂性、管辖权的重叠，以及受损生态恢复的不足等问题。为矫正司法机制的局限，包括国际法委员会在内的国际社会尝试引入更加有效的恢复措施，即在法律责任规则的实施机制中引入一种公法规则（或者说行政实施机制），即除允许行政机关采取恢复措施后通过民事诉讼索赔恢复措施成本外，授权行政机关可事前且迅速地要求潜在责任人采取恢复措施。因此，2003 年《关于工业事故对跨界水域的跨界影响造成损害的民事责任和赔偿议定书》第 4 条规定了工业事故发生后应采取恢复措施的规则，2005 年《关于环境保护的南极条约议定书》第 5 条规定了在发生紧急环境污染或破坏情况下采取反应行动的规则。但这两部公约或议定书所设定的行政实施机制的适用范围有限，且二者目前均未生效。

正式在国际层面确立系统全面行政实施机制的立法例是关于改性活生物体越境转移生物安全规制的《卡塔赫纳生物安全议定书关于赔偿责任和补救的名古屋—吉隆坡补充议定书》（以下简称《名古屋—吉隆坡补充议定书》，2003 年 9 月 11 日生效）。《名古屋—吉隆坡补充议定书》的一项创新规定是为贯彻落实《卡塔赫纳生物安全议定书》第 27 条而设立的行政实施机制，即一旦源于越境转移的改性活生物体非常可能给生物多样性的保护和可持续利用造成损害

---

① See Akiho Shibata, *International Liability Regime for Biodiversity Damage: The Nagoya-Kuala Lumpur Supplementary Protocol*, Routledge, 2014, p. 242.

时，行政机关应当采取积极的应对措施。① 《名古屋—吉隆坡补充议定书》第 2 条规定了"改性活生物体"所致"损害"的定义，② 第 5 条为救济这些"损害"（包括了生态损害）设定了具有公法属性的"应对措施"。根据该条规定，一旦损害发生或者根据相关信息（包括现有科学信息活生物安全信息交换所的现有信息）足以表明损害非常有可能发生时，则行政机关应要求潜在责任人通知行政机关、进行损害评估和采取适当应对措施，而且行政机关有权向经营人收回评估损害和采取适当应对措施产生的以及附带的费用和开支。③ 由此可知，《名古屋—吉隆坡补充议定书》确定了一种不同于先前国际公约所确立的司法实施机制的法律责任行政实施机制。然而，值得注意的是，《名古屋—吉隆坡补充议定书》并未绝对要求成员国采用专门行政机制来实施本议定书确立的生物多样性损害应对措施，而是酌情允许缔约国采纳司法实施机制（民事方式）来实施，这无疑

---

① 根据 2000 年《卡塔赫纳生物安全议定书》第 27 条规定，作为本议定书缔约方会议的缔约方大会应在其第一次会议上发起一个旨在详细拟定适用于因改性活生物体的越境转移而造成损害的赔偿责任和补救方法的国际规则与程序的进程，同时分析参照目前国际法领域内就此类事项开展的工作，并争取在四年时间内完成这一进程。《卡塔赫纳生物安全议定书》第 3 条用语规定中，并未明确损害的概念定义和内涵，仅提及了"改性活生物体"的概念，即任何具有凭借现代生物技术获得的遗传材料新异组合的活生物体，其中，活生物体是指任何能够转移活复制遗传材料的生物实体，包括不能繁殖的生物体、病毒和类病毒。尽管稍后的立法进程发生了延误，但最终在 2010 年制定通过了《名古屋—吉隆坡补充议定书》。

② 根据《名古屋—吉隆坡补充议定书》第 2 条的术语规定，"损害"是指对生物多样性的保护和可持续利用的不利影响，同时还要顾及对人类健康的风险，并且这种不利影响：(1) 是可测量或可观察的，只要可能，应顾及主管行政机关所认可的科学确定的基线，这些基线应顾及任何人为变异和自然变异。(2) 不利影响是重大的。其中，不利影响是否"重大"应当根据以下因素确定：(a) 长期或永久性的改变，可以理解为在一段合理时间内无法通过自然恢复进行补救的改变；(b) 对生物多样性的组成部分造成不利影响的质变或量变的程度；(c) 降低了生物多样性组成部分提供商品和服务的能力；(d) 在议定书范围内对人类健康造成任何不利影响的程度。参见《名古屋—吉隆坡补充议定书》，第 2 条 (2) 款 (b) 项、(3) 款。

③ 参见《名古屋—吉隆坡补充议定书》第 5 条。

将在一定程度上弱化《名古屋—吉隆坡补充议定书》旨在确立一套相对于司法实施机制更有优势的行政实施机制的立法努力。①

综前所述，国际社会传统上普遍利用民事责任机制救济生态损害，并且这一制度设计方案仍将长期在海洋石油污染损害赔偿领域发挥重要作用。然而，在一些新兴的生态损害领域，相关国际公约已经开始将生态损害法律责任定性为公法责任，并授权成员国利用行政机制来实施生态损害法律责任。由于收集到的资料有限，我们还无法断定两种实施机制中哪一种在当前国际法中占据主导地位以及未来的发展趋势，或许，一个可能的结果是不同实施机制在不同领域发挥作用。

第二节　欧盟及成员国的生态损害法律责任实施机制

20 世纪 70 年代，欧共体立法者开始关注环境问题，他们起初采纳的是以"命令—控制"为基础的传统环境政策工具，但这些传统事前规制工具在面对环境损害问题时，往往反应不足。② 因此，自 1992 年欧盟发布第五份环境行动计划《迈向可持续发展》开始，欧盟委员会（简称欧委会）开始创新法律机制，以克服传统环境规制

---

① 《名古屋—吉隆坡补充议定书》确立的法律责任行政实施机制与国内法中已经存在或可能要采取的民事责任机制并不存在一种非此即彼的互斥关系，主要原因是该议定书有如下两项规定：其一，根据议定书第 5 条（7）款规定，在执行本条并确定由主管行政机关所要求的或采取的具体应对措施时，缔约方可酌情评估其关于民事赔偿责任的国内法是否已涉及这些应对措施。其二，议定书第 12 条（1）款规定了该议定书的实施和民事赔偿责任的关系，即缔约方应在国内法中规定处理损害的规则和程序，包括本议定书规定的应对措施，但其可酌情：(a) 适用现有国内法（包括民事赔偿责任一般规则和程序）；(b) 适用或制定专门为此目的的民事赔偿责任的规则和程序；(c) 适用或制定以上二者。

② See Maria Lee, "From Private to Public: The Multiple Roles of Environmental Liability", *European Public Law*, Vol. 7, No. 3, 2001, p. 375.

工具的缺陷，并第一次提及了环境损害法律责任问题。① 1993 年，欧委会发布了《欧盟环境损害救济绿皮书》，② 开始考虑在欧盟层面建立起一套综合性的环境损害救济机制，它侧重于民事责任，并为责任基础勾勒了一些基本原则。但遗憾的是，由于欧委会试图在欧共体范围内扩大该议题的讨论，《欧盟环境损害救济绿皮书》并未包含一项具体的立法建议。值得提及的是，与《欧盟环境损害救济绿皮书》同期，欧盟理事会批准了《关于危害环境的活动造成损害的民事责任公约》（以下简称《卢加诺公约》），③ 但欧委会最终并未同意欧盟加入该公约。1994 年 4 月，欧盟议会通过了一项决议，要求欧委会提出一项关于环境损害民事责任的指令建议。④ 1997 年，欧委会发布了一份《关于环境责任的工作文件》，⑤ 其中明确提及了环境民事责任（Civil Environmental Liability）的概念。2000 年，欧委会发布了《环境责任白皮书》，⑥ 该白皮书标志着欧委会在环境损

---

① 此处所谓第一次提及"环境损害责任问题"是指正式在欧盟政策法律文本中提及。因为，欧盟曾在 1989 年提出过一份关于处理废弃物导致损害责任问题的部门指令，该指令为废弃物生产者施加了无过错责任，且在文本中提及了环境损伤概念（injury of environment），这一概念在 1993 年被指令建议修改为环境损害（impairments of environment），这两个概念均是不同于传统人身、和财产损害的概念。但欧盟理事会并未讨论该指令。See Commission, Proposal for a Council Directive on Civil Liability for Damage Caused by Waste, [1989] COM (89) 282, amended by [1991] COM (91) 219.

② See Commission of European Communities, Communication from the Commission of the Council and Parliament: Green Paper on Remedying Environmental Damage, COM (93) 47 final, Brussels, 14 may 1993, OJ 1993 C 149/12.

③ See Convention on Civil Liability for Damage resulting from Activities Dangerous to the Environment. Reference, ETS No. 150.

④ See European Parliament, Resolution on Preventing and Remedying Environmental Damage, [1994] OJ C128/165.

⑤ See Commission of the European Communities, Working Paper on Environmental Liability, Brussels, 17 November 1997.

⑥ See Commission of European Communities, White Paper on Environmental Liability, COM (2000), 66 final, Brussels, 9 February, 2000.

害责任问题上从民事责任转向公法责任方案,① 并且白皮书就欧盟层面的环境责任机制内容确立了基本框架。根据白皮书规定,环境损害是指对欧盟 Natura 2000 自然保护区网络内(Natura 2000 中的保护区主要由两部分组成,一是 1979 年《栖息地指令》认定的"特别保护区",二是 1992 年《鸟类指令》认定的特殊保护地)的土地的污染和对生物多样性、栖息地、生态系统以及野生生物的损害,并且该环境责任机制应涵盖传统损害,以增强环境司法正义。随后,经过欧盟范围内的广泛公众参与,欧委会于 2002 年 1 月提交了《欧洲议会和委员会防止和救济环境损害的环境责任指令的建议》,并最终在欧洲议会讨论后,于 2004 年经欧洲理事会批准。② 但最终颁布的《欧盟环境责任指令》(ELD)并未在欧盟范围内确立统一的环境损害民事责任制度,相反,它采取的是一套统一的环境损害法律责任的公共或者说行政方案(即法律责任的行政实施机制)。③ 按照欧洲环境法学者的理解,欧盟之所以从原有的法律责任私法实施机制(民事责任)转向公法实施机制(即行政实施机制),主要原因是在民事责任立法传统和现实均存在巨大差异的欧洲语境中,尝试构建一套统一的环境损害民事责任体系是一项极其艰巨的任务。④ 然而,仔细研究 ELD 的内容,可以发现,其责任构成要件、术语均与民事责任相似,与传统民事责任的差异仅在于实施程序,以至于有学者认为,ELD 并未确立一种新的责任范畴,只是创设了一种新的责任实施机制。由此,欧盟这种生态损害法律责任实施机制转向的原因,

---

① See Macrory ed., *Reflections on 30 Years of EU Environmental Law*, Groningen: Europa Law Publishing, 2006, p. 134.

② See Lucas Bergkamp and Barbara Goldsmith eds., *The EU Environmental Liability Directive: A Commentary*, Oxford: Oxford University Press, 2013, p. 11.

③ 欧盟学者论生态损害多采用环境损害概念,为尊重欧盟学者用语习惯,本节统一使用环境损害概念。

④ See Lucas Bergkamp and Barbara Goldsmith eds., *The EU Environmental Liability Directive: A Commentary*, Oxford: Oxford University Press, 2013, p. 140.

对于中国法的借鉴价值并不明显，中国的民事责任立法相对统一。

根据《欧洲联盟运行条约》第288条①和《欧盟环境责任指令》第19条的规定，②为将《欧盟环境责任指令》转化为国内法，成员国应在2007年4月30日前根据各自法律秩序的要求和实践，完成不同政府治理层级上的立法措施，以转化《欧盟环境责任指令》确立的新环境责任机制。但在最终转化日期到临时，仅四个成员国完成了转化任务。随后，经过一系列诉讼程序，③欧委会努力推动了ELD的国内法转化，并最终于2010年7月1日完成了全部转化工作。④自1992年启动的欧盟环境损害立法终于在2010年暂时落下了帷幕，余下工作便是要对ELD在各成员国具体实施情况的审查以及对法律责任规则的适时修正。目前欧盟先后于2010年、2014年、2017年发布了《根据ELD第14条（2）款要求提交的委员会报告》⑤《根据ELD第18条（2）款要求提交的委员会报告》⑥以及

---

① 根据《欧洲联盟运行条约》第288条的规定："A directive shall be binding, as to the result to be achieved, upon each Member State to which it is addressed, but shall leave to the national authorities the choice of form and methods."

② 根据《欧盟环境责任指令》第19条的规定："Member States shall bring into force the laws, regulations and administrative provisions necessary to comply with this Directive by 30 April 2007."

③ 针对未充分转化或未准确转化指令要求的成员国，欧盟委员会被《欧盟运行条约》第258条授权，可向这些成员国提起诉讼，以督促成员国完成指令的转化立法，此即所谓的 infringement procedure。

④ See Lucas Bergkamp and Barbara Goldsmith eds., *The EU Environmental Liability Directive: A Commentary*, Oxford: Oxford University Press, 2013, p.140.

⑤ See Report from the Commission to the Council, the European Parliament, the European Economic and Social Committee and the Committee of the Regions Under Article 14 (2) of Directive 2004/35/CE on the environmental liability with regard to the prevention and remedying of environmental damage, COM/2010/0581 final.

⑥ See Report from the Commission to the Council and the European Parliament under Article 18 (2) of Directive 2004/35/EC on environmental liability with regard to the prevention and remedying of environmental damage, COM (2016) 204 final, 14 April 2016.

《2017—2020年的ELD多年度工作计划》，① 这些委员会报告和工作计划不仅对ELD的实施情况进行了评估，还结合具体欧盟境内生态损害情况就未来ELD修改和向国内法的进一步融合与落实提供了立法建议。诚然，任何试图描述所有欧盟成员国生态损害法律责任及其实施机制的工作都因浩繁的工作量而变得不切实际，故本章仅选取英国、德国、法国和荷兰四个国家作为分析对象，以期简要勾勒出有关欧盟及几个典型成员国中生态损害法律责任及其实施机制的基本图景。

一 《欧盟环境指令》中的生态损害法律责任实施机制

ELD为欧盟确立了一套用以实施生态损害法律责任的公法方案（即行政实施机制），即授权政府行政机关作为生态损害法律责任的实施主体，由其通过行政命令方式（不同国家采用的定义不同）要求可能责任人承担特定的生态损害法律责任。ELD除就法律责任规则实体内容作出广泛规定外，② 它还规定了生态损害法律责任行政实施机制的具体实施程序。根据实施程序的制度功能不同，我们可将ELD项下生态损害法律责任行政实施机制的具体实施程序区分为："生态修复程序""费用回收程序"，以及"制裁和实施程序"。

（一）生态修复程序（Remedy Regime）

ELD的主要目标之一是恢复可涵盖于ELD项下的环境损害，因此ELD强调对受损环境的实际恢复，并使用恢复措施而非受损自然资源的金钱价值赔偿来作为生态损害赔偿的首要方式。③ 为此，ELD

---

① See European Commission, "ELD Multi-Annual Work Programme 2017-2020", http://ec.europa.eu/environment/legal/liability/pdf/MAWP_ 2017_ 2020. pdf.

② 这些实体内容的规定，包括：行政机关具体负责机关的指定、可救济生态环境损害类型和阈值条件、因果关系、适用例外、可能责任人范围、责任抗辩理由、责任承担方式以及责任归责原则等。

③ See ELD, Article 7 (1), Annex Ⅱ.

确立了三种生态损害救济措施，即预防措施（prevention）、减缓措施（mitigation）和修复措施（remediation）。其中，预防措施是指发生环境损害威胁时应当由运营者和行政机关实施的预防性措施；[①] 减缓措施是指环境损害发生后运营者必须不迟延地报告行政机关，并立即采取所有有利于限制或者预防进一步环境损害和对人类健康不利影响或更进一步自然资源服务损害的实际措施，包括控制、限制、移除或管理相关污染物质和/或任何其他损害因子；[②] 修复措施是指赔偿受损生态/自然资源恢复至基线条件或对修复期间遭受损失的自然资源/服务的措施。[③] 值得注意的是，ELD 将损害事件发生后的"紧急性"减缓措施置于第6条项下，并将其与修复措施统一界定为"救济措施"（remedial action），因此我们可以将"紧急性"减缓措施理解成生态损害修复措施的一种，是基础性修复措施的一部分。本书侧重于生态损害的事后法律责任问题，因此笔者将预防性措施排除在讨论范围外。

具体实施程序体现为 ELD 的第6条和第7条。其中，第6条第1款规定，运营者在发生可归属于 ELD 中的生态损害后，应当无迟延地向行政机关报告，[④] 并积极采取救济措施（remedial action），具体包括两种，即减缓措施（mitigation）和修复措施（remediation）。而第7条则规定了决定采取何种修复措施的程序和实体标准。根据第7条第1款规定，运营者负有设计和实施生态修复措施方案的首要义务，即在损害发生后，运营者应按 ELD 附件二规定（规定的是有关水损害和生物多样性损害修复措施的设计规则）明确可适用于修复受损生态的修复措施，并将其提交给行政机关以获批准。行政机关收到运营者报告后，可根据具体情况要求运营者提交补充信息，并

---

① See ELD, Article 5.
② See ELD, Article 6 (1) (a).
③ See ELD, Article 6, 7.
④ 根据第6条规定，行政机关也可随时要求其报告生态损害事件信息。

根据 ELD 第 7 条和附件二规定，① 在与运营者进行合作的情况下，决定应采取何种修复措施。② 为确保公众参与，ELD 第 7 条第 4 款要求行政机关在作出修复措施决定时，应邀请 ELD 第 12 条第 1 款项下的自然人或法人，以及拟采取修复措施所指向土地的所有人提交有关修复措施的意见，并考量这些意见。③ 此外，行政机关可适当修改运营者所提交修复措施的内容，并在作出最终的修复措施决定后，交由运营者具体负责实施，而此时的行政机关成为修复程序的监管者，运营者负有随时向行政机关进行报告的义务。

尽管运营者在生态修复措施的设计和实施方面负有首要义务，但这并不意味着修复措施一定要由运营者来负责设计和实施，ELD 也授权行政机关可在特殊情况下直接实施修复措施。④ 根据第 6 条第 3 款的规定，如果运营者未履行修复措施，或无法确认运营者，抑或运营者享有不承担修复措施的抗辩理由（如运营者仅享有不承担修复措施成本的抗辩理由，不能满足要求），则生态修复措施可由行政机关自行或委托第三方公司实施。但值得注意的是，这种直接实

---

① 其中，ELD 附件二规定了决定采取何种修复措施时应考量的因素，包括措施的技术可行性、成功的可能性、每种方案预计将受损自然资源和服务功能恢复至基线条件的程度及赔偿"临时损失"的程度，以及修复方案的费用成本等。See ELD, Annex Ⅱ, 1.3.1.

② See ELD, Article 7 (2).

③ 根据指令第 12 条第 1 款的规定，享有请求行政机关采取救济行动的自然人和法人，包括：（1）受到环境损害影响或可能受到影响的人；（2）对与环境损害相关之行政决定享有充分利益的人；（3）主张权利受到损害，当成员国行政程序法要求将这一条件作为前提条件时。这里的"充分利益"和"权利损害"，由成员国的立法确定。对于任何旨在促进环境保护并符合成员国国内法相应条件的环保组织，则被推定视为满足前述 (2) 和 (3) 条件的法人。See ELD, Article 12 (1)。

④ 根据《欧盟环境责任指令》第 6 (2) (e) 条规定，成员国行政机关可随时决定自行采取必要的修复措施；根据《欧盟环境责任指令》第 6 (3) 条规定，行政机关应要求由运营者实施修复措施，如果运营者未能履行修复措施的义务，或运营者无法识别，或根据指令无法要求其承担成本，行政机关可以自行采取这些措施，但这应是最后的救济手段。

施修复措施的权力应做区分，一是成员国转化法明确规定行政机关应当或者可以按照 ELD 实施生态修复措施，此时修复措施的选择和行政机关应满足的标准，与运营者无异；二是成员国转化法未授予行政机关实施修复措施的权力或授予了这种实施权力但并不要求行政机关遵循 ELD 规定的修复标准，此时任何成本收回行动，也将不受 ELD 调整。①

可见，在生态修复措施方案的决定过程中，行政机关起主导作用，并且其应根据附件二的要求进行方案选择。行政机关主导权还体现在另外两处：其一，在发生多起生态损害事件且行政机关不能同时进行生态修复的情况下，行政机关有权决定首先修复哪一具体的生态损害；② 其二，如已采取的修复措施可确保不再产生任何对人类健康、水和生物多样性构成不利影响的严重风险时，并且拟要采取的旨在实现基线条件或类似水平的修复措施的成本与可获得的环境收益"明显不成比例"时，行政机关可自由决定不再采取进一步的修复措施。③ 但 ELD 及附件二并未就何为"明显不成比例"作出规定，因此对这一问题的判断被交由成员国国内法调整。此外，这里还会存在一个问题，运营者采取的经由行政机关同意的修复措施可能并不具有与预期效果相当的实施成效，此时行政机关可否再施加额外修复措施？ELD 并未明确这一问题，但欧盟法院 2010 年的一项判决承认了行政机关享有此项权力。④

---

① See Lucas Bergkamp, Barbara Goldsmith eds., *The EU Environmental Liability Directive: A Commentary*, Oxford: Oxford University Press, 2013, p. 169.

② 行政机关在面对多个生态环境损害事件而要决定首先救济哪一生态环境损害时，虽有自由裁量权，但其在作出决定时应考虑诸多因素，包括不同环境损害的性质、程度和严重性，自然恢复的可能性，以及对人类健康的风险。See ELD, Article 7（3）.

③ See ELD, Annex Ⅱ, 1.3.3.

④ 法院认为，行政机关有权改变已经批准和采取的修复措施，以及决定任何必要的额外的修复措施。但法院同时强调，行政机关在作出决定时应负有特定的程序性义务。其一，仅能在听取利益相关人（尤其是负有采取修复措施责任的运营者）的意见后，才能作出决定；其二，行政机关如果要实质性修改其已经同意过的修复措施方案，（转下页）

在现实世界中，修复措施的选择可能是多样的。换言之，对于可实现修复目标（恢复受损生态至基线条件及充分赔偿期间损失）的修复措施，可能存在多种可行方案，此时便存在如何选择的问题。[①] 正如有学者所言："修复措施方案的确认、评估和选择，对于决定污染者应承担的责任范围/程度具有极重要的意义。"[②] ELD 附件二已经就修复措施选择作出了原则规定，即"综合考量+成本收益"方法。前者是指必须结合多种因素对可利用的修复方案进行综合评估；[③] 而后者则意指如果两种或更多的修复方案同样都可取，公共机构必须选择一种成本效益最佳的修复方案。最后，在生态修复之外，ELD 在生态损害量化赔偿的方法上还采取了一种金钱赔偿的方法，但这一方法相较于"恢复原状"方法，仅是一种次优选择。实际上，这与 ELD 为责任人确立的责任形式相符合，即责任人应优先承担"恢复原状"的法律责任，仅在"恢复原状"不可行时，才应进行"金钱赔偿"。这里的不可行既包括事实上再无修复的可能，还有修复成本与收益之间的"明显不成比例"，但 ELD 并未明确规定何谓"明显不成比例"。

（二）费用回收程序（Cost Recovery Regime）

ELD 确立的基本原则是"污染者付费原则"，即造成生态损害

（接上页）应当考虑 ELD 附件二第 1.3.1 条的标准，并防止运营者为新的修复措施负担极不成比例的成本（相比于已同意的修复措施而言）。See Case C-378/08 Raffinerie Mediterranee（ERG）SpA, Polimeri Europa SpA and Syndial SpA v. Ministero dello Sviluppo economico and Others［2010］ECR I-01919, para. 51-64.

① 因为，对于那些能够达到同等修复目标的修复方案，一般情况下，并不具有相同的修复措施成本，因此存在选择不同修复措施方案会导致责任人承担不同程度的法律责任。

② See Lucas Bergkamp, Barbara Goldsmith eds., *The EU Environmental Liability Directive: A Commentary*, Oxford: Oxford University Press, 2013, p. 41.

③ 一般而言，这些因素包括但不限于措施的技术可行性、成功的可能性、每种方案被预计将受损自然资源和服务功能恢复至基线条件的程度及赔偿"临时损失"的程度，以及修复方案的费用成本。

的运营者应负有义务采取必要的预防和修复措施,并负担这些措施的费用支出。① 最终应由运营者负担的成本还有评估生态损害和替代方案的成本支出,以及其他附属性成本,包括行政、法律和实施成本,数据收集成本和其他一般性成本支出,以及监测和监管成本。② 因此,对于那些由行政机关直接实施修复措施的情形,便会产生如何让污染者负担相应成本支出的问题。

于此问题,依照 ELD 规定,若行政机关认为运营者应当承担责任,则它可以发起费用回收行动。一般而言,行政机关在自行或者通过合同委托第三方实施了生态修复措施以后,可以选择利用从责任人(运营者)处获得相关财产担保权或其他适当保证的形式收回修复费用。③ 同时,在启动费用回收程序前,行政机关可进行成本收益分析,并在费用回收程序实施成本高于可收回收益或运营者无法确认时,自行决定不收回全部的成本支出(修复措施成本+其他成本)。④ 此外,ELD 还为费用收回程序设定了时效,即行政机关应在特定时间之日起五年内发起,特定时间是指"生态修复措施完成之日或应负责任的运营者或第三方被确认之日之间的较晚者"。⑤ 至于行政机关是否只能在修复完成后发起费用回收程序,ELD 对此并未明确。但由于 ELD 允许成员国采纳更严格实施标准的立法思路,应允许成员国在自行启动生态修复措施前便要求运营者提供足够的财务保证,且行政机关在运营者有不补偿成本支出的极大风险时有权要求对运营者的法定财产设定担保权。有学者认为,这种事前的成本回收担保,有助于运营者参与到生态修复措施的设计和实施过程中,促进行政机关和运营者之

---

① See ELD, Article 8 (1).
② See ELD, rectal 18, Article 2 (16).
③ See ELD, Article 8 (2).
④ See ELD, Article 8 (2).
⑤ See ELD, Article 10.

间开展"公私合作"。①

一般而言，将生态修复措施成本和附属性成本附加给运营者，必须以运营者负有 ELD 项下法律责任为前提。反之，如果运营者享有特定抗辩理由，则它无须负担这些费用成本。依据 ELD 第 8 条第 3 款的规定，运营者可援引两项抗辩理由（即成员国必须采纳的抗辩理由），即生态损害由第三方造成且可能责任人已采取适当安全保障措施，或者生态损害由运营者遵守了行政机关的强制性命令或者指示（不包括因运营者自身排放或事故所导致的命令或指示）导致。② 此外，ELD 还规定了两项可供成员国自行选择采用的责任抗辩理由（包括"许可抗辩"和"发展风险抗辩"）。因此，运营者如享有抗辩理由，便无须承担 ELD 项下的成本赔偿责任。此时它应尽早告知行政机关，以便行政机关及时正式确定运营者无须采取措施。但现实情况可能是运营者未及时报告行政机关或者行政机关自愿采取生态修复措施，此时为确保当事人权益和积极性，应允许运营者在事后收回已支付的成本。依据 ELD 第 8 条第 3 款，成员国应规定适当措施以确保运营者可收回自己参与生态修复措施所支付的成本。③ 然而，ELD 并未明确行政机关或运营者应采用何种具体程序来收回成本，至于是行政程序，抑或民事法律制度，再或者一些由法律确定的具体规则，由成员国自由裁量。④

（三）制裁和实施程序（Sanction and Enforcement）

首先，对于制裁程序而言。1984 年，欧洲法院在一起判决中指出："成员国必须在确保欧盟指令充分生效的同时，详细审查指令内容以确定指令是否包含了制裁条款，即要求成员国就违反指令规定

---

① See Lucas Bergkamp, Barbara Goldsmith eds., *The EU Environmental Liability Directive: A Commentary*, Oxford: Oxford University Press, 2013, p. 176.

② See ELD, Article 8 (3).

③ See ELD, Article 8 (3).

④ See Lucas Bergkamp, Barbara Goldsmith eds., *The EU Environmental Liability Directive: A Commentary*, Oxford: Oxford University Press, 2013, p. 318.

之特定情况设定一定的法律后果或制裁条款。"① 从 ELD 的内涵来看，它并未含有要求成员国采纳特定制裁条款的规定，但它也并未直接禁止成员国采纳或施加更严格的制裁规则。② 因此，问题的关键便从考察 ELD 本身是否规定了制裁和实施条款或明确要求成员国采纳相应制裁和实施规则，转变为考察成员国在符合指令立法目标的情况下是否以及如何针对违反 ELD 规则内容的运营者以及行政机关的违法行为施加制裁。

事实上，尽管 ELD 并未明确制裁条款，但许多 ELD 涵盖的职业活动，尤其是 ELD 附件三列举的职业活动，同样受到其他欧盟指令的调整，例如《欧盟综合污染预防与控制指令》（现在由《欧盟工业排放指令》替代）或《欧盟塞维索指令》。由于这些指令规定了未遵守法律规则的制裁和实施规则，故在导致严重生态损害也同样违反其他欧盟指令时，可以触发相应的制裁规则。尤应提及的是《欧盟环境刑事犯罪指令》和 ELD 的关系，二者的适用范围和概念术语具有相似性，使得成员国可以使用《欧盟环境刑事犯罪指令》项下刑事制裁工具来惩罚违反 ELD 的运营者及其职业经理人员（如有法律规定的话③）。一方面，从规则适用范围看，《欧盟刑事犯罪指令》在定义"不法性"时，④ 参考了一系列欧盟指令，包括与设施和产品相关的立法，以及《自然栖息地指令》《野生鸟类指令》

---

① See Case 14/83 Sabine von Colson and Elisabeth Kamann v. Land Nordrhein-Westfalen [1984] ECR 1891, para. 16.

② 有学者认为，《欧盟环境责任指令》未包括制裁规定的原因之一可能是指令本身确立的法律责任便被视为一种制裁。换言之，指令确立的运营者应就生态环境损害承担法律责任便可视为对运营者损害环境行为的一种法律制裁。See Lucas Bergkamp, Barbara Goldsmith eds., *The EU Environmental Liability Directive: A Commentary*, Oxford: Oxford University Press, 2013, p. 316.

③ See Environmental Crimes Directive, Article 6.

④ 《欧盟环境刑事犯罪指令》第 3 条规定了"刑事犯罪行为"的概念，应构成两个要件，即"不法性""故意或至少重大过失"。See Environmental Crimes Directive, Article 3.

和《水框架指令》。① 另一方面，就 ELD 的法律术语看，在《欧盟环境刑事犯罪指令》第 3 条 "犯罪行为" 概念指向的具体类型中，均提及对某一特定环境要素（即动植物种、大气、水、土壤等）或生态系统（即自然栖息地）的 "严重损伤"（serious injury）或 "实质损害"（substantial damage）或 "严重退化"（significant deterioration），② 但《欧盟环境刑事犯罪指令》未解释这些术语。因此，成员国行政机关和法院可寻求适用 ELD 的实施指南，因为它采用了类似的 "严重损害" 概念（significant damage）。总之，尽管 ELD 未明确 "成员国可适用刑事制裁以实施生态损害法律责任规则"，但《欧盟环境刑事犯罪指令》已要求成员国针对 ELD 项下生态损害实施刑事制裁的可能。③

理论上，在刑事制裁之外，还可能适用行政制裁手段，一般包括运营许可的暂停和取消，行政罚款（仅要求运营者向国库支付少于修复成本的罚款），发布警告，没收货物，发布暂停或停止命令，紧急环境威胁情况下采取任何必要的措施，违法黑名单，以及在运营者未支付行政罚款或执行行政命令情况下由行政机关对运营者不动产施加的留置权（运营者若想出售财产或签订贷款协议，必须将不动产上的留置权取消，方法便是向行政机关支付行政罚款）。从 ELD 文本来看，它并未设定任何行政制裁手段，但这并不意味着成员国不能结合本国国情就修复措施义务或承担修复成本费用义务的不履行行为设定相应的行政制裁。为了提升震慑

---

① 其中，与设施相关的欧盟层面立法包括：《欧盟工业排放指令》《欧盟塞维索指令》和《欧盟废弃物指令》等，这些均是《欧盟环境刑事犯罪指令》项下严格责任适用的范围。

② See Environmental Crimes Directive, Article 3.

③ 《欧盟环境刑事犯罪指令》本身并未规定具体的刑事制裁内容，但其要求各成员国采取具体的刑事制裁措施，并要确保这些措施有效、成比例且可起到劝诫作用。See Environmental Crimes Directive, Article 5.

力，成员国立法者也可选择刑事制裁手段，但二者之间明显存在差异。①

对于实施程序，它不同于"生态修复程序"和"费用回收程序"，特指旨在保障这一主程序得以有效运行的替补或保障程序，可将它定义为广义的实施程序。一般来看，这种广义的实施程序主要是指诉讼程序，包括行政诉讼和民事诉讼。所谓的行政诉讼系指行政机关在生态修复主程序运行过程中可能存在一些违法行为，如不积极启动生态修复程序、越权或曲解相关法律等，此时可由特定主体针对行政机关的前述违法行为发起异议审查程序。尽管不同国家对这类程序的规定可能有所差异，②但其核心内容均是对行政机关行政权的制约。具体到ELD中，指令明确授权成员国依照各自国情做出规定。依照ELD第13条的规定，"ELD第12条第1款中的私人主体应有权向司法机关或者独立的公共机构提交审查行政机关按ELD所制定诸决定的程序合法性和实质合法性"③，且"ELD不能抵触国内法的有关规则，尤其是国内法有关穷尽行政审查程序前置条件的规定"④。其中，私人主体包括：（1）任何受到或可能受到环境损害影响的自然人或法人；（2）对与系争环境损害有关决定享有充分利益或权利受到损害的自然人或法人，包括符合特定国内法条件且以生态保护为主旨的环保公

---

① 具体来看，二者在实施程序和证明标准等诸多方面存在不同，行政制裁依托的是行政程序（辅之以相应的申诉程序），而刑事制裁依托的是司法诉讼程序，前者的证明标准是概率可能性，而后者则是超过合理怀疑，并且刑事程序一般耗时更长且结果具有更高不确定性。

② 在大陆法系国家，私人当事方和运营者、所有人或第三方针对政府机关不履行义务或违法行使行政权的行为提起的诉讼，一般被界定为行政诉讼，有些国家并不将其置于司法程序中，而采取的是独立的公共行政机构审查程序（这种程序可以是终局的，也可能是非终局的）。在美国，这种针对政府行政行为的异议诉讼，甚至被定性为民事诉讼。

③ See ELD, Article 13 (1).

④ See ELD, Article 13 (2).

益组织。①

当然，随着生态公共利益（即生态损害）被纳入民法体系的保护射程，以及生态损害与私人权益损害的重叠（即事实损害载体的同一），立法者可能会允许包括环保组织在内的私法主体直接针对可能责任人（即运营者）就生态损害救济提起民事诉讼。但依 ELD 的规定，私人当事方仅有请求行政机关采取行动的权利，且在行政机关不采取行动或私人当事方对行政机关所采取行动不满意时可向法院或其他法定公共机构申请异议审查。② 事实上，在这种民事诉讼之外，还有一种辅助性民事诉讼，即行政机关向未履行义务的运营者提起收回生态修复措施成本及支出的索赔诉讼。显然，它在性质上是一种民事诉讼。从现实立法经验来看，很多国家立法者采纳了这一制度，例如：荷兰允许政府机关向污染者提起民事诉讼以索赔修复费用支出、生态损害的制度，③ 比利时亦如此。④ 然而，值得注意的是，它实际上仅是生态损害法律责任实施主程序的辅助实施程序，是行政机关收回生态修复成本的程序。从 ELD 的文本来看，其第 8 条规定的成本收回程序也可能是行政机关使用民事诉讼程序。⑤ 由此，它在性质上与行政机关直接作为原告针对可能责任人发起的生态损害民事诉讼并不相同，后者实际上已经

---

① See ELD, Article 12 (1).

② 然而，这种禁止私人当事人参与起诉运营者的规则可能会与欧盟《在环境问题上获取信息、公众参与决策和诉诸法律的奥胡斯公约》旨在促进公众参与的立法目标相冲突。欧盟成员国能否以《欧盟环境责任指令》规定的"对成员国采取更严格实施方法和形式的授权"为依据，在国内法确认或维持私人当事方向运营者起诉的民事诉讼规则，仍面临理论上的争议。See Monika Hinteregger (ed.), *Environmental Liability and Ecological Damage in European Law*, Cambridge: Cambridge University Press 2008, p. 641.

③ 参见［英］马克·韦尔德《环境损害的民事责任：欧洲和美国法律与政策比较》，张心一、吴婧译，商务印书馆 2017 年版，第 310—314 页。

④ See Lucas Bergkamp, Barbara Goldsmith eds., *The EU Environmental Liability Directive: A Commentary*, Oxford: Oxford University Press, 2013, p. 330.

⑤ See ELD, Article 8.

不是一种辅助性程序。

二 主要欧盟成员国的生态损害法律责任实施机制

尽管 ELD 似乎已为成员国救济生态损害提供了系统全面的法律规则，但实际上，由于 ELD 自身存在的诸多局限性，[1] 使得 ELD 所确立的生态损害法律责任规则仅能救济相对狭窄的一部分生态损害，无法涵盖全部生态损害。ELD 授权各国可以采用更为严格的实施规则，[2] 以及 ELD 不得否认各成员国既有的制度成就，因此它的目标不是取代而是补充成员国的法律规则。换言之，各成员国的国内法，尤其是侵权法中的侵权责任规则和公法体系中的旧有法律规则，均可继续在环境责任领域发挥重要作用。[3] 但现实的挑战是，成员国各自生态损害法律责任规则彼此间存在很大差异，缺乏统一协调性，这会对 ELD 的未来发展构成不利影响。[4] 因此，ELD 项下规则如何

---

[1] 局限性包括以下几方面：其一，ELD 不适用于特定的国际公约及成员国制定的相应转化法。其二，ELD 仅适用于特定类型的损害，并且这些损害要满足特定的"职业活动条件"（非职业活动清单内的活动，仅在运营者过错情况下对生物多样性造成的损害可适用）和"严重损害阈值条件"。其三，ELD 不能溯及既往，不适用于"历史性生态损害"。可见，ELD 并未能为欧盟提供一套统一、全面且有效的环境责任机制，相反，其仅是向这个方向发展的第一步。See Monika Hinteregger (ed.), *Environmental Liability and Ecological Damage in European Law*, Cambridge: Cambridge University Press, 2008, pp. 641-642.

[2] See ELD, Article 16.

[3] See Barbara Pozzzo, "Liability for Environmental Harm in Europe: Towards a Harmonised Regime?", *Hitotsubashi Journal of Law and Politics*, Vol. 44, 2016, p. 58.

[4] 在 2010 年报告中，欧委会提出，成员国转化 ELD 时发生迟延的主要原因包括：成员国先前已存在的法律框架，负有挑战性的技术要求（如环境损害评估科学技术），以及 ELD 的框架性特征导致成员国在转化时必须针对很多关键问题进行广泛讨论。See Report from the Commission to the Council, the European Parliament, the European Economic and Social Committee and the Committee of the Regions Under Article 14 (2) of Directive 2004/35/CE on the environmental liability with regard to the prevention and remedying of environmental damage, COM/2010/0581 final, p. 5. 在 2013 年报告中，欧委会提出，成员国转化 ELD 时的方法之所以存在异质性，主要是因为：国家权力结构（联邦制或集权制）、（转下页）

与既有成员国国内法衔接、配合，将成为 ELD 发展过程中的一个核心难题。这些问题的解决不可能一蹴而就，需要立法者结合法律实践进行创造性思考。本节内容重点介绍几个欧盟成员国在实施 ELD 过程中采取的策略，及其与本国既有生态损害法律责任的协调、配合情况。

(一) 英国法中的生态损害法律责任及其实施机制

在英国法学者看来，私法（即普通侵权法）的制度目标是保护私人权益而非具有不确定性概念的公共性生态权益，[1] 并且通过普通侵权法规则可获得的损害赔偿在外延上也无法涵盖生态损害的全部内容，其仅可能包括：给受污染河流补充鱼类成本，[2] 在考虑财产价值的基础上赔偿替换受损树木的价值（未考虑树木的任何生态价值），[3] 以及为确定淤泥是否会对自然保护区构成长期损害的调查评估成本。[4] 换言之，传统普通侵权法在生态损害救济方面起到的作用十分有限，仅能救济生态损害概念中的部分内容（即自然资源的替换价值），无法涵盖自然资源的生态价值。实际上，普通侵权法无法救济生态损害的观点也在剑桥水务公司案中被英国司法机关（即英国上议院）重申。[5] 上议院认为生态损害救济问题属于立法者的任

（接上页）国内环境法的结构（法典式立法或分散式立法）和已有责任机制的类型（民事法、行政法或刑法）。See BIO Intelligence Service, "Environment implementation challenges and obstacles of the environmental liability directive: final report", 16 May 2013, https://ec.europa.eu/environment/archives/liability/eld/eldimplement/documents.html.

[1] See Stuart Bull, Donald McGillivray, Ole W. Pedersen, Emma Less, Elen Stokes, *Environmental Law*, ninth edition, Oxford: Oxford University Press, 2017, pp. 378-379.

[2] See Granby v. Bakewell Urban District Council (1923) 87 JP 105.

[3] See Bryant v. Macklin [2005] EWCA Civ 762.

[4] See Jan de Nul (UK) Ltd. v. AXA Royale Belge SA [2002] EWCA Civ 209.

[5] 在剑桥水务公司案中，英国上议院认为，"法院无须也不应当在普通侵权法的框架中（如严格责任原则）对环境损害的恢复或赔偿问题进行考虑，因为这一问题属于立法者的任务，且很多已有国际或国家立法已开始对该问题有所涉及"。See Cambridge Water Company v. Eastern Counties Leather plc (1994) 2 AC 264.

务。实际上，英国法体系中已经存在很多可用来救济生态损害的法定责任机制，[①] 具体包括：1990年《环境保护法》第59条的非法废弃物处置清理措施，[②] 1991年《水资源法》第161条的水污染清理、[③] 1990年《环境保护法》第IIA部分项下的污染土地机制，[④] 以及1981年《野生生物和乡村法》和2010年《栖息地和物种保护规则》规定的责任机制。[⑤] 除了前述三类主要的生态损害救济法律责任机制以外，英国法体系中还存在其他几类重要机制。[⑥]

这些现有英国法体系中的污染清理或污染消除规则，是一种典型的法律责任行政实施机制，具有基本相似的规范内容，即由政府行政机关发布行政命令要求"适当的责任人"清理或消除污染，既有将受损环境要素或生态系统恢复至损害发生前状况的规则（如

[①] 这些法定责任机制，具体体现为以法定妨害为基础模型而建构起来的公法性法定环境责任机制，即现有英国法体系中的"污染清理"（clean up）或"污染消除"（abatement）规则。

[②] 参见1990年《环境保护法》第59条、第59ZA条。

[③] 参见1991年英国《水资源法》第161条。

[④] 根据1990年《环境保护法》第IIA部分"污染土地机制"的规定，行政机关有权要求适当责任人修复土地，并向其收回成本。在特定情况下，行政机关可自行采取相应措施。

[⑤] 具言之，行政机关或法院可在"对特殊科学利益场址或Natura 2000场址内的动植物或地理和/或地文特征的破坏或损害"时，发布相应修复命令。根据1981年《野生生物和乡村法》的规定，法院可以向因破坏或损害特殊科学利益场址内的动植物或其所具有的地理或地文特征而被判定有罪的人发送命令，以要求其将特殊科学利益场址恢复至损害发生前的状况，在适用过程中，如果法院认为情形的变化导致对命令的遵守是不可行或不必要时，其可以对命令进行撤销或变更。根据2010年《栖息地和物种保护规则》的规定，自然英格兰（Natural England）或自然资源威尔士（Natural Resources Wales）可以向损害或破坏Natura 2000场址内自然资源的人发送一种特殊的自然保护命令，在发生损害威胁时，行政机关还可以制定相应的停止命令（stop notice），且行政机关可根据客观情势的变化对恢复命令进行相应的变更或撤销。

[⑥] 具体包括"环境许可机制"，1991年《水资源法》项下与水开采或储蓄有关的救济措施，重大事故风险控制规则（旨在转化《塞维索指令》）中的救济措施，以及一般法定妨害机制中的救济措施等。

《水资源法》《野生生物和乡村法》和《栖息地和物种保护规则》），也包括仅移除污染物质的规则（如《环境保护法》第 59 条项下的废弃物非法处置清理）。然而，即使是将受损生态恢复至先前状况的责任规则，其对生态损害的救济也是相当有限且不充分的。具言之，其一，这些污染清理或消除规则仅强调对受损生态环境的"基础性修复"，并不涉及 ELD 项下的"补充性修复""赔偿性修复"。其二，修复以"实际可行且成本合理"为条件，即不符合该条件的修复可以不进行，行政机关享有自由裁量权。其三，在这些规则中，并不存在利益相关方或环保公益组织提请行政机关采取行动或对行政机关决定进行评论的权力。其四，损害发生后，适当责任人也并不负有向行政机关报告损害发生的义务。[①] 为促进生态损害的充分救济，英国于 2009 年制定了旨在转化 ELD 的《环境损害预防与修复规则》（该规则在 2015 年被修订），系统规定了针对生物多样性损害、土地损害和水损害的公法性法定环境责任机制。从法律责任的实施机制来看，英国《环境损害预防与修复规则》采取的是一种行政实施机制。除部分细节性规定略有不同外，三种生态损害法律责任的实施机制具基本类似的框架内容。在确定了一项"环境损害"应由《环境损害预防与修复规则》调整以及相应的责任人后，实施主体应向责任运营者发送相关修复责任的通知，这预示着法律责任的正式启动。根据适用阶段不同，实施机制可分为 6 个子程序：修复责任通知程序，修复措施通知程序，修复措施的实施程序，成本回收程序，异议程序，以及制裁程序。

其一，修复责任通知程序。在经过环境损害评估程序后，若行政机关认为特定损害属于由《环境损害预防与修复规则》调整的环

[①] 有关现有英国法中的法定环境责任机制在救济生态损害问题上存在的不足之处。See BIO Intelligence Service, "Environment implementation challenges and obstacles of the environmental liability directive: final report", 16 May 2013, https://ec.europa.eu/environment/archives/liability/eld/eldimplement/documents.html.

境损害时，它应进一步确认具体的责任运营者，然后向其发送相应的修复责任通知，通知运营者以下事项：特定环境损害应由《环境损害预防与修复规则》调整，运营者活动是造成环境损害的原因，运营者应在给定期限内按附件三规则提交修复措施建议，以及运营者享有申诉权。① 在向运营者发送修复责任通知后，行政机关如认为通知不应发送或运营者针对通知的申诉有可能成功时，可选择撤回通知。② 运营者可就修复责任通知提出申诉。③

其二，修复措施通知程序。按照修复责任通知的要求，运营者应在规定期限内按《环境损害预防与修复规则》附件三要求，向行政机关提交修复措施建议。④ 其中，附件三针对不同环境损害确立了两种不同的修复措施识别规则，一种是针对水损害和生物多样性损害的规则，⑤ 另一种是针对土地损害的特殊规则。⑥ 至于修复措施建议应包含的信息以及具体的措施种类，运营者可自行决定，但《环境损害预防和修复规则：英格兰、威尔士法定指南》第6.5条就此

---

① 参见《环境损害预防和修复规则》（2015年）第18条第1款。
② 参见《环境损害预防和修复规则》（2015年）第18条第2款。
③ 参见《环境损害预防和修复规则》（2015年）第19条，第1—3款。
④ 为增进责任运营者所提交修复措施的整体可接受性，责任运营者在开发修复措施建议过程中，可以向行政机关或其他所涉利益相关者进行咨询，以了解行政机关和利益相关者的预期。参见《环境损害预防和修复规则：英格兰、威尔士法定指南》（2009年）第6.4条。
⑤ 对于水损害和生物多样性损害，其修复目标是移除对人类健康造成的严重风险以及将受损自然资源或服务恢复至基线条件，而修复措施应包括基础性修复措施、补充性修复措施和赔偿性修复措施，具体的修复措施组合应视个案情况而定，且对于补充性修复措施和赔偿性修复措施的识别，附件三承袭《欧盟环境责任指令》规则确立了"等效分析方法"以及"环境价值估值方法"。参见《环境损害预防和修复规则》（2015年）附件三第2—5条、第7条。
⑥ 针对土地损害，其修复目标是在考虑损害时的土地当前用途或任何规划许可的情况下，确保相关污染物质被清除、控制、限制或减少，以至于土地不再有对人类健康产生不利影响的显著风险，并且必须通过风险评估程序评估土地损害的风险。参见《环境损害预防和修复规则》（2015年）附件三第9条。

作出了指引性规范。① 若运营者未在规定期限内提交修复措施建议，则行政机关会自行识别修复措施，其可根据《环境损害预防与修复规则》第32条的授权，要求运营者提交与损害或可能修复措施相关的信息。② 在识别修复措施后，行政机关应决定最终要采取的修复措施。一旦行政机关收到了运营者提交的修复措施建议或在特殊情形下行政机关自行制定了修复措施建议后，必须开展必要的信息咨询程序。③ 随后，行政机关应决定最终拟采取的生态修复措施方案，并发送修复措施通知，告知以下内容：环境损害、必须采取的损害修复措施及理由、修复措施的期限、修复期间应采取的额外监测或调查措施，以及对该通知的申诉权。④ 通知也可包括以下内容：修复目标、预期结果、陈述方法、项目管理或报告规则。⑤ 此外，在修复措施实施过程或结束后，行政机关可依个案向运营者发送要求采取进一步修复措施的通知。⑥ 运营者可就修复措施通知向国务大臣申诉。⑦

其三，修复措施的实施程序，指的是最终由谁来负责实施行政机关确定的修复措施方案。依照英国法的规则，行政机关在作出最终的修复措施决定以后，一般会面临两种选择，一种是向运营者送达修复措施通知，送达后由运营者负责实施具体修复措施；另一种是行政机关自行实施修复措施，原因可能是行政机关无法确定具体

---

① 参见《环境损害预防和修复规则：英格兰、威尔士法定指南》（2009年）第6.5条。

② 参见《环境损害预防和修复规则》（2015年）第32条。

③ 行政机关必须向第29条项下的利益相关者和拟修复措施将要占用之土地的所有人进行相应的咨询程序。当然，实施行政机关也可以根据个案情况，自行决定其他需要咨询的人。参见《环境损害预防和修复规则》（2015年）第20条第1款（b）项。

④ 参见《环境损害预防和修复规则》（2015年）第20条第2款。

⑤ 参见《环境损害预防和修复规则：英格兰、威尔士法定指南》（2009年）第6.16条。

⑥ 参见《环境损害预防和修复规则》（2015年）第22条。

⑦ 参见《环境损害预防和修复规则》（2015年）第21条。

的运营者,或运营者享有责任抗辩理由,抑或运营者拒绝履行修复措施。①

其四,成本收回程序。对于行政机关代替运营者实施修复措施的,运营者应负担相应成本支出,除非该运营者不应承担责任。② 事实上,行政机关可收回成本并不限于这些修复措施成本,还包括它针对运营者采取《环境损害预防与修复规则》项下实施行动的各种成本,③ 但也有一些成本无法通过成本回收程序追回。④ 同时,为敦促行政机关及时收回成本,《环境损害预防与修复规则》为成本收回程序设定了 5 年诉讼时效。⑤ 至于具体的成本收回方式,《环境损害预防与修复规则》授权行政机关可就运营者的地产设定抵押。具言之,行政机关可向运营者发送抵押通知(charging notice),并将副本送给其他可能因此抵押受到影响的地产利益人。⑥ 抵押通知应载明行政机关拟收回成本的数额以及政府行政机关决定的合理利率,⑦ 在抵押通知生效之日起 20 天后或运营者撤回申诉或申诉被决定之日起,拟收回的成本和利息便会成为地产上的抵押。⑧ 换言之,直到成本和

---

① 参见《环境损害预防和修复规则》(2015 年)第 23 条。
② 参见《环境损害预防和修复规则》(2015 年)第 24 条。
③ 可以收回的成本支出,具体包括以下几类:环境损害评估成本、确定责任运营者的成本、修复措施的识别和选择成本、所采取的必要咨询活动的成本,以及修复过程中的监测成本等。参见《环境损害预防和修复规则》(2015 年)第 25 条。
④ 无法收回的成本支出,具体包括以下几种情形:损害最终被确定为非《环境损害预防与修复规则》项下之环境损害的评估成本,因遵守公共行政机关指示而产生的损害修复成本(非与运营者自己活动造成的排放、事件、事故相关),针对修复通知之申诉被支持后的修复成本,以及申诉的管理成本。参见《环境损害预防和修复规则:英格兰、威尔士法定指南》(2009 年)第 10.6 条。
⑤ 这一诉讼时效的起算点是成本回收程序相关修复措施完成之日和运营者被确认之日二者间的较迟者。参见《环境损害预防和修复规则》(2015 年)第 26 条。
⑥ 参见《环境损害预防和修复规则》(2015 年)第 27 条。
⑦ 参见《环境损害预防和修复规则》(2015 年)第 27 条第 2 款。
⑧ 参见《环境损害预防和修复规则》(2015 年)第 27 条第 4 款。

利息收回之日前，该地产将始终处于被抵押状态。① 此外，行政机关也享有财产法项下财产受押人享有的权利和救济，即运营者如未能支付成本及相应利息，则行政机关可向法院申请实现抵押权，结果是出售运营者地产。② 除行政机关可向运营者收回成本支出外，运营者也可向行政机关或其他运营者追偿成本。③

其五，异议程序。针对行政机关的决定，《环境损害预防与修复规则》设定了三项申诉异议程序，包括：对修复责任通知的申诉，对修复措施通知的申诉，以及对抵押通知的申诉。第一，对修复责任通知的申诉。运营者可援引《环境损害预防与修复规则》第19条第1款规定的6种理由，即前文中被称为"抗辩理由"的理由，④ 在28日内（国务大臣可扩展此期限）向国务大臣提出申诉。负责决定申诉的人，可根据个案情况对修复责任通知进行确认或宣布其无效。⑤ 第二，对修复措施通知的申诉。运营者可在28日内（国务大臣可以扩展此期限）援引修复措施内容不合理的理由向国务大臣提出申诉，⑥ 但其仅能就与其所提交的修复措施建议内容不一致的内容提出异议。⑦ 根据个案具体情况，国务大臣（或其任命的人员）在对申诉进行审查后，可以确认、变更或废止修复措施通知，但必须给予书面的最终决定通知，且如果适当的话，可以增加自修复通知

---

① 参见《环境损害预防和修复规则：英格兰、威尔士法定指南》（2009年）第10.6条。

② 参见《环境损害预防和修复规则》（2015年）第27条第4款。

③ 若运营者的成本是因为遵循了行政机关的特定指示（该指示与运营活动导致的事件、事故或排放不相关），则其可从行政机关处收回成本。参见《环境损害预防和修复规则》（2015年）第16条。此外，运营者也可从其他运营者处收回全部或部分成本。参见《环境损害预防和修复规则》（2015年）第28条。

④ 参见《环境损害预防和修复规则》（2015年）第19条第1—3款。

⑤ 参见《环境损害预防和修复规则》（2015年）第27条第7款。

⑥ 参见《环境损害预防和修复规则》（2015年）第21条第1款。

⑦ 参见《环境损害预防和修复规则》（2015年）第21条第2款。

送达之日起期限内的赔偿性修复要求。① 修复措施通知在申诉期间应暂停执行，除非国务大臣或负责审理申诉的人员作出了相反指示。② 为进一步细化有关修复责任通知和修复措施通知的申诉程序，《环境损害预防与修复规则》附件五和《环境损害预防和修复规则：英格兰、威尔士法定指南》第 8.1—8.3 条作出了详细规定。第三，对抵押通知的申诉。此外，收到成本收回抵押通知的运营者或相应副本的人（即行政机关所知晓的对抵押地产享有利益且可能因抵押受到影响的人），可在履行之日起 21 内向县法院提出申诉。③ 法院可根据具体个案情况，作以下裁判：（1）确认通知效力，并不对其进行修改；（2）判决用不同的数额替换原初抵押通知中的数额；（3）判决通知不具有效力。④

其六，制裁程序。对于不遵守行政机关命令（即行政机关发送的通知）或《环境损害预防与修复规则》项下相应法律义务的运营者，《环境损害预防与修复规则》设定了严格的刑事犯罪制裁规则。⑤ 一般而言，具体违法情形包括 7 大类。⑥ 英国环境刑事制裁区分个人和单

---

① 参见《环境损害预防和修复规则》（2015 年）第 27 条第 3 款。
② 参见《环境损害预防和修复规则》（2015 年）第 21 条第 6 款。
③ 参见《环境损害预防和修复规则》（2015 年）第 27 条第 5 款。
④ 参见《环境损害预防和修复规则》（2015 年）第 27 条第 6 款。
⑤ 事实上，英国环境法中普遍存在的"notice"就是王名扬先生所谓的针对一人一事的行政命令。所谓"notice"是一种警告性通知，该通知一般由法定的行政主体根据制定法的规定针对特定的违反行政管理事项的行为（通常是违反某法定义务的行为）发出，该通知的核心内容是纠正违法行为，不包括任何实质性的处罚内容。只有通知在指定的期限内未被遵循时，原违法行为与不遵循通知的行为会发生复合才能构成一项刑事犯罪，并因此面临实质性的刑事制裁。由此，英国环境法体系中的"notice"的性质是预警或警告，不属于具有惩罚性的行政处罚。参见张越《英国行政法》，中国政法大学出版社 2007 年版，第 478 页。
⑥ 具言之，（1）未能立即采取紧急措施以防止进一步损害或通知行政机关运营者造成了环境损害。参见《环境损害预防和修复规则》（2015 年）第 14 条第 3 款。（2）未能遵守行政机关发送的预防进一步损害通知的要求。参见《环境损害预防和修复规则》（2015 年）第 14 条第 3 款。（3）未能遵守行政机关发送的修复措施通知（非修（转下页）

位犯罪。对犯有前述犯罪情形的个人，《环境损害预防与修复规则》第 34 条第 1 款确认了两种刑罚：如经简易程序判罪，则处以罚款，或者单处或并处不超过 3 个月的监禁；如经公诉程序判罪，则处以罚款，或者单处或并处不超过 2 年的监禁。同时，《环境损害预防与修复规则》第 34 条第 2 款专门针对公司单位犯罪作出了规定，只要可以证明公司的董事、经理、秘书或其他类似人员以及任何具有此种能力的人同意了某一犯罪或对其有过失，则该人员和公司均构成犯罪。① 此外，也存在行政机关就案件中的部分内容采取其他法律规则项下刑事制裁的可能性。②

总之，尽管在环境损害的确定以及修复措施的识别和选择方面存在不同，《环境损害预防与修复规则》整体上针对土地损害、水损害和生物多样性损害确立了一种统一的法律责任行政实施机制。具言之，它是一种依托政府公权力运行的法律责任实施机制，在整个实施过程中，政府机关以公权力的行使作为法律责任规则运行的核心特征，无论是环境损害的认定、修复责任和修复措施的通知、修复措施实施过程中的监管，以及修复措施完成后的成本回收，都体现出一种深厚的行政特色。此外，最为关键的是，为保障《环境损害预防与修复规则》项下生态损害法律责任规则的有效实施，《环境损害预防与修复规则》对未能服从行政机关命令或相应法律义务的运营者，规定了刑事制裁程序。然而，这并不意味着英国《环境损害预防与修复规则》会获得极其广泛的适用，尤其是在土壤污染领

（接上页）复责任通知）的要求。参见《环境损害预防和修复规则》（2015 年）第 20 条第 3 款。(4) 未能提供行政机关依《环境损害预防与修复规则》要求运营者提交的信息。参见《环境损害预防和修复规则》（2015 年）第 32 条第 2 款。(5) 未能遵守行政机关依《环境损害预防与修复规则》第 30 条权力（即进入权）所规定的指示。(6) 具体内容参见《环境损害预防和修复规则》（2015 年）第 30 条。(7) 向行政机关官员提供了错误的或误导性的信息。参见《环境损害预防和修复规则》（2015 年）第 32 条第 2 款。

① 参见《环境损害预防和修复规则》（2015 年）第 34 条第 2、3 款。
② 参见《环境损害预防和修复规则：英格兰、威尔士法定指南》（2009 年）第 11.4 条。

域。这是因为，英国《环境损害预防与修复规则》的适用范围有限——仅限于三种生态环境损害类型，且每一生态环境损害事件必须达到严重性的损害阈值，同时还规定了"责任抗辩事由"和"有限的溯及力规则"。如此有限性直接导致的结果是：并非所有的生态环境损害均能纳入规则的调整范围。此时，对于 ELD 转化法未能涵盖的损害类型或者损害事件，英国环境法体系中的法定妨害机制仍具有适用的可能性。以土壤污染为例，英国"污染土地机制"（即 CLR）仍是主导性的土壤损害法律责任实施机制。[①] 从实质来看，尽管 CLR 借鉴自英国法体系中的"法定妨害机制"，是对普通法项下法定妨害机制的一种简单重塑，目的是使得相关定义更加精确化，[②] 但其实施机制仍然属于公法范畴，其实施过程仍受行政权、刑事处罚调整。以下将简要介绍其实施机制的内容。

进行了"污染土地的识别和确认"的程序以后，地方行政机关便负有义务将该"污染土地"的有关信息告知土地的所有人、占有者、任何可能需要承担清理成本责任的人，以及相应的环境机构。[③] 在通知程序完成以后，行政机关应正式向适当责任人发送"修复措施通知"（remediation notice），并且在此之前，行政机关还应进行一项针对前述已通知人群的咨询程序（情况紧急除外）。[④] 咨询程序的第一项目标是在至少为期 3 个月的咨询程序中，为行政机关和修复责任人之间达成共识提供充分期限，这实际上是一种行政协商。一旦行政机关和适当责任人达成协议，且适当责任人开始采

[①] 早在《环境损害预防与修复规则》实施之前，英国已为土地损害确立了系统的法律责任规则，即 1990 年《环境保护法》第 IIA 部分"污染土地机制"。CLR 的主要目的在于救济那些由"过去"而非当前或未来活动导致的污染土地，尤其值得提及的是其包括历史性污染，而当前或未来活动一般被置于其他的法律规则框架中。

[②] See Valerie M. Fogleman, "English Law – Damage to Environment", *Tulane Law Review*, Vol. 72, No. 2, 1997, p. 592.

[③] 参见《环境保护法》（1990 年）第 78B 条第 3 款。

[④] 参见《环境保护法》（1990 年）第 78G 条第 4 款、第 78H 条第 4 款。

取自愿修复措施，便会阻止任何正式行动，行政机关无须发送"修复措施通知"。此时，适当责任人必须在公开发布的登记簿上发布相应的"修复措施陈述"（remediation statement）。[1] 咨询程序的另一目的是确认要采取哪些必要措施，尤其是特定案件中应采取的修复措施是否应分阶段或单一行动是否可以解决一系列"显著污染物联系"。同时，行政机关可能会在考虑成本收益的情况下，决定修复措施不合理。此时，行政机关应在公共登记簿上发表"修复措施声明"（remediation declaration），[2] 向公众详细解释针对特定污染土地为何无须采取修复措施。

在经过了咨询程序后，便需要识别和确认最佳的修复措施。首先，应考虑修复目标。根据《1990年环境保护法：第 IIA 部分污染土地法定指南》（以下简称《指南》）的规定，修复的总体目标是确保土地不再对人体健康或环境产生不可接受的不利损害风险，并采取"合理"的修复措施以救济那些已产生的损害或污染。[3] 这些目标和 CLR 总体目标一致，即确保"污染土地"可"适合于当前的用途"（suitable for current use），对此标准的判断需要结合土地的当前使用目标或当前任何规划许可的要求。[4] 其中，"合理"是指以最低的成本实现修复目标，[5] "合理性测试"是指不存在可以使用更低成本达到相同修复目标的替代性修复措施。在确定了修复标准或者说修复目标后，行政机关需要确认用以满足修复标准的最佳修复措施。依照《指南》的规定，行政机关必须使用"最佳可得技术"（best

---

[1] 参见《环境保护法》（1990年）第 78H 条第 7 款。

[2] 参见《环境保护法》（1990年）第 78H 条第 6 款。

[3] 参见《1990年环境保护法：第 IIA 部分污染土地法定指南》（2012年）第 6.5 条。

[4] 参见《1990年环境保护法：第 IIA 部分污染土地法定指南》（2012年）第 1.4 条。

[5] 此目标已是对先前 2006 年指南的偏离，因为后者强调清理后的土地必须能满足任何用途，包括生态用途。

practicable technique）以解决系争的"污染联系"，包括对任何"显著污染联系"的消除以及对任何损害的救济。① 修复措施应根据个案情况评估，并且必须评估修复措施的成本和收益，这便要求行政机关要考虑到以下因素，即损害或污染的严重性以及修复措施的救济效果或损害减少效果。其中，"严重性"的判断需要考虑一系列与受体相关的因素，具体包括：受体的规模、它们的性质和重要性、对他们的影响以及影响是否会持续。此外，《指南》第 6.29—6.36 条分别对修复措施的成本和收益以及对人体健康和环境的影响进行了列举。② 最后，1990 年《环境保护法》第 IIA 部分中的第 78E 条第 4 款要求行政机关采取的修复行动应当是合理的措施，《指南》进一步将这种合理性的要求应用于修复成本有关的要求中。

在修复措施被最终确认以后，行政机关必须向适当责任人发送修复措施通知（remediation notice）。③ 但是，也存在一些行政机关无权发送修复措施通知的例外情形，例如：（1）存在其他可用以清理土地的法定权利；④（2）任何要求修复土地的要求都是不符合"合理性行动测试"的情形；⑤（3）适当责任人已经同意采取修复措施；⑥（4）应履行修复措施通知相应要求之适当责任人中的某人在支付其所应承担的修复措施成本后会遭受"困难"；⑦（5）行政机关

---

① 参见《1990 年环境保护法：第 IIA 部分污染土地法定指南》（2012 年）第 6(d) 节。

② 修复措施成本包括修复措施评估成本、监测成本以及具体实施成本，并不包括污染土地调查成本。

③ 通知内容应包括：工作性质、责任人、多个适当责任人情况下每个责任人应承担的修措施成本比例，修复措施的完成期限、发送修复通知的原因、责任人享有的申诉权力等信息。参见《环境保护法》（1990 年）第 78E 条第 1 款；《污染场地规则（英格兰）》（2006）第 4 条。

④ 参见《环境保护法》（1990 年）第 78YB 条。

⑤ 参见《环境保护法》（1990 年）第 78H 条第 5A 款。

⑥ 参见《环境保护法》（1990 年）第 78H 条第 5 款（b）项。

⑦ 参见《环境保护法》（1990 年）第 78N 条第 3 款（e）项。

自身是适当责任人;① （6）存在造成严重损害或污染的紧急危险;② （7）在控制水污染的情况中，仅能找到 B 类适当责任人;③ （8）在经过合理调查后，无法找到适当的责任人。④ 这些例外的存在，使得行政机关享有的发送修复措施通知的强制性义务转变为一种自由裁量权力。⑤ 但是，如果行政机关无法发送修复措施通知，则其享有自行采取修复措施的权力，并从适当责任人处收回成本。

在向适当责任人发送了修复措施通知后，如果适当责任人对通知不服，可在收到通知之日起 21 日内向国务大臣提出申诉。⑥ 2006 年《污染土地规则（英格兰）》第 7 条列举了 19 项主要的申诉理由。直到国务大臣或其授权的人（一般是规划检查机关，planning inspectorate）就申诉作出了决定或适当责任人撤回申诉，修复措施通知在申诉期限内停止执行。⑦ 此外，行政机关在自行采取修复措施后，享有根据第 78P 条授权向适当责任人主张全部或部分修复措施成本收回的权力。在成本收回的过程中，地方行政机关必须考虑成本收回可能给适当责任人带去的经济"困难"，即必须进行"困难测试"。至于具体的成本收回方式，在英格兰、威尔士地区，地方行政机关一般被授权就污染土地向适当的责任人发送一份"抵押通知"（charge notice），适当责任人如认为不合理，也有权在收到通知之日起 20 日内向国务大臣针对此"抵押通知"提出申诉。⑧ 因此，从实施机制的内容来看，前述二者的实施程序与《环境损害预防与修复规则》中的异议程序几乎一致。

---

① 参见《环境保护法》（1990 年）第 78H 条第 5 款（c）项。
② 参见《环境保护法》（1990 年）第 78N 条第 3 款（a）项。
③ 参见《环境保护法》（1990 年）第 78J 条。
④ 参见《环境保护法》（1990 年）第 78N 条第 3 款（f）项。
⑤ See Stuart Bull, Donald McGillivray, Ole W. Pedersen, Emma Less, Elen Stokes, *Environmental Law*, 9th Edition, Oxford: Oxford University Press, 2017, pp. 596-597.
⑥ 参见《环境保护法》（1990 年）第 78L 条第 1 款。
⑦ 参见《污染土地规则（英格兰）》（2006 年）第 12 条。
⑧ 参见《环境保护法》（1990 年）第 78P 条。

最终，在送达修复措施之日起 20 日后，根据适当责任人对修复措施通知项下要求的履行情况，可能会存在两种结果。其一，修复措施不彻底或产生的新的情况需要采取更进一步或不同的修复措施，此时行政机关可向适当责任人发送新的修复措施通知（further remediation notice）。① 当然，如修复措施足以实现预期的修复目标，则行政机关必须在公共登记簿上载明修复措施的细节，并可确认无须采取进一步修复措施。其二，如适当责任人无合理理由没有或未充分履行修复措施通知的要求，则责任人"犯罪"成立。② 但这种犯罪仅是轻微犯罪，且仅能由治安法院审理。根据污染土地用途不同，1990 年《环境保护法》项下污染土地机制（CLR）设定了两种不同刑罚。③

因此，从逻辑上来看，英国法在生态损害法律责任的适用问题上（尤其是土壤污染损害法律责任），会存在如何选择适用法律的问题。对此问题，《环境损害预防与修复规则》第 7 条第 1 款规定，《环境损害预防与修复规则》不应损及其他已生效的环境损害法律责任。对于土壤污染损害，经多年成文法发展，英国已在多部法律中为土壤污染损害确立了多种法律责任。④ 但《环境损害预防与修复规则》第 7 条第 1 款规定的法律冲突解决规则过于原则性，无法起

---

① 参见《1990 年环境保护法：第 IIA 部分污染土地法定指南》（2012 年）第 6 (e) 节。

② 参见《环境保护法》（1990 年），第 78M 条。

③ 一方面，针对当前用于工业、商业或贸易的地产，最大刑事制裁是罚金 20000 英镑，以及在地方行政机关采取修复措施前每天高达 2000 英镑的按日计罚。参见《环境保护法》（1990 年）第 78M 条第 4 款。另一方面，针对其他用途的地产，最大刑事制裁是罚金 5000 英镑，以及在行政机关采取修复措施前每天高达 500 英镑的按日计罚。参见《环境保护法》（1990 年）第 78M 条第 3 款。

④ 包括：环境许可规则、水污染机制、法定妨害机制、非法处置废弃物机制、城乡规划法项下的土地开发机制，以及《环境损害预防与修复规则》项下的土地损害修复机制。有关英国法体系中可适用于土地污染或土地损害的法律责任规则实施路径的内容和法律依据，See Stuart Bull, Donald McGillivray, Ole W. Pedersen, Emma Less, Elen Stokes, *Environmental Law*, 9th edition, Oxford: Oxford University Press, 2017, pp. 583-587。

到有效的指引作用。因此,《环境损害预防和修复规则:英格兰、威尔士法定指南》(2009年)附件四针对同一土壤污染损害如何适用不同法律责任机制作出了详细规定,具体内容详见图2-1。

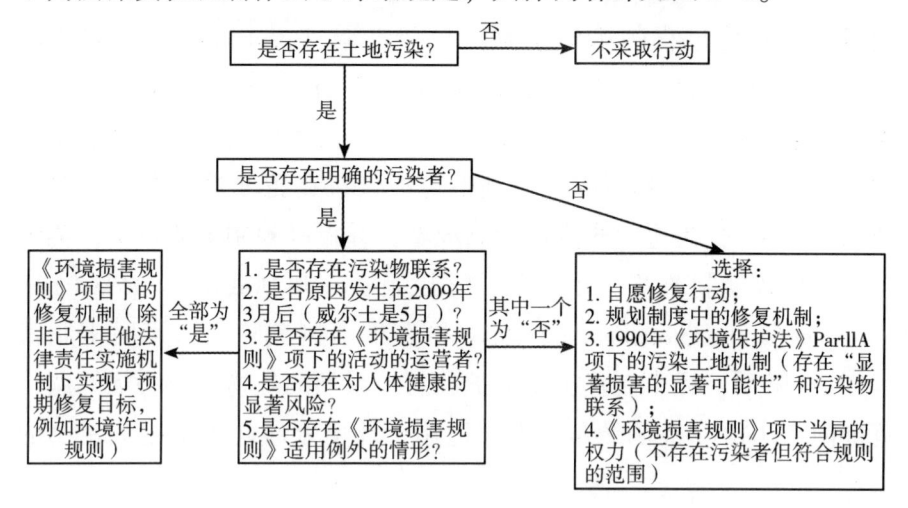

```
                    ┌──────────────────┐   否   ┌──────────┐
                    │ 是否存在土地污染? ├──────→│ 不采取行动 │
                    └────────┬─────────┘        └──────────┘
                             │是
                             ▼
                    ┌──────────────────┐
                    │是否存在明确的污染者?│
                    └────────┬─────────┘
                             │是        否
                             ▼          ↓
┌──────────┐         ┌──────────────┐        ┌──────────────────┐
│《环境损害规 │         │1.是否存在污染物│        │ 选择:            │
│则》项目下的│  全部为  │  联系?       │ 其中一个│1.自愿修复行动;   │
│修复机制(除│  "是"   │2.是否原因发生在│  为"否"│2.规划制度中的修复 │
│非已在其他法│←────────│  2009年3月后 │───────→│  机制;          │
│律责任实施机│         │ (威尔士是5月)?│        │3.1990年《环境保护 │
│制下实现了预│         │3.是否存在《环境│        │  法》PartllA项下 │
│期修复目标, │         │  损害规则》项下│        │  的污染土地机制   │
│例如环境许可│         │  的活动的运营者│        │ (存在"显著损害的 │
│规则)     │         │  ?          │        │  显著可能性"和污染│
│          │         │4.是否存在对人体│        │  物联系);       │
│          │         │  健康的显著风险│        │4.《环境损害规则》项│
│          │         │  ?          │        │  下当局的权力(不 │
│          │         │5.是否存在《环境│        │  存在污染者但符合 │
│          │         │  损害规则》适用│        │  规则的范围)     │
│          │         │  例外的情形?  │        │                 │
└──────────┘         └──────────────┘        └──────────────────┘
```

图2-1　英国土地污染法律责任适用选择决策①

总之,无论是《环境损害预防与修复规则》中的生态损害法律责任机制,还是法定妨害责任机制,均采用行政命令的方式(notice),并且对责任人违反"通知"的行为,行政机关可施加刑事制裁(英国法无行政处罚概念)。但值得注意的是,行政机关无法直接施加制裁,必须经由刑事诉讼程序(prosecution)由法院决定。并且,"notice + prosecution(criminal penalty)"在适用顺序上仅具有辅助性,② 即只

---

① 参见《环境损害预防和修复规则:英格兰、威尔士法定指南》(2009年)第116页。

② 为了控制环境署在采取实施方法和是否发起刑事诉讼方面的自由裁量权,环境署已经颁布了一种实施政策,列明了环境署采取实施方法和发起刑事追诉的一般和具体方法。该实施政策有三个文件,即 *Enforcement and Sanctions State 2014*; *Enforcement and Sanction-Guidance 2015*; *Offence Resopnse Options 2016*。环境署的实施政策设定了5项实施原则,并明确列举了实施这些原则的目的:(1)停止违法;(2)恢复或者修复环境伤害或者损害;(3)使非法活动变成合法;(4)惩罚和/或者制裁违法者。在决定是否发起刑事诉讼时,环境署同样需要考虑《皇家检察官规则》中的两阶段测试。根据该规(转下页)

有在犯罪是严重的情况下才会适用。① 这是因为，非正式机制在英国环境法律实施实践中扮演着中心角色。在英国，为了维持规制者与被规制者之间的良好合作关系，经常需要利用一种等级式的实施机制组合。实施过程的第一步骤侧重于劝服（psersuasion），即建议（advice）或者教育（education）与违法相关的问题。如果这一手段无法奏效，则进一步的警告（warnings）——无论是正式还是非正式的，可能会发布给相对人，而刑事追诉仅仅在犯罪是严重的情况下使用的手段。② 为进一步降低规制成本，并提高规制灵活效率，英国启动了行政规制改革，并颁布了《规制实施和制裁法》（Regulatory Enforcement and Sanctions Act 2008），在刑事制裁外引入了民事制裁程序。③ 随后，民事制裁机制被扩展至一系列的环境法律法规的调整范围内。2010年英国颁布了专门适用于环境领域之民事制裁机制的

（接上页）则第4条规定，检察官作出起诉决定前，需要经过两个阶段的审查：一是证据审查，即检察官必须确信有充分证据表明，对每个被告人的每项指控已有"现实的定罪预期"。如果案件没有达到证据标准，无论犯罪多么严重，都不得提起指控。二是公共利益审查，即提起公诉是否符合公共利益。Enforcement and Sanction-Guidance 2015 中规定的一些标准可用来判断是否符合公共利益。See Stuart Bull, Donald McGillivray, Ole W. Pedersen, Emma Less, Elen Stokes, *Environmental Law*, 9th edition, Oxford: Oxford University Press, 2017, pp. 288-289.

① 有实证资料为证，与潜在的事故或者犯罪相比，环境署发起的刑事追诉率很低。主要原因是英国采用的环境法律实施方法和策略，以及刑事追诉往往被视为最后的手段，应适用于最严重的情形。See Stuart Bull, Donald McGillivray, Ole W. Pedersen, Emma Less, Elen Stokes, *Environmental Law*, 9th edition, Oxford: Oxford University Press, 2017, pp. 283-284.

② 这是因为，环境机构的工作是技术性和科学性的，并非侧重于制裁或其他惩罚性措施。因此，教育和建议被视为比追诉或者其他正式实施机制更为重要的工具。在规制者或者犯罪者之间建立一种预防损害和促进环境保护的持续性关系，通过与污染者的合作而非采纳一种制裁罚方式去迫使它们更能有效地实现这一目标。See Stuart Bull, Donald McGillivray, Ole W. Pedersen, Emma Less, Elen Stokes, *Environmental Law*, 9th edition, Oxford: Oxford University Press, 2017, pp. 287-288.

③ See R. MAcrory, "Reforming Regulatory Sanctions: A personal Perspective", *Environmental Law Review*, 2009, Vol. 11, No. 2, pp. 69-74.

《环境民事制裁命令》(*Environment Civil Sanctions Orders 2010*)。① 民事制裁依功能不同可分为两类，一是制裁性的 penalty，二是恢复性的 notice。② 其中，与生态修复直接相关的是"恢复令"(restoration notice)和经由行政机关同意的"被告的实施承诺"(enforcement undertaking)。一般而言，能够通过民事制裁解决的问题，无须再启用刑事诉讼机制。③ 但这些民事制裁机制饱受质疑，其能在多大程度上完成生态损害救济目标，仍然有待英国法律实践的进一步检验与探索。④

（二）德国法上的生态损害法律责任及其实施机制

尽管德国法学界关于"狭义的生态损害"（不涉及既有权利的侵害）应由公法调整还是交给民法规制始终存在争议，⑤ 但从法律实践

---

① 事实上，2008 年 RESA 第 3 部分规定要采用民事制裁，而附件五将环境署指定为"指定的规制者"。

② 可以为环境署使用的民事制裁有 6 种：(1) 守法令 (compliance notice)，要求相对人在固定期限内守法的通知；(2) 恢复令 (restoration notice)，要求采取特定步骤修复环境；(3) 固定金钱制裁 (fixed monetary penalty)，针对轻微犯罪的低额罚金；(4) 自愿实施承诺 (enforcement undertaking)，违法者向行政机关提交修正违法行为的提议并获得同意；(5) 可变金钱制裁 (variable monetray penalty)，针对相对更严重一点犯罪的金钱制裁；(6) 停止命令 (stop notice)，要求立即停止造成严重损害活动的通知。

③ 这是因为，采取民事制裁的原因是为了降低规制成本，提高规制灵活效率，更灵活地实施机制，确保特定规制犯罪的去刑罚化。See Stuart Bull, Donald McGillivray, Ole W. Pedersen, Emma Less, Elen Stokes, *Environmental Law*, 9th edition, Oxford: Oxford University Press, 2017, p.302.

④ 已有学者对英国民事制裁改革进行了质疑。See Stuart Bull, Donald McGillivray, Ole W. Pedersen, Emma Less, Elen Stokes, *Environmental Law*, 9th edition, Oxford: Oxford University Press, 2017, p.299.

⑤ 有学者认为，对于狭义的生态损害，德国法传统上将其交由公法予以规制，因为这是国家的任务。Vgl. Kloepfer, Umweltrecht, 4. Aufl., C. H. Beck, 2016, S.592. p.556. 舒尔特则对德国固守公私法二分传统阻碍了以私法方式救济公益的问题进行了质疑，"自然利益由全体享有，在受侵害的情况下，受害个人、环境保护团体、国家均得依民法规则请求赔偿"，但其亦同时主张，仅靠民法规范本身是不够的，还应完善公法规范。Vgl. Seibt, Zivilrechtlicher Ausgleich kologischer Schaden, Mohr, 1994, S.9–10.

来看，德国自19世纪以来过于强大的的公私法二分理念直接导致德国目前主要采取公法来实施生态修复（救济生态损害）。① 事实上，在德国法中，以公法方式救济生态损害具有悠久的历史，除以具体专门法确立加害人对生态环境损害的公法救济义务以外，救济生态损害的公法义务也可追溯至有关公共安全与福利的一般公法规则。这种一般性公法规则类似于普通法系国家中的公共妨害规则，即如果水、空气或土地污染对公共安全或健康构成危险，则造成此危险的行为人便会被有权的行政机关发布命令，进而被强制去救济危险并承担相应的救济措施成本。② 但其主要缺陷在于其仅能消除污染，无法要求责任人恢复受损生态至原有状态。这一公法规则曾被20世纪90年代德国学界提出的《环境法典（草案）》第118条确立为公法义务。

其实，早在2007年5月10日欧盟《环境责任指令》的转化法——《环境损害预防和补救法》（Umweltschadensgesetz，以下简称《环境损害法》）正式颁布之前，《联邦水资源法》（以下简称《水法》，Wasserhaushaltsgesetz）③、《联邦自然保护法》（以下简称《自然保护法》，Bundesnaturschutzgesetz），④ 以及《联邦土壤保护法》（以下简称《土壤保护法》，Bundesbodenschutzgesetz-BbodSchG）⑤ 均规定了

---

① 参见［日］吉村良一《環境損害の賠償》，《立命館法学》第333·334号（2010年），第1779页。

② See Peter Wettersten (ed.), *Harm to the Environmental: The Right to Compensation and the Assessment of Damages*, Oxford: Clarendon Press, 1997, p. 136, 141.

③ 值得注意的是，德国2002年《联邦水资源法》第20条仅规定了水污染造成财产损害的赔偿，实际上未涉及水污染修复。但各州普遍制定了水法和条例，授权行政主体要求修复水污染（包括地下水污染）。此外，行政主体亦可自行修复后向责任人追偿。See BIO Intelligence Service, "Environment implementation challenges and obstacles of the environmental liability directive: final report", 16 May 2013, https://ec.europa.eu/environment/archives/liability/eld/eldimplement/documents.html.

④ 参见2002年《联邦自然保护法》第19条。

⑤ 德国1998年《联邦土壤保护法》规定了两条完整的污染防治链条：一是对普通土地有害变化的预防和修复，二是对废弃物堆放地污染的修复。前者规定在第二章"原则和义务"与第二章"最终条款"中。依照第二章第4条和第7条的规定，土（转下页）

类似公法义务规则。由此，为避免与传统环境单行法中的公法义务规则发生重叠和冲突，德国采取了一种"双阶层"转化方法（a two-tier approach）：其一，德国于2007年3月制定了专门转化ELD的《环境损害法》；其二，德国按照《环境损害法》的要求，于2009年修订了两部环境单行法律，即《水法》和《自然保护法》。①"双阶层"的转化方法有效地解决了新机制与传统机制之间的重叠问题，因此我们对德国生态环境修复实施机制的理解必须采用一种体系化的方法，即在规则适用时必须同时结合《环境损害法》和传统的环境单行法。从内容上看，《环境损害法》只是构建了一个框架（Framework）法，其除了在部分条款作了细微改变外，其余内容均是对ELD条款的复制。该法不仅在第2条中将环境损害概念的定义转致给《水法》《土壤保护法》和《自然保护法》，②还在第1条中确定了《环境损害法》与传统环境单行法的适用关系，即《环境损害法》中的规则不能优先于联邦或州法中更严格的规定而得以适用。③诚如有学者将《环境损

（接上页）地所有人、使用人以及其他任何有权对土地进行改造的人作为私权利主体承担土壤污染的预防和修复义务。预防义务是指预防任何土地改造行为对土地可能造成的有害影响的产生；修复义务则包括停止有害改造行为、消除污染、防止污染物扩散、自行对修复过程进行监测等。而公权力机关不参与土壤污染的预防和修复，仅履行污染土地的解封义务、土地评估与督促义务、有害物质评定与调查义务等。根据第24条和第25条规定，在不违背价值平衡原则的前提下，预防费用由预防义务人负担，修复费用由修复义务人负担（污染责任人优先承担），而主管机关的调查、评估、制定计划等花费在主管机关未做出错误判断的前提下，亦由污染责任人承担。

① 德国议会制定《环境损害法》时并未对1998年《联邦土壤保护法》（*Bundesbodenschutzgesetz-BbodSchG*）进行修订。这是因为，立法者认为没有必要修订《联邦土壤保护法》，ELD为土壤损害设定的转化目标已通过《环境损害法》为《联邦土壤保护法》提供的补充性条款得以实现。See Eckard Rehbinder, "Implementation of the Environmental Liability Directive in Germany", *Environmental Liability*, Vol. 15, No. 5, 2007, pp. 199-200.

② 具言之，只有结合这些环境领域的专门法律，才能得出哪些环境损害才属于《环境损害法》的适用范围。

③ 根据《环境损害法》第1条的规定："本法在以下情况中适用，(1) 联邦或州立法中未规定更加具体的环境损害预防或救济措施规定时；(2) 联邦或州立法中设定的规则或要求与本法冲突时。相比本法规定了更严格要求的法律，仍然不受影响。"

害法》的规定视为总则性质的内容，而将专门法律中的标准和措施视为分则进而对总则内容进行填充。① 这就意味着，传统环境单行法——《土壤保护法》《自然保护法》《水法》仍在救济生态环境损害时发挥主要作用，只有结合这些专门法律才能得出《环境损害法》规定的合理措施是什么。由此，根据传统环境单行法规定的细致程度，具体的法律适用会存在两种可能。一种是完全依托《环境损害法》项下生态损害法律责任实施规则，即单行环境法仅规定实体性法律要求（损害概念的界定和关于修复受损生态损害的一般性要求），将法律责任的构成要件和实施程序等实施内容交给《环境损害法》规定。例如，《水法》第90条规定的"水体损害修复责任"，本条规定需要依据《环境损害法》中责任实施构成、责任人义务、职责机构职权、费用承担和概念定义以及相关人和经认定的团体协会之参与权和法律救济权规定。② 对于《自然保护法》亦是如此，因为其仅在第19条中对"生物多样性损害的修复责任"作了原则性规定。③ 另一种是单行环境法规定了一定的规则内容，但对部分内容未作规定，此时未规定问题便可补充适用《环境损害法》。例如，《土壤保护法》规定了详细的土壤损害修复责任机制，可以直接适用于土壤损害修复，其中一些相较于《环境损害法》更为严格的规则，④ 也可以直接适用。但《土壤保护法》未规定的问题，如有关

---

① 参见马强伟《德国生态环境损害的救济体系以及启示》，《法治研究》2020年第2期。
② 参见2009年《水法》第90条。
③ 参见2009年《自然保护法》第19条。
④ 《土壤保护法》和《环境损害法》在法律责任方面的不同之处在于：（1）《土壤保护法》项下法律责任侧重于已受到污染的土地，尽管其包括一些而非全部的地下水污染；（2）《土壤保护法》项下多个责任间应适用的责任规则不同于《环境损害法》中的连带责任，前者允许适用按份责任；（3）《土壤保护法》中的法律责任是一种同时兼顾历史性污染和现时污染的法律责任，而《环境损害法》中的法律责任是一种现时责任，非溯及既往责任；（4）《土壤保护法》为土壤污染修复确立了复杂的责任人范围，包括运营者、先前和当前的所有人和占有者，以及法律意义上的继承者，See BIO Intelligence Service, "Environment Implementation Challenges and Obstacles of the Environmental （转下页）

利益方提交评论，则应当直接适用《环境损害法》。

然后，我们来介绍《环境损害法》中有关生态环境修复责任的实施机制，该法的制度核心是在出现环境损害后为责任人设定了修复义务和相应的资金承担义务，并为实现这些义务赋予了行政机关以干涉的权力。

在环境损害发生后，根据《环境损害法》第6条规定，责任人必须首先采取措施限制损害继续扩大；同时根据第8条的规定，责任人还要采取必要的修复措施，在损害得到修复前，这种义务将一直存在。在确定修复措施时，《环境损害法》第2条第8项将其转致到环境单行法律规定之中。具言之，在具体适用修义务时，需要同时结合《土壤保护法》《水法》和《自然保护法》等专业性法律中的有关规定。① 由于这些单行法律相关条款关于修复措施选择的规定过于原则性，《环境损害法》第8条规定了一项具体化的程序，用以在个案中选择具体的修复措施。具言之，责任人应首先调查确定采取何种措施，并提交给主管机关征求同意。而主管机关根据环境单行法律法规，确定修复措施的种类和范围。② 主管机关不受责任人

（接上页）Liability Directive: Final Report", 16 May 2013, https://ec.europa.eu/environment/archives/liability/eld/eldimplement/documents.html.

① 事实上，《自然保护法》第19条第4款和《水法》第90条第2款均将修复措施指向了 ELD 附件二第1项中的规定。尽管 ELD 附件二第2项规定有对土壤损害的修复规则，但《土壤保护法》并未指引该规定，而是在第2条第7项直接规定了有关修复义务，其要求在很大程度上与指令保持了一致，主要包括：（1）消除或减少损害物质；（2）在不必消除损害物质的情况下，长期有效地防止或减少损害物质的扩散；（3）消除或减少土壤的物理、化学或生物性质的有害变化。另外，值得注意的是，由于与土壤有关的环境破坏通常会对地下水产生不利影响，从而产生与水有关的环境损害，或者因对土壤的环境损害伴随而生对受保护物种或自然栖息地的损害，因此多数时候，对土壤的环境损害也会适用 ELD 中规定的修复措施。

② 与 ELD 第6条第3款的规定不同，在如何采取补救措施时，德国《环境损害法》赋予了主管机关自由裁量权。有德国学者主张："为了符合欧盟法应将主管机关的自由裁量权减少到零（Ermessensreduzierung auf Null）。"参见马强伟《德国生态环境损害的救济体系以及启示》，《法治研究》2020年第2期。

建议的拘束，其既可以同意建议，也可以附加一定的条件，甚至根据自己获取的信息做出不同决定，但无论如何，主管机关必须遵循比例原则和公众参与的要求。① 在发生多个环境损害同时需要采取必要修复措施时，主管机关可以自由裁量决定优先修复哪一环境损害。② 一般而言，责任人应当承担的修复义务是一种基于法律规定自行承担（self-exacting）的"原始义务"，即在具体情形中，无须通过行政主体的命令，就应当主动履行相关义务。③ 然而，这并不排除，在责任人不主动履行义务时，行政主体有权根据第 7 条第 2 款依职权发布行政命令——要求责任人承担这些义务。事实上，责任人的修复义务还需要行政主体通过第 8 条所规定的具体程序予以具体化。此外，《环境损害法》授权行政主体在任何时候都不必事前要求责任人采取措施，而自己径直根据需要自行采取必要的修复措施，④ 然后再按照污染者负担原则的要求向责任人追偿。⑤

---

① 根据《环境损害法》第 8 条第 4 款的规定，主管机关在作出决定时，应当告知当事人及环境协会将要采取的修复措施，并保障其表达意见的权利，在最终确定修复措施时，应当考虑其提出的意见。其中，受影响的当事人是指因环境损害而使其权利或受法律保护的利益（有可能）受到影响的自然人和法人。协会是指官方承认的内国或者外国社团，核心要求是根据章程其主要、长久的目的在于促进环境保护，其他要求有已经成立 3 年、有能力实现目的、追求公益、成员资格向任何人开放（总会除外）。例外是合格且已经提交承认申请，但因非自身原因尚未获得承认的团体。参见《环境法律救济法》第 3 条。

② 参见《环境损害法》第 8 条第 3 款。

③ 参见马强伟《德国生态环境损害的救济体系以及启示》，《法治研究》2020 年第 2 期。

④ 换言之，行政机关自行实施修复措施且不必满足《行政强制法》（VwVG）第 6 条第 2 款的要件。依据《行政执行法》第 6 条第 2 款，为阻却构成刑事犯罪或罚款实施的违法行为，或为排除迫切的危险，在行政机关法定的职权范围之内，该机关无须事先作出基础行政行为，便可采取"即时强制"（Sofortiger Vollzug）。

⑤ 然而，《环境损害法》第 9 条第 1 款仅原则性将责任人承担费用的范围明确限定在了"预防措施、损害限制措施及修复措施"方面，并且该法第 2 条第 9 项将本法中的"费用"进行了扩展，除了包括责任人自己采取相关措施的费用外，还包括例如"行政费用和行政程序费用"，以及"监管和监督的费用"。至于具体的费用偿还采取何种程序规则，则留待各州自行决定。参见《环境损害法》第 9 条第 2 款。

值得注意的是,《环境损害法》文本在表述"行政机关在采取修复措施后要求责任人承担实施修复措施的义务"时采用的制度载体时使用的术语是"行政行为"(Ein Verwaltungsakt)。① 事实上,在德国法中,《行政程序法》第 35 条第 1 款将行政行为定义为,"行政机关为处理公法事件而采取的,对外直接发送法律效果的任何处置、命令或者其他高权性措施"。由此,命令是被用来作为解释行政行为的核心概念,行政行为的实质就是"行政机关对特定事实单方面做出的、以设定法律后果为目的的具有约束力的命令"②。结合《环境损害法》上下文以及本书的研究目的来看,《环境损害法》使用的"行政行为"实际上就是行政主体依职权做出的"行政命令"。针对行政主体做出的"行政行为",责任人有权提出异议,即可以通过《行政法院法》(*VwGO*)第 40 条第 1 款第 1 句规定的一般行政救济途径获得救济,主要是异议(Widerspruch)[《行政法院法》(*VwGO*)第 68 条]和撤销之诉[《行政法院法》(*VwGO*)第 42 条]。③

一个值得深思的问题是,在行政机关利用行政行为(即行政命令)实施生态修复(救济生态损害)的过程中,是否允许行政机关与责任人的协商和解。由于大陆法系普遍对"公权力不得处分"抱有定见,导致协商和解在行政活动中的运作远远落后于英美法系国家确立的"协商优先"规则。在德国,以行政行为为中心建构的行政法体系中,行政协议被塑造成了旨在重塑行政活动中国家与人民间关系的"非典型的行政行为形式",④ 德国《行政程序法》将其定

---

① 参见《环境损害法》第 11 条第 1 款。

② 参见[德]汉斯·J. 沃尔夫、奥托·巴霍夫、罗尔夫·施托贝尔《行政法》(第二卷),商务印书馆 2003 年版,第 25 页。

③ 参见马强伟《德国生态环境损害的救济体系以及启示》,《法治研究》2020 年第 2 期。

④ 参见徐键《功能主义视域下的行政协议》,《法学研究》2020 年第 6 期。

位为典型行政行为的替代形式。① 对于执法过程的和解，德国《行政程序法》对其适用范围进行了限定，即"对于行政处分所依据之事实或法律关系，经依职权调查仍不能确定者"。② 换言之，只有在一些特殊情形下，如责任人无法识别，或者损害与行为之间的因果关系非经不合比例之成本支出才能确定，此时基于"程序经济"的考虑，才允许行政机关与责任人就生态修复义务的履行达成和解协议。

《环境损害法》并未规定违反法律的任何行政制裁措施，因此有关行政制裁的规定需要适用其他单行法律的规定。根据一般行政法理，对造成环境损害的行政违法行为，行政主体可以根据《行政秩序罚法》（OWiG）对个人或者法人施加行政处罚，罚款通常为5—1000欧元（第17条第1款）。③ 但环境单行法律通常会施加更高额的罚款，最高可达5万欧元。④ 此外，根据《行政秩序罚法》第17条第4款的规定，行政罚款应当超过犯罪者通过犯罪获得的经济利益。《环境损害法》也没有提及任何对违反法律行为的刑事制裁，因此有关刑事制裁适用其他法律的规定，包括《刑法典》第29章（第324—330d条）关于危害环境罪的规定，以及其他具体环境法中

---

① 1997年《行政程序法》第54条规定，公法范畴的法律关系可以通过合同设立、变更或撤销，但以法规无相反规定为限。行政机关尤其可以与拟作出行政行为的相对人，以签订公法合同代替行政行为的作出。

② 1997年《行政程序法》第55条规定，行政机关对于行政处分所依据之事实或法律关系，经依职权调查仍不能确定者，为有效达成行政目的，并解决争执，得与人民和解，缔结行政契约，以代替行政处分。

③ 《行政秩序罚法》第30条第1款规定，如果管理层职员违反组织职责或者该组织已经或者应当从该犯罪中牟利，则允许对法人、公司或者其他协会处以行政罚款。根据该法第130条规定，违反监管义务是第30条中的行政犯罪。如果管理层犯下此类罪行，则可以最高处1000万元罚款，此外，根据《行政秩序罚法》第17条和第30条的规定，它还可能面临没收非法获得的资产和从犯罪中获得的任何利益，并且没有上限。

④ 例如，《水法》第103条第1款、《自然保护法》第69条、《土壤保护法》第26条。

有关环境犯罪的各种规则。相应的刑罚可由罚金至 5 年监禁不等，对于情节严重的环境犯罪罪行，刑罚可上升至 6 个月至 10 年监禁不等。由于德国遵循环境刑法依附于环境行政法的原则（即刑法的行政从属性，Verwaltungsakzessorietät des Strafrechts），《行政秩序罚法》第 21 条规定，如果环境犯罪人未被施加刑事制裁，则可以对其处以行政处罚。

事实上，德国也并非没有试图通过发展民法以救济生态损害的尝试。1990 年《环境责任法》第 16 条第 1 款规定，"如果对财产的损害同时造成对自然生态（Nature）或特定风景（Scenery）的损害，受害人将之恢复至未受到侵害前的状态，应当适用德国《民法典》第 251 条第 2 款规定，① 因恢复原状产生的费用，并不因其超过财产本身的价值而被视为是不合理的"。此外，根据该条第 2 款规定，受害人根据第 16 条主张获得的赔偿金受到用途限制，受害人可主张已支出的修复费用，也可向加害人主张预先支付必要的修复费用。在后一种情形中，受害人应与加害人进行结算，不能自由处分该赔偿金，但受限制的应只是用于修复生态损害的那一部分，受害人的处分自由只是在环境保护的需要范围内被排除。② 由此，德国确立了对于生态损害的间接救济制度，即在"具有生态维度的财产损害"（property damage with ecological dimension）案例中，加害人应承担的恢复原状费用可包括对加害人同时间接造成的生态环境损害的恢复成本，且这一成本总额可适用德国《民法典》第 251 条第 2 款而不会因为其超出财产本身价值被

---

① 德国《民法典》第 251 条："（1）如果不能恢复原状或者恢复原状不足以赔偿债权人所受损害时，赔偿义务人应以金钱赔偿其损害。（2）如果只有支付不相当的费用才能恢复原状时，赔偿义务人可以金钱赔偿损害。因救治动物而产生的费用，并不因其大大超过动物本身的价值视为是不相当的。"

② 参见马强伟《德国生态环境损害的救济体系以及启示》，《法治研究》2020 年第 2 期。

认为不合理。① 但受限于德国《环境责任法》的立法目的，②该法第16条虽保留了经过民事法律制度来间接实施生态损害法律责任的制度渠道，但其制度功能有限，仅能间接救济一些生态损害。之所以间接，是因为该制度能否发挥作用取决于受害人的主动性。根据私法自治原则，受害人可放弃请求加害人修复受损的自然资源以及损害赔偿请求权。例如，受害人与加害人达成和解时仅要求加害人承担金钱赔偿义务时，第16条的规定便无适用余地。而且，在涉及多个所有权人时，除非所有受害人均主张修复请求，不然也有可能无法实现修复生态损害的目的。③ 为使受害人更易且充分地获得救济，《环境责任法》对传统侵权法规则（如归责原则、因果关系证明等）作了适当修正，这些改变也同样适用于依《环境责任法》第16条发起的旨在间接救济生态损害的民事诉讼。此外，实践中还存在另一种间接救济，即利用《民法典》要求补救土地污染费用的做法。④

总之，德国实际上采取的是公私法协动模式，把生态损害救济置于公法层面由公法保护，而在私法体系中则借由侵害所有权的侵权损害责任承担规则来间接填补公法上对于生态损害保护的缺漏。⑤ 并且，

---

① See Marie-Louise Larsson, *The Law of Environmental Damage: Liability and Reparation*, Leiden: Brill, 1999, p. 352.

② 德国《环境责任法》仅关注因违反私人权益而导致的"经济损害"，其制度目的是补充现行有效的法律规则，并不是要为环境损害创设一种综合且完全自足的法律规则。换言之，《环境责任法》的制度设计目标在于填补一些规则空白（如涵盖具有生态维度的私人财产损害救济问题）并减轻环境受害人的举证负担。

③ 参见马强伟《德国生态环境损害的救济体系以及启示》，《法治研究》2020年第2期。

④ 土地受到污染（直接或者由于污染物质迁移）损害的人可根据德国《民法典》第823条第1款向污染者提出索赔；根据第906条和第1004条的规定寻求命令，要求造成污染的人防止进一步的损害。这些人也可根据德国《民法典》第823条第1款和《土壤保护法》第24条第2款，就补救污染的费用向造成污染的人提出索赔。

⑤ 参见冯洁语《公私法协动视野下生态环境损害赔偿制度的理论构成》，《法学研究》2020年第2期。

值得注意的是，相较于英美法系国家行政主体在执法过程中高度重视协商工具，德国对此相对保守。

（三）法国法上的生态损害法律责任及其实施机制

法国法上有关生态损害法律责任的规则首先分布于公法体系中，但较为复杂，不仅包括现行仍然有效的传统法律责任，还包括已被编入《环境法典》第 L.160-1 条及以后条款中的 2008 年《环境责任法》。首先，我们来看《环境责任法》。2008 年，法国正式制定了旨在转化 ELD 的《环境责任法》，并以此为法律依据建构起针对土壤损害、生物多样性损害和水损害的法律责任规则。这一规则采纳的实施机制是行政实施机制，即在发生可归由《环境责任法》调整的环境损害时，由行政机关通过行使公权力要求运营者承担生态损害法律责任。行政机关在确定损害属于《环境责任法》调整的环境损害类型以及明确了特定的责任运营者后，应当考虑是否存在《环境责任法》的适用例外。如不存在适用例外，则行政机关应启动《环境责任法》项下法律责任实施机制，包括以下实施程序。

第一，修复措施的确定和通知程序。一旦运营者和行政机关就修复措施的清单达成共识，修复措施建议将会被提交给地方和区域的行政机关，以及因损害行为和损害结果所在地点、类型或严重性而关涉的公共公司和环保公益组织，并等待它们提交评论意见。同时，因修复措施受到影响的私人主体也应被纳入咨询程序中。① 行政机关应采取所有适当方式来实施咨询程序，可设定一项合理的截止期限，对于未给出答案的行为可视为作出的一种积极的认可。在行政机关和运营者就修复措施达成共识且咨询程序完成后，行政机关应将修复计划提交给一个或几个有关环境和技术和健康风险的地方委员会，以获得他们的审查和批准。在生物多样性损害案例中，行政机关还应将拟议的修复计划以及前述地方委员会的建议提交给

---

① 至于因修复措施而受影响的私人主体的范围，行政机关可根据修复措施的性质和程度进行决定。

专门的与自然、地形和自然场址有关的委员会。一旦最终拟采取的修复措施被确认，则行政机关应将其列入一项修复措施陈述（emediation statement）中，并发送给损害发生地的城市委员会或其他适格行政机关，以及运营者和修复措施有关财产所有人。运营者应履行行政机关要求采纳的修复措施，并将修复措施的实施情况报告给行政机关，行政机关在任何时刻均有权通过行政命令要求运营者采取补充性的环境损害修复措施。[①] 行政机关行政官员应记录修复措施的实施情况，并将已经完成的修复措施记录在修复措施陈述中，该陈述应当被提交给行政机关，然后再由行政机关将其副本发送给运营者、城市市长或对于土地规划有管辖权的城市小组的主席，以及污染场址的所有人。

第二，成本回收程序。如果运营者未履行修复措施，则行政机关可以命令其采取修复措施，并要求运营者预先向特定的公共账户缴纳一定的费用。押金的数额应在考虑正式行政命令所要求修复措施成本的基础上与行政机关预估的修复措施成本相一致。行政机关在计算押金时，并不享有自由裁量权。在发生争端时，法院应确保成本的评估不是不成比例的。如果运营者不履行修复措施或情况紧急或暂时无法确认责任运营者，则行政机关可以自行采取修复措施。一旦自行采取修复措施，则行政机关便享有从运营者处收回成本的权利。如果行政机关未要求运营者预先向公共账户缴纳费用，并且自行采取修复措施，则行政机关可从运营者处收回前述成本，但前提是收回成本诉讼的成本支出不会高于拟收回的成本总额。[②] 如果情况紧急或损害严重或运营者无法识别，则城市或地方和区域行政机

[①] 对于该新的修复措施，行政机关有义务与运营者进行咨询，其法律依据是 2000 年 4 月 12 日第 2000—321 号法律第 24 条的规定，即个体化行政决定必须在咨询所关涉个体后才能被采纳。

[②] 至于运营者要承担的成本，其不仅要承担修复措施的成本，还要承担相应的实施成本，包括：损害评估成本、修复措施的确定和实施成本，以及向地方行政机关、利益相关方和可能的公众进行咨询的成本。

关、环保组织、行业工会、基金会或财产受到影响的所有人，以及代表这些人的协会可以向行政机关提出请求，自行实施修复措施。如果行政机关同意了前述主体的修复介入请求，则其应通过地方行政机关命令的形式（Prefectoral Order）决定修复介入的条件和要求采取的修复措施。当运营者最终被确认后，前述介入主体可要求收回成本支出，但其必须遵循《环境责任法》规定的特殊程序，即向行政机关递交正式的成本回收申请。行政机关在咨询了运营者后，决定可收回成本总额。但介入者无论如何也不能从行政机关处收回成本，无论运营者是否可以被确认。尽管《环境责任法》未明确规定运营者间的追偿诉讼，但由于其他向修复措施投入了资金的组织或个人可从运营者处收回成本（如果可以确认运营者），故超出责任份额支出了修复措施成本的运营者自然可以向其他后来的责任运营者主张成本收回。行政机关收回成本的时效是5年，起算时间点是修复措施完成之日或运营者被确认之日，两者中较早的时间点。

第三，异议程序。在法国，相对人针对行政机关作出的行政决定可以在其通知之日起2个月内向行政法院提出申诉。这是一种与越权诉讼相对应的完全诉讼，行政法官可以推翻行政决定或对其进行修正。

第四，制裁程序。为确保环境责任得以有效实施，《环境责任法》创设了新的环境犯罪和制裁措施，具体包括：（1）阻止或妨碍获得授权的官员进行环境损害调查工作（对运营者场址进行现场调查、请求相对人提供额外的信息或资料等），应处以1年监禁，针对自然人15000欧元和对法人75000欧元的罚款，或者并处。（2）未能遵守行政机关发送的采取修复措施的正式行政命令，应处以6个月的监禁，以及针对自然人75000欧元和对法人375000欧元的罚款。对于定罪情况，法院可能延迟判决并命令运营者履行行政机关发送的正式行政命令，并施加一种按日惩罚性罚款，但该支付不超过3000欧元/日，并且最长期限为90天。（3）法院可决定判决的全部或部分公开，以及具体的公开形式，包括公司的地产、公司的网站或报纸上。（4）未能向行政机关提供环境损害信息或按照行政机关要求提供的其他相应信息，或未能履行行政机关所要求的修复措施，则应处以对自然人最高 1500 欧元和对法人最高 7500 欧元的处罚，并且对于第二次违法的责任人，则应提高处罚额度，即对自然人处以最高 3000 欧元而对法人处以最高 15000 欧元的处罚。

值得注意的是，早在 2008 年法国正式制定旨在转化 ELD 的《环境责任法》之前，法国环境法体系中就已经存在一些针对水污染、生物多样性损害以及土壤损害的修复责任规则。具言之，对于水污染，《环境法典》第 L210-1 条和第 R214-1 条及以后条款设定了一项消除水污染的责任；① 对于受保护物种和自然栖息地的损害（即生物多样性损害），1976 年 7 月 10 日关于自然保护的第 76-629 号法律（编入《环境法典》第四部分）为项目所有人引入了一种（采取事前补救措施的）义务，即在其开发计划内进行环境影响评估程序，该评估必须载明拟采取的用以限制或抵偿环境损害的措施，包括：（1）尽可能消除对环境的影响；（2）对不可避免影响的减少；（3）对于剩余环境影响的赔偿或者说抵偿。② 最后，对于土地损害，法国规定了多种修复责任机制，包括 ICPE 机制和废弃物机制，以及在转化《欧盟废弃物框架指令》（Directive 2008/98/CE）之法国第 2010-1579 号命令中确立的污染场址修复机制。③ 2008 年

---

① 根据规定，从事对水资源有敏感性的活动或工作的运营者应获得一项许可或授权，但对于已获得分类设施机制（ICPE）项下许可的运营者无须另行获得一项具体的许可或授权。在此许可机制下，有权行政机关可在发生以下情形时要求污染水资源的运营者采取修复措施：（1）场址上运营结束时，运营者必须将场址恢复至不对水资源平衡管理产生风险的状态；（2）在发生导致水污染的事件或事故时，行政机关可要求运营者采取修复措施。See BIO Intelligence Service, ELD Effectiveness: Scope and Exceptions, Final Report, 2014.

② 该规定与德国《自然保护法》第 15 条类似，目标均在于转化《栖息地指令》第 6（3）条和第 6（4）条。

③ 对于 ICPE 机制和废弃物机制，二者均已被纳入《环境法典》，且最近第 L556 条的引入，致使两种机制在规则上实现了一定程度的融合。关于两种法律责任实施机制间的关系，我们作如下总结：对于 ICPE 机制中的设施，应适用 ICPE 规则，而非属于 ICPE 机制的设施，则仅能适用废弃物机制。但旨在转化《欧盟废弃物框架指令》（转下页）

以前，这些既有的修复责任机制在法国生态损害救济方面发挥了重要作用。从实施机制的内容来看，这些修复责任实施机制与2008年《环境责任法》项下的行政实施机制类似。但仔细研究后可以发现，2008年《环境责任法》与先前责任机制之间也存在一些关键区别。① 由于缺乏类似于德国法中的"总则+分则"的协调模式，二者在适用中可能会发生竞合，行政机关和当事人面临多重机制的选择适用问题。然而，行政和解并未在生态损害责任领域得到适用。这是因为，在法国，行政协议的适用被限定在行政警察以外的领域，尤其是公共服务领域，"行政协议鲜少代替单方行为作为提供人民给付（更遑论干预人民权利）的手段，而是结合私部门以共同达成公共服务使命

（接上页）（Directive2008/98/CE）的法国第2010-1579号命令，为"污染场址和土壤"引入了一种特殊法律责任机制。该机制内容可作如下总结：根据《环境法典》的规定，在发生土壤污染或土壤污染风险时，实施行政机关（当设施是ICPE机制中的设施时，行政机关是省长）在给予正式通知程序后，可以自主采行必要措施，措施成本由责任人负担。实施行政机关也可要求责任人向特定公共账户预交与拟采取修复措施成本相当的环境押金，并在修复措施完成后返还给责任人。如责任人不存在或被宣告破产，可经国家指定，由环境和能源管理署负责采取修复措施。参见法国《环境法典》第L556-1条。换言之，该机制不仅适用于前述的ICPE机制项下的分类设施，还可适用于任何其他设施运营活动导致的土壤污染。

① 这些区别包括：其一，相较于整合性污染预防和控制指令以及ELD附件Ⅲ所列举工业排放而言，分类设施机制适用于更多运营者；其二，针对分类设施的修复责任由设施的最后运营者承担，只要能证明污染是由前任运营者造成，而ELD转化法项下修复责任由造成环境损害的运营者负担；其三，分类设施法所调整场址的运营者如果破产，则其破产清算人应在视破产财产中资金可用性的基础上确保有足够的资金用于修复，并命令环境顾问编制报告，详细说明应进行的任何修复工作。而ELD转化法中并无类似规定；其四，《环境损害法》中没有关于母公司承担破产责任的规定；其五，分类设施法要求就土地和水污染修复提供财务保证，《环境损害法》没有类似保证的规定；其六，既有修复机制规定地方行政机关和环保协会可以请求纯粹环境损害的赔偿，而《环境损害法》并不允许这些赔偿；其七，既有修复机制并未规定补充性或者赔偿性修复，而《环境责任法》对此做出了规定。See BIO Intelligence Service, "Environment Implementation Challenges and Obstacles of the Environmental Liability Directive: Final Report", 16 May 2013, https://ec.europa.eu/environment/archives/liability/eld/eldimplement/documents.html.

的工具",行政协议的行政性体现在以公共服务为使命而非其行为属性。①

除了与传统公法修复机制发生制度重叠以外,《环境责任法》自身也存在诸多的限制和例外。其一,《环境责任法》仅限于严重环境损害情形。② 其二,它只对附件Ⅲ列举的特定专业活动施加严格责任,③ 并且即使这样,污染者也可通过证明根据污染事件发生时的科学和技术知识状况风险是不可预见的,来免除责任。④ 其三,只有州长有权采取强制措施。⑤ 其四,《环境责任法》规定的起诉期限为自污染事件发生之日起 30 年,⑥ 这是与历史污染相关的潜在重大限制。其五,《环境责任法》也不适用于发生在 2007 年 4 月 20 日之前的污染事件或造成污染的活动在该日之前停止的情况。⑦ 其六,《环境责任法》并没有建立一种新的责任制度而仅仅是一种修复环境损害的行政制度,主要涉及经营者和行政机关,环境受害者无权要求补救。⑧ 这些限制和例外在一定程度上导致《环境责任法》的适用受限,到目前为止,《环境责任法》在法国从未被适用。⑨ 根据欧盟委员会的报告,自 2007 年以来,法国没有任何根据《环境责任法》提起的案件。⑩

---

① 参见徐键《功能主义视域下的行政协议》,《法学研究》2020 年第 6 期。
② 参见法国《环境法典》第 L161-1 条。
③ 参见法国《环境法典》第 L162-1 条。
④ 参见法国《环境法典》第 L162-23 条。
⑤ 参见法国《环境法典》第 L162 条、第 R161-1—R163.1 条。
⑥ 参见法国《环境法典》第 L164-4 条。
⑦ 参见法国《环境法典》第 L161-5 条。
⑧ 参见法国《环境法典》第 L162-2 条。
⑨ See Julie Foulo, "Recent Developments in French Environmental Law: Recognition and Implementation of Ecological Damage in French Tort Law", *Environmental Law Review*, Vol. 21, No. 4, 2019, pp. 309-317.
⑩ See European Commission, Report from the Commission to the Council and the European Parliament on Environmental Liability with Regard to Prevention and Remedying of Environmental Damage, COM (2016) 204 final, p. 3.

为了打破公法僵局，法国在公法之外通过扩展《民法典》的适用范围以涵盖生态损害救济。这一立法动议来源于司法实践的推动。从司法实践来看，法国传统民事责任规则在救济生态损害方面存在局限性，① 对生态损害的承认首先起源于法国的判例法。从法国判例法的发展历程看，对环保组织或地方行政机关所受生态损害予以救济的判例，最早可追溯至 20 世纪 80 年代，如意大利蒙特爱迪生公司导致公海发生生态损害的"红泥案"（red sludge case），法国科西嘉地方政府在该案中取得了海洋环境损害的赔偿。随后，在一系列生态损害有关司法判例的助推下，② 法国以《民法典》救济生态损

---

① 法国传统民事责任规则的诉因有四项：疏忽（例如：违反行政规则）、异常相邻干扰（trouble anormal de voisinage，用以赔偿遭受损害邻居的判例法机制，无法用于纯粹生态损害的救济）、因人之监管行为导致的损害，以及瑕疵产品的严格责任机制。然而，这些传统的侵权责任规则并不能适用于生态损害救济的问题，因为其仅旨在救济私人损害，并且被救济的损害还应具备"直接"和"特定"的要求。

② 早期案件尽管在事实上救济了生态损害，但并未明确生态损害的定义，且大多数的判决集中于对受保护物种损害的赔偿。这些案件中，最为著名者当属法国埃里克石油泄漏污染案件（Erika 案），该案中，法院区分了环保组织遭受之物质损害、精神损害以及纯粹生态损害。在一审判决中，法国巴黎初审法院（tribunal de grande instance）认为，环保组织可在主张对其所旨在保护之集体利益造成直接或间接的物质损害和精神损害进行赔偿之外，要求被告赔偿对环境造成的损害，而这些损害直接或间接影响到其章程旨在保障的相同利益。在上诉法院判决中，巴黎上诉法院进一步重申了救济"生态损害"（ecological damage）或"对环境的损害"（harm to the environment）的可能性，并区分了两种损害：与主观损害（subjective damage，与私人有关）有关的金钱和非金钱损害，以及生态损害——客观损害（objective damage，不是个人遭受的损害），并不是对具体个人利益的损害而是对受法律保护利益的损害。最高法院于 2012 年最终判决中确认了"客观、自主损害"，并将这种生态损害定义为"对自然环境造成的任何实质性损害，特别是对空气、大气、水、土地、土壤、景观、自然遗址、生物多样性及其这些环境要素相互作用的影响，其并未影响特定人类的利益但影响了合法的集体利益"。在 Erika 案之后，努美阿上诉法院区分了生态损害和环保组织遭受的私人损害，并将生态损害定义为，"对生态环境系统组成、结构或其功能造成的任何损害，这些损害超出或独立于对个人利益造成的损害"，且损害仅在达到实质标准（substaincial damage）时才构成应救济的损害。

害的立法思路得以快速发展。① 2013年9月17日，伊夫斯·劳古佐伊（Yves Jegouzo）领导的工作组向法国司法部长了提交了新的名为《修复生态损害》的民法典草案建议，② 该特别报告建议在《民法典》中列入生态损害，并且为了提高生态损害赔偿法律规则确定性，共规定了10项细化的具体规定。法国国民议会在2016年3月1日批准通过了该报告，即第3442号报告。③ 该报告最终以2016年8月8日第2016-1087号法律的形式发布。④ 自此，法国《民法典》包含

---

① 实际上，早在2005年，法国司法部便开始启动了生态损害救济民事立法的进程，其启动标志是随2005年债法草案（即《卡特拉草案》）的出台。草案第1343条规定，任何对合法利益构成损害的损失均是可赔偿的损害，无论该合法利益是否与财产有关，也无论该利益是个人利益还是集体利益。并且，《卡特拉草案》并未规定何者可进行生态损害索赔，因为其将此问题视为民事程序法的问题，故不宜在《民法典》中规定。而2012年法国顶尖法律智库"法学家俱乐部"（The Club des Juristes）的环境委员会发布了名为"更好地修复/救济环境损害"的报告，以促使立法者和政府机关开始加快起草生态损害救济立法的进程。2012年5月23日，法国参议员吕诺·勒泰洛（Bruno Retailleau）提出立法建议，要求在《民法典》中明确引入生态损害概念，并插入第4章（《对环境损害的责任》）和2个新的条文，即（1）第1386-19条，任何人应负责救济因其过失造成的环境损害；（2）第1386-20条，环境损害救济应优先适用恢复原状。该草案随后经过法律委员会一读并被修改，形成拟向参议院提交的第520号报告。2013年5月16日，参议院完成审查并最终一致通过形成了向国民议会提交的第146号报告。根据报告的内容，任何人均应对其造成的环境损害负有责任；如果无法恢复原状，则应根据法国最高行政法院（Conseil d'État）所颁布之命令的要求，向国家或其指定的机构进行货币赔偿，赔偿金应用于环境保护；在损害发生前为减轻损害或减少损害及其后果而产生的合理损失是可赔偿的损失类型。随后，2013年5月16日的第146号报告被以第1043号报告的身份重新提交给国民议会，但国民议会最终并未批准通过。

② See Pour la réparation du préjudice écologique（à propos du Rapport du groupe de travail instauré par Madame Christiane Taubira, garde des Sceaux, ministre de la Justice le 17 septembre 2013），http：//www.justice.gouv.fr/art_pix/1_rapport_prejudice_ecologique_20130914.pdf.

③ See Assemblée nationale, reconquête de la biodiversité – (N° 3442), http：//www.assemblee-nationale.fr/14/amendements/3442/CION-DVP/CD1048.pdf.

④ LOI n°2016-1087 du 8 août 2016 pour la reconquête de la biodiversité, de la nature et des paysages（1），JORF n°0184 du 9 août 2016, Texte n°2.

了生态损害责任。

从法国《民法典》新增第四编第三卷的文本内容看，任何人均应承担生态损害修复责任（来源于法国《环境宪章》第4条），① 其中，生态损害是指"生态系统的要素或功能的显著损害，或者对人类从环境中获得的集体利益的显著损害"②。尽管《民法典》本身并未明确生态损害法律责任的属性，但在法国学者看来，规定在《民法典》中的生态损害法律责任实际上就是民事责任。③ 但诚如前文所述，法国《环境责任法》还规定了生态损害法律责任的行政实施机制。由此，笔者认为，从统一生态损害法律责任的视角出发，法国法上的生态损害法律责任应当统一定性为公法责任，《民法典》仅规定的是生态损害法律责任的另一种实施机制——司法实施机制。也正是在此意义上，可以说，法国《民法典》项下生态损害法律责任实施机制所依托的实施程序是以侵权为基础的民事诉讼执行机制。具言之，根据法国《民法典》第1386-21条的规定，任何具备资格或利益的人均可依据法国《民法典》生态损害责任相关条款提起生态损害赔偿之诉。④ 除了可以主张生态损害赔偿请求外，法官还可依原告主体的诉讼请求，规定采取合理措施来防止或制止损害。⑤ 此外，为了防止即将发生损害而采取措施的成本支出，亦属于法国《民法典》中的可赔偿损失。⑥ 对于生态损害法律责任的具体承担方式，法国《民法典》确立了"恢复原状"优先主义，即当且仅当在

---

① 参见法国《民法典》第1386-19条。

② 参见法国《民法典》第1386-20条。

③ See Julie Foulo, "Recent Developments in French Environmental Law: Recognition and Implementation of Ecological Damage in French Tort Law", *Environmental Law Review*, Vol. 21, No. 4, 2019, pp. 309-317.

④ 包括国家、法国生物多样性机构、所涉及范围内的地方政府及其下设集团，以及截至起诉之日起已经批准或设立至少五年的旨在保护自然、捍卫环境的公共机构和协会。参见法国《民法典》第1386-21条。

⑤ 参见法国《民法典》第1386-25条。

⑥ 参见法国《民法典》第1386-24条。

依法或依事实或缺乏修复手段导致修复不能时，法官可判决损害人赔偿损失及其利息，将其拨付给原告供生态修复使用，若原告不能采取有效措施实现该目的，则上缴国家。① 最后，《民法典》为生态损害赔偿诉讼设定了十年的诉讼时效，即生态损害赔偿诉讼应在自行为人知道或应当知道生态损害发生之日起十年内提起。②

《民法典》新增第四编第三卷规定的生态损害民事责任规则的适用对象已从《环境责任法》项下的三种特定损害类型（水损害、土地损害和生物多样性损害）扩展至法国管辖范围内的所有环境要素或生态系统，且它实际上也同时融合了概念本体的定义（因为其在环境要素和生态功能损害外并列强调了对人类集体性利益的损害）。此外，为确保责任规则的稳定和明确性，法国《民法典》也为民事意义上的生态损害设定了阈值条件，只不过此阈值条件的判断标准和方法是模糊的，能否直接准用法国《环境责任法》采取的判断标准和方法，仍存争议。这些原因的存在，使得法国《环境责任法》项下的行政实施机制以及其他传统公法责任机制，在救济生态损害方面会与法国《民法典》项下的生态损害法律责任司法实施机制产生冲突。为解决冲突，《生物多样性法律》作了规范。一方面，依《生物多样性法律》第1条的规定，在《民法典》中规定，"在必要时，生态损害评估应酌情考虑到届已采取的修复措施，特别是在已实施《环境法典》第一卷第六编的情况下"③。另一方面，按《生物多样性法律》第7条的规定，修订《环境法典》为，"如有必要，依本编内容采取的修复措施应当考虑到法国《民法典》第四编第三卷的影响"。然而，立法者无论是在《民法典》还是《环境法典》中，都未进一步说明这种"（酌情）考虑"（tient compte）应该如何进行，仅根据现有规定，我们无法得出结论，"民事诉讼中法院必须

---

① 参见法国《民法典》第1386-22条第1款、第2款。
② 参见法国《民法典》第2226-1条。
③ 参见法国《民法典》第1386-22条第3款。

推迟其裁决,直到任何现有的行政程序得到解决"。诚如有学者所言,对此问题,立法者似乎倾向于选择让法官在实践中思考解决问题的办法。可以预见,在法国,很有可能会出现"州长根据《环境责任法》行事,而环境协会根据《民法典》采取平行行动",诉讼数量会成倍增加,导致补救措施发生重叠的风险。①

(四)荷兰法中的生态损害法律责任及其实施机制

基于透明度、一致性、连贯性和法律明确性的要求,荷兰并未通过修正现有立法(如《土壤保护法》《水法》和《动植物法》)来转化 ELD。② 相反,荷兰在其《环境管理法》(*Wet Milieubeheer*)中引入了新的第 17.2 章,包含新增的第 17.6—17.8 条,以及在第 21.6(4)条中提及的第 16.53(2)条后引入了第 18.2g 条和第 17.2 章中的第 17.7 条。《环境管理法》第 17.2 章被称为荷兰《环境责任法》,它本身构成了一项独立立法,但仅有 7 页的法律文本在内容上多是对 ELD 的复制,使其在适用时还要依靠其他相关立法[如荷兰《行政法通则》(*General Administrative Law Act*)、《经济犯罪法》(*Economic Offences Act*)]。为促进《环境责任法》的实施,荷兰同时修正了《经济犯罪法》。但由于荷兰在《环境责任法》生效以前已确立了一些可用于救济生态损害的法律责任(尽管可能并不充分),以及荷兰《环境责任法》自身规则适用的局限性(如《环境责任法》仅限于三类严重生态损害,造成损害的活动应是职业活动等,非职业活动仅在造成生物多样性损害时可能适用),使《环境责任法》在适用时可能会与既有生态损害法律责任发生冲突。从环境损害类型的角度来看,目前可用以救济生态损害的其他法律责任类型主要包括:救济荷兰《环境管理法》项下设施的第

---

① See Simon Taylor, "Extending the Frontiers of Tort Law: Liability for Ecological Harm in the French Civil Code", *Journal of European Tort Law*, 2018, Vol. 9, No. 1, pp. 81-103.

② See European Commission-DG, Environment Implementation Challenges and Obstacles of the Environmental Liability Directive: Final Report, 16 May 2013, p. 215.

17.1 章规则，① 救济土壤损害的《土壤保护法》（Soil Protection Law），② 涉及水污染修复的《水法》（Pollution of Surface Water Act，随后的 Water Act），③ 以及用于救济生物多样性损害的 1998 年《自然保护法》（Nature Conservancy Act）和《动植物法》（Flora and Fauna Act）。④ 以下内容详细介绍《环境责任法》。

一旦行政机关可以明确生态损害应由《环境责任法》调整，确定特定的责任运营者，并且不存在《环境责任法》的适用例外情形，则其应进一步实施具体的法律责任规则，根据功能不同，具体实施程序可以分为四个阶段。

第一，修复措施的确定和通知程序。行政机关有关修复措施行

---

① 荷兰《环境管理法》第 17.1 章规定设施内的突发事件必须由运营者向行政机关报告，并且设施运营者必须采取措施预防、限制或救济损害。如果运营者未能在突发事件发生时采取这些行动，则行政机关可以采取行政命令要求运营者采取措施或自行采取措施，并且行政机关可以从运营者处收回成本。但是，第 17.1 章的规则仅限于《环境管理法》内的设施，并且行政机关的权力相较于第 17.2 章也更为有限。

② 当前有关预防和修复土壤损害的规则规定于《土壤保护法》中。其主要表现为第 13 条给责任人施加的注意义务规则，以及第 30—35 条发生突发事故时行政机关必须紧急采取的措施。行政机关可通过发布行政命令要求责任人采取措施，亦可自行采取措施，并依第 75 条向责任人收回成本。但如果土壤损害实际发生于荷兰《环境管理法》认可的设施内，则行政机关也可根据荷兰《环境管理法》的许可机制进行执法。原则上看，设施运营者必须救济许可持续期间内发生的所有污染，如运营者不进行修复，则行政机关可进行修复措施。如果许可中并未规定此项义务，则行政机关可援引《土壤保护法》第 13 条规定的注意义务规则。

③ 2009 年荷兰《水法》（替换了先前的《地表水污染法》）规定了水污染修复责任，以及特定污染者向采取了修复措施的实施行政机关支付赔偿费用的责任。但地下水污染的修复责任由《土壤保护法》调整。

④ 1998 年《自然保护法》调整的是《欧盟栖息地指令》和《欧盟野生鸟类指令》中规定的保护区类型，以及对自然遗迹的保护。根据《自然保护法》的规定，没有许可或者违反许可的条件，则禁止实施那些可能对特定区域内物种的自然栖息地构成损害或对指定区域内物种构成干扰的项目计划或活动。而《动植物法》规范的是植物和动物物种的保护，其包含了一系列的禁止性规范，但也存在豁免的例外。在发生实际损害或损害可能时，行政机关可以发布行政命令或强加制裁支付命令（penal payment order）。

动计划的内容最终可能存在两种形式，一种是行政机关自行采取的行动，另一种是行政机关向责任运营者发出的修复措施决定，即要求责任运营者在规定期限内采取何种修复措施的行政决定（rulings）。一旦行政机关决定采纳行政决定的形式，则荷兰《行政法通则》中有关行政决定准备程序的规则便应适用。① 如果行政机关认为有必要，其亦可启动《行政法通则》第3.4部分规定的公共参与程序。根据《行政法通则》第1章第3条的规定，行政决定（rulings）存在的一个关键前提是存在一项法律行为而非事实行为。从《环境责任法》规定的不同阶段看，行政机关在进行以下法律行为时，应以行政决定（rulings）形式作出，包括：（1）对利益第三方提起的要求行政机关采取措施的决定；（2）命令责任运营者采取预防措施；（3）命令责任运营者采取进一步的预防、限制或修复措施；（4）决定自行采取相应措施；（5）批准责任运营者提交的修复措施计划，并决定最终采取何种修复措施；（6）在同时存在多处需要修复的环境损害时，决定应优先修复何处环境损害；（7）放弃收回成本权和设定拟收回成本的总额。换言之，如果行政机关需要就前述的七个问题作出法律判断，则它必须采取《行政法通则》项下的行政决定（rulings）形式，并且应当遵守《行政法通则》有关行政决定作出和送达等方面的程序性规则。一般来说，行政机关的行政决定作出程序应给予利益相关方发表意见的机会，并予以公告。然而，如果情况紧急，行政机关也可直接决定行政决定立即生效。

第二，成本回收程序。行政机关在启动成本收回程序时，其必须以决定的形式确定应收回的成本总额，不仅包括修复措施的成本，还有额外成本，包括行政和法律支出，以及任何因给财产法律所有人造成不便而支付的赔偿款。行政机关可通过令状（writ）的方式收

---

① 此处所谓程序规定是指《行政法通则》第四章规定的标准程序，是一种简易程序。

回这些成本。如同一索赔涉及多个实施行政机关,则实施行政机关彼此间应告知各自有关成本收回的信息,并协调成本收回程序,如统一发送一份有关全部拟收回成本的决定。最后,行政机关收回成本程序适用5年的时效制度,时效的起算点是以下两者中的较迟者,即修复措施完成日和责任人身份被确定之日。

第三,异议程序。自行政机关行政决定宣布之日起六个星期内,责任运营者或其他利益相关方有权向决定作出机关提出行政异议。同时,如果在此期限内,利益相关方已经提出行政异议,则其也可向国务院行政部门主席申请发布一项初步禁令(preliminary injunction)。同时,自行政机关行政决定宣布之日起六个星期内,利益相关方亦可向国务院行政部门提出行政申诉。在此期限内,如果利益相关方已提出行政异议,则其也可向国务院行政部门主席申请发布一项初步禁令(preliminary injunction)。当然,《行政法通则》也允许责任运营者和利益相关方向行政法院提起针对行政机关所发布行政决定的异议诉讼,包括行政机关拒绝作出决定,以及未能在正当期限内作出决定。尽管对行政决定的司法审查,可向所有利益相关方开放。但根据《行政法通则》的规定,对采用不同程序达成的行政决定,可提起行政诉讼的利益相关方并不相同。依规定,对于适用《行政法通则》第3章第4条公共参与程序达成的行政决定,仅那些对决定草案发表了评论意见的利益相关方可以提起行政诉讼;对于未使用公众参与程序达成的行政决定,则可以主张司法审查的利益相关方仅仅限于那些针对决定提出了行政异议的利益相关方。

第四,制裁程序。荷兰《环境责任法》第18.2g条给行政机关附加了一项确保实施《环境责任法》项下规则的法定权力,但行政机关启动相应规则的前提仅能是责任运营者实施了犯罪行为。实践中,行政机关可能针对责任人的犯罪行为采取行政制裁或者刑事制裁。对于行政制裁,行政机关可向实施了犯罪行为的责任运营者发送一份制裁支付命令(penalty payment order)。但值得注意的是,由于行政机关在任何时候均可自行采取必要的预防、控制和修复措施，故责任运营者的犯罪行为可能并不会产生。根据《环境责任法》规定，行政机关可以发送制裁支付命令的情形包括12种，其前提条件仍是责任运营者的行为构成了犯罪。关于刑事制裁，《环境责任法》对《经济犯罪法》进行了修正，以使其更适合于环境损害法律责任的刑事制裁问题。根据《经济犯罪法》第2（1）条的规定，如果故意实施了某项经济犯罪，则属于重罪，否则是一种不法行为，即所谓的轻罪。《经济犯罪法》第6条则规定了最高的监禁刑罚和罚金的类型，而荷兰《刑法典》第23（4）条则规定了刑事罚金的规模。《关于荷兰环境管理法第17.2章的指南：环境损害或紧迫环境损害危险时采取的措施》将《环境责任法》项下可能发生的犯罪情形所对应的刑罚类型和额度予以列明。此外，从事了犯罪行为的责任运营者还可被施加其他的惩罚措施，包括但不限于：犯有罪行的责任运营者有关运营活动的暂停、法院判决的公示等。为便于决策应适用行政制裁，还是刑事制裁，抑或两种同时适用，荷兰还制定了《国家制裁策略》（*National Punishment Strategy*）。

综前所述，旨在转化ELD的荷兰《环境责任法》确立了一种生态损害法律责任行政实施机制。但这并不意味着，荷兰完全不允许以私法救济生态损害。事实上，荷兰《民法典》第三编第305a条（是对判例法的发展）授权环保组织向责任人追偿合理的预防和救济成本（环保组织仅能主张禁令救济，无权主张损害赔偿），而判例法承认行政机关通过侵权诉讼实现生态损害救济的可能，这种侵权诉讼不同于附属于公共监管权力的从污染者那里收回清理成本的诉讼机制。①

---

① 如荷兰《土壤保护法》第75条。该条虽然规定是民事侵权诉讼，但其不宜定义为生态损害法律责任的司法实施机制，因为它仅是确保土壤修复责任主程序得以有效实施的辅助程序。参见［英］马克·韦尔德《环境损害的民事责任：欧洲和美国法律与政策比较》，张一心、吴婧译，商务印书馆2017年版，第310—314页。

对于环保组织，法院对其诉讼资格的承认早在 1986 年的 Niewe Meer 案中便得到了确认，① 并且在随后的 1991 年 Borcea 案中，荷兰鹿特丹地区法院更是直接确认了荷兰一家鸟类保护协会为拯救遭受石油污染损害之鸟类而采取措施的成本支出。② Borcea 案的影响并非仅限于司法实践，它也直接推动了荷兰《民法典》的修正，③ 并最终在 1994 年引入了新的有关集体诉讼的第三编第 305a 条。按照《民法典》第三编第 305a 条规定，环保组织提起诉讼应满足特定条件。④ 尽管《民法典》第三编第 305a 条并未明确行政机关的诉讼资格，但一系列荷兰判例对此加以了确认，如 1973 年的 Municipality of Limmen v. Houtkoop and Rijksweg 12 案，⑤ 1989 年的 Benckiser 案，⑥ 以及 1990 年的 Van Amersfoort 案。⑦ 依判例法，行政机关因环境污染遭受到损害时，便满足了《民法典》第六编第 162 条中的

---

① 实际上，1986 年，在荷兰最高法院的 Niewe Meer 案中，法院认可了环保组织作为原告向污染者提起侵权诉讼的可行性，并在判决中提及，"环保组织在禁令救济申请中主张的利益，可被视为《民法典》第 6 编第 162 条所旨在保护的利益"。See Hoge Raad, 27 June 1986, NJ1987, 743, note Heemskerk.

② District Court Rotterdam, 15 March 1991, TMA/ELLR 6 (1992), 27, note Van Maanen.

③ See J. M Van Dunne, Jan-Willem Meijer, *The Duty of Care in Contract and Tort: Selected Eassays on Contract, Construction Law, Tort, Environmental Liability, Jurisprudence*, Maastricht: Shaker, 2006, p.140.

④ 这些条件具体包括：（1）组织应是有充分法律能力的基金会或协会；（2）组织法律章程中规定的目标是保护公共利益；（3）其旨在保护的利益必须是适合通过集体诉讼进行维护的利益；（4）协会章程固有的旨在保护的利益应是他人利益，而非协会自身利益；（5）在提起诉讼前，环保公益组织必须穷尽与被告进行协商的可能。See Berthy Van Den Broek, Liesbeth Enneking, "Public Interest Litigation in the Netherlands: A Multidimensional Take on the Promotion of Environmental Interests by Private Parties Through the Courts", *Utrecht Law Review*, Vol.10, No.3, 2014, p.84.

⑤ Hoge Raad, 9 Novervember 1973, NJ 1974, 91, note Prins.

⑥ Hoge Raad, 4 April 1989, NJ 1990, 712, note Brunner/Schultsz.

⑦ Hoge Raad, 9 Februray 1990, NJ 1991, 462 note Brunner.

"一般利益"要求,有权针对污染者提起侵权诉讼。① 但与环保组织相同,行政机关仅能主张赔偿行政机关已事实上支出的环境损害预防或救济措施成本,而非全部生态损害。

综前所述,荷兰有关生态损害法律责任及其实施机制的规定分散于公、私法中。一方面,就公法而言,以2008年《环境责任法》为代表的公法体系规定了生态损害法律责任的行政实施机制,还包括一些传统单行环境法中规定的生态损害法律责任。以土壤污染损害为例,荷兰专门制定了《土壤保护法》,该法规定了行政权主导的生态损害法律责任行政实施机制,该实施机制以民事诉讼作为修复措施成本收回的程序框架。② 同时,荷兰为转化ELD制定的《环境责任法》也确立了典型的生态损害法律责任行政实施机制。从理论上看,土壤污染或损害领域的两种行政实施机制之间会发生适用冲突。《关于荷兰环境管理法第17.2章的指南:环境损害或紧迫环境损害危险时采取的措施》就此问题作出了规范性回应,因《土壤保护法》中的损害阈值条件低于《环境责任法》中的损害标准(存在"严重性风险"),故对于那些未能达到《环境责任法》阈值条件的土壤污染损害,应当选择适用《土壤保护法》。③ 加之,《土壤保护法》规则相较于2008年《环境责任法》更加严格,荷兰政府甚至作出预测,"在土壤污染/损害领域,《环境责任法》适用的空间微乎其微"④。这一点也为荷兰法学界所肯认,"有鉴于司法实践中尚未出

---

① See J. M Van Dunne, Jan-Willem Meijer, *The Duty of Care in Contract and Tort: Selected Eassays on Contract, Construction Law, Tort, Environmental Liability, Jurisprudence*, Maastricht: Shaker, 2006, p. 137.

② 根据荷兰最高法院系列判决可知,《土壤保护法》第75条仅规定了行政机关提起修复措施相关成本收回侵权诉讼的原告资格,有关法律责任的成立以及范围确立等规则仍适用荷兰《民法典》中的相关规则。

③ 参见《关于荷兰环境管理法第17.2章的指南:环境损害或紧迫环境损害危险时采取的措施》,第35页。

④ 参见《关于荷兰环境管理法第17.2章的指南:环境损害或紧迫环境损害危险时采取的措施》,第36页。

现任何有关《环境责任法》的案例,因此它能否在实践中发挥救济生态损害的效力,仍尚有质疑"①。另一方面,以判例法和《民法典》为主体的私法体系则确定了生态损害法律责任的司法实施机制,即行政机关和环保组织有权分别按照判例法规则和《民法典》第三编第305a条提起生态损害赔偿诉讼。但值得注意的是,环保组织和行政机关提起的索赔请求仅限于其事实上已经支出的生态损害预防和修复措施的成本,不能涵盖全部的生态损害。由此,《环境责任法》中的行政实施机制还会与《民法典》和判例法主导的司法实施机制发生适用上的重叠。

第三节　美国法上的生态损害法律责任及其实施机制

在美国,由于普通法的局限性,② 生态环境保护在很大程度上被认为是行政监管的问题。与英国剑桥水务公司案中的观点相一致,美国"布默诉大西洋水泥案"中的伯根法官亦认为,试图在解决私人争端过程中附带解决公共利益事项是没有意义的。伯根法官固守公私法二分的观点,认为"私法和公法是完全不同的领域,私法不应以任何方式涉足公法领域",环境政策应当属于公法范畴,而关于

---

① See J. M Van Dunne, Jan-Willem Meijer, *The Duty of Care in Contract and Tort: Selected Eassays on Contract, Construction Law, Tort, Environmental Liability, Jurisprudence*, Maastricht: Shaker, 2006, p. 57.

② 普通法局限性在于:第一,民事责任规则的实施一般由当事方负责,当事方并无义务一定要向被告主张损害赔偿或其他救济,庭外和解亦被允许。故即使扩展诉讼资格,也无法解决这一问题。第二,原告并未被要求一定要按照特定方式来使用赔偿金,且损害评估被计算为恢复成本或受损价值的减少额。第三,美国传统侵权法的基本原则是,损害必须造成侵权行为人之外的人的利益受到损害。这便意味着,只要污染者之外人的利益并未受到侵犯,则污染者可自由处置自己的财产,哪怕会对公众的环境利益造成损失。See Marie-Louise Larsson, *The Law of Environmental Damage: Liability and Reparation*, Leiden: Brill, 1999, p. 403.

私人权益的干涉当然属于私法范畴。① 然而，实践的发展似乎并没有严格遵守公法和私法相对立的观点，经过 30 多年的制度发展，美国在生态损害（侧重于公共自然资源损害）方面的制度设计呈现出融合公私法的特征。这种特征突出体现在美国《超级基金法》（即 CERCLA）中，本节内容即以该法为样本展开分析。

美国《超级基金法》确立的用来追究相对人生态损害法律责任的实施机制主要分为两类，一类是"反应行动"（Clean-up Action），另一类是"自然资源损害赔偿"（Natural Resource Damages）。② 其中，反应行动的目标是确保潜在责任方进行场地清理活动或者支付相关清理费用，以实现保护公众健康和生态环境保护的目标。根据适用阶段和内容的不同，反应行动包括两类，即清除行动（Revomal Action）和修复行动（Remedial Action）。而自然资源损害赔偿制度与反应行动不同，其目的是恢复或者赔偿公共自然资源因危险物质或者石油释放而遭受的损害。除了责任规则（包括归责原则、因果关系、溯及力等）和具体实施机制的不同之外，③ 二者的适用对象

---

① 参见［英］马克·韦尔德《环境损害的民事责任：欧洲和美国法律与政策比较》，张一心、吴婧译，商务印书馆 2017 年版，第 169 页。

② CERCLA 具有双重立法目标，即清理消极废弃物处理场地（即实施反应行动）并赔偿自然资源损害。

③ 对于两者间的不同之处，主要包括：第一，实施主体不同，反应行动的实施主体是 EPA，而自然资源损害赔偿法律责任的实施主体是联邦或州、部落等受托人。第二，自然资源损害产生的原因必然是有害物质的实际释放，这与反应行动不同，后者还包括有害物质的释放威胁。第三，责任人义务不同。不同于可能责任人应负担的反应行动及其成本，可能责任人在自然资源损害法律责任规则中仅需承担赔偿自然资源损害的责任。第四，因果关系的要求不同，根据 CERCLA 第 107（a）条的规定，有害物质释放导致的反应行动法律责任以严格责任为基础，且无须考虑因果关系问题。但内政部认为自然资源损害赔偿诉讼需要进行因果关系分析，这种解释目前已获普遍承认。因此，为使自然资源损害索赔主张获胜，受托人必须证明被告的有害物质释放是造成每一自然资源损害的实质性贡献因素，证明标准是优势证据。换言之，受托人必须完成特定条件的证明。第五，自然资源损害赔偿法律责任规则仅有限的溯及既往效力，即如果损害且造成这些损害的有害物质释放完全发生于 1980 年 12 月 11 日之前，则受托人无法获得（转下页）

亦有不同，反应行动适用于"土壤或者地下水"等"污染场地"，而自然资源损害赔偿制度的对象并不局限于土地或者地下水，还包括空气、饮用水供应、野生生物、生物群等各种环境要素及其组合而成的生态环境系统，只要它们属于州、联邦政府或者印第安部落拥有、托管或者以其他方式控制的资源。① 本节以下内容将依次介绍前述两种实施机制的内容。

一 污染场地反应行动机制

《超级基金法》的最终目标是保护自然环境和人类健康，其核心是旨在清理污染场地的"反应行动"，为了确保责任方最终承担污染场址的清理责任，该法建立了"行政""司法"多元并存的责任实施机制。一旦发生了属于《超级基金法》调整范围的泄漏或者释放情形时，联邦环保署便需要对污染场址进行初步评估和现场检测（Preliminary Assessment/Site Inspection），在必要时需要立即采取清除行动来消除即时的环境危害。为了有效甄别污染场址是否需要得到治理，联邦环保署建立了一套危险评级系统（Hazardous Ranking System）。这个系统会根据积分制确定可以使用基金进行清理的污染场地国家优先名录（NPL），② 此时政府会依《超级基金法》的规定

（接上页）自然资源损害赔偿。此外，两种责任机制之间也存在一些相似之处，包括：第一，均适用严格责任规则。第二，对于 CERCLA 中自然资源损害赔偿法律责任规则的责任人范围，应与反应行动法律责任机制中的责任人类型相一致。在美国司法实践中，已有法院认为，CERCLA 第 107 条中的责任人类型也同样适用于 CERCLA 中的其他责任规定。第三，类似于 EPA 在生态损害反应行动中作出的行政文书的证据效力，如自然资源损害的评估程序符合内政部发布的评估规则，则有关结论在随后的损害赔偿诉讼程序中将获得"可推翻推定"的效力。

① See 42 U.S.C. 9601 (16).
② 根据 NPL 有害评估系统中的评分程序和 EPA 的评分标准，EPA 可对特定场址进行正式的场址评分，这些标准包括有害物质的毒性、可能受体的位置、有害物质的暴露路径、对人类食物链的威胁，以及对空气和地下水质量的威胁。一旦场址评分超过 28.5，则该场址将被列为 NPL 场址。See 40 CFR § 300 (Appendix A)。

对这些污染场址进行清理,包括场地修复调查(RI)及可行性分析(FS)、修复实施方案设计(RD)和修复行动(RA)以及后期运营和维护(Q&M)等。① 一旦场址清理工作完成并经过审核达标后,经过5年的跟踪监测,确定稳定达标后,污染场址将从NPL名录中删除。② 美国《超级基金法》项下的两种清理行动——清除行动(Revomal Action)和修复行动(Remedial Action),在适用阶段和目标、手段方面均有不同。其一,一般而言,清除行动和修复行动分阶段进行(在场地筛选和修复行动中亦可能发生清除行动),在清除行动完成后必须进行RI和FS,以确定是否需要采取修复行动。③ 其二,清除行动的目标是为避免和消除对人体健康和环境有潜在的直接威胁而采取的紧急行动,一般是针对污染源的清除,主要适用于生产设施、废物管理场所的不当操作、不合法的排污倾废弃、交通运输及其他污染事故。而修复行动则旨在寻求针对污染场址的永久解决办法,并且修复必须达到法定的修复目标。其三,清除行动过程中环保署采取的措施相对简便,其实施过程仅包括污染物场地发现、场地污染物迁移转化报告、制定行动备忘录(经相关部门审核)、环保署或者其他主体实施清除行动、验收评估以及现场协调员编写实施情况总结。而修复行动的实施过程更复杂,包括场地修复

---

① 有关污染场址的识别、调查的步骤,以及最终决定并实施污染清除行动、场地修复行动,都统一规定在国家应急计划(National Cpntingency Plan)之中,该计划对CERCLA的生态环境治理措施起到纲领性作用。NCP在CERCLA和OPA中的主要功能体现为生态环境治理行为的效力上,如果被认为不符合NCP的规定,则因该环境治理行为所负担的成本不能向责任人追偿,也不能从超级基金中得到补偿。参见张辉《美国环境法研究》,中国民主法制出版社2015年版,第132页。

② 为提高效率,在整个修复期间,可将场地中已稳定达标的部分区域或者污染物提前从NPL中删除。但污染场地经修复后如果发现再次被污染,还可再次列入NPL。参见贾峰等编著《美国超级基金法研究》,中国环境出版社2015年版,第135页。

③ RI/FS的实施单位必须获得EPA的授权,由EPA与其签订协议,或者由EPA对其活动进行监管,而费用由基金支出。参见张辉《美国环境法研究》,中国民主法制出版社2015年版,第368页。

调查（RI）及可行性分析（FS），修复实施方案设计（RD）和修复行动（RA）以及后期运营和维护（Q&M）等。① 由此，从技术层面来看，清除行动其实是很有限的短期应急反应，仅归属于本书在第二章中界定的"应急性修复"，而修复行动更持续，更接近"修复性修复"。

两类行动依赖的实施机制相同。基于污染者负担原则（即纳税人不应当为清理买单），《超级基金法》规定了由潜在责任方承担生态环境清理责任的三种方式：（1）环保署执行清理工作，潜在责任方承担清理费用；（2）在环保署监督和指导下，潜在责任方执行清理工作；（3）对于那些符合超级基金法清理对象但未登记至 NPL 的污染区域，潜在责任方可以依据《超级基金法》和 NCP 执行清理工作，然后再向其他潜在责任人追偿。② 由此，除了第三种方式以外，环保署应发挥主导性作用，要么其自行清理，要么其负责督促、监管责任方清理。后来，为加速污染场址生态环境清理和减少因场址清理引发的诉讼纷争，国会在其 1986 年通过的《超级基金修正与再授权法》（SARA）中正式引入了执法和解程序。自此，美国污染场址生态环境清理基本遵循了协商和解优先的责任追究制度。在环保署初步确定潜在责任方之后，③ 一般会主导寻求协商，④ 通过发送特

---

① 参见贾峰等编著《美国超级基金法研究》，中国环境出版社 2015 年版，第 124—139 页。

② 参见［美］詹姆斯·萨尔兹曼、巴顿·汤普森《美国环境法》，徐卓然、胡慕云译，北京大学出版社 2016 年第 4 版，第 190 页。

③ 由于 CERCLA 场址主要来源于多个公司的混合式有害物质处置行为，因此 EPA 开发了一种用以确认可能责任人的结构化程序规则。根据这一程序规则，EPA 将获得或整理各种有关场址上有害物质处置行为的数据资料，并决定各个责任方控制的有害废弃物的数量和性质。See U. S. EPA, OSWER Directive 9834.6, Potentially Responsible Party Search Manual (1987).

④ 协商和解目前已成为美国环境执法的常态，包括《超级基金法》在内几乎所有的环境单行法，除特定情况必须提起诉讼外，都以协商和解为优先。See 40 C. F. R s 22.18 (b)。但根据《超级基金法》的规定，环保署亦可在告知理由的情况下决定不进行协商，且有关决定不受司法审查的拘束。See 42 U. S. C. A. § 9622 (a).

别告知信（Special Notice Letter）告知潜在责任人。如果责任方是多个，则环保署通常会给每个潜在责任方发送特别告知信，告知其潜在责任。此后，双方正式进入谈判，并进入一个约60天的反应行动暂停期。① 如果潜在责任方愿意主导开展反应行动，则可以延长行动暂停时间，以留出充分时间达成最终和解协议。② 根据拟和解事项的内容和适用的阶段以及潜在责任方的选择，环保署和潜在责任方达成的协商和解协议形式非常多样，主要包括两类，即以行政为主导的合意行政裁决（Administrative Order on Consent）与行政协议，以及需要提交法院审查后才能生效的同意令（Consent Decree）。③ 一旦达成和解协议，则由潜在责任方具体负责实施反应行动，而环保署负责监督。

如果环保署与潜在责任方不能达成和解协议，环保署将会寻求通过其他的法律工具实现目标。一般而言，环保署可以有两种选择，

---

① 协商一般只涉及环保署与潜在责任方，根据污染区域的情况，州政府或者其他联邦机构可能会参加协商。

② 就场地修复调查（RI）和可行性分析（FS），以及修复实施方案设计（RD）和修复行动（RA）进行协商，RI/FS活动协商一般在60—90天内完成，而RD/RA活动的协商一般在60—120天内完成。参见贾峰等编著《美国超级基金法研究》，中国环境出版社2015年版，第109页。

③ 一般而言，如果和解内容并无工作执行内容而仅涉及费用的支付，则采纳行政协议方式，包括成本回收协议（Cost recovery Agreement），以及面向未来支付的支付协议（Cash-out Agreeement）。一旦和解内容涉及工作执行内容时，EPA和潜在责任方一般会采用合意行政裁决，包括：污染清除措施，场地修复调查及可行性研究（RI/FS），修复设计（RD）。此外，根据《超级基金法》的要求，和解协议中约定了环境恢复措施或者协议中所涉及所有款项超过50万美元，则协议必须提交司法审查，由法院同意后以同意令形式颁布。See 42 U. S. C. A. § 9622. 然而，从内容来看，实践中的同意令可能包含合意行政裁决、行政协议中规定的和解内容。法院对和解程序是否合法、协议内容是否公平合理进行审查，经法院同意、签署后才可形成同意令颁布实施。合意行政裁决、行政协议与同意令在颁布实施后具有同样的法律效力，若和解方未执行协议或者执行协议未达到标准，将受到行政处罚。See 42 U. S. C. A. § 9609. 由此可见，两种和解并非对立，相反是各司其职。在一个污染区域的案件中，可能同时存在众多的合意行政裁决与同意令。参见于泽瀚《美国环境执法和解制度探究》，《行政法学研究》2019年第1期。

一种是根据《超级基金法》第 106 条（a）款的授权，向潜在责任方发布单方行政命令（Unilateral Administrative Orders，UAOs），强制有义务又有能力的潜在责任方实施反应行动。如果某个场址反应成本在 50 万美元以下，环保署可直接使用单方行政命令，而反应成本超过 50 万美元时，环保署需要经司法部长书面批准后才能动用行政手段。《超级基金法》第 106 条（a）款同时授权环保署向法院申请针对私人主体的强制令（Civil Judical Injunction），强制要求私人主体实施清理行动，消除危险物质释放的危险和威胁。然而，相较于 UAOs，寻求强制令的诉讼程序较为耗时费钱，所以环保署一般将其作为最后的手段使用。① 环保署的另一种选择是使用信托基金的资金执行清理工作，之后再根据《超级基金法》第 107 条向潜在责任方追偿反应成本。一般来说，环保署只会在和解协议未达成或者潜在责任方不履行单方行政命令或者司法强制令时才会自行采取清理行动。当然，对于无法识别潜在责任方或环保署自行决定不采取协商和解的情形，其亦可自行采取清理行动。

UAOs 是和解失败后，环保署强制潜在责任方主导场地清理行动时最常用的法律工具。潜在责任人若无充分理由必须遵守 UAOs 的内容。如果潜在责任方没有充分理由不遵守 UAOs 的内容，将和其没有充分理由不采取行政机关依照第 104 条选择的清除行动和修复行动一样，面临行政处罚。② 一般而言，潜在责任方不仅需要承担环保署因自行采取清理行动而付出的反应成本，还要面临每天 25000 美元的罚款和昂贵的诉讼处罚。如果潜在责任方仍然不肯合作，环保署还可以通过惩罚性赔偿民事诉讼要求法院对它处以至少承担同等且不超过 3 倍反应成本的惩罚性赔偿金。此外，环保署亦可以选择向联邦地区法院提起诉讼要求潜在责任方执行 UAOs，此时法院会

---

① 参见贾峰等编著《美国超级基金法研究》，中国环境出版社 2015 年版，第 110 页。

② See 42 U.S.C.A. § 9607（c）(3).

对 UAOs 的合法性进行司法审查。①

然而，在美国的环境法实施体系中，人们普遍认为纯粹依靠单向的高权行政行为和诉讼，并不是解决所有行政争议的最佳手段。协商和解的制度优势更为明显，这在美国《超级基金法》的制度实践中已经得到了印证。有研究表明，自超级基金项目实施至 2007 年，联邦环保署已经在 1160 块国家优先名录场址上执行了共计 4642 次执法行动（包括同一块场地上的多次执法行动）。其中，采纳经当事人同意的行政命令 1982 次，占 43%；采纳司法同意令 1700 次，占 37%；采纳单边行政命令 901 次，占 19%；采纳司法判决 59 次，占 1%。② 由此，相较于占比达到 80% 的协商和解，单边行政裁决仅占 19%，适用频率远低于协商和解程序。

不同于英国法允许相对人对行政主体发布的"修复责任通知""修复措施通知"提出异议，《超级基金法》为了确保清理行动的效率并彰显本法的公共利益本位，专门确立了"禁止对环境治理行为申请司法审查为原则，而以特定情形下的司法审查为例外"的规则。③ 具言之，《超级基金法》明确禁止任何联邦法院审查行政机关依照第 104 条选择的清除行动和修复行动，以及根据第 106 条（a）款发布的单方行政命令。换言之，在 CERCLA 案件中，所有潜在责任方均不享有针对环保署发出的单方行政命令的抗辩权，无权要求法院对单方行政命令进行司法审查，因此被要求进行清理行动的潜在责任方只能将其准备对该命令提出的抗辩权转移至成本追偿案件中，如能有效证明对污染场地的清理行动不符合 NCP 要求，则

---

① 根据《超级基金法》第 113 条（h）款的规定，明确禁止任何联邦法院审查行政机关依照第 104 条选择的清除行动和修复行动，以及第 106 条（a）款规定的行政命令。See 42 U. S. C. A. § 9613 (h).

② 参见贾峰等编著《美国超级基金法研究》，中国环境出版社 2015 年版，第 225—226 页。

③ 参见张辉《美国环境法研究》，中国民主法制出版社 2015 年版，第 430 页。

可免于承担成本责任以及怠于履行行政命令的罚款责任。① 然而，《超级基金法》规定了一项例外情形，即在行政主体提起的"执行行政命令的案件或者违反行政命令予以处罚的案件"中，法院可以对行政命令进行司法审查。②

《超级基金法》第107条(l)款和第107条(m)款专门规定了两种留置权，以确保环保署能有效追偿反应行动成本。③ 此外，《超级基金法》还有一项特殊规定，如果联邦政府在特定场址上实施了反应行动且由此导致财产市场价值增加，此时联邦政府有权以意外财产留置权从善意购买人处收回增加的财产市场价值份额。④

最后，我们来看《超级基金法》规定的制裁程序，包括两类，其一，对于不履行《超级基金法》第104条(e)款之责任人的制裁。第104条(e)款规定环保署有权确认可能责任人，并有权要求可能责任人提供其在场址上进行处置之有害物质的性质和数量有关的信息，与场址上有害物质之任何释放的性质和程度相关的信息，以及支付清理行动成本能力相关的信息。⑤ 同样，第104条(e)款规定，环保署有权获得进入船舶或设施以检查和复制文件，⑥ 在场址上进行样品采样，⑦ 以及向可能责任人作出要求其遵守本条其他规定的请求。⑧ 对于未遵守第104条(e)款法律义务的行为，《超级基金法》规定的行政制裁额可达到每日3.75万美元。⑨ 其二，对于拒绝或未能遵守《超级基金法》第106条单边行政命令的可能责任人，

---

① 参见张辉《美国环境法研究》，中国民主法制出版社2015年版，第416页。
② See 42 U.S.C.A. § 9613 (h).
③ See 42 U.S.C.A. § 9607 (l) & (m).
④ See 42 U.S.C. § 9607 (r).
⑤ See 42 U.S.C. § 9604 (e) (2).
⑥ See 42 U.S.C. § 9604 (e) (2).
⑦ See 42 U.S.C. § 9604 (e) (4).
⑧ See 42 U.S.C. § 9604 (e) (5).
⑨ See 42 U.S.C. § 9604 (e) (5).

环保署可以要求其承担高达 3.75 万美元的按日处罚。① 此外，无正当理由拒绝或未能履行第 106 条单边行政命令的可能责任人，可能还要承担不超过因未能履行守法命令所载反应行动所致成本支出三倍数额的惩罚性赔偿。② 为了质疑第 106 条的单边行政命令，可能责任人必须证明《超级基金法》的规则、环保署的规则和政策陈述，以及任何官方或非正式的听证会或环保署的指南，可以形成一种客观合理的信任，足以使得清理命令的无效和不可适用。③

二 自然资源损害赔偿制度

除确保污染场地得到及时清理之外，《超级基金法》的另一项重要立法目标是实现对受损公共自然资源的救济，故该法授权政府受托人就其所有或控制的自然资源所遭受损害向潜在责任方请求自然资源损害赔偿。④《超级基金法》第 107 条定义了自然资源损害赔偿，"自然资源损害"是指"自然资源的损害、破坏或者灭失"，

---

① See 42 U.S.C. § 9606 (b) (1).
② See 42 U.S.C. § 9607 (c) (3).
③ See Solid State Circuits v. United States Envtl. Protection Agency, 812 F. 2d 383, 392 (8th Cir. 1987).
④ 自然资源损害赔偿是美国联邦环境制定法普遍认可的制度，目前保护自然资源损害赔偿条款的联邦制定法主要有五部。《国家海洋保护区法》，16 U.S.C. §§ 1431—1445c (2012)；《联邦水污染控制法》（《清洁水法》），33 U.S.C. §§ 1251—1388 (2012)（允许受托人对由于石油排放进入的美国的通航水域，毗邻的海岸线以及特定区域的水域造成的生态损害进行恢复）；《油污法》（OPA），33 U.S.C. § 2701 (2012)（修改《清洁水法》来批准当石油泄漏进入其他水道时的恢复机制）；《综合环境反应、赔偿和责任法案》（CERCLA），42 U.S.C. §§ 9601—9675 (2012)（允许因有害物质排入水道，造成对"土地、鱼类、野生动物、生物、空气、水、地下水、饮用水供应，和其他资源"的损伤时进行赔偿）；《公园系统资源保护法》，54 U.S.C. §§ 100721—100725 (2014)（在国家公园内任何事件损害自然和文化资源时，允许恢复损害）。美国林务局在其法定职权和法务部门内收集自然资源损害赔偿金案件。林务局基于《国家林地修复和改进法》（Restoration of National Forest Lands and Improvements Act），16 U.S.C. § 579c (2012)，保管恢复基金。

"损害赔偿"包括"重建、修复或者获取与受损自然资源相当自然资源的重置成本,也包括评估此类损害的成本"。[①] 在整个20世纪80年代,《超级基金法》中的自然资源损害赔偿条款很少得到运用。但进入21世纪后,技术研究的发展表明,曾经被人们接受的修复措施(如抽水处理技术)无法将资源恢复至原初状态,或者修复在技术上不可行,自然资源损害赔偿开始在美国大范围兴起。[②]《超级基金法》有关自然资源损害赔偿制度的设计与反应行动大有不同。《超级基金法》将自然资源损害赔偿制度的实施机制共分为五个阶段。[③]

第一阶段是"Coordination",主要是为开展自然资源损害赔偿评估与恢复行动进行预先的准备,包括可能涉及机构之间的联系和沟通,拟在场址和事件处布置专业人员和资源的预先安排,训练自然资源损害赔偿实践人员熟悉自然资源损害赔偿评估与恢复的流程,以及该流程和反应行动之间的关系。

第二阶段是"Natural Resources Injury Scoping",主要是对受损自然资源的初步评估,包括:(1)确认资源遭受的损害;(2)确认遭受损害之自然资源的基线条件;(3)对损害进行初步量化,包括损害或者丧失自然资源的数量,决定损害或者丧失自然资源的比例,以及考虑采取清除行动可能导致的额外自然资源损害等;(4)对恢复措施进行量化;(5)在清除规划中建议采取的修复行动。

第三阶段是"Pre-Assessment Phase",该阶段的目的是决定是否启动自然资源损害赔偿制度(NRDAR)。《超级基金法》的规则为协调人(负责协调各受托人活动的特定受托人)决定是否启动NRDAR规定了参考标准。如果符合参考标准,且至少有一个明确和有

---

① See 42 U.S.C.A. § 9607 (f) (1).
② See Thomas F. P. Sullivan et al., *Environmental Law Handbook*, Bernan Press, 2017, p. 632.
③ 本书对《超级基金法》项下自然资源损害赔偿制度实施程序的分析,主要参考联邦土地管理局2008年发布的用以指导开展自然资源损害评估与恢复(NRDAR)的工作手册,即 *Natural Resource Damage Assessment and Restoration Handbook*。

能力的潜在责任方，则 NRDAR 是可欲的。但协调人还需要进一步考虑是否存在责任豁免情况，并同时考虑其他的战略和财政要素。如果最终决定启动 NRDAR，则协调人需要准备"Pre-Assessment Screen"报告以及发送给潜在责任方的 Notice Letter（即 Notice of Imtent to Perform an Assessment），① 该通知的目的是告知潜在责任方其准备实施 NRDAR，邀请其参加评估过程，PASD 报告应当作为附件一并发送给潜在责任方。如果协调人最终决定不启动 NRDAR，则其只需要准备一份简要文件。

第四阶段是"Assessment Phase"，该阶段是正式的评估过程，主要内容包括：损害预评估（Preliminary Estimate of Damages，受托人制作，协调人有权决定是否公布于众）——评估计划（The Assessment Plan，选择评估程序类型，形成的计划文件需要经过至少30天的潜在责任方和公众的评论和审查，然后经过修改形成 The Restoration and Compensation Deternmination Plan，该文件中涉及一些可替代的修复方案选择以及协调人最终做出的选择）——评估损害（即损害的确定和量化）——损害赔偿的确定/决定（Damages Determination）（决定从潜在责任方处获得赔偿金的数额，内容包括恢复目标、受损资源的损害赔偿和期间服务损失的赔偿）——预索赔恢复计划（Pre-cliam Retoration Planning）。

第五阶段是"Post-Assessment"，后评估阶段是在损害赔偿被提出以获得和解或者诉讼前的最后步骤。在该阶段中，受托人需要形成经过公共评论审查的 Report of Assessment，② 其内容应当至少包括：支持损害确认和量化的所有文件（含科学分析和结果）；支持损害量化阶段的所有文件（含科学分析和结果）；PASD 和 PED；AP（含对 AP 的公共评论以及受托人的回应）；RCDP（含公共评论以及受托人的回应）等。随后，受托人通过 Demand Letter 向潜在责任方

---

① 在 OPA 中，它被称为 Notice of Intent to conduct Restoration Planning。
② 在 OPA 中，它被称为 Retoration Plan。

提出损害赔偿请求。① Demand Letter 要求潜在责任方要么实施恢复，要么支付受托人一笔损害赔偿金以实施修复。② 同时，Demand Letter 应当包括的内容有场址信息、释放或者泄漏的信息，受托人管辖权的法定基础，损害，最终的修复方案，AR 目录以及损害赔偿索赔等。此外，潜在责任方在接收 Demand Letter 之后有 60 日反应期，以对这些索赔进行书面回应。可能的结果有两种，其一，如果潜在责任方愿意协商和解，则双方进入和解谈判（Settlement Negotiation），双方最终达成的和解协议需要经法院司法确认后做出同意判决（Consent Decree），列明要支付的损害赔偿金额和/或要实施的恢复措施。其二，如果潜在责任方未能及时回应，受托人应在法定的诉讼时效内针对潜在责任人提起诉讼，由法院判决。③ 从实践来看，相较于诉讼的低频适用，协商和解是救济美国公共自然资源损害的主要手段。有研究表明，1989—2015 年，通过和解解决的自然资源损害赔偿问题达到了 95%，联邦行政机关获得的和解总金额达到了 104 亿美元。④

根据《超级基金法》的规定，受托人在收回损害赔偿金后应当将其存入一个有关特定场址的单独账户之中（也可以是财政部的账户或者信托账户），损害赔偿金的利息也应用于修复。在收到损害赔偿金以后，协调人需要重新编制一份新的修复计划，该计划不仅需

---

① 如果自然资源损害赔偿责任已在多个责任方之间进行了分配，则受托人应针对每个责任方进行单独索赔。

② 金钱赔偿额包括在已经选择的恢复、替换、获取相当 NR 的替代方案中所确认全部行动实施所需要的直接和间接成本支出，赔偿金同样包括受托人过去已经支出的评估成本和将来的恢复实施成本。

③ 如果场址位于《超级基金法》第 104 条和第 106 条项下的清理行动过程中，例如在环保署的国家优先名录场址中，受托人必须在救济完成之日起 3 年内起诉。如果场址不存在这些反应行动，受托人必须自它们发现释放以及是否和损害关联之日起 3 年内起诉。

④ See Karen Bradshaw, "Settling for Natural Resource Damages", *Harvard Environmental Law Review*, Vol. 40, 2016, p. 212.

要符合法律规定，① 还应当经过公共评论和审查。

由此，自然资源损害赔偿制度有两种实施机制，一是协商和解后经由法院同意颁布的同意判决（Consent Decree），二是自然资源损害赔偿诉讼。一般而言，美国法学界倾向于将自然资源损害赔偿法律责任界定为一种"特殊的侵权责任"。② 之所以如此，是由于美国理论和实务界普遍将自然资源损害赔偿制度的理论基础界定为普通法规则中的公益信托或者州的亲权原则。由此，受托人实施自然资源损害赔偿和解与诉讼行动的权利依据是自然资源普通法所有权。③ 笔者赞成此观点，也正是在此意义上，自然资源损害赔偿金的性质应当是一种类似于侵权行为的救济，不同于其他由于环境损害引起的民事救济，该救济既不是罚款或者处罚（不归入一般公共资金中，受托人自行决定使用），也不是为清除污染的付款。④ 但诚如

---

① 修复计划要符合法律、规则和政策的要求，这些规则包括 NEPA 和 NHPA（Historic Protection）以及其他可能影响拟采取修复行动性质的规定。

② See Marie-Louise Larsson, *The Law of Environmental Damage: Liability and Reparation*, Leiden: Brill, 1999, pp. 470-471; Karen Bradshaw, "Settling for Natural Resource Damages", *Harvard Environmental Law Review*, Vol. 40, 2016, pp. 211-251. 此外，一些法院已经主张受托人依据《超级基金法》发起的自然资源损害赔偿诉讼类似于一种侵权诉讼。See Sanne H. Knudsen, "The Long-Term Tort: In Search of a New Causation Framework for Natural Resource Damages", *Northwestern University Law Review*, Vol. 108, No. 2, 2014, p. 504.

③ 公共信托理论的基本逻辑是，公共自然资源属于全体人民，为了更好地管理公共资源，全体人民将公共自然资源委托给国家进行管理和处置，国家必须为了全体人民（包括未来世代人）的利益尽到善良管理人的义务。之所以委托国家，是因为公共资源上的公众利益是一种高度分散或者扩散的利益（Diffuse Interests），易发生公地悲剧。美国学者普遍将公共信托的实质结构界定为信托资源的双重所有权。其一，政府作为公共信托受托人管理公共自然资源，享有信托资源的普通法所有权；其二，当代及后代的普通公众是公共信托受益人，享有信托资源的衡平法所有权。See Barton H. Thompson, "The Public Trust Doctrine: a Conservative Reconstruction and Defense", *Southeastern Environmental Law Journal*, Vol. 15, 2006, pp. 47-68.

④ See Karen Bradshaw, "Settling for Natural Resource Damages", *Harvard Environmental Law Review*, Vol. 40, 2016, p. 212.

有学者所说："自然资源损害赔偿法律责任是一种融合了侵权、信托和行政法元素的混合物。"① 换言之，我们也不能完全游离于行政法体系之外试图就美国自然资源损害赔偿制度（包括和解与诉讼）获得全面的理解。在制度的运行过程中，行政权始终发挥重要作用。其一，不仅评估过程要遵守法定评估规则，其结论也要制作成行政记录，接受责任人和公众的评论和异议。其二，最终结论在诉讼中具有类似于行政决定的"可推翻的证据效力"。② 其三，根据最终的赔偿金，受托人有权变更最初修复方案，并负责监管方案的实施。因此，有中国学者主张在美国"以私法手段实施公法任务"的制度架构中，自然资源损害赔偿制度更宜界定为公法规则，是具有民事诉讼"形式"（外衣）的行政执法行动。③ 笔者认为，无论是理解为融入公法元素的"特殊侵权"，还是理解为含有侵权特色的"行政执法机制"，主要是观察视角不同，是否遵循公私法分立传统。但是，在行政机关主导的美国自然资源损害赔偿制度中并无行政命令的适用。

本章小结

本章对一些典型国家的生态损害法律责任及其实施机制进行了概览式的介绍和总结（详见表 2-2）。综前所述，不同国家所选择的生态损害法律责任实施机制并不完全一致，但均在行政机制和司法机制之间进行选择性配置，有排斥司法机制而优先适用行政机制的欧盟、英国，有主要依赖于行政机制而保留司法机制在有限范围内

---

① See Gordon Johnson, "Playing the Piper: Comments on Liability for Natural Resources Injury: Beyond Tort", *Alb. L. J. Sci. & Tech.*, Vol. 6, 1996, p. 268.

② 符合美国自然资源损害评估规则的评估结果具有可推翻推定效力。See 42 U. S. C. § 9607（f）(2)（C）.

③ 参见张宝《生态环境损害政府索赔制度的性质与定位》，《现代法学》2020 年第 2 期。

适用的德国，还有混合适用两种实施机制的荷兰、美国和法国。

表 2-2　　典型国家生态损害法律责任实施机制的简要总结

国别	行政实施机制	司法实施机制
欧盟	《欧盟环境责任指令》，即 ELD	无
英国	(1)《环境损害预防规则》（ELD 转化法）； (2) 以法定妨害为基础的法定环境责任机制，如 1991 年《水资源法》第 161 条规定的水污染清理、1990 年《环境保护法》第 IIA 部分污染土地机制	无。法院无须也不应在普通侵权法框架中考虑生态损害法律责任，因为这一问题属于立法者的任务。尽管环保组织可以代替行政机关进行刑事追诉，但其无权代表生态公共利益发起民事索赔诉讼。①
德国	(1) 旨在转化 ELD 的《环境损害法》及其附属法，包括新修订的《联邦水资源法》和《联邦自然保护法》； (2) 未修订的《联邦土壤保护法》	有，极其有限。德国《环境责任法》第 16 条所规定的对生态损害的间接民事法律责任制度，即"具有生态维度的财产损害"
法国	(1) 2008 年《环境责任法》； (2) 传统生态损害法律责任机制，如国家土壤修复机制，包括环境保护分类设施机制（ICPE 机制）和废弃物机制	有。法国《生物多样性法律》（2016 年第 2016-1087 号法律），被编入法国《民法典》第四编第三卷；法国《环境法典》第 L142-4 条
荷兰	(1)《环境管理法》第 17.2 章； (2) 其他行政机制，如荷兰《环境管理法》第 17.1 章，② 1998 年《自然保护法》和《动植物法》（生物多样性损害），《水法》（水污染修复），以及荷兰《土壤保护法》（土壤修复责任）	有，适用有限。环保组织和行政机关分别根据《民法典》第六编第 164 条和判例法，就其事实上已支付的环境损害预防措施和修复措施的成本主张赔偿，明显不能涵盖全部的生态损害

---

① 事实上，在英国法的传统中，追诉环境犯罪的权力并非仅属于法定的行政机关。根据 1985 年《犯罪检控法》（*Prosecution Offences Act*）第 6 (1) 条规定，私人（包括环保组织，乃至任何公民）均享有就任何犯罪提起私人诉讼的一般权利。但这种一般性权利被限定在特定制定法中，环境保护领域针对法定妨害提起私人诉讼的权利规定在 1990 年《环境保护法》（*Environmental Protection Act*）第 82 条中。在英国法律实践中，尽管有个人提起诉讼的实践，但更常见的是由组织提起。在很多实际案件中，如 Sea Empress 污染事故案，私人组织（地球之友）提起诉讼会给行政主体（环境署）带来压力，迫使其采取行动（发起刑事诉讼），但有法官对此提出怀疑，认为"让私人诉讼者起诉实际上会造成一种不幸，并没有给予行政机关采取行动的机会"。See R v. Anglian Water Servies Ltd. [2004] Env LR 10.

② 荷兰《环境管理法》第 17.1 章规定设施内的突发事件必须由运营者向行政机关报告，并且设施运营者必须采取措施预防、限制或救济损害。如果运营者未能在突发事件发生时采取这些行动，则行政机关可以采取行政命令要求运营者采取措施或自行采取措施，并且行政机关可以从运营者处收回成本。但第 17.1 章的规则仅限于《环境管理法》内的设施，并且行政机关的权力相较于第 17.2 章也更为有限。

续表

国别	行政实施机制	司法实施机制
美国	《超级基金法》反应行动机制中的单边行政命令（UAOs）和协商和解	《超级基金法》反应行动机制中的司法禁令；《超级基金法》自然资源损害赔偿和解和诉讼

最早针对生态损害问题设定法律责任的美国一般倾向于采纳混合行政机制和司法机制的实施机制。具言之，美国国会一般会授权政府行政机关采用单边行政命令或者协商和解制度来实施责任机制，抑或通过向法院提起民事诉讼寻求司法禁令的方式来实施责任机制。在实践中，行政机关使用行政协商和解方式实施法律责任的频率最高。以《超级基金法》为例分析，其创设了两项责任机制——反应行动法律责任和自然资源损害赔偿责任。对于反应行动责任机制，《超级基金法》允许政府行政机关采用单边行政命令或协商和解，或者司法诉讼方式实施责任机制。从目前实践来看，政府行政机关（即联邦 EPA）更倾向于采纳协商和解的方式，只有在协商不成或者责任人不明确或者政府行政机关自行决定不和解的情形下，才适用单边行政命令和司法实施。对于自然资源损害赔偿法律责任机制而言，《超级基金法》仅授权政府行政机关（即美国政府受托人）在与可能责任人无法达成和解时对可能责任人提起民事诉讼，以收回因自然资源损害导致的各种可赔偿损失，很多美国法学者称这种民事诉讼为"特殊的侵权诉讼"。这是因为，该民事诉讼程序被融入了一些行政元素，例如：政府行政机关或相关主体实施的生态损害鉴定评估程序如果符合了法定规则便享有法定的"可推翻推定效力"。从法律责任实施机制的关系来看，两种机制之间存在着逻辑上的"适用顺位"关系，即自然资源损害赔偿制度仅在反应行动不足以救济全部损害时启动。[①] 从实施机制的属性来看，反应行动责任

---

① See Peter Wettersten, *Harm to Environment: The Right to Compensation and the Assessment of Damages*, London: Carendon Press, p. 448.

中的单边行政命令和协商和解均是行政实施机制，且协商和解具有优先性；而反应行政责任机制中的司法禁令，以及自然资源损害赔偿法律责任依托的和解和诉讼是司法实施机制，行政权元素在二者实施过程中仅发挥辅助作用。

作为继受美国自然资源损害赔偿法制经验影响的欧洲，在生态损害法律责任实施机制有关立法上并未完全沿袭美国立法例。相反，它呈现出一种更加多样化的法制现状。在一定程度上，这是因为欧洲大陆不同国家既存的法律制度传统存在差异。从欧盟层面来看，2004年正式通过的《欧盟环境责任指令》（ELD）预示着欧盟在生态损害救济问题上，已正式从私法转向公法，其责任实施机制也从司法机制转向行政机制。根据ELD的规则，政府行政机关被赋予主导性实施权力。一般而言，行政机关可通过环境行政命令要求责任人履行生态损害法律责任，或者在责任人不履行时自行实施，并在实施措施完成之前或之后向责任人主张成本收回。在这种行政机制中，其他生态公共利益代表人的权利受到极大限缩，仅享有请求行政机关行动或针对行政机关不合法、不合理之行为享有异议权利。但如前文所述，由于欧盟各成员国的法制传统和现实国情并不完全一致，各成员国必须仔细协调ELD项下行政实施机制和各成员国内国法体系中原有生态损害法律责任实施机制之间的关系。由此，原本应得到完全转化的ELD在各国会面临不同的实施情况，即可能得到部分适用，或几乎得不到任何适用。本章以英、德、法、荷四国作为分析样本。

首先，对于英国。英国私法（即普通侵权法）相对保守，使得生态损害救济在英国主要适用于各种法定责任机制，其责任实施机制模型是基于法定妨害机制设定的行政实施机制。2020年2月1日英国正式退出欧盟，基于法制稳定性考量，欧盟层面原有立法仍将持续影响英国法。具言之，ELD早在2010年就在英国得以转化为《环境损害预防与修复规则》（ELD转化法），故《环境损害预防与修复规则》确定的生态损害法律责任行政实施机制也将继续在英国生效。事实上，英国立法者为了协调《环境损害预防与修复规则》项下生态损害法律责任行政实施机制与英国传统制定法中所规定的各种法定责任机制之间的适用关系，在环境损害预防与修复规则实施指南中明确了法律适用选择规则。对于土壤污染损害问题，《环境损害预防与修复规则》的适用极为有限，因为《环境保护法》第 IIA 部分 "污染土地机制" 会得到优先适用。

其次，对于德国。德国《环境责任法》（1990 年制定，2007 年修订）第 16 条为通过民事责任救济有限的生态损害（具有生态维度的财产损害）提供了一种私法责任机制（司法实施机制）。但是，目前来看，德国法仍主要采纳的是行政实施机制。对于《环境损害法》（ELD 转化法）与既有行政实施机制之间的关系，德国《环境损害法》通过 "总则+分则" 方式实现了二者之间的衔接。以土壤污染损害为例，自身规定相对完善的德国《土壤保护法》应得到优先适用，仅在该法未规定时补充适用《环境损害法》。

再次，对于法国。不同于英国和德国两国法律，法国在通过制定 ELD 转化法《环境责任法》（编入《环境法典》第一卷第六编）确立了生态损害法律责任行政实施机制的同时，大力发挥侵权法在救济生态损害方面的作用，通过修订《民法典》引入纯粹生态损害民事责任（一种司法实施机制）。由此，两种机制可能发生适用冲突。为解决冲突，《生物多样性法律》选择在《民法典》和《环境法典》中分别设置衔接规则。[①] 然而，对于衔接规则中的 "（酌情）考虑"（tient compte）应该如何进行，立法者未能释明，立法者似乎倾向于选择让法官在实践中思考解决问题的办法。可以预见，在法国，很有可能会出现 "州长根据《环境责任法》行

---

① 一方面，依《生物多样性法律》第 1 条的规定，在《民法典》中规定，"在必要时，生态损害评估应酌情考虑到届已采取的修复措施，特别是在已实施《环境法典》第一卷第六编的情况下"。另一方面，按《生物多样性法律》第 7 条的规定，修订《环境法典》第 L. 164-2 条为："如有必要，依本编内容采取的修复措施应当考虑到法国《民法典》第四编第三卷的影响。"

事，而环境协会根据《民法典》采取平行行动"，诉讼数量会成倍增加，导致补救措施发生重叠的风险。[①] 此外，与英国、德国相似，法国法中也存在一些传统的公法责任机制，这些责任机制与《环境责任法》和《民法典》项下实施机制（如法国土壤污染损害救济国家政策）之间亦可能存在适用冲突，对此问题目前尚未有应对方案。值得注意的是，由于目前尚缺乏适用《环境责任法》和《民法典》的案例，实际上很难对两种实施机制的效果进行评估。

最后，对于荷兰。针对生态损害法律责任实施机制，荷兰法采用了混合式的处理方案，不仅以行政实施机制为主导，也承认司法实施机制的有限作用。一方面，2008年《环境责任法》规定了生态损害法律责任的行政实施机制，一些传统单行环境法中也规定了生态损害法律责任行政实施机制。由此，两种行政实施机制之间会发生适用冲突。以土壤污染损害为例，荷兰为转化ELD制定的《环境责任法》和《土壤保护法》之间会发生适用冲突。《关于荷兰环境管理法第17.2章的指南：环境损害或紧迫环境损害危险时采取的措施》就此问题设定了衔接规则，即对于那些未能达到《环境责任法》阈值条件的土壤污染损害，应当选择适用《土壤保护法》。同时，由于《土壤保护法》规则相较于2008年《环境责任法》更加严格，荷兰政府据此预测，"在土壤污染损害领域，《环境责任法》能够适用的空间微乎其微"。实践中尚未出现任何有关《环境责任法》的案例也从侧面印证了这一观点。另一方面，以判例法和《民法典》为主体的私法体系则确定了生态损害法律责任的司法实施机制，即行政机关和环保组织有权分别按照判例法规则和《民法典》第三编第305a条提起的生态损害赔偿

[①] See Simon Taylor, "Extending the Frontiers of Tort Law: Liability for Ecological Harm in theFrench Civil Code", *Journal of European Tort Law*, Vol.9, No.1, 2018, pp.81-103.

诉讼。但值得注意的是，环保组织和行政机关提起的索赔请求仅限于其事实上已经支付的生态损害预防和修复措施的成本，不能涵盖全部的生态损害。由此，《环境责任法》中的行政实施机制还会与荷兰《民法典》和判例法所主导的司法实施机制发生适用上的重叠，目前立法尚未对此问题有任何应对方案。

第 三 章

两种法律责任实施机制的原理和内容结构

在明确了生态损害救济目标、使用法律责任实现生态损害救济目标的必要性,以及两种可用以实施法律责任的实施机制以后,本书转入路径选择问题的研究,即如何选择最适合于实施生态损害法律责任的实施机制。最佳法律责任实施机制的选择,是在救济目标的指引下,比较分析两种备选实施机制的功能优劣差异。比较两种备选机制,包括两方面的内容:其一,制度设计层面,比较的核心是两种不同法律责任实施机制在作用原理和内容结构方面的不同;其二,制度实施层面,比较的核心是两种备选机制在制度实施效果方面的差异。在对两种不同实施机制的制度结构和实施效果进行比较分析的基础上,路径选择理论的核心内容可概括为:如何用更低的制度实施成本实现生态损害法律责任目标。本章主要探讨两种实施机制在制度设计层面的差异(即作用原理和内容结构的差异),并分析缘何两种机制均可承担起实施生态损害法律责任的制度任务。本章研究将表明,不同的责任实施机制不会影响生态损害法律责任的本质属性,[①] 它们旨在实现的生态损害法律责任目标一致。换言

---

① 事实上,各种具有"依法修复或赔偿"内容的法律责任在本质上具有同一性,不会因实施手段(行政执法抑或民事诉讼)、发动者(执法人员抑或原告)、决(转下页)

之，只要生态损害法律责任制度的设计符合"社会最优规制标准"，则两种实施机制在理论上均能有效实现责任目标，即"修复/赔偿生态损害"。值得注意的是，本书仅关注"损害填补"（即生态损害的修复/赔偿），不包括行为制裁，故社会最优规制标准便是责任规模与实际损害补救成本相当。由此，若不考虑制度实施问题，仅从制度设计来看，两种机制均可有效救济生态损害，只不过不同的理论基础决定了二者在运行程序方面存在差异。

第一节 两种备选实施机制的研究范围限定

法律责任规则具有的事后规制功能使它可以也应当成为生态损害救济规制工具谱系中的重要组成部分。一般而言，在救济生态损害的法律规制工具谱系中，常见的规制工具可分为两类，即"主要规制工具"和"辅助性规制工具"，前者包括事前的"命令—控制"工具（如环境质量标准和污染物排放标准、环境许可、环境影响评价制度等）、事前性的经济激励类工具（如环境税费工具、排污/排污权交易工具等）及事后的法律责任规则（其实施机制可以二分为行政机制和司法机制）；而后者包括信息规制工具和事后法律制裁工具。其中，法律制裁工具亦可分为行政处罚和刑事制裁。信息规制工具（如政府发布的行政指导、信息发布、强制信息披露和生态环保产品认证等）是一种相对依赖于可能责任人自愿行动的辅助性规制工具；经济激励型规制工具一般在经济性规制领域中发挥作用，且它也多侧重于对相对人行为的经济激励，故二者的"规制色彩"相对较弱；相比之下，事后的法律责任规则，无论是旨在填补实际损害的法律责任，还是旨在惩戒相对人致害行为的法律制裁（即行

（接上页）策者（监管部门抑或法院）等有差异而有不同本质。参见巩固《公法责任视角下的土壤修复：基于〈土壤污染防治法〉的分析》，《法学》2018 年第 10 期。

政处罚或刑事责任），均有相对更强的"规制"色彩。当然，相比于具有最强管制特征的事前"命令—控制"工具，法律责任和法律制裁的"行政规制"色彩相对较弱。从本书的研究目标出发，为把握两种法律责任实施机制之间的差异，应同时探讨法律制裁和"命令—控制"工具。有关三类规制工具之间的异同之处，参见表3-1。

表3-1　法律责任、法律制裁和"命令—控制"工具间的比较

比较项目	法律责任（行政+司法实施机制）	法律制裁（行政制裁或刑事制裁）	命令—控制制度工具
实施目标	以最低实施成本实现损害填补	惩戒违法者的违法行为	禁止或限制风险行为
实施原理	风险行为的政府定价	风险行为的政府定价	政府直接取代市场
实施方式	一般威慑	威慑补充	直接禁止或限制
决策模式	风险行为的私人决策	风险行为的私人决策	风险行为的政府决策
规制时机	事后规制	事前或事后规制	事前规制
实施主体	（1）行政机关启动并首次决定；（2）行政机关或私主体启动，法院首次决定	（1）行政机关启动并首次决定；（2）检察机关启动，法院首次决定	行政机关启动并首次决定

一　不同规制工具的分类及比较

规制工具因为发起主体和规制内容的不断演进，已经从传统相对狭义意义上的"命令—控制"工具扩展至各种实际上或可能会对个体行为具有威慑效力的活动和制度。[①] 在此背景下，我们可以将"命令—控制"工具、法律责任以及法律制裁并列为三种可用以救济生态损害的规制工具。但三类规制工具在"规制"的严格性上并不一致。其中，"命令—控制"工具具有最严格的"规制"色彩，以至于被定义为最为"纯粹的管制型规制"，其基本原理是：政府对风险行为的"成本—收益"结构进行分析，并在此基础上根据社会收益最大化（或事故成本最小化）原则决定是否禁止或限制特定风险

---

① See Peter Cane, "Tort Law as Regulation", *Common Law World Review*, Vol. 31, No. 4, 2002, p. 310.

行为，并由行政机关负责实施该决定。此时，是否实施风险行为以及是否启动规制的决策权完全由政府享有，个人不具有决策权，"市场"完全被政府取代。① 不同于"命令—控制"工具尝试对风险行为的直接禁止或限制，法律责任规则主要通过对可能责任人风险行为的事后震慑，以实现救济目标。以法律责任进行规制的作用原理可整体上作如下概括：运用事后责任为风险行为定价，授权行为人自行进行"成本—收益"分析，并在"采取风险行为并承担由此导致之法律责任和避免实施风险行为"之间进行自由决策。因此，法律责任规则可通过风险定价对行为人的行为构成激励和约束，以实现规制目标。可见，在法律责任规制工具的实施过程中，是否采取风险行为的决策权被赋予行为人，因此，我们可以将它视为一种"市场型"的规制工具。

法律制裁是广义的法律责任，是对相对人违法行为施加的一种惩戒。法律制裁既具有"命令—控制"制度工具的特征，也具有与狭义法律责任类似的联系。具言之，与"命令—控制"制度工具相比，法律制裁在规制目标、实施原理、实施方式、决策主体和规制时机方面存在差异，但二者的实施均依赖于公共主体。与狭义法律责任（填补损害型法律责任）相比，两者既有相似之处，亦有差别。就相似之处来看，狭义法律责任和法律制裁的实施原理均是"风险行为的政府（实际上是立法者）的事前定价"。而差别主要体现为以下四个方面：其一，法律制裁的规制目标在于禁止或限制风险行为，而狭义的法律责任旨在以最小的实施成本实现救济生态损害的目标；其二，二者在实施方式上也并不完全一致，狭义的法律责任是一般威慑，而法律制裁是一种威慑补充；其三，法律制裁并不一定是事后规制工具，对于某些未造成生态损害的特定风险行为，行政机关或检察机关也可启动法律制裁程序；其四，从启动主体的角度来看。狭义法律责任机制的启动主体既可能是公共主体（包括行

---

① 参见宋亚辉《社会性规制的路径选择》，法律出版社 2017 年版，第 64 页。

政机关、法院），也可能是私人主体（包括环保组织），而法律制裁的启动主体只能是公共主体，包括行政机关和检察机关。

二 本书研究范围的限定

结合前文所述，我们可以将生态损害法律责任一分为二，包括：第一，狭义的生态损害法律责任，其规范目标是填补实际造成的生态损害；第二，广义的生态损害法律责任，包括行政制裁和刑事制裁。从制度功能上看，这两种法律责任不同于"命令—控制"工具，体现出了一种"风险行为的私人决策"特征和事后规制的规范效果，即立法者设定的法律责任可能会对可能责任人的行为构成震慑效果，促使可能责任人在实施风险行为前会更加谨慎。但从责任威慑效果看，法律责任规则内部也存在差异，对于狭义的生态损害法律责任，其制度目标是以最低的实施成本实现救济生态损害的目标，因此它们对可能责任人提供的仅仅是一种"一般威慑"，而广义的法律责任对可能责任人附加的是一种"一般威慑"之上的"威慑补充"，其制度功能是惩戒行为人。由此，从法律责任的制度功能角度观察，广义的生态损害法律责任实质上是一种制裁性法律责任，其为可能责任人施加的责任与违法行为的恶性相当，与实际损害关系不大；而狭义的生态损害法律责任，在实质上是一种补偿性法律责任，其目标是填补实际造成的损害。

法律制裁和"命令—控制"制度工具均以政府机关（行政机关、检察机关和法院）作为启动和决定主体，而狭义法律责任在实施主体方面具有典型的二元属性，即"行政机关启动—行政机关首次决定"和"行政机关或私主体启动—法院首次决定"。这两种实施主体分别对应法律责任的两种实施机制，即行政实施机制和司法实施机制。在生态损害法律责任的语境中，两种实施机制的目标一致，均是实现生态损害法律责任（事实上是损害填补型法律责任），并不包括行为制裁。但两种实施机制所依赖的实施程序有别，一是行政执法程序，二是民事诉讼程序。实施程序的差异很有可能影响法律责任目标的实现效果。由是以观,这种程序差异为立法者在两种机制之间进行路径选择奠定了理论基础。这是因为:其一,一般而言,法律责任设定应遵循的一项基本原则是:基于法律应简便易行的要求,不应对同一性质风险行为的法律责任同时设定两种实施机制,除非一种机制不足以完全实现填补损害的目标,或两种实施机制之间形成了良好的兼容关系。其二,如果两种法律责任实施机制的规范效果大体一致,实际上也没有进行比较分析的必要。鉴于实施程序及其实施效果的差异,我们比较分析生态损害法律责任的两种实施机制,以选择出最佳的实施机制,便具有了理论上的必要性和现实中的可行性。

第二节 生态损害法律责任行政实施机制的原理和程序

实质上,生态损害是一种典型的"负的外部性问题",其根源在于市场发生失灵——无法为社会资源提供高效率的配置。换言之,对于致害行为人导致生态损害的行为,市场无法通过自身的调节机制来进行自我矫正——无法将这种生态损害内化为行为人(通常为经济活动的生产者)的行动成本。因此,必须引入一种外在约束力量,才能扭转失灵的市场,以内部化这种负外部性。那么,这里的"外在约束"意指何物?应由何者通过何种程序来引入这种外力?对于这些问题的回答,将直接关系到生态损害这一负外部性问题能否得到有效解决。

正如前文所述,本书仅探讨如何救济(修复/赔偿)已经造成的现实性生态损害,并不论及如何通过事前规制工具来预防生态损害事件的发生。因此,在笔者看来,生态损害法律责任规则是一种具有极强可欲性的规制工具。这不仅是因为法律责任是任何法律制度必不可少的组成部分,还因为生态损害法律责任在实践中已经成为各国普遍采用的制度工具。由此，笔者在本书中直接推定立法者应当采纳生态损害法律责任这一制度工具，以之作为修正市场失灵的"外在约束力量"。从实体内容上看，生态损害法律责任包括两层含义：其一，特定权利人向生态损害加害人或其他责任人主张，由可能责任人负责将受损生态环境的功能和价值恢复至损害前或法律要求的状态，即生态修复责任；其二，特定权利人在已不可能进行生态修复或修复成本远大于收益的情况下，要求加害人或其他责任人就生态损害支付金钱赔偿，即生态赔偿责任。如果以生态保护作为现代环境法律制度的首要目标，则很容易得出结论，立法者应确立"修复优先主义"，即优先适用生态修复责任，并在特定情况下允许以损害赔偿金支付替代生态修复责任的履行。但更为关键的问题是应由何者以何程序来实施这种外在的责任约束力量？由于"生态损害的本体是公共性生态权益减损"的观点已经充分揭示了生态损害问题所蕴含的公共利益属性，故我们在选择生态损害法律责任实施机制时，可以也应当以公共利益规制理论为逻辑起点。换言之，立法者对于生态损害法律责任具体实施机制的选择，实质上是其对生态公共利益规制主体和规制手段的选择。

一　生态损害法律责任行政实施机制的理论基础和作用原理

那么，究竟应该由谁来代表或维护生态公共利益呢？一般来说，依据民主政治所奉行的黄金假设——"个人是自身利益的最佳代表人或判断者"，应当由直接受益者或者当事人来代表和维护公共利益（自身利益的聚合），这才是最理想的制度选择，因为私人自身必然有充足的动力来激励其去维护附着于公共利益中的自身利益。但遗憾的是，"只有理性的个人才有可能是自身利益的最佳代表人或判断者"，而个人的行为并不必然是理性的。[①] 这是因为，个人或受制于

[①] 这种非理性是相对于集体而言的，因为选择"搭便车"在理论上仍是符合理性经济人假设的。

不充分的信息知识或自身勇气的缺乏，或者受到自利性投机心理的影响，使得作为一种公共产品的公共利益经常发生"搭便车"现象。① 事实上，此现象已经得到了经济学家的普遍认可：在供给公共物品的过程中将产生"搭便车"的现象，个人的理性自利的行为将导致集体的非理性的结果，② 唐斯将这种现象称为"个人理性与社会理性之间的冲突"。③ 面对这一"公地悲剧"，不少学者提倡回归"社会契约论"，并提出新主张，"政府应是公共利益的天然的也是法定的代表"。④ 此处的政府并非包含司法机关、立法机关的广义政府，仅指行政机关。由此，行政机关应当成为生态公共利益的天然的法定的代表。从实践向度来看，现代社会分工思维延伸至行政机关，各国普遍设立专门致力于保护生态环境的行政机关，这些生态环境行政机关正在生态公共利益保护方面发挥着不可替代的重要作用。

沿着社会契约论的道路，作为公共利益最佳代表人或判断者的行政机关，应在维护生态公共利益方面发挥更强功能。在本书语境中，行政机关在生态公共利益方面的功能发挥事实上是指立法者应选择以行政机关作为生态损害法律责任的主要实施主体，生态损害法律责任规则应当由行政机关来主导实施。那么，行政机关应当以何种程序来实施这种专门的新型法律责任规则呢？由于行政处罚的法律属性是法律制裁，故其不能作为补救性生态损害法律责任的实施程序。结合生态损害规制工具谱系的知识以及各国已有法律实践

---

① 具言之，不为维护公共利益付出努力的个人，可以在其他人付出努力以实现公共利益目标后，坐享其成。

② 由于在供给公共物品时无法排除非付费者从中获益，每个人的利益最大化极有可能会导致集体利益的最小化。参见［美］曼瑟尔·奥尔森《集体行动的逻辑》，陈郁等译，上海三联书店1995年版，第3页。

③ 参见［美］安东尼·唐斯著《民主的经济理论》，姚洋等译，上海世纪出版集团2005年版，第156页。

④ 胡静：《环保组织提起的公益诉讼之功能定位：兼评我国环境公益诉讼的司法解释》，《法学评论》2016年第4期。

经验可知，生态损害法律责任的实施程序应当是行政机关主导的行政执法程序，具体可以是传统的行政执法程序（即环境行政命令制度），[①] 也可以是新型的行政执法程序（即行政协商和解制度）。在两种程序中，区别仅在于相对人参与生态损害法律责任认定过程的程度有所不同，但二者具有根本上的一致性，即生态损害法律责任的实施过程始终由行政机关主导。这是因为，生态损害法律责任具有复杂的科学技术性和高度的利益冲突属性，使更具专业能力的行政机关更适合主导责任规则实施进程。

从本质上看，行政实施机制旨在实施的法律责任规则是一种有关风险行为的定价机制，即立法者事前在法律中明文规定导致生态损害的可能责任人应承担何种形式及范围的法律责任，责任大小便是立法者对风险行为的定价；在造成生态损害后，行政机关一般要根据生态损害的大小以及其他可能的考量因素来确定责任人应承担法律责任的实际大小。一旦立法者事前完成了生态损害风险行为的责任定价，是否实施这一风险行为的最终决策权便归属于可能责任人，他可以在承担法律责任和避免采取风险行为之间作自由选择。如果可能责任人选择实施风险行为，并且在客观上造成了生态损害后果，则其应承担相应法律责任。当然，基于行政实施机制的属性，环境行政机关负责法律责任的认定和履行，由行政机关通过"行政命令"或者"磋商协议"向可能责任人施加法律责任；若责任人不积极履行法律责任要求，还可能被施加相应的公法制裁，包括行政处罚和刑事制裁。由此，在生态损害法律责任行政实施机制中，法律制裁可理解为确保生态损害法律责任得以有效落实的辅助性保障机制。

[①] 作为行政命令在生态保护领域的适用，环境行政命令可基于行政命令的补救性目的划分为两类，即纠正违法行为和消除生态危害后果。其中，消除危害后果类环境行政命令的制度目的和生态损害法律责任目标（以最低实施成本实现生态损害的修复或赔偿）相符，这便为生态损害法律责任行政实施机制奠定了程序基础。

综上所述，生态损害法律责任行政实施机制的作用原理可概括为：立法者在事前通过风险行为的定价机制确立可能责任人在造成生态损害后应承担的法律责任形式及范围；在可能责任人造成生态损害后，由政府机关（实际上是特定环境行政机关）通过"环境行政命令"或者"行政协商和解"启动法律责任规则的实施程序，要求可能责任人承担生态损害修复/赔偿责任。一旦可能责任人未能履行法律责任，则可能需要面临政府机关施加的法律制裁，包括行政处罚和刑事制裁。其中，刑事制裁的施加要经过严格的公诉程序，由司法机关最终施加。显然，生态损害法律责任行政实施机制要想获得有效实施，则它的作用原理必须依赖于以下几项现实中可能无法得到充分满足的理论假设：其一，行政机关可充分代表和维护生态公共利益；其二，立法者可拥有充分的决策信息，并通过成本—收益平衡决定最优的社会规制标准，即最佳的生态损害法律责任规则；其三，行政机关及其执法人员在生态损害法律责任规则实施过程中不存在违法执法等问题，包括自身存在违法执法的动机，以及来自规制俘获的客观压力。尽管以上假设与客观的社会现实可能并不吻合，但它们却从规范研究的视角出发相对完整地揭示了生态损害法律责任行政实施机制在应然状态下的作用原理。

总之，生态损害法律责任行政实施机制的作用原理源于"社会契约论"的理论假设。作为生态公共利益最佳代表者的行政机关，应作为生态损害法律责任规则的最佳判断者和最有效的实施者；而行政机关作为生态损害法律责任规则的实施主体，便意味着其在生态损害法律责任的认定和范围上享有首次判断权。换言之，只有在确定责任之行政决定过于任意、武断时，法院才可能应请求对行政机关的决定或者协议进行司法审查。事实上，除了社会契约论能够在理论层面为生态损害法律责任行政实施机制提供正当性支持外，行政机关的民主特征（或直接经选举产生，或由立法机关产生）、依法行政特征、稳定预算来源、生态环境统一监管职责，以及其在传统生态保护行政规制过程中积累起来的专业判断力、实务经验和信息资料储备等执法优势，也可为行政机关相较于其他社会主体能够更好地代表生态公共利益（更好地实施生态损害法律责任规则），提供一种功能主义层面的强有力的实用性辩护。[①] 此外，对于生态损害救济过程的经济关联性、系统整体性与科学不确定性要求，行政机关的法定自由裁量权也更具适应性。

二　生态损害法律责任行政实施机制的实施程序

生态损害法律责任行政实施机制的实施程序是行政执法程序。根据行政相对人（责任人）在责任认定和实施过程中的参与程度不同，生态损害法律责任行政实施机制的实施程序可以有两种方案，一是环境行政命令，二是环境行政协商。

（一）环境行政命令制度

环境行政命令是行政命令的下位概念，是行政命令在生态环境保护领域的具体适用。目前我国尚无明确法律法规对环境行政命令进行界定。由此，环境行政命令在环境法学界亦是一个学理概念。根据行政法学界对行政命令概念的一般界定——"行政命令是指行政主体依照宪法或者组织法赋予的职权做出的要求相对人为或者不为一定行为的意思表示"，[②] 环境行政命令是指行政主体依照宪法或者组织法赋予的职权做出的要求相对人为或者不为一定环境保护行为的意思表示，其制度价值在于"通过强制性命令的方式迫使相对人履行一定的环境保护义务"。并且，这里的环境保护义务不同于由行政处罚等确定的第二性义务，是法律直接规定的第一性义务。[③] 换

[①] 参见胡静《环保组织提起的公益诉讼之功能定位：兼评我国环境公益诉讼的司法解释》，《法学评论》2016年第3期。

[②] 参见李牧《中国行政法学总论》，中国方正出版社2006年版，第260页。

[③] 有学者认为，"责令改正是行政执法者要求行政违法者履行法律规范所设定的第一性法律义务"。参见黄锫《行政执法中责令改正的法理特质与行为结构》，《浙江学刊》2019年第2期。

言之，环境行政命令并非行政处罚，其本身仅侧重于"损害补救"，并不具有惩戒制裁性。也正是在此意义上，环境行政命令的"补救性"功能和生态损害法律责任的损害填补特征实现了兼容。具言之，立法者可授权行政机关通过环境行政命令实施生态损害法律责任规则——行政机关可发布行政命令要求责任人修复受损生态环境或就生态损害支付损害赔偿金。

胡静教授为唤醒法学界对环境行政命令的重视，从环境行政命令的法秩序恢复价值（即补救功能）出发，经过逐级推演得出环境行政命令的几种主要形式（种类），最终梳理得出环境行政命令的应然体系。① 环境行政命令包括两种基本类型——"纠正违法行为"和"消除危害后果"，这里的危害后果实际上不仅指向现实的生态损害，还包括发生生态危害结果的风险。其中，纠正违法行为类环境行政命令适用于存在违法行为的情形，消除危害后果类环境行政命令既适用于违法行为也适用于合法行为。② 由此，消除危害后果类环境行政命令便可被用来实施生态损害法律责任，尤其是生态修复责任。结合行政命令制度的运行特征和域外法制经验，笔者以为，用来实施生态修复责任的行政命令制度的有效运行至少应当包括以下几种子程序，具体包括修复命令的发布程序、修复命令的实施程序、修复命令的异议程序、修复成本的回收程序，以及相应的制裁程序。其中，首要且最为关键的步骤是生态环境修复行政命令的发布程序。在该程序中，行政主体应按照"发现损害—明确法律规定/职权要求—确定损害是否符合启动修复条件—明确责任人—损害调查、取证—告知—听取意见—做出决定—发布决定"的程序实施。而修复

---

① 参见胡静《我国环境行政命令体系探究》，《华中科技大学学报》（社会科学版）2017年第6期。

② 从适用关系来看，尽管纠正违法行为类行政命令和消除危害后果类行政命令的制度目标存在差别，但在实践中二者经常一体适用，即行政主体可以在行政命令决定中同时要求相对人纠正违法行为，并积极消除生态环境危害后果。然而，对于危害后果未及时显现的长尾型生态环境危害，二者亦可分离适用。

命令的实施程序、异议程序和成本回收程序以及制裁程序在功能上只是保障生态修复行政命令得以实现其功能目标的辅助机制。对于生态损害赔偿责任，行政机关可以通过责令赔偿损失的方式要求相对人支付赔偿金。①

然而，在我国行政法体系中，环境行政命令制度并未得到重视，在现阶段无法承担起实施生态损害法律责任的任务。这是因为，其一，环境行政命令的概念和内涵目前尚未统一。事实上，行政命令目前仍然是一个学理概念，并未获得行政法理论界和实务界的普遍认可，其突出表现是2020年12月31日最高人民法院新颁布的《关于行政案件案由的暂行规定》（法发〔2020〕44号）取消了之前《最高人民法院关于规范行政案件案由的通知》（法发〔2004〕2号）使用的"行政命令"术语，代之以"行政处理"。② 其二，尽管

---

① 责令赔偿损失是为了恢复或弥补被侵害的权益，并非对相对人的制裁或惩戒，要求其赔偿损失是要求履行应承担的法律义务，并未剥夺或者限制其合法权益，因此责令赔偿损失不属于行政处罚，是行政命令。例如，意大利《环境法》规定，如果当事人不履行行政命令所规定的修复义务或者不可能完全修复损害，则意大利环境、领土和海洋部门应命令其在60日内支付一笔造成环境损害货币等物的款项。参见中国工程院、环境保护部编《中国环境宏观战略研究战略保障卷》，中国环境科学出版社2011年版，第295页。

② 《最高人民法院关于规范行政案件案由的通知》（法发〔2004〕2号）将行政命令作为和行政处罚、行政强制、行政裁决等相并列的行政行为类型。但2020年12月31日最高人民法院新颁布的《关于行政案件案由的暂行规定》（法发〔2020〕44号）取消了"行政命令"的表述，代之以"行政处理"。根据新的《案由暂行规定》，与行政处罚、行政强制措施和行政强制执行等并列的二级案由"行政处理"，共包括13项具体的三级案由。笔者以为，以"行政处理"替代"行政命令"的做法并不妥当。这是因为，行政处理是行政机关对具体事件所做的决定，是行政机关依职权或者应当事人申请就特定事项做出的处理，故其基本上可以和内涵广泛的"行政决定"或者"行政行为"等概念相互替换。因此，除非将行政处理的内涵予以限定，否则其不仅可以涵盖目前新的《案由暂行规定》所确定的多种责令型三级案由，还可以包括行政许可、行政登记、行政确认、行政给付、行政裁决等其他诸多二级案由。退而言之，即使我们可以限缩行政处理的内涵，但此方案也并不利于把握"责令型行政行为"的实质内涵，会造成法律适用的困顿。

《环境行政处罚办法》第 12 条确认了环境行政命令，并将其与行政处罚相区分，但其列举的责令行为类型仅限于违法行为的纠正，较少涉及危害后果消除。[①] 其三，当前环境单行法中出现的一些责令行为类型，如"责令消除污染""责令（限期）改正""责令（限期）治理""责令恢复（原状）"等虽然可能涉及危害后果的消除，但其内涵并未明确涵盖生态环境修复，导致除部分地方政府主动适用外，其他地方政府普遍不愿做扩张解释或推理，毕竟"法无授权不可为"。其四，事实上，从当前规则配置来看，即使行政机关愿意用"责令（限期）改正""责令（限期）治理""责令恢复（原状）"等来实施生态损害法律责任，但能否实现责任目标也有很大的不确定性。这是因为：一方面，既有环境行政命令制度存在规则空白，导致生态损害责任目标难以实现。首先，很多命令规则并未确立生态系统观念，导致即使是自然资源法中的环境行政命令也无法涵盖生态系统服务功能的修复。其次，行政辅助性成本支出无法涵盖。环境行政命令属于行政执法行为，其必然涉及对生态环境违法行为的监测、检查和鉴定评估等调查取证工作。实践中动辄几十万元、上百万元的鉴定评估费用甚至超过了修复费用，可能使行政机关受制于部门执法经费，在目前行政命令制度尚无法涵盖各类行政辅助性成本支出的背景下，行政机关更倾向于采取行政处罚，导致"以罚代治""以罚代刑"等现象突出。最后，欠缺命令程序规则，导致环境行政命令的实施并无严格法定程序可依，进而造成行政机关和行政相对人的权利义务严重失衡，使具有法定程序的行政处罚更具可适用性。另一方面，受限于我国长期以来的法制传统，环境行政命令制度的独立性不足，导致环境行政命令附属于行政处罚之中。《环境行政处罚实施办法》第 11 条第 1 款直接承袭《行政

[①] 《环境行政处罚办法》第 12 条列举了责令改正或限期改正违法行为行政命令的具体形式：责令停止建设、责令停止试生产、责令停止生产或者使用、责令限期建设配套设施、责令重新安装使用、责令限期拆除、责令停止违法行为、责令限期治理等。

处罚法》第 23 条的规定，"环境保护主管部门实施行政处罚时，应当及时作出责令当事人改正或限期改正违法行为的行政命令"。最高人民法院在比较分析行政命令和行政处罚时，也将"责令改正或限期改正"限于"行政机关实施行政处罚过程中"。① 这就使得行政机关在日常执法实践中普遍将各类行政命令附属于行政处罚中，甚至是直接将其界定为行政处罚。这种做法会限制环境行政命令制度的独立价值，压缩其柔性执法功效，剥夺相对人自行补救生态环境危害后果的机会，导致行政机关与相对人的对立。这也是本书选择以环境行政命令而非行政处罚作为生态损害法律责任行政实施机制的原因。

最后，当前环境行政命令制度的不完善并不必然意味着立法者不能选择以环境行政命令制度来实施生态损害法律责任。按照正常的立法逻辑（如无必要不增设新法律制度），既然当前环境行政命令制度在消除生态损害后果方面存在缺陷，那么立法者应当对其进行修正、完善，只有在环境行政命令制度无法承担起实施生态损害法律责任任务的情况下，才具备探索适用其他行政实施机制或者司法实施机制的必要性。但是，我国立法者在此问题上发生了结构性思维跳跃，忽略了环境行政命令制度在生态损害法律责任实施机制方面的功能作用。事实上，环境行政命令也并非我国环境行政执法事项的组成部分。②

（二）环境行政协商制度

生态损害法律责任行政实施机制可以采取的第二种实施程序是环境行政协商制度。环境行政协商制度的诞生具有深刻的环境行政民主化发展背景。

一般而言，行政命令是行政机关就特定事项向相对人发布的单

---

① 参见最高人民法院判决书，（2018）最高法行申第 4718 号判决书。
② 《生态环境保护综合执法事项指导目录》（2020 年）所列 248 项行政执法事项均为行政处罚和行政强制。

方意思表示，基本符合以支配与服从为特征的高权行政的概念范畴。高权行政是诞生于行政民主化发展程度不完善时期的最初的行政范式，其特征是行政机关与相对人法律关系的不平等、行政权的垄断性、行政过程的单向性以及行政结果自决性等。在高权行政的范式里，行政机关是推进行政事务的唯一主体，相对人只是履行配合义务的角色，并无决定权。因此，实践中，行政机关经常依据单方面意志自行决定相对人的义务并以强制方式使其贯彻执行，由此，在行政机关和相对人之间形成的秩序关系呈现出明显的等级特征，是"上下秩序关系"。这种高权行政能够保障行政效率，确保行政机关可以及时、迅速地采取措施来处置各类行政事务。但它也存在着严重的"公平性困境"，对相对人实体和程序权益的顾虑完全依赖于行政机关的自觉，极有可能侵犯公民、法人或者其他组织的基本权利，进而与法治国的目标背离。正是在此意义上，高权行政逐渐为一些新型的行政范式或者说理念所取代。事实上，随着行政民主化进程的发展，高权行政的单方面行政决定过程逐渐弱化，开始融入相对方的意见与参与，此即所谓"传统参与行政"的兴起。这种"传统参与行政"为行政命令适用于紧急情况以外的生态环境修复提供了理论上的可能性。这是因为，与传统的高权行政不同，"传统参与行政"注重行政法律关系的平等性、行政相对方对行政过程的参与（如陈述、申辩、听取意见等）以及行政机关的回应性（如告知、答复等）。从域外法经验来看，各国普遍选择对环境行政命令规定的实施程序予以规范，其中，"调查取证""听取相对人意见""告知"均在一定程度上体现了相对方的参与。具体到生态修复领域，"最低限度的程序要求"可能要求行政机关在多阶段中充分考虑相对方的意见，例如，《欧盟环境责任指令》及其成员国转化法要求相对人提交受损生态环境的修复计划方案（最终选择由行政机关做出），并优先享有自主实施生态修复方案的机会；美国自然资源损害评估程序在多个环节也都允许相对人参与损害的评估和修复方案的编制。① 从此阶段来看,似乎行政命令制度在经过"传统参与行政"的程序改良后,可以克服其自身对相对人权益考虑不周的弊端,有利于确保程序的公平、公正。但值得注意的是,在传统参与行政范式中,行政机关与相对方的法律关系仅是一种形式上的平等,相对方参与方式只是一种形式上的参与,行政过程的互动也是一种形式上的互动。由此,行政相对方的意见最终能否以及在何种程度上能够融入行政结果,都完全取决于行政机关的意志和自我决定。如此合意并不是真正的合意,而是一种"偏颇的合意"。② 相对人若对行政决定有异议,只能通过法定异议渠道解决,而依赖于行政机关的复议或者司法机关的审查来纠错毕竟面临很强的不确定性,在"行政一体"的背景下,上下级行政机关可能发生共谋,而司法机关可能会在具有科学技术性的问题上持价值中立态度,选择对行政机关的决定予以"过分"尊重。③ 总之,生态修复行政命令虽可经过

---

① 根据美国《石油污染法》(OPA)和《超级基金法》(CERCLA)的授权,自然资源损害由政府受托人负责主导实施评估过程。国会为了确保自然资源损害评估程序的合法、正当,要求受托人遵守规则。尽管两法的自然资源损害评估程序略有不同,但大体上都分为五个阶段,包括自然资源损害评估前准备、受损资源评估、预评估阶段、评估阶段和后评估阶段。每个阶段的目标都不一致,但公众有权参与第四阶段和第五阶段。具言之,第四阶段主要目的是寻找合适方法评估和量化损害,并提出预索赔恢复计划(Pre-Claim Restoration Planning)。在评估实施之前,受托人要制定评估计划(The Assessment Plan),受托人有义务将该计划公开并进行公共审查和评论。第五阶段的主要目的是形成评估报告,并根据报告进行索赔以及在获得索赔额后制定具体的恢复计划(Restoration Plan)。按照评估规则的要求,受托人有义务在形成评估报告(OPA Restoration Plan,CERCLA Report of Assessment)后进行公共审查和评论。

② 参见相焕伟《协商行政:一种新的行政法范式》,博士学位论文,山东大学,2014年,第43页。

③ 萨克斯教授曾经对美国法院对行政机关的过分尊重态度提出了批判。参见[美]约瑟夫·L. 萨克斯《保卫环境:公民诉讼战略》,王小钢译,中国政法大学出版社2011年版,第92页。

"传统参与行政"理念的注入实现自我改良，在一定程度上克服高权行政背景下单方行政决定的弊端，但其仍存在功能缺陷——相对人的形式参与。

随着现代社会行政民主化程度的进一步提高，为克服相对方仅形式参与行政决策过程中的弊端，"传统参与行政"进一步演化为一种不论在理论层面还是在实践层面都具有与传统行政所截然不同之内在特质的"新型参与行政"，即"协商行政"。所谓"协商行政"模式，是一种以行政法律关系的实质平等、相对方的实质参与、行政过程的实质交涉以及行政结果的双方合意为基本特征的新的行政类型。在此背景下，行政契约（Administrative Contract）作为一种替代以支配与服从为特征的高权行政（Hoheitliche Verwaltung）的更加柔和、富有弹性的行政手段孕育而生了。可以说，"协商行政"最典型的标志是行政协议。具体到我国生态损害救济领域，"协商行政"则具体表现为当前正在推进的生态环境损害赔偿磋商。① 由此，一个值得我们深思的问题是：在保障相对人权益方面更具优势的行政磋商制度是否应当完全取代传统参与行政模式下的行政命令制度？

仔细研究协商行政的过程，可以发现，其可能存在以下几方面的潜在功能缺陷。其一，行政机关和相对人的实际磋商能力并不平等，因此，试图完全实现行政主体和相对方之间的"实质平等"是不可能的。其二，尽管协商行政在"接受效率"方面优于行政命令，但其在"决策效率"方面要劣于行政命令，因为协商过程不可避免地会增加行政成本，使行政程序昂贵、费时。更糟糕的情况是，由于协商行政的多主体性特征、妥协性特征，容易导致决策"僵局"，

---

① 尽管磋商的法律属性仍在民事协议、行政协议、行政事实行为等观点之间摇摆不定，但越来越多的学者认为其是行政机关"运用平等协商之私法手段的行政权行使之新样态"。参见彭中遥《生态损害赔偿磋商制度的法律性质及发展方向》，《中国人口·资源与环境》2020 年第 10 期。

致使协商成为行政的羁绊。① 其三，协商行政虽然能够最大限度地保障相对人的程序权益，但其所内含的公共利益与私人利益的妥协以及追求个案正义的导向，容易导致两方面的公平性缺陷。一是公共利益会在讨价还价中被"算计"，行政公共性难获保障；二是协商行政具有个案衡平的特征，不仅不利于形成统一行政规则的行政决策模式，还容易造成"同等情况不同对待"的问题，从而有损行政公平性。② 由此，协商行政制度存在一些无法克服的缺陷，而行政命令制度相较于协商行政同时具备了功能优势，例如，行政命令更有利于形成规则统一的行政决策，行政命令制度具有更优"决策效率"等。因此，至少我们可以得出结论，依托于传统参与行政模式的环境行政命令制度和协商行政框架下的行政磋商制度，二者各有功能优劣。鉴于社会科学领域内范式的包容性特征，协商行政和传统参与行政之间的关系并不必然相互排斥，相反，二者之间可能是相互衔接的关系。具言之，我们在设计生态损害法律责任的具体实施机制时，可以考虑综合利用环境行政命令制度和生态环境损害赔偿磋商制度。至于是平行适用行政命令和行政磋商并为二者划定功能边界，还是为行政磋商设定优先顺位，然后再授权行政命令在协商"僵局"的情况下"登场"，抑或采纳"行政优先，磋商替补"的制度方案，都属于立法者应在经过详细比较分析之后自由选择的立法裁量问题。

---

① 由于协商行政的多方主体性、妥协性的特征，往往会"把争议从一个可能通过重复适用规则而轻易解决的两极冲突，转变成一个没有秩序的领域，其中充满着对抗规则调控的变动力量"，影响行政所必需的迅速与果断，陷入行政决策的"僵局"，并最终导致"协商"成为行政的"羁绊"。参见［美］理查德·斯图尔特《美国行政法的重构》，沈岿译，商务印书馆 2011 年版，第 165—166、168 页。

② 参见相焕伟《协商行政：一种新的行政法范式》，博士学位论文，山东大学，2014 年，第 103—108 页。

第三节　生态损害法律责任司法实施机制的原理和程序

长期以来，几乎在所有的司法管辖区内，生态公共利益的维护均优先通过各国行政机关的行政执法的方式（即生态损害法律责任行政实施机制）来实施。在实践中，行政机关的关注点随着生态恢复原则和可持续发展理念的发展而不断发生演变，从之前侧重于污染的消除（实际上是清除污染物质以确保其不会对人体健康或生态构成不利影响），转变为当前强调对受损生态环境的恢复（将受损生态恢复至基线条件，以确保它可以提供相当的生态服务功能）。然而，各国采纳以环境行政命令或环境行政协商为依托的法律责任实施机制并未取得应有的显著效果。这是因为，前述行政实施机制的有效运行必须依赖于行政机关的意愿和能力。由此，在诉讼亦能成为环境法实施工具的现代环境法制背景下，① 部分国家立法者开始将注意力转向司法实施机制。一些司法管辖区尝试在行政执法机制以外启动生态损害法律责任司法实施机制——依托民事诉讼来救济生态损害的民事诉讼和执行规则。本节内容重点介绍生态损害法律责任司法实施机制的作用原理及其程序结构，尤其关注它相较于生态损害法律责任行政实施机制的不同之处。

一　生态损害法律责任司法实施机制的理论基础和作用原理

从理论上看，生态损害法律责任的法律属性是公法责任，其实施机制既可以是行政执法机制，也可以是司法实施机制。从制度的

---

① 除公民、社会组织和国家机关自觉守法外，各国环境法还有另外两种实施路径：一是由专门行政机关的行政执法来实施；二是由公民、社会组织或特定国家机关通过公益诉讼和私益诉讼来实施。

发展历史来看，由于司法权具有谦抑性，行政实施机制在维护和增进生态公共利益方面发挥作用要先于司法实施机制。那么，现代立法者为何要在行政实施机制以外引入生态损害法律责任司法实施机制？对此问题的回答，可以从内部和外部两个视角展开观察。一方面，从外部视角来看，司法实施机制可以发挥功能效用是因为行政实施机制具有制度缺陷。具言之，作为行政实施机制主导者的行政机关会面临规制俘获等政府失灵问题，进而直接影响生态损害法律责任目标的实现。另一方面，从内部视角来看，在公法私法化和司法能动主义双重社会思潮的推动下，司法社会治理功能开始在我国兴起，司法机关开始辅助行政机关甚至直接替代行政机关，在生态公共利益维护领域发挥重要作用。由此，作为一种旨在克服行政权垄断公共事务治理遭遇"局部失灵"后的技术补丁，生态损害法律责任的司法实施机制应运而生，具体表现为针对行政机关发起的环境行政公益诉讼，以及直接针对责任人发起的环境民事公益诉讼。其中，由于环境行政公益诉讼的目的是督促行政机关执法，只能定位为行政实施机制的辅助机制。因此，本书所谓生态损害法律责任司法实施机制是指环境民事公益诉讼。值得注意的是，与行政实施机制不同，司法实施机制的启动主体（如环保组织、行政机关、检察机关、任何公民，各国立法不一）和决定主体（法院）是分离的。在此意义上，生态损害法律责任司法实施机制的理论基础还包括公共利益的多元代表理论。最后，司法实施机制与行政实施机制的作用原理相似（风险行为的事前定价），但二者实施程序存在差异。

（一）政府行政失灵与公共利益的多元代表理论

传统行政法信任行政机关（行政权）可以全权处理公共利益问题。但与私人利益相比较，公共利益的最特别之处就在于"利益内容的不确定性"和"受益对象的不确定性"，并且公共选择学派已经向我们揭示，现代行政绝不是代议机关所期待或者设想的那种"客观中立地位"与"立法传送带角色"。① 伴随议会民主制的空洞化和行政裁量权的不断扩展，在行政权的意思优越性原理与行政干预强化的合力作用下，现代行政机关的政策行动时常会偏离公共利益的轨道，甚至形塑了与公共利益相冲突的私人化"政府利益"。② 西方管制俘获理论也早已充分印证了这一点。这种行政机关偏离公共利益的行为就是政府行政失灵。也正是因为政府行政失灵的存在，学者开始在社会契约论以外探索公共利益的多元代表理论。

1. 政府行政失灵理论

行政实施机制可以有效实现生态损害法律责任目标的一个前提条件便是行政机关可以正直、充分地代表生态公共利益，在生态公共利益受到损害或有受到损害的威胁时，可以不受限制且主动地"依法行政"，维护生态公共利益。但这仅是一种纯粹的理论假设，现实中的行政机关往往要受制于各种不利因素，致使它代表公共利益的能力和意愿遭受限制，这些因素包括但不限于：行政机关获得违法信息的能力、在确认损害和量化损害方面的专业能力、被俘获的可能性以及行政执法人员的能力和选择意愿等。这些理想与现实的差距，向我们揭示：行政机关的能力是有限的，面对纷繁复杂的现实世界，行政机关也是极其渺小的，仅凭政府行政执法根本无法解决生态损害问题，因为行政执法的最佳实施条件在现实世界中呈现出的往往是一种不完备状态，这一现象常被理论界称为"规制俘获"或"行政失灵"。换言之，因市场失灵导致的生态损害问题虽然催生了政府以行政执法方式介入的"政府干预"，但这种政府行政执法方案具有自身的制度局限。正如有学者所阐明的，市场失灵仅

---

① 参见鲁鹏宇《论行政法的观念革新：以公私法二元论的批判为视角》，《当代法学》2010年第5期。
② 参见张方华《回归国家治理的公共性：我国公共利益与政府利益的关系研究》，南京师范大学出版社2019年版，第111页。

是政府管制的必要不充分条件，政府管制也可能会失灵。① 总之，这种依托于政府行政执法方案的法律责任实施机制并非万能良药，它会受制于行政执法机制自身的局限，仅能发挥有限功效。

从理论上看，行政失灵问题的存在具有必然性。首先，行政机关的行为目标会发生异化。因为，政府并不是一个可以超脱于现实社会经济利益关系的"万能神灵"，它由各个机构组成，而各个机构又是由各层官方组成。实际上，无论是行政官员、行政机关，还是背后不断游说的利益集团还有政党，都会孕育、催生出自己的行为目标，而这些行为目标显然不能自然而然地与社会公共利益画上等号。相反，不同利益集团的行为目标可能会分解、替代、扭曲政府行政机关的行为目标，进而导致政府行政机关代表公共利益的目标发生一定程度的偏离甚至异化。公共选择理论奠基者布坎南教授曾言，"在公共决策或集体决策中，实际上并不存在根据公共利益进行选择的过程，而只能存在各种特殊利益之间（如行政机关、立法部门和利益集团）的'缔约过程'"②。其次，行政机关的行为可能会衍生出新的外部性问题。行政机关以行政执法方式介入市场经济过程的主要目的自然是矫正和弥补市场失灵，但其弥补市场局限的行为会经常产生难以预见的副作用和消极后果，这也被学者称为"政府行为派生的外部性"问题。③ 这种外部性问题的另一个突出特征是"政府寻租"，它与政府对经济活动的干预和管制紧密相连。④ 换言之，行政机关的干预措施并非一种风险中立的措施，它也会带来

---

① 参见［美］丹尼尔·F.史普博《管制与市场》，余晖等译，上海三联书店1999年版，第77—78页。

② 参见李学《"新公共管理运动"的缺陷分析》，《云南行政学院学报》2002年第6期。

③ 参见张东峰、杨志强《政府行为内部性与外部性分析的理论范式》，《财经问题研究》2008年第3期。

④ 参见忻林《布坎南的政府失败理论及其对我国政府改革的启示》，《政治学研究》2000年第3期。

各种不利风险。例如：即使行政机关在生态损害法律责任实施过程中严格遵守了维护生态公共利益的要求，生态损害问题的科学不确定性仍可能会给生态带来新的损害。最后，不合理的行政权力结构安排会加剧政府失灵。在我国现行政治体制下，特殊的"官员晋升激励机制"和财政约束机制相结合，不仅造成了地方政府环境规制能力的严重缺乏，更使得它具有了放松监管乃至放弃监管的天然倾向。[1] 换言之，行政失灵还受制于对行政机关（尤其是政府官员）进行限制或约束之机制的普遍缺乏。事实上，无论是民主政治还是精英治理，约束行政机关行为（尤其是代表失灵）都是最为艰难的宪政议题之一，这不仅是公共选择学派意在解决的制度难题，也是各国理论实务界不断研究的问题指向。迄今为止，很难说，当今世界中有哪一国家已完全解答了这一政治领域的"费尔巴哈猜想"。

2. 公共利益的多元代表理论

从理论发展史的角度来看，传统凯恩斯主义论者普遍认为，"市场的缺陷及市场失灵是政府干预市场的基本原因，因此政府天然是社会公益和公共精神的代表"。在这种理论思潮的影响下，各国普遍进入了新的"规制国家"时代。但自 20 世纪 70 年代石油危机爆发以来，各国开始普遍出现大规模的失业风潮与通货膨胀，使得凯恩斯主义者奉行的理论无法获得有效解释。[2] 凡此种种，促使各国开始对传统的规制国家模式进行反思，其中，肇始于第二次世界大战以来的公共选择学派，继续沿袭它对政府失灵问题进行系统研究的学术传统，并主张用一种"个人主义"方法，来研究政府预算最大化、

---

[1] 参见张宝《环境规制的法律构造》，北京大学出版社 2018 年版，第 9 页。

[2] 为实现各种不断扩张的政府职能（如生存照顾、健康和环境保护等），往往需要依赖庞大的财政收入作为后盾，大量财政支出和福利政策所造成的财政赤字不断增加，导致了新的国家危机，使各国疲于奔命和穷于应对，且政府在规制实际中常常缺乏课责性、容易被特定政党或团体俘获，从而形成规制失灵。

官僚主义和腐败等问题；用经济学的微观分析来解析政治过程的运作。① 公共选择学派认为，每个社会个体实际上均是有理性的利己主义者，天生具有追求私人利益的最大动机，且这种理性的利己主义冲动并不限于经济活动领域。因此，在政治市场中，政府官员和选民也是"理性的经济人"。② 正如肯尼思·阿罗在《社会选择与个人价值》一书中提及的"阿罗不可能定理"，即"社会的公共利益并没有一个符合理性条件的排列顺序"。实际上，此种公共选择理论观点是在批评凯恩斯主义基础上的新自由主义思想，它强调政府规制过程中存在的权力"寻租"、政府权力膨胀和官僚主义等问题将导致的不利后果是"行政失灵"，同样无法有效应对市场失灵的问题，进而主张重新评估市场的价值，③ 提出要将市场化的思维引入政府改革过程中，这便是随后兴起的新公共管理改革运动。在理论上，政府作为天然公共利益代表人的观点也受到质疑，公共选择学派开始主张行政机关绝非公共利益的天然代表。

那么，逻辑上就存在一个值得深思的问题，即如果行政机关不能代表公共利益，则应由谁来代表公共利益？一般而言，个人是个人利益的最佳代表者，而公共利益的代表人应是公共社会本身。但公共社会只是一个想象的共同体概念，本身并非实在主体，它的利益必须经由实实在在的主体予以代表和维护，否则，公共利益极易受到个人侵蚀，从而陷入"公地悲剧"。从法律实践的角度看，行政机关之外还有三类可能的公共利益代表人。首先，公民个人可作为公共利益的代表。公民个人作为社会生活团体的一分子，其利益与社会公共利益密切相关，因为公共性生态权益从本质上来看仍是人

---

① 参见李学《"新公共管理运动"的缺陷分析》，《云南行政学院学报》2002年第6期。

② 具言之，作为公众的选民的政治选票总是投向能给自己带来最大利益的政治家；作为政治家，总是支持能给自己带来最大政治支持的公共政策。

③ 参见李霞、廖慧《基于公共选择理论对政府失灵的原因分析》，《现代商贸工业》2008年第11期。

作为法律主体应享有的权益，而且很多生态损害会成为造成私人权益损害的媒介。① 因此，如果生态发生实害，则公民个人可代表公共利益运用法律武器针对致害行为人发起斗争。但由于公民个人对公共利益认知的不一致以及公民个人倾向于维护自身分散化利益的理性思维，公民个人可能无法承担起代表整个社会生活团体的意志的任务。换言之，"公民个人由于各种条件的限制和多样的需求往往无法在维护环境公益方面达成一致，因而不能作为整个环境公益的代表"②。从实体法角度看，即使部分国家确定了由公民代表生态公共利益的规则，如美国的公民诉讼制度，实践中也多由环保组织提起。

其次，环保公益组织可以作为公共利益的代表。在政治国家和市民社会的二元社会结构中，一旦行政机关的代表能力遭受质疑，人们自然会将注意力转向"市民社会"，即由公共社会自行"培育"出代表自己公共利益的代表。此时，以生态保护为宗旨并为社会提供环境公益服务的环保公益组织，因为具有非政府性、非营利性、专业性和合法性等特征，在理论上成为可以代表生态公共利益的社会主体。③ 从立法例看，目前环保公益组织提起环境公益诉讼，无论英美法系国家，还是大陆法系国家，均已成通例，在司法实践中产生了积极影响，且效果良好。④ 然而，对于环保公益组织能否充分代表生态公共利益的忧虑却始终存在，⑤ 这些问题在理论和实践层面削减

---

① 参见张镝《公民个人作为环境公益诉讼原告的资格辨析》，《学术交流》2013 年第 2 期。

② 高雁、高桂林：《环境公益诉讼原告资格的扩展与限制》，《河北法学》2011 年第 3 期。

③ 参见陈泉生、秘明杰《环境公益代表之环保组织运行体制研究》，《中国社会科学院研究生院学报》2015 年第 1 期。

④ 参见李义松、苏胜利《环境公益诉讼的制度生成研究：以近年几起环境公益诉讼案为例展开》，《中国软科学》2011 年第 4 期。

⑤ 一般而言，环境组织存在谋求私利的嫌疑、环保组织非经民主程序产生、环保组织可能仅侧重于特定而非整体环境公共利益，以及环保组织自身缺乏经费保障等现实能力不足等问题。

了以环保公益组织代表公共利益的制度的现实效果。① 最后，检察机关也可以作为公共利益的代表。从检察制度的源流来看，设立检察制度的目的实质上正是代表国王及国家政府利益控诉犯罪而建立发展起来的，且这种公诉权经由1806年《拿破仑法典》扩展至民事领域，即在公共秩序和公共利益遭受侵害之虞，检察机关可发起民事诉讼。自此，检察官在公益诉讼的法律地位至此被确定下来，并为后续法国民事诉讼法所确认。随后，尽管不同国家检察院的具体职权可能会有所不同，但以检察机关作为国家利益和社会公共利益代表人和维护者的制度设计，陆续为世界各国采纳，例如：巴西、美国、德国和日本等。②

实际上，公共利益的保护断然不能通过单一路径或单一方式来实现，其利益内容的复杂性、系统性和多样性也决定了公共利益的代表人不能是单一主体，而应是多元主体。③ 此即公共利益的多元代表理论。但不同于行政机关，各国法律实践授权的公民、环保公益组织以及检察院，并非法定的行政权力机关，因此他们也无法通过行政执法机制来实施生态损害法律责任规则。相反，他们仅能依托民事诉讼并借由司法审判程序来要求可能责任人承担生态损害法律责任。此时，这些民事诉讼即是生态损害法律责任的司法实施机制。在司法机制中，前述不同公共利益代表人可能会因自身特色而呈现出不同的代表能力，例如：检察机关相较于其他两类代表人具有相对更佳的代表能力，因为它在证据收集方面具有更强的职能优势。值得注意的是，行政机关并不必然仅可以通过行政执法方式代表和维护公共利益（即以行政权来实施生态损害法律责任规则），相反，

---

① 参见胡静《环保组织提起的公益诉讼之功能定位：兼评我国环境公益诉讼的司法解释》，《法学评论》2016年第3期。

② 参见吴启才、杨勇、冯晓音《论构建完整的公诉权：以国家利益、社会公共利益完整性为视角》，《政治与法律》2008年第4期。

③ 参见张艳蕊《民事公益诉讼制度研究：兼论民事诉讼机能的扩大》，北京大学出版社2007年版，第12页。

行政机关也可作为私法性主体针对可能责任人发起民事诉讼，进而主张由其来承担法律责任。

（二）公法私法化与司法能动主义的现代化发展

"公法私法化"为行政机关利用司法机制实施生态损害法律责任奠定了正当性基础。行政机关和潜在责任人法律关系的日趋平等化是行政机关据以借道司法机制追究生态损害法律责任的正当化理由。随着公法私法化的发展，一系列私法调整机制及相关理念引入公法领域，特别是私法的平等理念、契约理念、自愿理念、诚信理念、和解理念等。公法私法化的本质特征是以私法性手段来完成公共目标。在这一制度背景下，行政权的运行方式发生了根本转变，从传统高权式的"命令—服从"模式转变为现代平等式的"对话—商谈"模式。① 在新模式中，行政机关和潜在责任人法律地位平等，用来追究生态损害法律责任的实施机制也变得更加柔性化，不仅包括平等的协商和解，还包括司法诉讼机制。事实上，司法机制相较于行政机制的制度优势也使得以司法机制实施生态损害法律责任具有合理性。诉讼和行政机制之间的最大区别不是结果意义上的不同，而是取得这种结果的程序规则上的差异。当行政机关凭借民事索赔权进入司法领域，其权力的运用方式就发生了重大转变，其也从一种权力的拥有者（决定机关）质变为权利的诉请者（法定原告）。这种转变并非要剥夺和削弱行政权，而是试图将整个行政权的运行过程暴露在司法这个相对透明的系统下，接受行政机关和社会各界的监督，行政权的运行会更加公开化、透明化、规范化。② 同时，在披上司法的外衣之后，还可以增强最终结果的合法性和权威性，通过诉讼程序的"过滤"和"担保"，增强结果公信力。因此，在当前人们普遍对行政机关实施环境法律的态度与能力保持高度怀疑和

---

① 参见陈可《行政民主化发展的路径选择》，《中国行政管理》2005 年第 7 期。
② 参见王树义、李华琪《论我国生态环境损害赔偿诉讼》，《学习与实践》2018 年第 11 期。

不信任的社会背景下,① 可对行政权施加一种附带性"制衡"和"保护"的司法机制在一定程度上可能更符合现实需要。事实上,司法实施机制还具有额外的民主价值。司法过程比行政过程更开放,环境事务的司法治理比行政管理更能引起公众的兴趣,更吸引公众参与,在某种意义上,能动的司法制度更能推动民主的增长,更有助于形成可接受性的治理规则。②

"司法能动主义"为法院替代行政机关成为生态损害法律责任的主导实施者奠定了规范基础。如果说"公法私法化"为行政机关利用柔性化生态损害法律责任实施机制提供了可能性,那么从根本上促使立法者选择生态损害法律责任司法实施机制的理由是司法能动主义背景下法院承担的社会治理职能。在现代社会的语境中,"司法能动主义"具有两个层面的含义:第一,为了克服行政权的滥用特征,司法权以一种更积极的能动态度审查行政权,此时司法权并未获得独立的社会决策地位,其仍居于行政权延长线上,作为"规制的制衡者"发挥作用;③ 第二,司法权直接被赋予进行社会决策的实质性权力,此时法院脱离了行政权的拘束(其功能发挥不再限于通过司法审查保障环境行政权的合法、合理行使),其实际上在"规制制衡者"之外获得了"规制替代者"的新角色。在很多国家,面对行政执法遭遇制度失灵的现实困境,为了更好地维护生态公共利益,前述两种司法能动主义都获得了不同程度的发展。从世界范围看,不仅在环境领域加强司法权对行政权的司法审查已经成为共识,

---

① 长久以来,生态环境治理效果不尽如人意、执法腐败、权力"寻租"、地方保护,只会追求政绩等现象屡屡见诸报端,不绝于耳,人们对行政机关实施生态环境法律的态度与能力保持高度怀疑和不信任。参见陈海嵩《国家环保义务的溯源与展开》,《法学研究》2014 年第 3 期。

② 参见杜辉《环境司法的公共治理面向:基于"环境司法中国模式"的建构》,《法学评论》2015 年第 4 期。

③ 参见何江《论环境规制中的法院角色:从环境公益诉讼的模式选择说开去》,《北京理工大学学报》(社会科学版) 2020 年第 1 期。

将社会治理决策权从立法、行政转移至司法机关，借助司法权的中立性和权威性推动治理进程，加强司法对社会进程的干预，在晚近几十年也日益成为普遍趋势。① 于我国而言，情况亦是如此。② 通过扩张和强化司法权来应对生态环境保护中的行政失灵已然成为当下生态环境公共治理中的一个法律事实。具体到生态损害法律责任实施机制方面，我国目前已构建起以环境民事公益诉讼和生态环境损害赔偿诉讼为中心的司法实施机制。在此意义上，可以说，"司法能动主义"促生的法院职能角色转变（即环境规制的替代者）为我国立法者确立生态损害法律责任司法实施机制奠定了规范基础。

（三）生态损害法律责任司法实施机制的作用原理

行政实施机制和司法实施机制所旨在实施的法律责任在本质上相同（是对生态风险行为的事前定价），均是一种救济权法律关系。在此意义上，两种实施机制的作用原理具有了相似性，即二者均强调对生态损害风险行为的事前定价，均授权行为人自行决定：如何在实施风险行为并承担法律责任与避免实施风险行为之间作出选择。然而，两种实施机制的作用原理亦存在差异，主要体现为两种实施机制的具体实施程序具有不同之处。具言之，在行政实施机制中，行政权起主导作用，行政机关是生态损害法律责任规则的主导实施者，有关责任是否成立以及在多大范围内成立的问题均由行政机关自行决定。此时，司法机关（即法院）的角色限于行政权的"制衡者"，仅在行政权越权或不作为时发挥司法审查的作用。当然，在行

---

① 参见杜辉《环境司法的公共治理面向：基于"环境司法中国模式"的建构》，《法学评论》2015年第4期。

② 尽管我国经济社会发展早期主要依靠行政执法发挥环境管理作用，司法机关的参与程度不高，但进入21世纪以来，我国生态文明建设日益推进，环境司法的贡献与日俱增，环境司法专门化的发展与凸显是其主要标志。参见王雅琪、张忠民《现代环境治理体系中环境司法与环境行政执法协作机制的构建》，《中国矿业大学学报》（社会科学版）2021年第3期。

政实施机制中，检察机关、社会组织或者其他公民在法律授权的情况下有权请求行政机关行动，若立法者允许，这些主体还可以发动行政公益诉讼督促行政机关行动。此外，由于生态损害的救济具有高度的复杂科学技术性和利益冲突属性，立法者一般会授权行政机关自由裁量，如同时面对多处生态损害需要救济，行政机关可自由决定救济顺位；对于生态损害若在救济过程中情势发生变化的情形，行政机关亦有权自由调整救济方案。而在司法实施机制中，法院替代行政机关成为生态损害法律责任的首要判断者。换言之，行政机关、检察机关、环保组织乃至任何公民等多元生态公共利益代表人只能作为启动实施机制的主体，至于生态损害法律责任是否成立以及在多大范围内成立等问题则由法院决定，并且法院在前述公共利益代表人未行动时不能主动启动生态损害法律责任规则。由此，不同于行政机关积极主动地实施生态损害法律责任，法院只能被动地实施生态损害法律责任。此外，对于责任实施过程中若发生情势变更的情形，法院的裁量权也受到限制，其通过重新判决调整责任实施方案（如生态修复方案）的做法面临法理困境。两种机制之所以存在如此区别，是由于司法权和行政权具有不同的属性和内在逻辑，导致二者在进行生态损害的"事后定价"时存在差异。

综上所述，生态损害法律责任司法实施机制的作用原理可以概括为：立法者在事前通过风险行为的定价机制确立可能责任人在造成生态损害后应承担的法律责任形式及范围；在可能责任人造成生态损害后，由法律授权的公共利益代表人通过民事诉讼的方式向法院提起生态损害救济诉讼，要求可能责任人承担生态损害修复/赔偿责任；法院在综合考察双方证据（或自行调查获取的证据）的基础上，决定应由可能责任人承担的生态损害法律责任。一旦可能责任人未能履行法律责任，则可能面临法院的强制执行。由此，立法者在行政实施机制和司法实施机制之间的选择实际上可以理解为立法者在对生态损害风险行为进行事前定价之后，选择将收回生态损害所负载价值（即按事前确定的价格来为生态损害负载的生态服务功能价值进行事后定价）的任务授权给行政机关还是司法机关。这种区别实际上意味着两种实施机制在实施程序方面有别。在行政实施机制中，是特定权力主体（即行政机关）自行启动和决定法律责任，而在司法实施机制中，是特定主体依法向司法机关（即法院）申请后再由法院决定实施责任，此时启动主体是经法律授权的原告，而决定主体是法院（即不告不理）。由此，法院在生态损害法律责任司法实施机制中发挥主导作用，其若想要确保司法实施机制有效实施，必须依赖于以下几项现实中可能无法得到充分满足的理论假设：其一，多元生态公共利益代表人能够发现所有应救济的生态损害并愿意向有管辖权的法院提起诉讼；其二，法院及法官需具有识别和确认生态损害的专业能力；其三，法院及法官能够公正且无偏私地代表生态公共利益，不存在枉法裁判。尽管以上假设与客观现实可能并不吻合，但它们从规范研究的视角出发相对完整地揭示了生态损害法律责任司法实施机制在应然状态下的作用原理。

二 生态损害法律责任司法实施机制的实施程序

尽管生态损害法律责任行政实施机制和司法实施机制所旨在实施的生态损害法律责任具有相同的实体内容，但二者在具体实施程序方面，却存在着根本性的差异。不同于行政实施机制依托的行政执法程序——行政机关通过利用行政公权力要求可能责任人承担法律责任，司法实施机制的实施程序具有典型的司法控制特征，依托的是民事诉讼和执行方案。换言之，生态损害法律责任司法实施机制的实施程序在实质上是一种民事诉讼，并且在中国语境下它界定为由法定原告发起的民事侵权诉讼。尽管在具体的细节性程序问题上，立法者可能需要根据前文所述之生态损害问题的特殊性作相应修正，但它的程序框架及规则大体上与一般民事侵权诉讼规则相差无几，重点包括以下环节：其一，起诉、立案；其二，诉讼和解、法庭审判；其三，判决宣告与执行；其四，异议程序。本节以下部分将详述之。

(一) 起诉和立案

生态损害法律责任司法实施机制的第一个实施程序环节便是起诉和立案,这一阶段的目标是由法律授权的特定生态公共利益代表人(即原告)将生态损害案件信息"输入"法院,为法院决定是否实施以及在多大范围内实施生态损害法律责任规则作程序铺垫。事实上,在生态损害法律责任司法实施机制中,作为实施主体的法院无法主动介入生态损害事件,也无法自行启动/实施生态损害法律责任规则,它必须依赖于法定主体的"申请",即由符合法律要求的原告针对可能责任人向法院提起民事侵权诉讼,此即民事诉讼中的起诉环节。这与生态损害法律责任行政实施机制不同,在行政实施机制中,行政机关可根据自己的执法结果或有关主体的举报、要求,调查特定生态损害事件,并在符合实施条件时启动生态损害法律责任实施机制。一般而言,在法院接收了生态损害民事诉讼案件的起诉材料后,它应决定是否立案。由于目前采纳"立案登记制",故只要符合《民事诉讼法》规定的民事起诉案件的材料要求,则有管辖权的法院必须予以立案。由此,法定原告的起诉和有管辖权法院的立案是司法实施机制的第一个子程序,但从实体内容的角度看,此阶段并不涉及对生态损害法律责任成立相关问题的判定。

(二) 诉讼和解与法庭审判

一般来说,当生态损害民事诉讼原告将案件转移至法院并经法院立案后,法院将会组织对生态损害法律责任案件的法庭审判。在审判过程中,经过法院的指引,原被告双方将围绕案件事实、法律责任是否成立以及法律责任范围等问题进行法庭辩论。由于生态损害具有高度的复杂科学技术性和利益冲突属性,法院在必要时应参与到事实和法律问题的调查过程中,其最终目标是就法律责任构成要件以及责任形式和范围等实体性法律问题形成结论。但对于有些案件,基于节约司法资源以及鼓励当事人合作的目的,立法者通常会允许原被告双方进行诉讼和解(这里的和解是广义概念,包括当事人双方间的和解，以及法院或第三方参与下的调解），包括诉前和解和诉中和解。一般而言，当事人是基于自愿启动的民事诉讼。因此，在诉讼开始前，原、被告可自行达成和解，以避免将争端起诉至法院。此外，为缓解司法资源紧张的问题，我国部分单行环境法律中还确立了关于侵权赔偿责任和赔偿金额纠纷的诉前调解制度。① 此外，尽管环境民事公益诉讼规则并未明确规定诉前和解/调解规则，但根据一般诉讼法理，其未规定的内容应适用侵权责任法的一般规则，故环境民事公益诉讼案件可以适用诉前和解或调解的规则。值得注意的是，由于本书将生态环境损害赔偿磋商定性为行政协商和解制度，故其不宜理解为司法实施机制中的诉讼和解。② 另外，一旦系争案件进入诉讼环节，为了更好地解决争端，法院或各方当事人可能会因特定情势和自身态度的变化，主动进行和解或调解，以中止诉讼进程。环境民事公益诉讼制度明确规定了诉中和解/调解程序。③ 尽管《生态环境损害赔偿改革试点方案》对此并未明确规定，但根据《最高人民法院关于审理生态环境损害赔偿案件的若干规定（试行）》第22条的规定，④ 基于诉讼原理以及侵权责任法的一般规则，应当允许诉中和解或调解，⑤ 这也为《江苏省生态环境损害赔偿案件审理指南》第42条所确认。由此，在所有生态损

---

① 例如：《水污染防治法》第97条和《土壤污染防治法》第96条第3款实际上并未规定调解制度，而且2014年新修订的《环境保护法》也删除了原先的第41条第2款，即有关行政机关应当事人的请求对平等主体之间的民事纠纷作出处理（调解），可能的原因是《环境保护法》直接将侵权责任适用转致《侵权责任法》的立法方式使得无须再作此规定，这是因为《侵权责任法》第5条规定："其他法律对侵权责任另有特别规定的，依照其规定。"但吊诡的是，2015年新修订的《大气污染防治法》直接删除了诉前调解规定。

② 参见《生态环境损害赔偿改革试点方案》第4.4条。

③ 参见《环境民事公益诉讼司法解释》第25条。

④ 参见《最高人民法院关于审理生态环境损害赔偿案件的若干规定（试行）》第22条。

⑤ 参见安徽省马鞍山市中级人民法院民事裁定书（2020）皖05民初32号裁定书。

害民事诉讼中，按照一般诉讼法理和侵权法规则，均可进行诉前和解/调解和诉中的和解/调解。然而，由于生态损害问题的公共利益特质，有关生态损害法律责任的诉讼和解必然不同于纯粹私人利益诉讼中的和解，因此立法者需要为当事人就生态损害法律责任承担等问题附加外在限制条件（如司法审查），以确保和解/调解符合公共利益。

最后，在生态损害法律责任司法实施机制中，若双方当事人未能就生态损害法律责任达成和解，则法院必须启动法庭审判过程，以确定是否适用以及在多大范围内适用生态损害法律责任规则。然而，由于生态损害具有复杂科学技术性和高度利益冲突性特征，生态损害法律责任的判定必须有赖于各种科学证据的获取和采纳。这就意味着，生态损害法律责任的法庭审判将不可避免地与科学证据缠绕在一起，由于法院并不具有专业能力，其必须结合各种科学证据来认定事实和责任。由此，尽管法官无须具有与科学证据所揭示科学问题相关的知识，但其起码应当具备能够根据法律（即科学证据的审查规则）来审查各种科学证据的能力，即在双方质证和认证的基础上判断不同科学证据的可信性。此外，为提高法庭审判的效率和确保公平，针对法定原告能力不足以获取为被告所掌握之科学证据的特殊情形，法院还应被赋予主动或应原告请求调取科学证据的权力。只有在此基础上，生态损害法律责任司法实施机制的法律责任目标才有可能得到有效实现。

（三）判决宣告与执行

一旦经过法庭审判，则司法机关便对案件事实以及可能责任人是否需要承担以及在多大范围内承担生态损害法律责任等问题有了正确的认知。此时，法院便应作出判决，并在判决中明确规定可能责任人要承担的法律责任形式及范围。随后，案件进入判决执行阶段，即法院通过特定的判决执行措施来确保可能责任人履行法院判决设定的法律责任。由于生态损害民事诉讼的预防性特征以及生态损害具有的继续性、反复性等特点，使得生态损害民事诉讼案件的执行相较于传统的私益民事诉讼更为复杂，传统的民事执行机制应进行适当修正。但目前用以规范环境民事公益诉讼规则的几部司法解释仅规定了"发生了法律效力的裁判需要采取强制执行措施的，应移送执行"，[①] 均未有明确的环境公益诉讼裁判执行规则。由于法律规则的缺乏和司法实践的现实需要，各地法院搭乘环境司法专门化的"快车"，在环境民事公益诉讼裁判执行方面充分发挥主观能动性，进行了司法创新。根据判决类型不同，这些司法创新可总结为两方面。一方面，对于生态修复责任行为给付判决的执行，法院或主动介入监督判决的执行情况，并在特定条件下移送执行，如泰州天价环境民事公益诉讼案；或委托原告或第三方负责监督判决的执行，如贵阳公众环境教育中心诉清镇百隆陶业有限公司等三家公司污染纠纷案；或委托行政机关监管，并由检察院负责监督，以确保责任人及时履行修复法律责任，如铜仁市人民检察院诉湘盛公司、沃鑫公司土壤污染责任民事公益诉讼案。另一方面，对于损失赔偿金钱给付判决的执行，各地法院一般选择将包括生态修复费用在内的各类损失支付给政府部门或法院指定的专门财政账户、国库，或者专门设立的公益基金专项账户。并且，司法实践惯例是确保向专门账户支付的资金应专门用于当地生态修复。此外，部分法院还引入"延期支付"和"技术改良代偿"方式（以守法水平的提高来抵扣部分应赔偿的生态修复费用），以鼓励责任人积极整改污染设施和提高环境管理水平。有些法院还确立了案件执行回访制度，如贵州省清镇市人民法院制定的《环境保护法庭环保案件回访制度》。

这种创新司法判决执行方式以履行生态损害法律责任判决的思路，也为当前正在推行的生态环境损害赔偿制度所采纳。例如，江苏省高级人民法院出台的审理指南在民事裁判执行方面作出了很多

---

① 参见《关于审理海洋自然资源与生态环境损害赔偿纠纷案件若干问题的规定》第10条；《关于审理环境民事公益诉讼案件适用法律若干问题的解释》第32条。

细化的规定。① 事实上，这些被细化的问题涉及生态损害法律责任判决执行过程的方方面面。具体包括：其一，如何监督责任人实施修复措施；其二，在责任人不履行修复责任时，可以采取何种强制执行措施确保生态修复责任得以履行；其三，如何核查责任人或其他适格主体实施的修复措施，以确保修复责任得到充分落实；其四，修复措施完成后的后期照管义务如何安排；其五，如何使责任人所赔付损害赔偿金的使用完全符合"用于生态保护"的法定目标；其六，如何管理、使用责任人赔偿的损害赔偿金。2020年3月，财政部联合多部委印发了《生态环境损害赔偿资金管理办法（试行）》。

（四）异议程序

在生态损害民事诉讼一审判决作出后，责任人可能会对法院最终认定的法律责任判决结果持有异议。为保障责任人可以获得司法正义的权利，立法者应赋予责任人提出异议的权利，并设定相应的异议渠道以确保这种权利的实现。不同于生态损害法律责任行政实施机制中不同国家或地区可能采取的多样化的异议程序（包括行政救济和司法救济），司法实施机制中的异议程序相对较为单一，且不同国家或地区的立法例相对类似。它们均倾向于选择通过司法救济

---

① 具言之，其一，根据法院判决内容不同，最终承担生态修复行为给付义务的可能是：（1）进行替代性修复的生态环境司法修复基地，被告向司法修复基地支付修复费用，并由原告负责修复监管；（2）原告承担生态修复责任，被告向原告支付修复费用；（3）被告无力开展修复工作，法院可判决被告委托第三方进行修复，被告向第三方支付修复费用；（4）法院判决被告承担修复责任，可同时判决被告承担不履行修复义务时的修复费用。其二，针对未履行的生效裁判，原告可申请法院强制执行生效的裁判。其中，针对赔偿损失类金钱给付判决，法院应依法执行并穷尽相关执行措施；针对生态修复类行为给付判决，法院可责令被告继续履行，并指定原告负责监督。其三，为促进公众参与，人民法院可于裁判前在相应区域范围内公告修复方案，期限不少于30日。还可通过组织座谈会等形式，征求污染范围区域内公众的意见。尽管环境民事公益诉讼规则并未明确规定修复方案的公告程序，但司法实践中已有法院贯彻采纳了这种做法，如江苏省常州市环境公益协会诉储卫清、常州市博世尔物资再生利用有限公司等土壤污染民事公益诉讼案。

方式来确保民事诉讼裁判判决做成的合理性和合法性。因此，由于生态损害法律责任司法实施机制的"准据法"基础是民法，并且司法实施机制的实施程序是一种民事诉讼执行方案，因此立法者为责任人赋予的异议权利也仅能依赖于民事诉讼司法裁判的审查机制。换言之，一旦责任人对一审法院作出的生态损害法律责任判决存在疑问，则它必须以上诉或者申请再审的方式，向上一级法院或上级法院，甚至原审法院，提出异议，并辅之以相应的证据材料和法律理由。当然，不同国家或地区的法律实践可能会因为法制文化传统、各国国情的差异，在上诉和申请再审的具体制度设计方面（即程序性规则）存在差异。总之，在生态损害法律责任司法实施机制中，责任人的异议权利仅能通过司法权保障，不存在行政救济。

本章小结

综前所述，生态损害法律责任的实施机制可分为两种，即行政实施机制和司法实施机制。两种实施机制的理论基础不同，行政实施机制的逻辑前提是"社会契约论"视域中的"政府（行政机关）应是生态公共利益的天然唯一代表"，这也就意味着行政机关的行政执法程序是实现生态损害法律责任目标的最佳机制；而司法实施机制强调的是"政府（代表生态公共利益时）行政失灵"和"生态公共利益的多元代表理论"。同时，司法能动主义和公法私法化的现代化发展促进了司法机关职能角色转变，为司法实施机制介入生态损害法律责任奠定了正当性基础。然而，理论基础不同并不意味着两种实施机制的作用原理亦有差别，其实两种实施机制所旨在实施的生态损害法律责任的本质同一性决定了两种机制的作用原理具有相似性，均是对生态损害风险行为的事前定价，均授权行为人自行决定如何在实施风险行为并承担法律责任与避免实施风险行为之间作出选择。只不过两种实施机制中实施主体的差别导致二者的实施程序存在差异。对于司法实施机制,它的实施程序完全依托于民事诉讼执行方案,并且异议程序也仅在司法机制内进行。而对于行政实施机制,其具体实施程序依赖于行政机关的行政执法机制,且异议程序包括行政救济和/或司法救济,因各国法制传统不一而有别。

第四章

两种法律责任实施机制的效果和比较选择

　　生态损害法律责任旨在救济生态损害，它能否实现损害填补（本书仅关注损害填补，而不考虑行为制裁）的制度目标，关键在于这一规则的设计是否符合社会最优规制标准，即最佳的法律责任规则（包括责任人范围、责任归责原则等实体问题）和最佳的损害赔偿范围。但这些最优的规则设计最终必须要转化为现实中运行的制度工具，故制度目标的实现同时会受到制度实施的影响。换言之，在最优的规则设计之外，制度实施将成为影响生态损害法律责任规则有效运行的另一关键因素。第三章研究了两种法律责任实施机制在制度设计层面的问题，本章将以成本效益作为切入点，重点关注制度实施层面的问题。在正式展开制度实施层面的研究之前，有必要作出两项假定：其一，两种实施机制旨在实施的法律责任实体内容均是最佳规则，且相互一致；其二，两种实施机制中法律责任的损害赔偿责任范围相当，且均能完全填补实际损害。基于这些假设，我们可以推定两种实施机制在规制功能上是等价的，余下的便是两种实施机制能否得到有效运行的问题。此时，如果两种实施机制均能无成本地得到完全的实施（即制度交易成本不存在或近乎为零），则立法者选择其中任何一种实施机制均是最佳的制度选择，路径选择将变得毫无意义。但是，如果两种法律责任实施机制之一或者均无法得到完全实施，则立法者如何在这两种实施机制之间进行抉择，将变得尤为重要。此时，立法者倾向于选择何种实施机制，将取决于何者的实施成本更低。

借鉴宋亚辉在《社会性规制的路径选择》一书中建构的分析框架，笔者将本章的具体分析思路总结如下：其一，首先考察两种法律责任实施机制得到完全实施所需具备的条件（以下简称最佳实施条件）；其二，验证这些条件在现实世界中是否具备，如果具备，则两种实施机制将完全等价或者无差异；反之，路径选择才有意义。① 实际上，前述验证过程旨在考察两种机制的实施成本。无论从理论还是从实践面向观察，任何法律制度的实施都无法做到零成本的实施，相反，制度实施成本更像是现实世界中的"物理摩擦力"，它会对特定法律制度目标的实现构成妨碍或者阻力。一般来说，更低的制度实施成本将意味着更低的阻力，而更低的阻力往往带来的是更为理想的制度实施效果。因此，本书奉行的路径选择标准，实际上就是在综合比较两种法律责任实施机制的具体制度实施成本后，选择具有更低制度实施成本的路径。这也在一定程度上印证了本书拟采用的研究思路，即科斯在《社会成本问题》中建构的基本理论分析模型——"在对不同社会格局进行选择时，应当考虑其总的交易成本"，并在对比分析不同实施成本的基础上，选择那些总制度实施成本（即总制度交易成本）最低的方案。事实上，只有如此，才能实现"以最低成本实现最有效的生态损害救济"的制度目标。

第一节 两种法律责任实施机制的最佳实现条件

法律责任实施机制的最佳实现条件是指足以确保法律责任规则得以完全实施的条件。具体到生态损害法律责任实施机制而言，最

---

① 参见宋亚辉《社会性规制的路径选择》，法律出版社 2017 年版，第 107 页。

佳实现条件便指向的是那些可以确保责任人能够充分承担或履行生态损害法律责任的前提性条件或要求。

一 行政实施机制的最佳实现条件

由于生态损害法律责任行政实施机制的理论基础是"政府（行政机关）是天然且唯一的生态公共利益代表者"，并且其依托的实施程序是一种行政机关的行政执法方案，故当谈及何者应当是确保行政实施机制得以完全实施的最佳实现条件时，它实际上指向的是一种"完美政府"假设。对于这一假设条件，本书称为行政实施机制的零实施成本假设或零交易成本假设。换言之，这一假设条件旨在促使行政机关可以完全地实施生态损害法律责任规则，并确保可能责任人充分承担生态损害修复责任或赔偿责任。从理论上看，这一假设条件可进一步分解为：

其一，立法者给予行政机关（即被授权的特定环境行政机关）以明确的法定授权，允许它实施生态损害法律责任规则，即在生态损害发生时，行政机关依法有权通过环境行政命令或者环境行政协商制度要求可能责任人承担生态损害法律责任。只有行政机关的这种行政权力在立法上得到了清晰配置，才能确保生态损害法律责任规则发挥有效的规制效果。相反，如果行政机关在这一问题上未得到明确授权，则可能导致"没有行政机关愿意实施生态损害法律责任规则"。

其二，不存在政府行政失灵问题。行政机关能否切实、完全实施生态损害法律责任规则的一个逻辑前提是行政机关有能力积极、充分代表生态公共利益。对此问题，可从两个层面理解：一方面，在行政实施机制中，不会发生"规制俘获"问题，即行政机关作为整体不会被规制对象的对策行为所抵消。因为，被规制者的行动往往遵循的是理性经济人逻辑，故它倾向于在约束条件下追求自身利益的最大化（或成本的最小化），这将激励它采取各种对策行动，进而制约生态损害法律责任行政实施机制的实施效果；另一方面，行政机关必须能够有效控制它的执法人员，使其成为"规规矩矩"的"委托—代理人"，在行政执法实践中严格代表生态公共利益，而不致为自身利益所绑架，避免政府执法人员为实现自身利益采取各种道德风险或机会主义行为。总之，政府行政失灵这一问题极其重要，因为它直接关系生态损害法律责任行政实施机制在实践中的有效落实。

其三，行政机关其行政执法人员的专业化行政能力足够获取用以实施生态损害法律责任规则的资讯信息，且对于很多有关生态损害法律责任的科学技术性问题，行政机关及其执法人员自身可以或可以委托其他专门性机构或专家进行处理。例如，行政机关能够在第一时间发现生态损害事件，且能及时启动法律责任规则；行政机关设立的专门岗位或委托的其他机构或专家能处理极其复杂的生态损害、因果关系等问题。此外，那些用以支持行政实施机制的配套制度措施的实施成本也不宜过高，如生态损害鉴定评估程序，以及保障行政机关使用的环境行政命令工具（即责令责任人修复或赔偿受损生态环境）、协商和解得以有效实施的代履行措施。

以上是生态损害法律责任行政实施机制能得到完全实施的必要条件。如果这些条件能够完全符合，则基本意味着"零实施成本"或"零交易成本"假设的满足。换言之，在这种完美政府假设的条件下，生态损害法律责任行政实施机制能够实现完全的规制效果。但是，现实世界并非完美无缺，政府行政失灵更是不可避免的社会常态。下文将结合中国现实来分析这些理想条件于现实中的情况。

二 司法实施机制的最佳实现条件

生态损害法律责任司法实施机制依托的是司法控制型民事诉讼程序，它借助于生态公共利益多元代表者理论，旨在通过司法控制（即司法裁判）来实施生态损害法律责任规则。一般来说，"在法律十分完备的条件下，只要法律制度设计的惩罚标准（包括损害填补和行为制裁）和违法行为被发现的概率足够高，则法院作为执法机关即可达到最优的规制效果"①。因此可以说，要想确保司法实施机制可实现完全的规制效果，它同样需具备诸多必备要件，具体可能包括：

第一，公共利益代表人有起诉的动机和能力，需要立法者设定相应诉讼激励机制。在司法实施机制中，尽管立法者选择将法律责任规则的实施权赋予司法机关，但由于司法权的中立性和被动性，②使得法律责任规则的实施实际上要取决于特定原告主体（例如，公民个人、检察院、政府行政机关或环保公益组织）是否发起诉讼。通常来看，不同代表人的代表意愿和能力存在差异。究其原因，可能是资金，也可能是科学技术判断能力，还有可能是主观意愿。由于公共利益代表人代表和维护的是生态公共利益，故他们可能并不能像私人维护私人利益一般积极。因此，立法者有必要针对性地设定有效的诉讼激励机制，以确保公共利益代表人可以充分地代表和维护生态公共利益。这种激励机制具有系统性，可能涉及生态损害赔偿民事诉讼的方方面面，如证据收集、诉讼费用、诉讼成本负担等。

第二，公共利益代表人的代表行为不会发生失灵。正如同行政机关在代表和维护生态公共利益时可能会发生失灵，任何立法者选中的公共利益代表人在理论上均有可能会发生代表失灵的问题。毫无疑问，这种代表失灵会使得公共利益代表人不能积极提起民事诉讼，或者在诉讼过程中有不适当行为，进而导致生态公共利益无法得到充分代表。因此，司法机制得到完全实施的一个关键前提便是公共利益代表人可以不打折扣地实施法律责任规则，要求可能责任人承担法律责任。

第三，法官处理生态损害及法律责任相关复杂科学技术性问题的能力。生态损害问题的复杂科学技术性和高度的利益冲突属性，

---

① See Chenggang Xu, Katharina Pistor, "Law Enforcement under Incomplete Law: Theory and Evidence from Financial Market Regulation", *Columbia Law and Economic Working Paper*, No. 222, 2002, p. 1.

② 参见张泽涛《司法权专业化研究》，法律出版社 2009 年版，第 16—33 页。

使得熟稔于法律知识的法官往往需要面临各种科技难题的挑战,例如,有关生态损害存在及其因果关系认定的科学证据是否应被采纳,生态损害修复方案如何确定,以及生态损害赔偿数额如何认定等。对这些问题的判断,势必会影响司法机制的效果,因此仅在法官能够运用自己能力或者有一套恰当的程序可以辅助法官提升这种专业判断能力的机制存在时,生态损害法律责任司法实施机制才能实现预期的最佳规制效果。

第四,法院的司法裁量权不会对判决造成不确定性的影响,即法院可以确保前后裁判的一致性,为可能责任人提供稳定预期。相较于行政机关的行政行为过程,法院的司法裁判过程将面临更多的随机性和不确定性。因为,寄生于司法裁量权的司法裁判相较于行政机关的行政行为过程(行政行为往往需要遵循特定的行政程序规则,并且对行政自由裁量权的审查机制更为严密),更难形成前后相一致的法律政策(有时,司法能动还被视为一种积极推动法律发展的正当性行动,这更会导致司法行为的不一致)。由此,一般而言,仅在司法裁量权的行使不致导致前后不一致裁判时,才能确保生态损害法律责任司法实施机制的有效实施。

第五,法院的司法裁判结果可以得到完全执行。生态损害法律责任司法实施机制中的法律责任履行及保障措施,不同于依赖于行政公权力保障实施的行政实施机制(即行政执法机制),加之生态损害法律责任履行方式仍可能会牵涉各种科学技术难题,这些都要求立法者为司法机关配备一种可以符合生态损害问题特殊性的裁判执行规则。这是因为,如果法院司法裁判无法得到完全执行,则法律责任旨在实现的生态损害填补目标便无法充分实现,它最终也将会影响到生态损害法律责任规则司法实施机制在现实中的实践效果。

综上所述,若前述最佳实现条件均能满足,我们便可得出结论,司法实施机制将在近乎零实施成本条件下实现最佳的规制效果——以最低成本实现生态损害救济目标。下文将结合中国现实分析这些理想条件在现实中是否成立。

第二节　行政实施机制的实施效果考察

在设定了生态损害法律责任行政实施机制的最佳实现条件后，我们应逐一检验这些条件在现实生活中是否具备，并确定这些因素对生态损害法律责任行政实施机制实施效果的影响。这里需要考虑的一个问题是，无论行政机关使用的是传统的单边行政命令，还是双向协商和解，行政实施机制的效果均受限于这些条件。

一　行政机关是否享有明确的法定授权

与司法实施机制相比，行政实施机制的一个重要特点是其需要行政机关在法律授权范围内主动实施。可以说，在行政实施机制中，生态损害法律责任得以实施的前提便是行政机关享有法定授权，即行政机关有权以环境行政命令或者环境行政协商和解来要求可能责任人承担生态损害法律责任；针对不履行者，行政机关还可以启动代履行措施。从一般行政法理的角度看，这是"依法行政"的固有内涵，即行政机关仅能在法律明确范围内实施行政行为，无论行为目的是为相对人附加利益抑或设定不利负担，均应有法律依据。一旦行政机关的行政行为没有法律依据，相对人便有权提出异议。此外，在为行政机关设定明确的法律责任实施权限外，立法者还要思考如何在不同行政机关之间进行权限划分、配置，即不同层级行政机关间的纵向配置和同一行政机关层级间不同部门机构间的横向配置。因为，如果立法者仅原则性地规定行政机关享有实施生态损害法律责任的权力，但未指明由哪一层级或哪一特定机关负责，实践中会产生执法困局（即互相推诿抑或争相夺权），这将不利于生态损害法律责任目标的实现。本部分将结合中国法制现状，重点关注行政权的宏观配置对法律责任规则实施效果的影响。

一方面，致力于实施生态损害法律责任的环境行政命令制度目前尚缺乏明确的法律依据。由于行政命令概念尚非我国行政法体系中的实证法概念，且我国行政执法实践中的"重处罚、轻命令"惯例，环境行政命令制度尚未成为一项成型的法律制度。有学者认为，我国环境单行法中出现的"责令（限期）采取治理措施，消除污染""代为治理""责令（限期）改正""责令采取补救措施""责令恢复（原状）"等可以解释为致力于生态修复的环境行政命令制度。[①] 但笔者认为，这些责令行为规范形式虽然可以定性为环境行政命令，并且可以在一定程度上起到救济生态损害的制度功能，但它们均不宜解释为本书中的生态损害法律责任行政实施机制。这是因为，这些责令行为规范形式要么适用前提限定，如"责令恢复（原状）";[②] 要么受限于文义解释的桎梏，内涵无法延及全部生态损害救济，如"责令（限期）改正""责令（限期）治理""责令消除污染"等。具言之，按照文义解释，"责令（限期）治理"一般仅指向采取治理措施、消除污染，是应急性命令；而"责令改正"一

[①] 参见李挚萍《行政命令型生态环境修复机制研究》，《法学评论》2020年第3期。

[②] 在污染防治类环境单行法律中，"责令恢复原状"主要体现为《环境保护法》第61条和《海洋环境保护法》第82条。但两处条款的适用前提一致，均是"适用于未依法环评擅自开工之建设项目的恢复原状"。在自然资源类环境单行法律中，"责令恢复原状"的适用范围很广，可能有三种类型。一是和拆除违法建筑物相关联的"恢复原状"，例如《水法》第65条规定的"责令停止违法行为，限期拆除违法建筑物、构筑物，恢复原状"和第67条规定的"责令限期拆除、恢复原状";《土地管理法》第74条和第77条规定的"限期拆除在非法转让的土地上新建的建筑物和其他设施，恢复土地原状"。二是旨在恢复受破坏生态环境的"恢复原状"。例如，《森林法》中的"恢复植被和林业生产条件";《煤炭法》第25条规定的"复垦式恢复"，即"复垦，恢复到可供利用的状态";《草原法》中的"恢复植被";《矿山地质环境保护规定》和《土地复垦条例》等规定的"复垦义务"。三是内涵具有可解释性的"恢复原状"，如《海域使用法》中的"恢复海域原状"，从内涵的角度来理解，它可能指向第一类和第二类。对于第一类，其适用前提限定，而第二类和第三类在一定程度上可以在一定程度上指向的是生态环境修复意义上的"恢复原状"，但它们存在制度缺陷。这是因为，这些"恢复原状"类行为形式要么侧重于单一的生态环境要素，并未严格强调生态系统恢复的概念，因而难以恢复生态环境服务功能损失；要么形式单一或者义务要求不充分。

般指向违法行为，属于矫正违法行为类行政命令。有学者反对，认为"责令改正"也可以直接指向"危害后果"。① 笔者认为，首先，即使"责令改正"可以扩展至"污染结果"，在生态环境修复尚未正式确立为一项普遍的行政法义务的背景下，其也仅限于"消除污染结果"，无法涵盖生态环境修复。② 换言之，"责令改正""责令限期改正"的适用范围仅限于消除污染。事实上，扩张解释并不符合实定法规定。《环境行政处罚实施办法》第 12 条对"责令改正"形式的列举并不包括生态环境修复，且该条第 1 款第（九）项将"责令改正"限定为纠正违法行为。此外，《土壤污染防治法》第 94 条甚至将"责令改正"作为对"不履行行政主体要求的实施土壤污染风险管控和修复的义务"（《土壤污染防治法》第四章规定的公法义务）的纠正。最后，在未确立生态损害法律责任实体法规范背景下，单纯扩展解释程序法规范面临于法无据的正当性质疑。

综前所述，除了《土壤污染防治法》第四章确定的公法义务实际上可以理解为旨在实施生态损害法律责任的环境行政命令制度（但该法第四章的文本并未直接采纳行政命令的措辞）以外，现行有效的单行环境法律并未规定用来实施生态损害法律责任的环境行政命令制度。③ 一些学者主张的责令行为规范均或多或少地存在制度缺

---

① 参见李挚萍《行政命令型生态环境修复机制研究》，《法学评论》2020 年第 3 期。
② 参见《固体废物污染环境防治法》第 71 条。
③ 我国《环境保护法》也没有规定通过行政命令制度来追究法律责任，事实上《环境保护法》并未规定生态损害法律责任。《环境保护法》中有关法律责任的规定主要有两类：其一，原则性规定，即第 6 条第 1 款、第 3 款；其二，具体性规定，即第六章"法律责任"。第 6 条第 1 款和第 3 款是总则条文，该条所指"责任"不仅包括损害赔偿私法责任，也包括环境修复或治理等公法义务以及相应的行政处罚和刑事制裁，属于纲领性的概括规定。但何主体于何种情形承担何种形式的责任，仍需由立法者针对不同行为设计明确具体的法律规范。而通读《环境保护法》"法律责任"章节，也无法直接找到有关生态损害法律责任的规定。有学者据此指出，新修订的《环境保护法》并未明确规定生态损害法律责任。参见沈百鑫《环境损害的修复责任制度初探：以水体损害修复责任中的中德比较为视角》，《清华法治论衡》2014 年第 3 期。

陷，要么仅针对某一具体生态环境要素，要么形式单一或者义务要求不充分。例如，"限期治理"未对如何治理污染提出具体要求，可操作性不强；"补种树木""限期恢复植被"均被限于单一环境要素，并且多偏向于数量或经济效益的恢复，缺乏对生态系统服务功能的综合考虑。① 由此可知，可以用来实施生态损害法律责任的环境行政命令制度在立法上缺乏规范依据，导致行政机关在面临生态损害时缺乏明确的授权来动用环境行政命令制度要求相对人承担责任。事实上，即使对于明确了土壤污染损害修复公法义务的《土壤污染防治法》也存在授权不明确的问题。不仅行政机关是否通过行政命令要求相对人实施土壤污染损害修复公法义务存在不确定性，行政机关在实践中是否会直接启用第四章规定的公法义务规定仍然存疑。这是因为，该法第 97 条在规定"有关机关和组织就污染土壤损害国家利益、社会公共利益的行为提起诉讼"时，并未明确其与公法机制的适用关系，这就很有可能会导致第四章中的行政机制被司法机制"依法架空"。此外，若不同行政机关间的权限未得到正确配置，则生态损害法律责任规则的实施权也会陷于停滞。以《土壤污染防治法》为例，有权实施土壤修复责任的主体是"地方人民政府生态环境主管部门或者其他负有土壤污染防治监督管理职责的部门"。但法律并未明确规范不同部门在何时分别执法或以何种形式进行合作执法等问题，这种不确定性也会影响生态损害法律责任的实施。

另一方面，与环境行政命令制度缺乏明确的法律规范依据不同，我国在生态损害法律责任领域确立了环境行政协商和解制度——生态环境损害赔偿磋商制度，并且这一制度是行政机关针对责任人发起生态环境损害赔偿司法诉讼的前置程序。换言之，行政机关有权利用行政协商和解的方式就特定的生态损害与责任人进行协商和解，并达成生态损害法律责任的实施协议，然后由责任人自觉履行协议约定的责任内容。我国《生态环境损害赔

---

① 参见谭冰霖《环境行政处罚规制功能之补强》，《法学研究》2018 年第 4 期。

偿制度改革方案》明确授权行政机关应当在以下三种情形中发起磋商和解,具体包括:(1)发生较大及以上突发环境事件的;(2)在国家和省级主体功能区规划中划定的重点生态功能区、禁止开发区发生环境污染、生态破坏事件的;(3)发生其他严重影响生态环境后果的。由此,只要生态损害事件符合前述三种情形,则行政机关有权启动生态环境损害赔偿磋商机制,这种权力实际上也是一种提起诉讼前的义务。由此可知,行政机关尽管获得了开启环境行政协商和解以实施生态损害法律责任的权力,但兜底条款的存在导致其适用的案件范围具有了一定程度的不确定性。此外,行政协商和解与行政命令制度的适用关系也不明确。

总之,若立法者选择了生态损害法律责任行政实施机制,则其必须对有权实施生态损害法律责任的行政机关进行明确授权。否则,可以预料,部门间的执法紊乱、推诿便可能会成为常态,这将显著不利于公法实施机制的实际运行。在我国当前行政法体系中,可用来实施生态损害法律责任的环境行政命令制度缺乏明确的授权,而环境行政协商和解虽取得了明确授权,但其适用范围仍具有不确定性并且其与行政命令制度之间的适用关系不明。

二 行政机关及其执法人员的失灵

按照"社会契约论"的观点,政府存在的目的是且仅应当是维护公共利益,并且这种公共利益的增进任务具体被赋予行政机关。随着福利国家思想的发展,维护公共利益也已从传统的预防、救济公共利益损害(消极行政)转向公共利益的供给(积极行政),如提供市场无法提供或者不适宜由市场提供的公共产品。但正如前文所述,政府行政失灵是社会常态,导致的结果是行政机关经常无法充分地代表公共利益。在制度经济学或公共选择学派看来,导致行政失灵问题的直接缘由是由信息不对称难题引发的"委托—代理"问题，有学者称为"代理成本问题"。① 一般来说，"委托—代理"普遍存在于经济领域和社会领域中，指向"生产力发展使分工进一步细化，权利的所有者由于知识、能力和精力的原因不能行使所有的权利了。而专业化分工产生了一大批具有专业知识的代理人，他们有精力、有能力代理行使好被委托的权利"。但这种"委托—代理"关系并不一定总指向一种正向的积极关系，由于委托人和代理人的效用函数可能并不一致，且信息不对称问题在现实世界中的普遍存在，代理人可能为了追求自身福利最大化而损害、违背委托人的利益，此时委托人因处于信息劣势而难以侦察到代理人的全部和真实信息。"委托—代理"问题便因此产生，它"是知识问题的产物，也是对人际团结的天然限制"②。实际上，这种"委托—代理"问题也存在于政治场域中，且它会因为双重代理失灵变得更严重。具言之，一方面，作为公众代理人的行政机关可能会出现代理失灵，不仅是因为很难尽善尽美的代议制民主程序会导致代表失灵，还有可能是因为源自央地政府间关系的固有紧张（即地方政府不按中央意愿实施法律）；另一方面，在微观上，代表行政机关具体参与代理活动的行政执法人员也可能会因为自身利益而实施不当代理行为。诚如美国公益信托之父萨克斯的经典论述，"当我们习惯于求助抽象的行政机关和体系时，却忘记了具体的个人和利益，忘记了行政机关和体系是由具体的个人运作，而这项具体的个人其实与普通公民一样具有一己之利"③。

为有效控制代理人行为，制度上开始为代理人的行为设定规范

---

① See Michael C. Jensen, William H. Meckling, "Theory of the Firm: Managerial Behavior, Agency Costs and Ownership Structure", *Journal of Financial Economics*, Vol. 3, No. 4, 1976, pp. 305–360.

② [德] 柯武刚：《制度经济学：社会秩序与公共政策》，史漫飞译，商务印书馆2008年版，第78页。

③ [美] 约瑟夫·L. 萨克斯：《保卫环境：公民诉讼战略》，王小钢译，中国政法大学出版社2011年版，第264页。

进行约束。① 由于如何通过民主程序控制行政机关以确保其符合公共利益代表人身份的问题相对复杂，本书不论及。因此，笔者关注的是中观意义上的地方政府失灵问题和微观意义上的执法人员失灵。

其一，中观意义上的地方政府失灵问题。在中国当前行政管理体制中，立法者一般在将公共任务自上而下分包给地方政府的同时，会在制度上对其施加财政约束，即在划分各级政府事权的基础上划分各级政府的财政支出范围，将财政收入分为中央税、地方税和共享税，并由中央政府实行财政转移支付。这种财政约束虽有利于中央政府集中调配资源，在全国范围内实现资源均衡配置，但其弊端也显而易见。因为信息不对称的存在，中央政府无法掌握全国各地的情形，这便可能导致地方政府出现事权、财权不相匹配的情形。因此，在地方政府财力不足而又必须负担大量公共任务时，他们选择的便是"开源""节流"：节流意味着行政机关尽量减少公共事务支出，尽量回避任务，而开源意味着增加财政收入，尤其是预算外收入，这便会导致政府放松管制以换取污染企业的税收收入。②

其二，微观意义上的行政执法人员失灵。对于从事具体行政执法活动的行政执法人员，他通常也会存在各种利益动机，如享乐消费、情感交易、官员晋升激励等。为追求这些利益，执法人员可能会徇私枉法，导致公共利益受损。在缺乏严格激励、惩罚控制机制的制度背景下，这些执法人员的行为很难被发现或被施加适当惩罚，使得他们违反公共利益代表的行为会愈演愈烈。前述两个问题都是现实存在的难题。事实上，这也揭示了行政官僚制的失败，即作为旨在解决不同层级政府、不同行政机关以及行政机关和政府执法人员间信息不对称的"官僚制"或"科层制"，也无法彻底消除信息不对称，杜绝"委托—代理"问题。

---

① 参见［德］柯武刚《制度经济学：社会秩序与公共政策》，史漫飞译，商务印书馆 2008 年版，第 79 页。

② 参见张宝《环境规制的法律构造》，北京大学出版社 2018 年版，第 9 页。

那么，行政机关及其行政执法人员的失灵，会对生态损害法律责任行政实施机制的实施效果产生何种不利影响呢？著名制度经济学家肯尼斯·阿罗曾将代理成本问题产生的不利效果总结为两种："道德风险"和"逆向选择"。其中，"道德风险"是指代理人借委托人观察监督困难之机而采取的不利于委托人的行动；"逆向选择"是指代理人占有委托人所观察不到的信息，并利用这些私人信息进行决策。换言之，从理论上看，作为公共利益代理人（即生态公共利益代表人）的行政机关或其执法人员，可能会因为作为委托人的公共利益享有人（即公众）不能有效监督而作出不利于公共利益实现的行动，并且他们还有可能会利用一些委托人所不能察觉的信息进行决策。当然，这种决策可能有时会有利于公共利益的实现，但由于缺乏拘束，它也可能成为"脱缰野马"，不利于公共利益。这些理论上的不利行为在现实中转化为所谓的行政失灵问题。具言之，基于私人利益的"诱惑"，日常生活中的行政机关及其行政执法人员很有可能会出现"怠政""乱政""寻租""规制俘获"等问题。前述问题可能会使行政实施机制的运行偏离法律责任规则既定的生态损害救济目标，甚至走向对立面，致使有些生态损害无法得到救济，或仅得到不充分的救济。从当前中国现实来看，政府及其行政执法人员失灵的现象十分严峻，加之试图对他们行为设定的制度规范仍不完善，势必会对生态损害法律责任规则的实施效果构成严重制约。

最后，可能责任人的对策行为，也会对生态损害法律责任行政实施机制的实施效果构成不利影响，且这种不利影响大多是通过对行政机关及其执法人员的行为产生负面影响而间接发挥作用的。例如，可能责任人基于自身的利益动机驱动，会倾向于隐藏生态损害事件相关信息，进而导致行政机关及其执法人员无法准确获知有关生态损害的各种信息。此外，可能责任人也会采取各种措施来"俘获"行政机关及其执法人员，诱使他们"偷懒""寻租"。在当前中国，可能责任人往往是地方财政纳税大户（其中，很多都是地方政府引进的投资商），很多政府官员退休后甚至以顾问身份进入企业，这些现实因素都使可能责任人与地方政府发生利益捆绑。由此，可能责任人的这些对策行为不仅反映了地方生态保护主义理念的盛行，还必然会间接影响行政机关及其执法人员对生态损害法律责任规则的公平、公正实施，进而制约法律责任规则的实施效果。

三 行政机关及其执法人员的专业化行政能力

生态损害法律责任行政实施机制得以有效实施的另一个重要前提是，行政机关具有专业化的行政能力，可以确保其及时获取有关生态损害事件的信息，以及准确判断：生态损害是否属于法律责任规则调整的生态损害类型、相应因果关系能否得到明确，以及能否明确具体的可能责任人。实践中，由于生态损害问题具有的复杂的科学技术性和高度的利益冲突属性，使得行政机关在获取违法信息和判断相应法律责任问题时面临难题。对于违法生态损害事件发生信息的获取，这一点尤为重要，因为它直接关系到生态损害事件能否为行政机关知晓，是其决定是否启动法律责任规则的前提。从目前行政体制现状看，行政机关获取违法生态损害事件信息的来源渠道主要有两种：其一，内部渠道，行政机关的日常监督检查执法活动；其二，外部渠道，意指来自行政机关外部的各种举报信息，包括但不限于不特定的社会公众、检察院、新闻媒体等。面对大量的生产企业，如果行政机关执法人员人数过少，则势必使得违法信息被获取的概率降低。以北京市环境执法系统为例，2016 年全北京市规模（限额）以上企业法人单位的数量为 32670 家，[①] 而负责全市环境监督执法活动的监察执法人员共有 660 人左右。[②] 姑且不考虑很多私营个体经济主体、规模以下企业单位以及同一单位的多个生产

[①] 参见《北京统计年鉴》，2017 年，规模（限额）以上企业法人单位情况（2016 年）。

[②] 由于目前未能找到关于北京市环境监察执法人员数量的详细信息，笔者电话咨询了北京市环境监察执法总队工作人员后得知，目前北京市环境监察执法人员数量共计为 660 人左右。

场址问题，这么少的执法人员在实践中无法满足对如此繁多的污染源进行日常监管的需求。对于某些西部偏远省份，执法人员编制可能更少，且这些地方的环保机构在经费、办公设备方面也会面临各种困难。对于外部渠道来说，其他的多元社会主体如果没有充分的政策法律激励，也很难弥补行政机关执法资源的不足。对此，有些省份已作出了努力，例如：北京市发布的《北京市环保局对举报环境违法行为实行奖励有关规定》。[①] 但这仅仅是个案，且会受到地方政府财政约束的限制，难以在大范围内推广实施。总之，行政机关能否及时获知有关生态损害事件发生的信息，一般受制于其自身日常监督管理执法行动以及来自外部渠道的信息传递。当然，随着科学技术的发展，行政机关日常监督管理执法的能力会不断提高，则此时的违法信息获取成本会降低，会更有利于行政机制的实施。

在获知生态损害信息后，行政机关必须进一步判断该生态损害事件是否满足启动生态损害法律责任规则的实施条件，即（1）生态损害是否满足法律责任规则中的损害类型和损害阈值；（2）是否可以明确具体的可能责任人；（3）是否存在适用例外情形。这些问题的判断，很多都需要依赖于复杂环境科学技术的应用。例如，生态损害的事实确认、量值评估以及在因果关系上将具体的生态损害结果追溯至可能责任人。此外，在行政机关向可能责任人发送了要求其履行生态损害法律责任的行政命令或者双方达成责任实施协议后，如何监督可能责任人履行法律责任以及在可能责任人不履行时如何

[①] 根据有关数据统计，2018年以来，全北京市通过有奖举报途径接到有效举报1600余件，已办结经核查属实的525件，目前已发放奖金25.8万元，部分案件正在办理中。环保部门表示，环保有奖举报工作自开展以来，在鼓励市民参与环境污染治理、有效查处环境违法问题、精准打击环境违法行为等方面发挥了积极作用。除环保有奖举报之外，市民也可通过12369环保热线和12345市非紧急救助服务热线投诉举报环境违法问题，参与环境监督。参见《全市通过有奖举报途径接到有效举报1600余件　两位市民举报环境违法获奖5万元》，《北京日报》2018年10月30日，http://zhengwu.beijing.gov.cn/gzdt/t1566541.htm。

自行或委托其他适格主体代为履行，以及对责任履行情况的评估和后期跟进，也会涉及复杂的环境科学技术问题。那么，行政机关是否具备这样的环境科学技术能力，便成为直接影响生态损害法律责任能否得以有效实施的关键因素。理论上看，如果想要避免这种不利后果，有两种方案，其一，使用更加专业化的行政执法人员，即同时兼具法律知识和专业化的环境科学知识。但目前来看，现有执法人员的知识结构并不能满足这种复合型执法人员的要求。缺乏现代环境科学知识的法律人，在判断这些专业化问题时很难做到得心应手。其二，引入外聘式的专家决策机制，即将专业化问题的判断委托给更加专业化的独立机构或专家。但这种方案也存在明显弊端，包括：专业化机构的中立性问题、延请外聘专家会造成执法迟延，而且外聘专家也会导致执法成本的增加甚至是不确定性等。综上所述，当前行政机关及其执法人员的专业化行政能力不足可能成为影响生态损害法律责任行政实施机制效果的关键要素之一。

那么，这种专业化行政能力的缺乏会对实施效果产生何种具体影响呢？一般来说，不利影响包括以下方面：第一，可能责任人有逃避法律责任的可能性。因为行政机关可能无法获知生态损害事件信息或在判断复杂科学技术问题方面发生失误。[1] 显然，这种在实施条件方面的判断失误也可以理解为一种错误的"问题诊断"，其自然会引发在是否要给出"药方"问题上的错误判断。第二，行政机关及执法人员缺乏较强的个案判断能力。导致生态损害事件的原因往往多种多样，不同场景中环境要素和生态系统的物理、生化特征也纷繁复杂，因此行政机关针对不同的生态损害事件，必须综合考虑事件的复杂性、特殊性，由此可能导致的是对相似损害事件作出

---

[1] 一般来说，前者是指行政机关自身能力不足或责任人刻意地隐藏信息，导致行政机关无法获取生态损害相关信息，进而造成生态损害法律责任无法启动；后者则包括：无法确定因果关系，进而无法识别可能责任人，或错误地得出结论认为，生态损害不符合启动法律责任进行救济的生态损害类型。

不同法律责任决定的结果。换言之，如果行政机关缺乏专业化的个案判断能力，则其很难根据不同生态损害事件的特殊性进行"量体裁衣"，仅能在实践中采取一种类似于"一刀切"的方法。因此，要想准确把握每一具体生态损害事件的特殊性，则必须提升行政机关的专业化行政能力，或将这种专业化问题的决策权委托给专业机构或专家。第三，如果专业化行政能力不足，且没有适当的制度设计可以确保法律责任规则实施的科学性，对可能责任人履行法律责任而言也是极其危险的，因为行政机关可能为责任人设定畸轻畸重的法律责任，并且其也无法对责任履行情况进行科学的事后评估。

四 小结

对于生态损害法律责任行政实施机制的实施效果而言，前文列举的那些影响因素仅仅属于不完全列举，这些因素包括但不限于：明确的法定授权、行政机关及其执法人员的失灵、行政机关的专业化行政能力等。尽管这些因素彼此之间看似不同，但在实质上可以被归为一个因素，即以政府行政权为主导的生态损害法律责任行政实施机制的制度实施成本，亦即制度的交易成本。制度实施成本就像是客观现实世界中不可消除的"物理摩擦力"，它是影响生态损害法律责任行政实施机制在现实中获得有效实施效果的阻力。一般来说，如果生态损害法律责任行政实施机制的制度实施成本越大，则它遇到的阻力越大，便越难实现生态损害救济目标。反之，如果制度实施成本越低，则实现生态损害救济目标的阻力越小，救济效果也会更好。这是生态损害法律责任行政实施机制在实施过程中的基本规律和原理。可以说，制度实施成本的存在，使得立法者依赖于生态损害法律责任行政实施机制的制度设想可能无法完全实现原有制度设计所旨在实现的生态损害救济目标，在现实和理想之间造成"鸿沟"。与原有的理想型制度设计相比，生态损害法律责任行政实施机制的具体运行过程，本质上是行政机关及其执法人员、可能责任人以及利益相关者之间的相互博弈过程。在此过程中，各主体都符合理性经济人的预设，他们的行为都会受到"最大化自身利益动机"的驱动，这会使行政机关及其执法人员出现执法失灵。同时，可能责任人会选择采取各种对策行为来抵消法律责任规则的实施。此外，若没有一套成型且有效的激励机制，"外部渠道"也不会积极地将违法行为人造成的生态损害信息传递给政府行政机关，进而会制约法律责任规则的启动、实施。总之，无论制度设计最初是如何精妙，现实世界中的制度实施成本都将可能打破制度设计者的初衷。

第三节　司法实施机制的实施效果考察

从制度实施的角度看，生态损害法律责任司法实施机制要想实现最佳的救济效果，它也同样需要具备一些必要条件，此即前文总结的"司法实施机制的最佳实施条件"。由于生态损害法律责任司法实施机制的实施主体是法院，因此在中国现实语境中探讨这些必要条件是否具备，便需要我们对法院的角色定位以及它在纠纷中的处境作相当程度的描述，从而理解法院在特定背景下的行为选择及其限度。[①] 这是因为，与行政实施机制以行政机关作为实施主体不同，司法实施机制的本质是一种以司法权主导的法律责任规则实施方案，它以法院作为生态损害法律责任的实施主体，强调的是法院在生态损害法律责任规则实施方面的第一判断权。本节内容将逐一验证这些必要条件在实践中是否具备，并分析现实中这些因素对生态损害法律责任规则司法实施机制的运行效果产生何种影响。

一　法定原告提起诉讼时面临的障碍

与行政实施机制不同，在生态损害法律责任司法实施机制中，法律责任规则的实施首先有赖于法定原告的起诉，然后由有管辖权

[①]　参见宋亚辉《社会性规制的路径选择》，法律出版社2017年版，第128页。

的司法机关（即有管辖权的法院）负责实施。换言之，一旦生态损害发生，则经法律授权的诉讼原告便可自行决定是否就此事件向可能责任人发起民事诉讼，然后由有管辖权的法院负责决定可能责任人是否以及在多大程度上需要就此事件承担生态损害法律责任。① 因此，若法定原告不愿意或其自身能力不足以发起这些生态损害民事诉讼，则生态损害法律责任司法实施机制的现实运行效果就会受到极大的限制。一般来说，限制原告提起生态损害民事诉讼的因素可能多种多样，包括但不限于：法定原告的诉讼资格是否明确，诉讼成本的高低，以及原告和法院的选案标准等因素。

  首先，法定的生态损害民事诉讼原告资格应当明确。从实证法的角度看，并非所有理论上可以成为生态公共利益代表人的主体均会在司法实践中成为可以针对可能责任人提起生态损害民事诉讼的主体，只有那些经过法律选择、确认的主体才属于适格的生态损害民事诉讼原告。一般而言，若法律并未明确生态损害民事诉讼的原告，则可能会造成没有人愿意代表、维护生态公共利益的情形，甚至有时法院也会以"原告不适格"为由驳回起诉。另外，如果法律确认的适格原告种类或数量均不足以代表和维护生态公共利益，也会影响生态公共利益代表的广泛性，致使有些生态公共利益可能无法得到代表和维护。还应注意的是，如果法律确认了几类生态损害民事诉讼原告，但并未确立彼此间的诉讼顺位或合作规则，这也可能会影响生态损害法律责任司法实施机制在现实中的实施效果。因为，多个适格原告可能会针对同一生态损害提起诉讼，使得诉讼难以有效进行，此即诉讼的诉权积极冲突。从当前的司法实践看，中国法已经明确承认了行政机关、检察院、环保公益组织的起诉资格，可确保生态公共利益被充分和广泛地代表；并且，为避免诉权冲突，中国法已经对多元原告资

---

① 因为，法院作为中立裁判者的身份以及司法权的被动性决定了它无法主动实施法律，只能在法定原告发起民事诉讼后决定是否以及如何实施生态损害法律责任规则。

格的诉讼顺位做出了规定，包括行政机关启动的生态环境损害赔偿诉讼优先于环境民事公益诉讼的规则，[①] 检察院在环境民事公益诉讼中后位于环保公益组织的规则。[②] 但是，从法解释学的角度来看，这些规定存在缺陷。其一，在法院中止审理环境民事公益诉讼后，环境民事公益诉讼的原告能否参与生态环境损害赔偿诉讼，仍然存在不确定性。其二，由于法律并未要求环保组织诉前通知行政机关，因此很有可能出现环保组织提起民事公益诉讼在前而行政机关提起生态环境损害赔偿诉讼在后的现象，此时法院是否受"中止民事公益诉讼规则"的约束仍存疑问。其三，生态环境损害赔偿诉讼制度的适用范围要小于环境民事公益诉讼制度，限于严重性生态损害。对于那些未被纳入生态环境损害赔偿诉讼范围的"非严重损害案件"，是否意味着仅能由检察机关和环保公益组织提起诉讼？可以预见，这些规则的不确定性会对生态损害法律责任司法实施机制的有效运行产生不利影响。

其次，诉讼成本不应过高，或者说诉讼成本应不至于影响法定原告的财务能力。无论是行政机关、检察院，还是环保公益组织，显然均无法针对每一生态损害事件都提起民事诉讼，其中一个主要原因便是自身的财务能力有限。对于行政机关和检察院而言，它的财务能力是政府拨付的预算款，而环保公益组织的财务能力则更为有限，一般多依赖于社会捐赠。[③] 因此，由于生态损害民事诉讼成本一般相对很高（如较高的证据收集成本），原告必须进行"选择性起诉"。这里的"诉讼成本"是一个抽象概念，既包括诉讼过程中的直接支出（或称为显性诉讼成本），又包括各种隐形诉讼成本（或称为间接支出）。其中，直接支出主要包括当事人要缴纳的诉讼

---

① 参见《关于审理生态环境损害赔偿案件的若干规定（试行）》第 16 条和第 17 条。
② 参见《关于检察公益诉讼案件适用法律若干问题的解释》第 13 条。
③ 参见周伟铎等《从 SEE 基金会看中国绿色公益基金的资金来源》，《环境保护》2014 年第 19 期。

费、律师费、鉴定费、调查取证费、时间成本及其他费用支出；而间接支出包括法官的机会主义行为、原告的败诉风险等引发的诉讼成本。① 这些诉讼成本会在整体意义上对原告的诉讼意愿产生影响。在生态损害民事诉讼中，由于事件所涉的标的金额以及鉴定评估费用往往过高，也会使生态损害民事诉讼的诉讼成本相较于普通私益诉讼高出很多。② 但不同于私人原告提起诉讼时以"诉讼预期收益大于预期成本"作为基本的行动逻辑，在生态损害民事诉讼中，原告提起诉讼则往往以其自身的财务能力为限。这是因为法律禁止作为公共利益代表人的法定原告通过诉讼谋取自身利益。

对于当下中国现实而言，由于行政机关、检察院面临的财务预算限制以及环保公益组织整体发展水平的较不发达（尤其是在资金筹集能力方面的不足），生态损害民事诉讼在数量上相较于行政执法数量仍然较少。总之，若诉讼成本过高以至于影响组织的发展（主要是财务能力），则生态损害诉讼便无法启动，进而会使司法实施机制的有效运行受到影响，并可能导致责任人逃避被追诉的结果。

最后，原告和法院的选案标准也会影响生态损害民事诉讼的提起。一般而言，对于环保公益组织，其在决定提起生态损害民事诉讼前除了会考虑自身财务是否足以支持它提起诉讼外，也会考虑这些生态损害诉讼案件的特征是否可以有助于维护生态公共利益并促进组织的发展。换言之，环保公益组织并非机械的组织，它也会有自身利益考虑，而这种利益考量会直接影响到生态损害民事诉讼的

---

① 参见宋亚辉《社会性规制的路径选择》，法律出版社 2017 年版，第 129 页。

② 对于生态损害鉴定评估而言，目前法律规则并不承认环保组织自行检测的结果（有时仅认可其具有参考作用），环保公益组织必须依托行政机关的检测结果或聘用第三方机构进行生态损害鉴定，但地方政府不配合是常态，第三方机构的报价也动辄以百万元计，这些都提升了环保公益组织的诉讼成本。如 2011 年，在云南铬渣污染事件中，鉴定机构开出 700 万元的生态损害鉴定费用的报价，就曾让"自然之友"被迫停止诉讼。

启动。从理论上看，环保公益组织在决定是否启动诉讼时会考虑很多利益因素，包括但不限于：扩展组织在生态保护领域的声名、为组织吸引更多的社会捐赠、系争案件本身的社会影响性、系争案件与本组织章程目标的相关性（有些组织仅保护的是某一类环境资源、生态系统或生物物种等）、系争案件的资源消耗性（包括资金、时间成本）等，且这些因素彼此之间也会相互影响。对于行政机关和检察机关作为原告而言，这种选案策略亦客观存在。以行政机关为例，在行政机关作为赔偿权利人的生态环境损害赔偿诉讼中，由于赔偿权利人自身存在利益冲突，导致它们缺乏提起诉讼的内在动力，使得权利人要么回避诉讼（即使提起诉讼，也是在发生重大污染事件后不得不提），要么进行选择性诉讼，导致小案件、输入性污染案件得不到有效救济。[①] 同理，法院也会在受理案件时"通过某种司法政策，包括不受理某类案件——采取某种'截流'政策，从而将一部分争端排除在诉讼范围之外"[②]。对于生态损害民事诉讼，当前法院的截流策略主要有两种方案，其一，通过对原告诉讼资格的不同解读，驳回特定原告的起诉资格。实际上，在中国司法实践中，环境公益诉讼面临来自企业、法院和地方政府等多方阻力，环保公益组织是否具备官方背景在诉讼中起到重要作用，甚至出现"同案不同命"的现象。[③] 有人将地方法院的这种行为动机理解为地方保护主义对司法的干涉，[④] 但这并不是问题症结的全部原因，有时法律规则的不明确也是导致法院对原告资格进行驳回之条件作出不同理解

---

① 参见陈迎《生态环境损害赔偿案件受理审理中的若干问题》，武汉大学环境法研究所公众号，https：//mp.weixin.qq.com/s/bkpj5mp9uU79vK0hvACSxQ。
② 参见朱景文《中国诉讼分流的数据分析》，《中国社会科学》2008 年第 3 期。
③ 参见朱敏洁《环保组织诉企业污染接连被拒立案，谁在阻拦公益诉讼》，观察者网，https：//www.guancha.cn/society/2015_09_25_335640.shtml。
④ 参见范春生、闫平《环境公益诉讼取证难立案难：或因地方保护主义所致》，中国法院网，https：//www.chinacourt.org/article/detail/2015/10/id/1722428.shtml。

的原因。① 其二，由于目前缺乏有关生态损害民事诉讼费用缴纳规则，使得不同地方的法院无法获得明确的规则指引，致使诉讼费用计算标准的确定以及能否豁免等问题完全由法院决定。②

值得注意的是，一些国家如美国、印度等授权任何公民个人发起民事公益诉讼，我国目前法律对此未作规定。事实上，若立法者将生态损害民事诉讼的原告资格赋予公民个人，则其显然还会受制于其他因素，例如：私人在代表和维护生态公共利益方面可能存在的"搭便车"效应，私人的风险偏好和诉讼预期等。总之，这些制度性和非制度性影响因素会在整体上对经由法律选择、确认之原告提起生态损害民事诉讼时的意愿和能力产生影响，进而制约司法实施机制的实效。

二　生态公共利益多元代表的失灵

生态公共利益是多主体或多群体利益、多层次利益的组合，这种内容和结构层面上的多样性也决定了生态公共利益代表的多元性。③ 然而，

---

① 尤其是环保公益组织在海洋生态损害民事诉讼中的原告资格问题。实际上，对于环保组织能否提起海洋环境公益诉讼的问题，中国法院一直以来采取的都是排斥态度。法院认为《海洋环境保护法》第89条第2款是向海洋监督管理部门的排他性诉权赋予规定，而且作为特别规定的《海洋环境保护法》也排除了《民事诉讼法》第55条和《环境保护法》第58条的适用。可以说，司法实践做法不一，否定环保组织起诉权的判例占绝大多数，例如：2015年大连环保志愿者协会就大连"7·16"溢油事件依据《环境保护法》第58条提起的公益诉讼，以及2017年重庆两江志愿服务发展中心、广东省环境保护基金会诉广东世纪青山镍业有限公司、广东广青金属科技有限公司、阳江翌川金属科技有限公司环境公益诉讼案。但也有例外，如2015年的中国生物多样性保护与绿色发展基金会诉康菲石油、中海油海上污染损害责任纠纷案。

② 在实践中，法院判决环保组织承担巨额修复费用并不给予原告诉讼费用豁免的案件也经常发生，如2015年江苏省常州中院就"常州毒地案"作出的要求原告承担200万元诉讼费用且不同意其缓交或免交。但江苏省高级人民法院将生态损害民事诉讼案件的诉讼费用计算标准确定为非财产案件的按件计收，是一大进步。

③ 参见胡静《环保组织提起的公益诉讼之功能定位：兼评我国环境公益诉讼的司法解释》，《法学评论》2016年第4期。

多元化公共利益代表机制并不一定意味着生态公共利益必然可得到完全且充分的代表和维护。相反，只要我们采纳的是"利益代理规则"（由特定主体代表公共利益）而非"直接代表规则"（私人直接代表私人利益），便无法彻底解决"委托—代理"问题。因为，特定主体会有自己的利益追求（公共利益并非其唯一追求，或者公共利益可能对他而言并没有直接的利益关系）。从理论上看，对于行政机关，或其他代表人（即环保公益组织、检察院、公民个人），这一点均成立。换言之，受自身利益驱动，所有生态公共利益代表人均可能会不完全充分地代表生态公共利益。并且，值得注意的是，无论立法者采用的是行政实施机制（即行政执法方案）还是司法实施机制（即民事诉讼执行方案），实际上仅是执行方案的选择，并无法从根本上杜绝这些代表失灵问题的发生。行政失灵问题已在前文中有过论述，这里我们将依次分析环保公益组织、检察院和公民个人的利益代表失灵问题。

首先，对于环保公益组织而言，它虽然可以在一定程度上弥补行政机关的公共利益代表失灵，但它也有一些固有缺陷。其一，环保公益组织并非经由民主程序产生，不受民意、立法机关的监督和公共问责机制的制约。这便可能会导致环保公益组织在代表生态公共利益时有不充分代表，甚至代表过度的可能。正如有学者所言，行政执法因受制于立法、预算等因素而通常具有确定性和具体性，而环保公益组织提起的诉讼可能是异常和过度的，反映和行政机关的执法完全不同且不协调的关注点。[①] 其二，环保公益组织自身的发展具有不确定性，它的财务资金主要来源于社会捐赠。一旦财务资金不足，则环保公益组织便可能面临无法继续运转的可能，即环保公益组织的"破产"，这无疑会给生态公共利益的代表和维护带来不

---

① 参见汤欣主编《公共利益与私人诉讼》，北京大学出版社2009年版，第154—155页。

确定性。① 当然，这种财务运营能力的有限性（如财务来源渠道单一）也会影响环保公益组织提起诉讼的意愿和能力。② 其三，环保公益组织一般具有地域性和专业性的特征，即某些环保组织可能仅关注于某一生态保护领域或区域，这会使环保公益组织往往仅侧重于某些利益，而很难兼顾到整体性生态公共利益，并且这种"无法兼顾"是一种社会常态。③ 其四，如果没有一套严格的诉讼和解或调解规则作为限制，则环保公益组织也可能会在诉讼和解/调解过程中作过度妥协，进而侵害其旨在代表和维护的生态公共利益。

在当下中国生态保护领域中，市场失灵和政府失灵同时存在，使得非政府组织（NGO）作为第三部门力量开始悄然登上舞台，但由于登记注册、筹集资金、双层管理模式带来的限制，以及环保公益组织与政府、经济组织间复杂的权益关系和环保公益组织自身的原因，使得环保公益组织难以正常运作，也影响了它在能力建设、公信力累积和社会作用发挥上的成就，甚至陷入"失灵"的窘境，

---

① 一般来说，按照资金来源对公益性社会组织筹资进行结构分析，我国环保公益性社会组织资金筹集通常并不单纯依赖某种渠道，资金来源呈现出一种多样化形态，主要有社会捐赠、政府资助、会费收入、投资收入、产业收入等。但是，目前中国的环保公益组织多依赖于社会捐赠，政府资助、投资收入、产业收入等渠道几乎为零。这也在一定程度上严重限制了环保公益组织的发展。以北京朝阳自然之友环境研究所为例，该组织2015年度的收入全部为捐赠收入，共计接受境内外捐赠近355万元，但并未接受和使用任何政府资助或补助。参见北京市朝阳区自然之友环境研究所审计报告，安衡专审字〔2016〕第167号。

② 根据"环保NGO在环境公益诉讼中的地位与作用"课题组的调查显示：环保组织对于参与环境公益诉讼的态度相当审慎，在被调查的环保组织中，可能将环境公益诉讼作为第一选择的仅占30%，近60%的环保组织表示不太可能行使诉讼权利，尤其是对环境公益诉讼持否定态度的占11%。环保组织对环境民事公益诉讼的排斥决定了多数环保组织不会参与诉讼，仅占统计总数14%的环保组织参与过公益诉讼。从课题组选取的环保组织年经费预算来看，10万—50万元的有16家，50万—100万元的有13家，100万元以上的有11家。参见栗楠《环保组织发展困境与对策研究：以环境民事公益诉讼为视角》，《河南大学学报》（社会科学版）2017年第2期。

③ 参见胡静《环保组织提起的公益诉讼之功能定位：兼评我国环境公益诉讼的司法解释》，《法学评论》2016年第4期。

即所谓的"志愿失灵"。① 这种局限性一直存在，以至于2012年新《民事诉讼法》授权环保公益组织可代表生态公共利益提起环境公益诉讼后，实际提起的公益诉讼案件数量相对较少。具言之，2013—2015年共有13家环保公益组织参与了15起环境公益诉讼，而2015年共计有45家环保组织参与了环境民事诉讼。② 从案件数量上来看，2014年《环境保护法》的实施推动了环境公益诉讼的发展，但参与诉讼的环保组织仅占可提起环境公益诉讼环保组织总数的5%。③ 截至目前，环保公益组织提起的数量虽然有所提升，但仍然很少，2018年全国法院共受理环保公益组织提起的民事公益诉讼65件（审结16件），而2019年全国法院共受理环保公益组织提起的民事公益诉讼179件（审结58件）。总之，环保公益组织自身的结构性缺陷以及相关配套制度措施、社会环境的限制，④ 使得其在代

---

① 参见谢菁岚《中国环境NGO失灵研究》，硕士学位论文，上海交通大学，2011年，第173页。

② 参见杨凌雁、钟恩华《检察机关环境民事公益诉讼实证分析》，《江西理工大学学报》2017年第6期。

③ 参见栗楠《环保组织发展困境与对策研究：以环境民事公益诉讼为视角》，《河南大学学报》（社会科学版）2017年第2期。

④ 有关制度配套措施的规定，可以诉讼过程中的案件受理费、鉴定评估费用为例。虽然现有司法解释规定环保公益组织提起的环境民事公益诉讼可以缓交或者免交案件受理费，但是否可以缓交、免交属于法院司法裁量的范围，在"常州毒地案"中，一审法院便判决原告不得缓交、免交近200万元的案件受理费，致使一审败诉原告绿发会不得不采取众筹的方式来筹集高额的诉讼案件受理费。而对于诉讼过程中的鉴定费、专家费、调查取证费及其他诉讼费用数额巨大，当前法律规则缺乏倾斜保护规则，按照传统诉讼原理应是败诉者负担，故在2018年4月宣判的"北京市朝阳区自然之友环境研究所诉北京都市芳园房地产开发有限公司、北京九欣物业管理有限公司固体废物污染责任纠纷案"中，法院判决败诉原告（即自然之友）承担近30万元的诉讼鉴定费。可以预见，如此不利于原告的诉讼费用处理规则，势必影响环保公益组织提起环境民事公益诉讼的意愿，因为，有时一个案件的诉讼案件受理费或诉讼鉴定费超过一个环保组织的一年总支出，如自然之友诉云南曲靖陆良化工有限公司案中，鉴定机构预估的鉴定费用高达700万元，一个案件的鉴定费就远超该组织一年的总支出。参见张锋《环保社会组织环境公益诉讼起诉资格的"扬"与"抑"》，《中国人口·资源与环境》2015年第3期。

表生态公共利益时很有可能会发生"代表失灵""志愿失灵"的问题。

其次,对于检察机关而言,尽管当前中国生态公共利益保护法律实践将其奉为公共利益的最佳有效代表者,但它也同样存在代表失灵的潜在可能。其一,与具体的环境行政执法机关(即政府行政机关)相同,检察机关也是诉讼信托机制中国家的具体代表。① 因此,从理论上看,检察院也无法避免"政府失灵"问题。其二,从效力角度看,检察机关在生态公共利益维护方面也存在不足。② 由于公共利益的概念(即范围)相对模糊,且检察机关内部缺乏专业人才,使得检察机关对公共利益损失的评估不易得到各方的普遍认可。其三,在当前监察改革的大背景下,检察权威受到削弱,势必导致民众对其提起诉讼的能力和积极性产生怀疑,而一旦怀疑的种子生根发芽,那么民众对公益保护的热情和期望,以及公益诉讼所具有的威慑力和效果也将大打折扣。③ 此外,以检察机关作为民事原告并借由民事诉讼执行来实施生态损害法律责任规则的方案还会面临很多法理上的难题,这也会在一定程度上影响检察机关的公共利益代表能力。④ 因此,有学者在主张废弃检察院提起环境民事公益诉讼制度之外,主张为检察院提起诉讼设定限制条件:(1)坚持穷尽其他救济原则,明确检察民事公诉殿后次序;(2)建立有限公诉制度,将检察民事公益诉权关进"笼子"。⑤ 这些理论上的质疑会使得检察

---

① 参见詹思敏、辜恩臻《我国环境公益诉讼原告主体资格再探析:以诉权理论为分析视角》,《中山大学法律评论》2011 年第 1 辑。

② 参见熊明《检察机关不宜成为民事公益诉讼的主体:以新修订的民事诉讼法为视角》,《辽宁公安司法管理干部学院学报》2013 年第 2 期。

③ 参见江国华、张彬《检察机关提起民事公益诉讼的现实困境与完善路径》,《河南财经政法大学学报》2017 年第 4 期。

④ 参见白彦《检察机关提起公益诉讼的现实困境与对策研究》,《法学杂志》2016 年第 3 期。

⑤ 参见江国华、张彬《检察机关提起民事公益诉讼的现实困境与完善路径》,《河南财经政法大学学报》2017 年第 4 期。

院在实践中代表生态公共利益的能力受到限制,包括:第一,许多地方检察机关未与当地环保部门建立信息交换平台,未能实现行政执法与司法信息的共享和案件通报,使得检察机关的违法信息获取成本较高;第二,法院可能会为了规避判决书严格的事实认定和可能来自检察机关的抗诉压力,转而青睐以调解方式结案,使得民事公益诉讼本应具有的惩治刚性受到抑制和削弱,远没有通过公正判决能起到更好的法律效果和社会效果,也让花费大量精力调查取证的检察人员感到可惜;第三,由于复杂科学技术性证据问题的存在以及检察院缺乏专项资金用以鉴定评估,致使检察机关"选择性"提起公益诉讼也较常见。①

最后,对于公民个人而言,这种生态公共利益代表失灵的问题会更为明显和突出。一方面,即使立法者选择授权公民个人代表公共利益提起生态损害民事诉讼,它也一般倾向于选择将诉权赋予那些私人利益与生态公共利益同时受到损害的公民个人,否则极易导致滥诉,浪费司法资源。换言之,如果受损的生态公共利益与公民个人的利益损害无法发生牵连,则公民个人无法提起生态损害民事诉讼。另一方面,立法者试图凭借公民个人代表生态公共利益的设想具有不确定性。这是因为,公民个人作为理性经济人,它是否提起诉讼一般以它的私人成本、收益结构作为衡量标准。当提起那些可以维护生态公益诉讼的预期收益(一般公民关心的是私人利益)大于它为此付出的诉讼成本时,则提起诉讼是原告的理性选择,反之,公民个人一般不愿提起诉讼。尤其当受到损害的私人利益十分微小时,公民提起诉讼的可能性会变得很低。因此可以说,公民个人基于私人利益动机在决定是否起诉以维护生态公共利益时,可能不会考虑其行为给他人带来的成本(即负外部性),也不会考虑其行为的阻滞功能和其他社

---

① 参见汪夜丰《检察机关提起环境民事公益诉讼现状考察与实践操作》,《中国检察官》2017年第11期。

会价值。① 这会导致公民提起的诉讼数量可能会偏离社会最优状态,② 即在提起诉讼符合社会价值时,无人愿意提起诉讼,而在提起诉讼非最佳选择时,却愿意提起诉讼。③

三 司法机关及法官的专业化裁判能力

在司法实施机制中,法院作为生态损害法律责任的实施主体,必然需要对法律责任实施过程中的诸多问题作出判断,具体包括:生态损害是否存在、是否符合法律责任的调整范围、可能责任人是否明确、加害行为与生态损害间是否存在因果关系、责任人最终要承担的责任范围,甚至法律责任的具体履行方式等。显然,回答这些问题并非易事,因为:其一,即使对于那些传统损害法律责任,有关加害行为是否存在、具体损害如何、责任人为何、因果关系是否成立等问题的判断也并非易事。因为,任何事后描述均无法完全揭示先前发生的事实,"回溯过去只能依靠留存的证据加以判断,而证据能否被采纳,还需要通过科学的方法或其他可观测的方法加以验证为条件"④。其二,生态损害是一种新型损害,有关生态损害法律责任实施的关键问题均在一定程度上涉及复杂的环境科学技术问题,呈现出相较于传统损害更复杂的特征,包括:第一,相对更强的专业性和科学技术性,例如,转基因食品、各种新型化学污染物质对生态系统的影响等,这些领域都具有较高的科学技术性和专业性,尤其是这些物质造成生态损害的机理极其复杂;第二,风险程度较高且分布广泛,由于生态系统各组成部分间的关系并非一种决

---

① See Steven Shavell, "The Fundamental Divergence Between the Private and the Social Motive to Use the Legal System", *Journal of Legal Studies*, Vol. 26, No. S2, 1997, pp. 575-612.

② 参见宋亚辉《社会性规制的路径选择》,法律出版社 2017 年版,第 134 页。

③ 参见[美]斯蒂文·萨维尔《事故法的经济分析》,翟继光译,北京大学出版社 2004 年版,第 308—309 页。

④ See Ronald J. Allen, "Expertise and the Supreme Court: What is the Problem?", *Seton Hall. L. Rev.*, Vol. 34, No. 1, 2003, p. 3.

然孤立的结构,而是彼此紧密互动的系统,故污染物质对某一环境要素的影响经常会牵涉其他环境要素以及作为整体的生态系统。因此,生态损害往往具有损害分布广泛性的特征。此外,不同污染物质彼此间的互动也会在一定程度上提升生态损害风险的程度。第三,损害结果发生的不确定性、发现损害结果的迟延和潜伏期,[①] 由于人类对当前科学技术的有限认知,使得人类可能无法事先预期这些技术可能造成的损害结果,故有些损害结果也会超出人类当前科学技术的认知范围。第四,因果关系判断的不确定性和不可验证性,尤其是在交叉污染并存在较长潜伏期的损害中,随着时间的流逝和证据的灭失,使得我们从技术和证据角度来判断加害行为和损害结果之间的因果关系将变得异常艰难。

那么,在司法实施机制中,何者享有对前述这些问题作出判断和决定的权利呢?不同于行政实施机制,在司法实施机制中,生态损害法律责任的具体实施主体是司法机关,故司法机关及法官需要在对原被告双方所提交证据进行审查、衡量的基础上,对生态损害法律责任适用的相关问题作出判断。因此,对于司法实施机制,生态损害法律责任第一判断权的享有主体实际上是司法机关。并且,如果双方当事人对法院的第一判断结论有异议,矫正性判断权(即第二判断权)的享有主体仍是司法机关,遵循民事审判中的二审、再审规则。此时,司法机关及法官的专业化判断能力成为影响生态损害法律责任规则实施效果的关键因素。具言之,如果司法机关及其法官无法判断这些事关生态损害法律责任设定的科学技术难题,则它势必使最终法律责任的设定面临不合理、不科学的质疑,甚至可能导致"违法结论"。实际上,从环境科学技术的复杂性以及当前法官的知识结构背景来看,我们有理由怀疑,当前司法机关及其法官享有的专业化裁判能力可能并不足以满足有效实施生态损害法律

[①] 有时损害结果的发生往往具有较长的潜伏期,有时甚至需要长达数十年的时间才显现出来。

责任规则的需求。具体到当前中国的现实，尽管已经建立起数量庞大的环境资源审判机构和人员队伍，但由于法官普遍缺乏有关环境科学方面的技术性和专业性知识，使得环境司法审判中的证据判断不清晰，进而难以有效确定相关的责任分配或制裁环境犯罪行为，造成环境司法审判不精准。① 因此，法律实践中，司法机关及其法官多依赖专门性机构或专家来辅助判断，并为此确立了多种类型的法律制度，主要包括：有专门知识的人、生态损害鉴定评估意见、专家辅助人以及可以作为人民陪审员或调解员的技术专家。但这些制度的发展均出于起步阶段，且彼此间也缺乏协调，使得司法机关及其法官的专业化裁判能力仍受到极大的局限。以司法鉴定评估意见为例，目前制度发展存在的问题，② 致使鉴定评估意见在司法裁判中的应用呈现出一种"全有—全无"的怪象，即法官要么唯鉴定意见是从，容易被科学技术的事实所迷惑，过分依赖鉴定意见；③ 或者法官可能会以鉴定评估意见不符合条件为由，要求进行重复鉴定、多次鉴定，造成鉴定资源浪费，导致极高的诉讼成本。④

总之，在事实认定具有高度科技化的现代生态损害民事诉讼中，司法机关及其法官能否确立一套能够有效依托科学证据进行损害识别、责任认定的制度规则来解决案件争议，将直接关系到生态损害法律责任规则的实施效果。当然，这种要求对于生态损害法律责任

---

① 参见王裕根、张志坚《提高环境司法审判效能的三个维度》，《人民法院报》2018年8月1日第8版。

② 原最高人民法院环境资源审判庭副庭长将当前环境损害鉴定评估制度存在的问题具体总结为五个方面：第一，各地普遍缺乏专业化的、有公信力的损害鉴定机构；第二，环境损害评估管理分散，技术规范存在缺失和冲突；第三，鉴定周期长，难以适应案件的办理时限需求；第四，鉴定不及时；第五，鉴定评估费用过高。参见王旭光《环境损害鉴定与审判如何衔接？》，《环境经济》2015年第34期。

③ 参见王旭光《环境损害司法鉴定中的问题与司法对策》，《中国司法鉴定》2016年第1期。

④ 参见程玉《论生态环境损害的可保性问题：兼评〈环境污染强制责任保险管理办法（征求意见稿）〉》，《保险研究》2018年第5期。

行政实施机制的实施而言，也同样成立，即行政机关也必须具备相关的生态损害识别以及责任认定能力。然而，行政机关或司法机关在处理这些问题的能力方面均具有不充分性。因为，这些问题的回答需要依赖新型科学证据，而科学证据的"科学性"本身便具有很大的不确定性，并且有些科学方法的有效性也仍有待进一步验证。① 因此在一定意义上，可以说，"就科学本身而言，大多数科学论断都位于推测和确定事实之间的谱带上，很少是绝对肯定的"②。但一般来说，直接专注于生态保护的行政机关可能在理解这些科学证据并据以设定法律责任方面具有相对优势。因为，由于行政机关长期致力于生态保护，它也在保护手段上融入了很多环境科学知识，故它在生态损害法律责任相关问题上的专业判断能力相较于司法机关可能更高。并且，从各国环境行政实践经验来看，行政机关一般会专设特定岗位或专门的辅助性技术机构来辅助环境行政执法，在一定程度上保障了行政机关相较于司法机关具有更高的专业化行政能力。然而，值得注意的是，可以预见，随着环境司法审判的专门化逐渐转向纵深化发展，未来司法机关及法官的专业化裁判能力可能会不断得到提升。

四 司法裁判的稳定性和可执行性

在生态损害事件中，所谓的司法裁判的稳定性，是指司法机关及其法官可以在相同生态损害事件中为可能责任人设定相同的法律责任，或者结合不同生态损害事件对相应法律责任进行调整，即"同案同判，不同案不同判"。要实现这种司法裁判的稳定性，便要求司法机关及其法官必须保持中立，并严格遵照法律的规定（或严格遵循先例）判案，避免在司法裁判中加入机关或个人的价值判断，

---

① 参见张中、石美森《论科学证据的证明力》，《证据科学》2012年第1期。
② See P. Brad Limpert, "Beyond the Rule in Mohan: a New Model for Assessing the Reliability of Scientific Evidence", *Toronto Law Review*, Vol. 54, No. 1, 1996, p. 77.

进而实现一种稳定的法律秩序，为行为人提供一种稳定的预期。如此，司法机关及法官的作用更类似于一种机械的程序处理器，在法律事实和法律规范之间进行匹配，进而得出法律后果。但是，现实世界并非一贯如此，很少有国家采取这种绝对的"纠纷解决型司法模式"，相反，很多国家倾向于在以此为原则的基础上，融入一定的司法自由裁量权，承认司法机关及其法官的司法能动性，允许其在政策问题判断上保留一定的灵活性，即"政策实施型司法"。[①] 若不加限制，"政策实施型司法"会过于能动，不利于法律秩序的稳定。实际上，现实世界中存在的客观现实（例如：法律的滞后性以及政策、法律问题间的界限模糊等），使得纯粹的纠纷解决型司法或政策实施型司法无法成为现实，各国立法普遍倾向于采纳同时融合纠纷解决和政策实施两种功能的混合司法模式。

对于转型期的中国而言，司法机关及法官被赋予了更多的司法能动权以确保更多公共规制功能的实现，主要体现为司法机关及其法官享有更加灵活的司法性自由裁量权。并且，这种司法性自由裁量权类似于行政机关的自由裁量权，指的是司法机关及法官在法律模糊、漏洞或法律与规制政策发生冲突时作出的决策和判断。一般来说，法院更灵活的政策判断意味着更有效的规制效果；反之，法院政策判断能力的缺乏将对规制效果产生负面影响。但由于法官的核心角色应当是纠纷的解决者，故这便使法官在公共利益考量和政策判断问题上存在能力不足的问题。[②] 实际上，司法机关及法官享有

[①] 司法裁判模式可区分为"纠纷解决型司法模式"和"政策实施型司法"，前者将法院的作用仅在于解决纠纷，且要求法官必须严格遵照法律或遵循判例进行裁判，以保持中立性和稳定性；而后者则允许司法机关及法官保持政策问题判断方面的灵活性，并通过适当的价值判断将公共政策融入司法裁判中，甚至有时可以通过司法裁判来实现公共政策。参见［美］米尔伊安·R. 达玛什卡《司法和国家权力的多种面孔》，郑戈译，中国政法大学出版社 2004 年版，第 109—131 页。

[②] 参见吴英姿《司法的限度：在司法能动和司法克制之间》，《法学研究》2009 年第 5 期。

的这种基于司法自由裁量权的政策判断能力，直接关涉司法裁判的稳定性，进而影响法律责任规则的实施效果，即规制过度或规制不足。对于当前中国法律实践而言，这种司法裁判的不稳定性不仅体现在责任及其范围认定规则方面的不一致，更体现在法律责任裁判的执行方式上，由于缺乏统一规则，导致各地法院自主能动，进行了广泛的司法创新，这种创新虽有利于救济生态损害，但从长远看，导致的是司法裁判的不稳定性、不一致性。

事实上，在生态损害法律责任司法实施机制运行的几乎所有环节，均有可能会因为司法机关及其法官的"政策判断能力"（即司法自由裁量权）而导致司法裁判的不稳定性，进而影响生态损害法律责任的有效实施。具体来看，其一，对于损害后果广泛、严重的一些案件，有时地方法院可能会从"维稳"角度出发或者受限于地方保护主义，而将这些案件排除在受理范围之外。其二，在中国司法实践中，法院为追求社会效果或政治效果，倾向于采取能动司法和大调解的司法政策，导致有些地方法院片面重视案件的"调撤率"，不适当地鼓励诉讼调解/和解。其三，尽管采纳何种责任归责原则（即过错责任、无过错责任、严格责任）属于立法者的选择，但一旦立法者确定了具体规则后，如何将它适用于具体案件之中，仍难免会涉及司法机关及其法官的自由裁量权。即使是无过错责任归责原则，司法机关及其法官也还是可能会需要在因果关系判断问题上探讨加害行为人的过错问题。[①] 至于何谓"过错"，司法机关及法官便要判断加害行为人的行为是否符合最

[①] 尽管从无过错责任原则的逻辑来看，法律责任是否成立仅考虑致损行为、损害事实以及行为和事实间的因果关系，无须考虑过错，但这并不意味着在无过错责任原则中，因果关系判断能完全脱离"过错"。在现代侵权法中，作为法律责任构成要件的因果关系早已脱离纯粹事实范畴转而融入价值判断，英美法系的"可预见性理论"和大陆法系的"相当因果关系理论"均是如此。所谓价值判断，实际上是指过错中的"可预见性要素"。参见韩中节《论强化过错在认定因果关系中的基本功能》，《法学杂志》2009年第7期。

佳社会注意义务标准，为解决如何确定最佳社会注意义务标准的问题，美国司法界发明了经典的"汉德公式"。但这一标准仍过于原则性，需要法官根据个案情况作出判断。其四，诚如前文所述，生态损害法律责任规则的实施会遇到很多技术性较强且具有不可验证性的问题，致使双方当事人的举证以及法官将采纳的证明标准问题上面临困难。此时，如果司法机关及法院采取严苛的证明标准，则不利于生态损害法律责任的设定，相反，如果采取的是较宽松的证明标准，则可能导致法院一味调解结案，进而诱发恶意诉讼。其五，尽管立法者会明确可赔偿的损失类型，但对于可赔偿损失内部的具体项目，司法机关及法官可能仍享有司法自由裁量权。而且，生态损害的赔偿范围经常会与私人利益的赔偿范围发生重叠且不易区分，这便使得不同的司法机关及法官会对生态损害赔偿范围产生不同的认知并作出不同的赔偿数额判决。此时，过于保守的法官便会尽量限制损害赔偿范围——不足以实现填补生态损害的目标；而过于激进的法官可能会扩展赔偿范围，导致救济过度。对于这些问题，由于当前有关生态损害民事诉讼的实体、程序规则并不完善，以及司法能动主义在生态损害救济领域的"大行其道"，直接导致各地司法裁判的不稳定性，"同案不同判"现象频发。

除了相对宏观层面意义上的司法裁判稳定性会对生态损害法律责任司法实施机制的实施效果产生影响外，较为微观层面意义上的个案裁判可执行性，也会对生态损害法律责任司法实施机制的有效运行构成制约。可执行性包括两方面内涵：其一，由于生态损害法律责任相关司法裁判会涉及如何进行生态修复或日后如何使用获赔损害赔偿金的问题，因此司法机关及法官必须思考如何在司法裁判中设定可操作的具体裁判执行规则，这些规则可以是司法机关的行为规则（即司法解释），也可以是立法者确立的法律规则。鉴于法律规则应保持基本的简明性，因此这些规则最好应规定于司法解释类规范性文件中。其二，司法机关及其法官必须确保责任人的财产足够承担履行法律责任的义务,这将直接关系到司法裁判能否得到完全执行,因此它也将成为影响生态损害法律责任规则司法实施机制能否得以有效实施的关键因素。实际上,在法经济学中,这种责任财产不足以承担司法机关为责任人所设定之法律责任的问题,即是"judge proof problem"或"wealth constrained problem"。① 除这种责任财产不足的问题外,地方环保主义制造的障碍、法律制度不健全给被执行人逃避债务留下空间、法院人力物力不足、执行中的违法违纪腐败,审判执行分离不彻底等问题,均可能在一定程度上影响司法裁判的执行问题。② 总之,这些制度性或非制度性原因,均可能对司法裁判的可执行性产生影响,进而制约生态损害法律责任的履行,不利于司法机制的有效实施。实际上,责任财产不足不仅直接影响事后生态损害能否得到完全填补,也可能会导致威慑不足(即预防损害的激励不足),因为,一旦加害人的责任财产不足以承担事后损害赔偿责任,则它一般会根据自己的财产能力来确定其注意义务和谨慎程度。③ 从域外立法例来看,为解决责任人财产不足以确保责任履行的问题,立法者可选择基金、责任保险等社会化填补机制,以提高责任人的责任承担能力。申言之,生态损害法律责任社会化填补机制的完善程度也会成为影响生态损害法律责任司法实施机制得以有效运行的关键因素。

---

① 参见宋亚辉《社会性规制的路径选择》,法律出版社 2017 年版,第 147 页。
② 参见吴英姿《法官角色与司法行为》,中国大百科全书出版社 2008 年版,第 129 页。
③ 加害人财产不足也可能会导致激励威慑过度或对预防损害的激励过度问题。学者彼耶德认为:"责任财产不足还可能导致谨慎标准的提高,因为当潜在加害人出于破产的临界点时,避免破产带来的'补贴'可能激励潜在加害人过度投资于注意义务,从而导致谨慎标准的提高。在这种情况下,随着潜在加害人财产状况的不断改善,他们可能逐渐降低其注意义务标准。" See Rudolph T. Beard, "Bankruptcy and Care Choice", *Rand Journal of Economics*, Vol. 21, 2000, pp. 626-634.

五　小结

对于生态损害法律责任司法实施机制的实施效果而言，前述内容仅列举了有限的影响因素，具体包括但不限于：法定原告在提起生态损害诉讼时面临的障碍、生态公共利益多元代表的失灵、司法机关及法官的专业化裁判能力，以及司法裁判的稳定性和可执行性等。尽管这些因素彼此之间看似不同，但在实质上可以归类为同一个因素，即生态损害法律责任司法实施机制的制度实施成本，即制度的交易成本。制度实施成本就像是物理世界中的"摩擦力"，是影响生态损害法律责任司法实施机制之实施效果的阻力。一般来说，生态损害法律责任司法实施机制的制度实施成本越大，则其遭遇的阻力也越大，便越难以实现生态损害救济目标。反之，如果制度实施成本越低，则实现生态损害救济目标的阻力越小，它的救济效果也更好。这是生态损害法律责任司法实施机制在运行过程中的基本规律和原理。可以说，实施成本的存在，使得生态损害法律责任司法实施机制不可能完全实现生态损害法律责任目标，这实际上即是现实和理想之间的差距。与理想的制度设计相比，生态损害法律责任司法实施机制的具体运行过程，实际上是双方当事人（即生态公共利益多元代表者、可能责任人）与法院之间的相互博弈过程。在此过程中，不同主体均有可能受制于自身利益追求的影响，或者法院及法官自身能力不足以及相关民事诉讼制度结构不完善，最终使得生态公共利益无法在司法实施机制中获得充分且完全地代表。换言之，无论立法者的制度设计最初是如何的精妙，现实世界中的制度实施成本都将会打破制度设计者的初衷。

综上所述，在制度实施层面，不管是行政实施机制，还是司法实施机制，均无法满足各自最佳实施条件的要求，因为二者均存在高昂且不可消除的制度实施成本。事实上，两种机制的制度实施成本可以概括为两个在客观现实世界中很难被克服的因素：其一，足以导致非理性后果的个体理性因素。理性因素是指社会主体（无论是行政执法人员，还是可能责任人，抑或代表生态公共利益的其他社会主体和法院），均有可能形成独立于生态公共利益的私人利益。对这些私人利益的追逐使得社会主体的行为可能会偏离公共利益的方向，进而影响法律责任规则的有效实施。具言之，在行政实施机制中，最为常见的问题是政府及其行政执法人员的失灵以及可能责任人的对策行为；而在司法实施机制中，多元的生态公共利益代表均有可能会关注自身利益或部分生态利益（非整体性生态利益）而忽略整体性生态公共利益，这种理性因素也会影响到法定原告提起民事诉讼的动机和能力。其二，制度性因素。这主要是因为两种实施机制自身均存在结构性缺陷。例如，在两种实施机制中，生态损害法律责任规则的实施主体（行政机关及执法人员，或司法机关及法官）均会面临专业化能力不足的问题。同时，依托于政府行政执法的行政实施机制会受制于违法信息的获取成本，而法定原告在提起诉讼时面临的障碍也必将影响它们启动民事诉讼执行方案的意愿和能力。最后，在司法实施机制中，司法裁判的整体稳定性和个案可执行性也会影响法律责任规则的有效实施。

总之，无论是行政实施机制还是司法实施机制，不可避免的"制度实施成本"始终存在，且这些成本无法通过制度设计得以完全消除。这些成本会直接影响生态损害法律责任规则的有效实施，并且对两种机制构成影响的"制度实施成本"存在异同之处。正是在此意义上，我们可以得出结论，制度设计层面并无实质差异的两种实施机制在运行层面产生了优劣之分，因此在两者之间进行路径选择便具有了实际意义。那么，如何进行路径选择？这是本章以下内容将要研析的重点议题。

第四节　两种法律责任实施机制间的比较选择

无论是行政实施机制，还是司法实施机制，二者在实体上依托的均是法律责任规则这种规制工具,在本质上是一种生态损害的定价机制,是一种要求可能责任人为其所致生态损害承担修复或赔偿责任的救济权法律关系。因此,两种实施机制在很多方面具有一致性或相似性,例如:两种机制指向的责任构成要件、责任形式和责任范围等方面的规则具有一致性。但两种机制在实施程序方面有很多不同之处(前文已有论述),这便为本书开展的路径选择研究提供了一种正当性理由。事实上,结合本书选取的制度成本效益比较分析研究思路,对于应选择何种实施机制问题的回答,将取决于两种实施机制的实施成本和效益。由于我们无法同时比较两个变量,因此本书事先作出假定——两种实施机制在完全信息世界中均可完全实现生态损害法律责任目标,随后本书采用的分析思路是比较两种实施机制的制度实施成本,包括制度设计成本、制度运行成本以及制度失灵时的矫正成本。换言之,立法者应在对比分析两种机制制度实施成本的基础上,选择出总制度实施成本最低的路径。

一 路径选择的基本理论框架和分析方法

如何选择最佳的生态损害法律责任实施机制?是选择将法律责任规则置于私法框架内的司法机制,还是采用归于公法体系的行政机制,这本是立法者的政策选择问题,它最终代表的是两种不同的法律责任规则实施思路:将法律责任规则适用相关问题的第一判断权交由行政机关还是司法机关?这是两种法律责任实施机制的核心差异。本书前文已经多次论及,本书的分析思路是在假定两种实施机制在理论上具有等价制度效益(即均能有效实现生态损害法律责任目标)的基础上,比较两种实施机制在实践中的具体实施成本,寻找具有最小化制度实施成本特征的责任实施机制。

一般来说,法律责任实施机制的制度实施成本包括三个方面:其一,机制启动成本,例如:违法信息的获取成本或证明损害属于法律责任规则调整范围的举证成本;实施程序启动面临的障碍;行政权配置及俘获问题;对实施主体启动法律责任规则的激励等。其二，机制运行成本，如科学技术性问题的应对能力；个案判断和政策判断相比较的规模效应问题；实施机制的程序效率（修复方案的设计和执行）等。其三，机制附属性成本，是指为矫正实施主体决策失灵而启动异议程序的成本，启动针对裁判（即行政决定和法院裁判）的异议审查程序的成本。毫无疑问，前述影响因素的列举仅是一种非穷尽式的列举，因为，从系统工程论角度看，影响制度实施成本（无论是积极，还是消极影响）的要素必然是多元复杂的。可以说，从启动到运行再到异议审查，几乎涉及制度实施层面的所有环节。因此，如果要对两种实施机制的制度实施成本进行全面且系统性的比较分析，我们就必然要仔细考量所有影响要素。然而，姑且不论我们是否有能力可以穷尽所有可能的影响因素，不同成本因素对制度实施效果的影响力也不尽完全相当（这便决定了我们需要对不同要素进行权重分析，但由于缺乏科学的赋值规则，使得我们很难进行权重分析）。前述原因使得这种综合系统分析方法并不适合于比较分析生态损害法律责任两种实施机制的选择问题。因此，我们不得不退而求其次，采取一种更具定性意义的"个别要素"比较方法，即尽量列举出一些可能会对两种实施路径产生重要影响的因素，并结合理论分析和现实考察对两种实施机制进行比较研析。随后，在比较"个别要素"的基础上，将各单项结论进行综合性比较，进而从宏观层面对两种不同实施机制的优劣进行判断。

二 两种机制实施成本的比较分析

结合本章前文关于"最佳实施条件"和"实施效果考察"的分析内容，本书将可能影响两种机制实施成本的关键要素分为四类：其一，机制的启动成本，即启动主体启动实施机制的成本，包括：实施主体获取违法信息的难易、实施主体在启动法律责任规则方面是否存在充分激励，以及实施主体是否享有明确的法律责任规则实施权限。其二，机制的运行成本，具体是指决策主体依法决定法律责任以及确保法律责任得到履行的成本，影响该类成本的因素主要是决策主体的裁判决策能力和裁判执行能力。其三，机制的附属性成本，是指为矫正两种不同实施机制所作出的法律责任决策失灵而付出的矫正成本，即为矫正行政机关或司法机关第一次判断失灵而支出的辅助性实施成本。其四，在前三类实施成本外，还有其他可能贯穿于启动、运行和异议审查环节的可能影响机制实施成本的因素，包括但不限于：决策主体的机会主义行为以及可能责任人的对策行为等。此外，机制的生成成本，是指实施机制与中国特色社会主义法治体系自身特点的兼容性。一般而言，兼容性程度高的实施机制，其更容易为立法者所青睐，也更容易形塑符合中国国情的生态法治体系。然而，值得注意的是，由于本书假定两种实施机制的最终实施效益是完全相当的，二者在理论上便均能有效实现完全生态损害法律责任目标。但是，这并不意味着两种机制在现实中的实施效益也可以完全等同。实际上，两种机制可能产生不同的附加价值（added value）——"损害填补"功能以外的制度效果，即对法律正义理念的维护。在行政机制中，由于行政机关的公权力受制于行政程序和司法审查机制，可能责任人的权利（尤其是程序权利）相对更易获得保障，而在司法机制中，行政机关及可能责任人的诉讼地位并不相当（行政机关相对更强势），可能责任人的程序权利不易获得保障。

本章以下内容将详细分析前述因素对两种实施机制之制度实施成本的不同影响。

（一）实施机制的启动成本

生态损害法律责任规则得以实施的首要环节是启动程序，即在符合何种条件时由何者启动法律责任规则。因此，实施机制的启动成本必然是制度实施总成本的组成部分。但不同实施机制的实施程序不同，使得二者在实施成本方面存在差异。其中，行政机制依托于政府行政执法，故其启动依赖于行政机关针对相关"违法信息"（即生态损害事件信息）的主动获取，而司法机制的决策主体是司法机关（即有管辖权的法院），因此它的启动依赖于法定原告的"民事起诉",法院并不主动获取"违法信息"。随后,"违法信息"便被输入法律责任规则决策主体的"政策窗口"中,但决策主体是否决定实施法律责任规则,一般还要受制于具体负责实施生态损害法律责任规则的主体是否享有明确的实施权限,以及实施主体是否有足够的激励采取行动。由此,我们可以从三个角度来比较分析两种实施机制的启动成本:其一,生态损害事件相关违法信息的获取,它关注的是启动法律责任规则时应满足的"何种条件";其二,决策主体享有的实施权限,它关注的是实施主体是否有权启动法律责任规则的"何者条件";其三,决策主体是否有适用法律责任规则的充分激励,它关注的问题是实施主体的"行为动力"。

  首先,关于获取生态损害事件相关违法信息的问题。在行政机制中,决策主体获取违法信息的主要渠道是行政的主动执法(即日常生态保护监管执法)以及各社会主体的举报。当然,由于社会主体举报往往仅提供的是违法线索,至于是否发生以及造成多大生态损害等信息的获取,仍通过行政机关的行政执法活动进行收集。而在司法机制中,由于法院并不会主动执法,生态损害事件相关违法信息的获取渠道仅限于法定原告(如经授权的检察院、环保公益组织,以及符合特定条件的行政机关)在提起生态损害民事诉讼中向法院提交的各种材料。在诉讼过程中,法院也可能会采取法庭调查等手段进一步收集违法信息材料。由此,在收集生态损害事件相关违法信息材料的问题上,法院的手段极其有限,并且收集期限也往往相对滞后(仅能在发生诉讼后)。而与之相应的行政机关,不仅收集资料并无时间的限制,而且负责生态保护管理的行政机关一般享有多种行政执法调查手段(如现场检验、勘查,查封、扣押等),故行政机关在收集生态损害事件相关违法信息方面的能力明显高于司法机关。此外,行政机制在生态损害相关违法信息获取方面的另一个优点是允许公民作为违法信息来源的举报主体,而在司法机制中,公民(包括私人利益未同时受损的公民个人)一般没有通过民事诉讼向司法机关提供违法信息的权利。事实上,相较于行政机关、检察院、环保公益组织，公民个人一般离违法信息源更近，由其举报，更符合生态损害问题的分散性特征。这也是很多国家立法倾向于为公民举报违法信息提供激励的原因。

其次，关于决策主体是否有明确实施权限的问题。无论何种生态损害法律责任实施机制，要想顺利启动的一个逻辑前提，是有具体明确且享有法定管辖权的决策主体。一般而言，行政权的内部配置相对更为复杂。尽管"法无明文不可为"是行政法的基本纲领，也是行政机关依法行政的必备条件，但由于行政机关内部行政机构分化的"不合理性"（这种不合理性是永恒的问题，因为有些公共事务必然同时牵涉多个部门），以及公共事务本身的复杂性，使得行政权的内部配置与公共事物的处理之间经常呈现出一种不相匹配的特征——针对同一公共事物可能呈现出多部门间相互推诿的结果，或争相夺利的情形。在现实生活中，行政部门间的利益分化和不协调也是政治社会常态。生态环境具有的整体性、系统性特征，经常使得多个行政机关同时针对特定生态环境享有管辖权，如"九龙治水""九龙治土"是人们经常提及的行政体制难题。大部制改革虽在一定程度上削减了管辖权重叠、冲突，但无法从根本上杜绝。这种行政管理体制内部的不协调性无疑会加大以行政机关作为法律责任规则决策主体的制度实施成本。相反，司法权的配置相对清晰，与行政机关内部结构的复杂特征不同，各国在司法管辖权配置方面的法律规则均相对明确，即使存在配置不清的情况，制度上也会配备一套可以有效解决管辖权争议的程序机制。我国环境司法专门化、集中化的改革，将进一步提高环境司法权配置的明确性。可以预料，司法机制中司法机关的生态损害法律责任规则实施权限更加明晰，这将大大降低司法机制的制度成本。与行政机制中较为混乱的行政权配置结果相比，这是司法机制的相对优势所在。

最后，在两种不同的生态损害法律责任实施机制中，决策主体（即行政机关或法院）在决定是否启动法律责任规则时可获得的激励并不一致。一般而言，获得的激励（包括正向激励和反向激励）越多、越充分，则实施主体启动法律责任规则的概率会相对越高。从理论上看，可能存在很多会对行政机关决定启动生态损害法律责任规则起到激励作用的因素，包括：其一，正向激励，营造行政机关依法执法的良好形象；其二，反向压力激励，包括来自上级机关和公众舆论的政治压力、具体执法人员的晋升需求，以及其他法律监督机关的诉讼压力（在当前中国，仅检察院可以对政府提起行政公益诉讼）。对于法院，从司法权的基本原理来看，司法权具有被动执法和最后一道防线特征，使得法院具有相对政治中立的属性，其在决定是否启动生态损害法律责任规则时较少受到其他因素的推动或抑制。但值得注意的是，在中国语境中，强大执政党的政治意识形态以及党的利益等潜在因素就可能通过那些正式与非正式的手段贯通于形式上存在分工的司法与行政机关。① 换言之，通过政党的政治运作使得形式上分开的法院和行政机关统一于党的领导，使得法院和行政机关面临同样的政治压力。事实上，法官也会考虑在体制内如何晋升的问题。因此，我们很难就行政机关和法院在启动法律责任规则方面何者可以获得更多激励得出结论。

（二）实施机制的运行成本

在生态损害法律责任规则被启动后，决策主体需要在规则运行过程中进一步决定以下问题：是否及如何适用生态损害法律责任规则，以及如何确保可能责任人履行生态损害法律责任。由于生态损害问题蕴含的复杂科学技术性特征，有关生态损害法律责任规则运行的问题自然会牵涉各种复杂的科学技术问题，这便要求实施主体具备处理这些科学技术难题的能力。因此，我们应探讨：在两种实施机制中，何种决策主体具有更强的环境科学技术问题处理能力。一般而言，处理环境科学技术难题的能力越强，则这种决策主体所对应机制的实施成本便相对更低。根据适用阶段不同，这种科学技

---

① 参见彭涛《司法权于行政权的冲突处理规则》，《法律科学》（西北政法大学学报）2016年第6期。

术问题处理能力问题可被转化为：决策主体在得出裁判过程中处理科学技术性问题的能力，以及实施主体确保有关生态损害法律责任裁判结果得到有效执行的能力。除决策主体在处理科学技术难题方面的能力要素外，不同实施机制所依赖的程序也会对实施机制的运行成本产生影响。这是因为，不同实施机制所依托的不同实施程序在"公平"和"效率"之间的侧重可能存在差异。综前所述，关于实施机制的运行成本，可考虑以下问题：其一，不同机制中决策主体在处理科学技术性问题上的能力；其二，不同机制所依赖的实施程序在设定和履行生态损害法律责任方面具有的"程序效率"。

  首先，我们来探讨两种实施机制中决策主体具有的处理环境科学技术问题的能力。在决策主体依法作出裁判过程中，这些科学技术难题包括：生态损害的认定、因果关系的认定以及生态损害量化和修复方案的选择等。行政机关和法院在处理这些科学技术性问题上的能力并不一致，主要是因为：第一，负责生态保护的行政机关在处理科学技术性问题时具有更强的专业优势。事实上，基于政府内部进行专业化分工的现代行政国家理念以及特定行政机关与某一公共事务长期接触的客观现实，几乎所有国家均会根据公共事务来设立不同的行政机关，这些分工化的经验积累势必会提升行政机关的科学技术能力。同时，行政机关由于工作需要，也会安排特定的专业技术岗位或设立专门性的技术鉴定、研究机构，以配合专业化行政执法的需要。① 但在司法机制中，囿于有限的司法资源和专业知识，处理复杂的环境修复问题并非法院之长。法院一般很难具备专业化的科学技术知识，这是由法律知识和传统学科知识分野以及法官要处理各种类型纠纷的现实要求所导致的。尽管立法者可能通过新制度（如人民陪审员、专家辅助人、有专门知识的人等）的引入

---

① 中国具有一个根据条块专业分工的庞大行政体系，行政机关长期与主管领域保持接触，形成了较全面、深入的知识或经验。参见宋亚辉《环境管制标准在侵权法上的效力解释》，《法学研究》2013 年第 3 期。

来提升法官的科学技术问题判断能力，但这无疑会进一步增加实施机制的制度运行成本。第二，行政机关在处理科学技术难题时具有更佳的规模效益。在司法机制中，法律责任的实施权限被赋予法院，但解决科学技术难题的责任仍由诉讼当事人负担，法院仅在比较双方证据的基础上作最终结论。因此，由于适格原告很多，如缺乏一套科学合理的合作机制，则不同原告可能会选择对同一损害作出多次鉴定、评估，从而引发"诉累"问题。但在行政机制中，行政机关可通过统一的鉴定、评估程序来解决这些科学技术难题，更符合规模效益原则。此外，行政执法对程序的要求以及法院对公平正义的强调，也决定了法院的个案裁判特征明显强于行政机关。换言之，行政机关更易于形成一致且普遍性的生态损害法律责任裁判规则，[①] 这更有利于形成可能责任人的行为预期。

同理，在执行生态损害法律责任裁判的过程中，也会涉及很多复杂的环境科学技术问题。[②] 对这些问题的判断和理解，也必然涉及复杂的科学技术问题。对它们的回答和判断是否正确、科学，将直接影响生态损害法律责任相关裁判结果能否得到充分、切实履行。一般而言，决策主体在执行裁判过程中处理复杂环境科学技术难题的能力越强，则它执行裁判的能力越强，此时机制的制度运行成本相应更低。那么，对于法院和行政机关，何者在裁判执行过程中具有更强的处理环境科学技术难题的能力呢？显然，相较于法院而言更具专业化优势和规模效益的行政执法在执行裁判能力方面更具优势。这是因为，生态保护行政机关可有效监督、评估责任人履行生

[①] 参见谭冰霖《环境行政处罚规制功能之补强》，《法学研究》2018年第4期。

[②] 具体来看，这些复杂科学技术问题主要包括：其一，对于修复责任而言，实施主体需要考虑如何监督、评估可能责任人实施修复方案及其实施效果，如何决定责任人不实施修复方案方式时的替补性措施，以及如何回应修复过程中可能发生的新情况，这些均会牵涉对科学技术问题的理解和判断；其二，对于赔偿责任而言，实施主体需要考虑如何管理和使用责任人已支付的损害赔偿金，如何将这些资金适用于修复活动、修复何处等，如何评估修复的效益，如何决定可能责任人不支付赔偿金时的替补性措施。

态损害法律责任,并在可能责任人不履行时自行或委托他人代为履行。但法院不具有这方面的专门知识且它的执行资源十分有限。实践中"判而不决"的司法怪象便是明证。① 当然,有人可能指出,是否存在一种制度设计,允许法院作出裁判而由行政机关负责实施裁判的"裁执分离"?事实上,有法院已开始在裁判的执行过程中引入行政机关。② 笔者认为,此观点恰好从侧面印证了行政机关在执行生态损害法律责任裁判方面的功能优势。

其次,两种实施机制依赖的不同实施程序,也会对法律责任规则的运行成本产生影响。结合第三章关于两种实施机制程序内容的分析看,两种实施机制所采纳的具体实施程序存在根本差异。其中,司法机制以"民事诉讼和执行程序"为基础,而行政机制则主要依托于"环境行政命令程序"。实际上,正是"品质"迥异的这两种实施程序,直接形塑了生态损害法律责任规则的两种不同实施机制。对于公法路径而言,环境行政命令程序具有的公定力效果或合法性推定效果,使得生态损害法律责任规则的实施更加富有程序效率。③ 因为,行政机关经由环境行政命令程序作出的要求可能责任人履行生态损害法律责任的行政决定具有天然的公定力,而这种公定

---

① 从目前已经制定的各种生态损害法律责任实施规则来看,对于环境民事公益诉讼、生态环境损害赔偿诉讼的起诉、立案、举证、责任承担方式等问题进行了明确,但对于生效裁判的执行问题,均是原则性地提及,这便导致很多生效判决难以执行,尤其是一些天价判决的执行问题。参见张辉《论环境民事公益诉讼裁判的执行:"天价"环境公益诉讼案件的后续关注》,《法学论坛》2016年第5期。

② 由于法律规则的缺乏和司法实践的现实需要,各地法院搭乘环境司法专门化的快车,在环境民事公益诉讼裁判执行方面发挥主观能动性,进行了司法创新。法院可委托原告或第三方负责监督判决执行,如贵阳公众环境教育中心诉清镇百隆陶业有限公司等三家公司污染纠纷案;法院可委托行政机关监管,并由检察院监督,以确保责任人及时修复,如铜仁市人民检察院诉湘盛公司、沃鑫公司土壤污染责任民事公益诉讼案。

③ 行政命令目前尚无法定程序要求,故行政程序相较于司法机制的效率可参照行政处罚和民事诉讼的区别,以行政处罚为例,从受理、立案、调查、取证、做出决定,一般要求是60日,而民事诉讼的简易程序是3个月,普通程序6个月,特殊情况可延长6个月;二审判决3个月审结,裁定30天做出最终裁定。

力会给行政决定附加一种推定合法的效果,即所有机关、组织或者个人均对这些决定负有履行尊重和服从的义务。这种公定力效果导致的结果是,即使可能责任人质疑行政决定,其也原则上不能停止行政决定的执行,[1] 因此这种行政决定的公定力有利于生态损害法律责任的及时、高效履行,尤其是一些需要即刻进行紧急修复的生态损害事件。此外,行政机关的决策程序更具有效率特征的另一个表现可能是关于生态损害鉴定评估以及生态修复方案的选择和制定,如美国《超级基金法》中规定的自然资源损害评估程序,由政府受托人依照法定程序规则来认定生态损害并选择可行的自然资源恢复方案,并且政府最终形成的决定被法律赋予了"可推翻推定效力"。显然,这种自然资源损害评估程序比民事诉讼中由双方当事人自行或共同委托鉴定评估机构进行的生态损害及修复方案决策更加富有效率。但对于司法机制而言,这种可以确保生态损害法律责任有效履行的制度设计并不存在,相反,由于司法程序对公平价值(尤其是程序正义原则)的重视,使得生态损害法律责任相关裁判在执行前被附加了一定的上诉、再审期限,且原则上一旦当事人提起异议,则裁判应当停止执行,除非不及时执行可能给国家利益造成不可弥补的损失,此时法院可以裁定先予执行。[2] 此外,对于生态损害的鉴定评估以及相应修复方案的选择和决定,司法机制一般允许诉讼双方当事人自行或共同委托鉴定评估机构进行,由此可能导致双方当事人经常需要付出大量诉讼资源用以生态损害鉴定评估意见的质证、

---

[1] 即诉讼不停止执行原则和复议不停止执行原则。参见《行政诉讼法》第 44 条和《行政复议法》第 21 条。

[2] 起诉不停止执行的原则只适用于行政机关有强制执行权并能够自行强制执行其具体行政行为的情况,不适用于行政机关必须申请人民法院强制执行其具体行政行为的案件。行政机关申请人民法院强制执行是以相对人在法定期限内既不起诉又不履行作为前提的,相对人一旦提起诉讼,在诉讼过程中,被告或具体行政行为确定的权利人申请人民法院强制执行被诉具体行政行为,人民法院不予执行。只有不及时执行可能给国家利益造成不可弥补的损失,人民法院才可先予执行。参见闫佳阳《行政法公定力理念之质疑》,《沈阳干部学刊》2005 年第 5 期。

认证过程，呈现出一种非效率特征。究其原因，司法机制所依赖的司法控制模式会使生态损害法律责任的履行面临迟延，这是由它侧重于程序公平原则而非程序效率价值的制度基因所决定的。总之，由于行政命令具有"公定力"（"效力先定特权"），以及司法机制对公平理念（尤其是程序公平）的重视，行政机制在处理科学技术性问题方面更具有效率特征。换言之，行政机制中的环境行政命令程序在设定法律责任并确保法律责任履行方面更具程序效率。由此，行政机制的程序效率特征使其具有相较于司法机制而言的更低制度实施成本。

最后，更高的程序效率，意味着更低的权力运行成本。从实践来看，王浴勋的调查结果支持了前述结论，即行政机关利用行政权查出环境违法案件的金钱成本比法院审查处一个案件所需要的成本要低。以北京市为例，2015 年全年查处 1.2 万件违法案件，全年环境监察执法总计支出 1659.18 万元，平均每个案件的执法成本是 1382.65 元，而北京市高级人民法院结案 9904 件，案件审判预算支出是 7196.734429 万元，平均每审结一个案件要支出（成本）7266.49 元。[①]

（三）实施机制的附属成本

任何制度的运行都会因为现实世界的不完全信息特征而受到限制，无法做到十全十美，更何况人类知识的结构性局限以及制度构建蕴藏的多元利益交织、平衡特征，使得最终形成的制度规则蕴含各种局限性，制度失灵十分常见。因此，除启动成本、运行成本外，制度实施成本还应包括用以矫正制度运行失灵的实施成本。具言之，一旦决策主体作出了错误的生态损害法律责任认定时，可能责任人或其他利益相关者可用来矫正前述错误决策之制度措施的启动和运行成本。但本书将这种制度实施成本定义为"附属性成本"，因为它

[①] 参见王浴勋《我国环境行政权与环境司法权关系研究》，博士学位论文，北京理工大学，2017 年，第 121 页。

本身并不必然会构成生态损害法律责任规则的制度实施成本,只有在生态损害法律责任决策发生失灵时,这种程序才会启动、运行,由此才会增加生态损害法律责任规则的总体制度实施成本。一般来说,这种附属性成本主要包括两方面:其一,对实施主体所作裁判提起异议审查程序的难易程度,即责任人或利益相关者提出异议时所要满足条件的严格性;其二,异议审查程序的运行成本,包括程序耗费的时间和金钱资本等。此外,还有第三个探讨附属性成本的视角,即两种实施机制导致的异议发生频率。换言之,假定两种机制的异议审查成本是相当的,此时若某一机制中更易发生异议审查事件,则势必意味着该实施机制的运行成本相对更高。

生态损害法律责任行政实施机制中的矫正程序实际上是对环境行政决定的异议审查机制,从各国法律实践来看,这种异议审查程序主要包括两种,即行政复议制度和行政诉讼制度。现代国家一般会同时设定前述两种异议审查程序,其目的是在给予行政机关自行改正机会的同时确保权力间的制约(即以司法权的行使来审查行政权)。[①] 所不同者在于,为防止不必要和不适时地使司法干预行政活动,有些国家可能会将行政复议作为提起行政诉讼的前置条件,如美国行政法上的"成熟标准"和"穷尽原则",[②] 以及欧盟范围内的奥地利、捷克、芬兰、拉脱维亚、德国、波兰及斯洛伐克等;[③] 而有些国家允许可能责任人或利益相关方自行选择,如法国、荷兰。此外,不同国家亦会针对有权提出异议之原告资格、异议之理由,以

[①] 从欧盟各成员国行政诉讼制度的经验来看,其行政争讼的基本结构通常由行政救济(行政复议)和司法救济两个部分组成。但也有例外,诸如比利时、马耳他、瑞典等国,并没有设定行政复议制度。还有些国家引入了专门性的环境行政审判制度,如丹麦,而立陶宛是采用了更为一般的行政裁判制度(行政纠纷委员会制度)。另外,在波兰,设置了针对自治体决定的自治裁判委员会。参见[日]大久保规子《环境公益诉讼与行政诉讼的原告适格:欧盟各国的发展情况》,汝思思译,《交大法学》2015年第4期。

[②] 参见王名扬《美国行政法》(下),北京大学出版社2016年版,第479—482页。

[③] 参见[日]大久保规子《环境公益诉讼与行政诉讼的原告适格:欧盟各国的发展情况》,汝思思译,《交大法学》2015年第4期。

及异议期间是否停止执行原行政决定等问题作出不同规定。因此，考察各国各自异议审查程序（即行政实施机制中的异议审查程序）的实施成本是一项不可能的任务。但从宏观理论分析的角度来看，一般来说，原告资格范围越宽泛、异议之理由越多元，则异议审查程序提出的难度越小。最后，对于异议程序的运行成本，我们需要考虑异议程序可能耗费的时间和资金成本。以中国行政复议为例：其一，行政复议的申请和审查决定期限原则上是"60 日+60 日"，有些情形需要延长异议申请期限和决定期限；① 其二，依法律规定，行政复议是一种免费异议审查程序。② 对于行政诉讼，其起诉和审理期限原则上是"6 个月+6 个月"（有些情形需要延长申请期限和决定期限），而其诉讼受理费用除商标、专利、海事行政案件外均以 50 元/件计算。因此，从行政复议和行政诉讼的对比角度看，行政复议的实施成本要远低于行政诉讼程序的实施成本，这也符合立法者设定行政复议以高效解决行政争讼的制度目标。

生态损害法律责任司法实施机制中的矫正程序实际上指的是对司法机关所作裁判的异议审查程序，它指向的是民事诉讼制度中的二审、再审、发回重审制度，乃至由检察院提出的抗诉制度。一般来说，当事人提起司法审查异议程序的理由十分宽泛，只要当事人不服一审裁判，便可启动二审，这是启动二审的唯一条件。而从制度运行的时间成本来看，二审（针对判决而非裁定）的上诉期限和审理期限原则上是"15 日+3 个月"，再审（针对判决而非裁定）的申诉期限和审查期限原则上是"6 个月+3 个月"，有时可能会遇到案件发回重审的情况（此时按一审程序计算起诉、审理期限，原则上是"简易程序 3 个月，普通程序 6 个月"）；从制度运行的资金成本看，二审诉讼费按照 50 元每件缴纳，而再审除特殊情形外原则上是免费的。值得注意的是，仅以诉讼费作为衡量诉讼成本的做法是

---

① 参见《行政复议法》第 9 条、第 31 条。
② 参见《行政复议法》第 39 条。

不合理的，因为诉讼成本的主要部分是举证成本，在司法机制的异议审查程序中，异议当事人需要通过举证来证明原审法院错误地认定了责任的成立及其范围，因而要求改判。并且，由于二审、再审法院原则上不再审理案件的事实（除非有新证据），其仅侧重于考察原审法院是否错误地适用了法律，这便使得当事人面临极大的证明责任风险。对于行政机制的异议审查程序而言，由于行政机关需证明自身行政行为具有合法性、合理性，故当事人的举证成本相对降低。

综前所述，生态损害法律责任行政机制中的异议审查程序和司法机制中的异议审查程序在制度运行成本方面存在差异，其一，在司法机制中启动异议审查程序更加容易；其二，司法机制中异议审查程序的时间和资金成本（包括诉讼费和举证成本）相较于行政机制更高。然而，值得注意的是，这种异议程序时间和资金成本的比较仅有相对意义，因为无论是行政异议审查还是司法异议审查在实践中都会受到诸多因素的影响，仅通过对审理期限和案件费用比较分析，就得出结论认为，行政机制中异议审查程序的时间和资金成本高于司法机制中的异议审查，是极为草率的。此外，如何对比考察两种实施机制中异议审查程序的发生频率问题，也需要依赖更多的实证调查，很难进行纯粹理论上的比较分析。

（四）其他可能增加实施成本的因素

从生态损害法律责任实施机制的启动、运行到异议审查的启动、运行，制度的实施效果还可能受到其他因素的影响，主要包括决策主体可能存在机会主义行为以及责任人可能采取对策行为来阻碍和消解责任规则的实施。一般来说，越易导致机会主义行为和对策行为的实施机制，越具有更高的实施成本。从决策主体的角度看，理论上，行政机关（及执法人员）和法院（及法官）均可能会产生机会主义行为，这一问题根源于"委托—代理"问题。一般来说，机会主义倾向越强烈的机制，越会导致更高的制度实施成本。但影响行政机关和法院机会主义倾向的因素极其复杂，这便决定了系统比较两者间的机会主义倾向会存在困难。有学者尝试从制度结构、问责制、内部控制、社会规范以及自然人个体差异的角度对两种的机会主义倾向进行了分析，并得出结论，"行政执法人员和行政相对人间的单向线性结构与司法控制过程中双方当事人和法院的三角结构相比，更易导致机会主义倾向，即行政机关及其行政执法人员的续租、偷懒、被俘获等问题"①。从可能责任人的角度看，可能责任人出于谋求私利、避免责任承担的利益动机，采取对策行为来阻碍、抵消实施主体旨在启动或适用生态损害法律责任规则的行为效果，这种情形可能会同时存在于行政实施机制和司法实施机制中。前者体现为，隐藏信息、俘获行政机关及其执法人员等，后者表现为采取措施逃避裁判的执行、不适当地进行诉讼和解/调解以及俘获法官等现象。但要想比较考察这两种实施机制中哪一机制更易于促成可能责任人的对策行为，显然是一个很难得出明确结论的问题，需要依赖于更有实证意义的经验研究。

因此，关于机制选择，我们大体可得出以下结论：行政实施机制中的行政机关及其执法人员相较于司法实施机制中的法院及其法官更易于发生机会主义行为倾向，而两种实施机制在促成可能责任人对策行为方面的功能却具有不确定性，即我们很难直接得出可能责任人在何种实施机制中更易采取对策行为。

(五) 实施机制的附加价值

以上分析着眼于制度实施的程序效率维度，即以效率作为制度运行成本高低的指标，若效率高，则运行成本便低。这种纯粹基于效率的分析思路是一种颇具功利主义色彩的论断方式，具有片面性。事实上，在分析两种实施机制的制度实施成本时，我们还应当考虑程序正义问题，即对于两种生态损害法律责任实施机制，何者更易于保障程序正义价值的实现。所谓"程序正义"，是指实施程序对于正义/公平价值的贯彻、落实，其中一个最为重要的方面即是对可能

---

① 参见宋亚辉《社会性规制的路径选择》，法律出版社 2017 年版，第 161—164 页。

责任人或利益相关方程序性权利的保障，这里的程序性权利主要是指参与实施程序的权利或对实施程序提出异议的权利。在生态损害法律责任行政实施机制中，如果立法者为行政机关实施法律责任规则设定了一套完整的法律程序规则，并且允许利益相关方和可能责任人在实施过程中介入，则他们的程序性权利便会得到及时保障。在法律责任裁判结果形成后，允许可能责任人或利益相关方对行政行为提出异议审查，则为他们提供了事后的权利救济渠道。因此，行政实施机制能否保障程序的正义价值的关键，便是是否存在一套明确涵盖公众参与的行政决定程序规则以及配套的事后性行政异议审查机制。而对于司法实施机制，要想保障程序的正义价值，则必须依赖于民事诉讼框架内的法庭辩论以及事后当事人向上级法院提起的二审、再审请求。在民事诉讼框架内，主要有原被告和法院三方主体，由于被告在信息、资金等方面的优势可能会使得受害人得不到赔偿，现代环境法普遍采纳的是有利于受害人的诉讼程序制度构造，即无过错责任归责原则、因果关系推定、举证责任倒置等。这便在一定程度上会对被告构成压力。加之，如果允许行政机关以原告身份提起民事诉讼，这也会进一步打破民事诉讼内部的当事人平等原则（实际上是一种拟制平等原则），因为其在证据收集、资金方面的能力并不一定弱于被告，行政机关拥有的信息收集调查权以及强制措施权有时反而可能会对被告构成压力。因此，这种看似平等的民事诉讼程序构造，对于被告（实际生态损害加害人）而言，可能并不是一种严格符合公平正义理念的程序安排。而且，还有一个问题，在司法实施机制中，一旦法院处理了特定双方当事人间的诉讼争端，则其他生态公共利益多元代表人乃至普罗大众想要参与责任规则的实施过程中，便会呈现出一种不充分性和事后性，他们仅在诉讼和解/调解或裁判执行过程中可以发表意见，并且法院是否需要采纳或回应，法律一般不会作出明确要求。这就和行政实施机制中参与程序权利的保障规则不同，因为在行政机制中，利益相关方和责任人甚至可以在生态损害的认定环节便介入政府决策。

总之，生态损害法律责任行政实施机制更有利于保障利益相关方和可能责任人的程序权利。但这并非意味着，司法实施机制始终无法实现这种程序正义价值，只不过它必须经过全面系统的制度修正，而这无疑也会增加制度的实施成本。

（六）实施机制的生成成本

行政实施机制和司法实施机制的核心差异在于生态损害法律责任的首要决策权力是行政权还是司法权，故实施机制的选择与一国国家权力的结构和配置密切相关。一般而言，与既有国家权力结构相契合的实施机制更易于生成。尽管中国和域外各国均遵奉权力分立的理念，但中国特色社会主义法治体系中的国家权力结构与西方国家流行的三权分立做法存在本质区别。与美国等西方国家强调政治性分权不同，中国的分权是一种功能性分权。[1] 诚如有学者言，中国存在强大的执政党，执政党的意识形态以及党的利益等潜在因素通过一些正式和非正式的手段贯通于形式上存在分工的司法权和行政权。[2] 由此，对于执政党而言，只要能够实现"决策权—执行权—监督权"这三种权力相互制约又相互协调，则（公共）权力运行的效率就能得到最大限度的保障，执政党的合法性就能得到证成和维持。在中国法治语境中，从宪法架构和法治实践角度考虑，我国行政机关和法院之间的常态关系是：二者独立行使职权，相互尊重；司法依照法定程序和权限监督和支持行政，前者是司法对行政行为的审查，后者即行政机关申请法院强

---

[1] 具言之，功能性分权奉行积极权力观下的有为政府，旨在提高公权力的运行效率，是集中统一下的组织内分权，是过程性分权；而政治性分权的权力观念是消极权力观下的有限政府，其目的是防治公权力专断和滥用，主张将政治权力一分为三，是一种组织性分权。参见陈国权、皇甫鑫《功能性分权：中国特色的权力分立体系》，《江海学刊》2020年第4期。

[2] 参见彭涛《司法权和行政权的冲突处理规则》，《法律科学》（西北政法大学学报）2016年第6期。

制执行行政行为;行政和司法互动合作,共同预防和化解争议,提高法治效益。[①] 由此,司法权在我国一般功能应定位为监督权,只在例外情况下才作为执行权。据此,以司法权主导实施生态损害法律责任的司法实施机制具有逾越司法权和行政权的基本功能边界之虞。这种司法越位甚至错位现象,无疑会伤害中国正在建立的环境法治,影响现有的国家权力配置格局,甚至会动摇公正司法的价值追求。[②] 总之,行政机制中行政权占主导的功能定位更能契合中国特色社会主义法治体系。

三 两种不完善机制间的选择

本书以上内容已对两种不同法律责任实施机制的制度实施成本进行了选定单项要素的比较分析(有关结论,参见表4-1),以下内容将在融合这些要素的基础上对两种不同法律责任实施机制的制度实施成本进行整体宏观意义上的对比分析与总结。这种整体比较的目的在于:从整体视角出发,寻找这两种生态损害法律责任实施机制在制度实施层面上的差异,以进行路径选择。

表 4-1 两种不同法律责任实施机制之制度实施成本的比较

影响机制实施成本的因素		行政机制	司法机制
启动成本	违法信息的获取	相对容易	相对困难
	决策主体是否有明确授权	行政机关的权限安排很复杂,且彼此间边界并不明晰	法院管辖权分配规则较为明晰
	决策主体启动规则时可以获得的激励	很难得出行政机关和法院在启动法律责任规则方面何者可获得更多激励的结论	

[①] 参见张坤世《司法权与行政权:中国法治语境下的关系定位》,《社科纵横》2020年第7期。

[②] 参见王雅琪、张忠民《现代环境治理体系中环境司法与新政执法协作机制的构建》,《中国矿业大学学报》(社会科学版)2021年第3期。

续表

影响机制实施成本的因素		行政机制	司法机制
运行成本	作出裁判过程中处理科学技术难题的能力	长期执法经验以及专设的辅助岗位、机构，提升了行政机关能力	法院及其法官相对缺乏处理复杂科学技术性难题的能力
	执行裁判过程中处理科学技术难题的能力	长期执法经验以及专设的辅助岗位、机构，提升了行政机关能力	法院及其法官相对缺乏处理复杂科学技术性难题的能力
	运行程序的效率	法律责任决策有公定力	法律责任决策没有公定力
附属成本（用以矫正生态损害法律责任决策错误的制度措施成本）	启动异议审查程序的难易	相对困难，行政体制内部关联	相对容易，各级法院相对独立
	异议审查程序的时间和资金成本（包括诉讼费、举证成本）	如果仅从理论角度考虑，则比较司法异议审查程序，行政机制中行政异议审查程序的资金和时间成本相对更低。但这种结论过于草率，因为实践中异议审查程序的时间和资金成本受到很多复杂因素的影响	
	两种实施路径引发异议审查程序的频率	如何对比考查两种实施路径引发异议审查程序的频率问题，需要依赖于实证调查	
其他影响因素	实施主体的机会主义行为	易导致实施主体的机会主义行为	难导致设定人的机会主义行为
	可能责任人的对策行为	两种实施路径在促成可能责任人对策行为方面的功能具有不确定性	
附加价值	对责任人程序权利的保障	统一的行政决定程序规则更有利于保障程序正义价值的实现	双方拟制平等的当事人诉讼构造不利于程序正义价值的实现
生成成本	与国家权力配置的契合度	契合度高	契合度低

从整体上看，两种不同法律责任实施机制在具体的运行过程中均存在实施成本，这种制度实施成本类似于现实世界中的"物理摩擦力"，不可避免，也无法完全消除。换言之，制度实施成本普遍存在是两种生态损害法律责任实施机制的共性所在，且这种制度实施成本遍布于机制运行的各个环节。其一，在机制的启动环节，决策主体能否获得生态损害事件相关违法信息以及决策实施权限是否明晰，都将成为制约成功启动生态损害法律责任规则的因素。其二，在机制的运行环节，决策主体在得出裁判或执行裁判过程中具备的

处理复杂科学技术难题的能力以及实施程序具有的程序效率特征，均会影响到机制的实施成本。其三，在机制实施后，若责任人或利益相关方不满足决策主体作出的法律责任决策，则其可能会提出异议，进而引发辅助性矫正程序的启动和运行，即针对环境行政决定的异议审查程序或是针对一审裁判的异议审查机制。发生这种矫正程序的频率以及异议审查程序启动和运行成本，自然也会成为影响法律责任规则总实施成本的一部分。其四，决策主体在作出法律责任决策时普遍存在机会主义倾向，遵循理性经济人行动逻辑的可能责任人也会普遍采取对策行为，以避免承担法律责任。这些因素也会影响责任规则的实施。其五，在实施程序的效率价值之外，生态损害法律责任实施机制能否保障程序正义价值的实现，实际上也会影响责任规则的实施成本。其六，与国家权力结构和配置的契合度会直接影响到实施机制的生成成本。总之，制度实施成本普遍存在于生态损害法律责任规则的各个实施环节。

那么，两种不同实施机制的制度实施成本有何具体差异呢？如前文述，任何给单项影响因素（即影响实施成本的各因素）赋值的方法均是不可取的，我们只能从定性角度来探讨两种实施机制在各影响因素层面上的差异。结合前文分析的内容，我们可以针对两种实施机制的实施成本，得出如下结论：其一，不同实施机制的实施成本具有相对性。例如，在违法信息获取、环境科学技术难题处理能力、程序运行的效率、附加价值（对利益相关方或责任人程序权利的保障）、与中国特色社会主义法治体系的兼容程度等方面，行政机制具有相对于司法机制的功能优势；而在实施权限是否明晰、异议审查程序启动难易程度、抑制实施主体机会主义行为等方面，司法机制具有相对于行政机制的功能优势。其二，对于另外一些因素，试图探讨它们对两种实施机制运行成本影响的努力是不现实的，或者说是极其困难的。因为，这些因素对机制实施成本的影响具有不确定性。这些因素包括：决策主体的激励机制，异议审查程序的时间和资金成本，异议审查程序发生的频率，以及两种实施机制中责任人采取对策行为的可能性等。对于这些因素，我们很难直接得出何种实施机制的实施成本更低的结论。若想得出相应结论，必须依赖于更深入的经验研究，这是笔者暂时无意也无力解决的课题。

综前所述，在分析不同生态损害法律责任实施机制的实施成本时，我们从影响实施成本的因素中选取了最为典型的几项影响因素，并对这些因素对实施成本的影响效果进行了探究。其中，对于有些影响因素，我们可以直接得出结论，而另一些因素对实施成本的影响却是不确定的。这便直接促成了不同实施机制中生态损害法律责任实施机制的制度实施成本具有相对性和不确定性两种特征。换言之，若我们对这些影响两种不同实施机制具体实施成本的诸因素进行综合比较分析，可知，两种不同实施机制之间并不存在具有绝对功能优势的路径选择，二者均非最佳的制度选择，它们各自均具有功能上的优劣。也正是在此意义上，生态损害法律责任实施机制的选择只能是一种"在两种不完美事物间的选择"。至于如何在两种不同生态损害法律责任实施机制之间作制度选择，这将是一项具有浓厚本土化色彩的系统工程（综合考虑拟制定机制的实施效益和不利影响）。对此问题，本书在第五章中作系统回应。

本章小结

对于生态损害法律责任的实施机制，立法者最终选择的无论是行政机制，还是司法机制，均需探讨：具备不完全信息特征的现实世界能否确保两种法律责任实施机制的"最佳实施条件"得到满足。若可以满足，则立法者在两种实施机制之间进行选择便失去了意义，因为，在假定两种实施机制制度效益相当的情况下，立法者自然应选择的是制度实施成本为零或相对更低的实施路径，而"最佳实施条件"的满足意味着制度实施成本为零或接近于零。然而，具备不完全信息特征的现实世界，使得两种实施机制的"最佳实施条件"

均难获得满足,这便催生了本书的初步结论,即在两种不同法律责任实施机制间作制度选择,实际上是在两种不完善事物间做选择。从第二章各国目前已采取的法律责任实施机制来看,各国均或多或少地采取了混合行政机制和司法机制的方案,这也恰好从侧面印证了行政机制和司法机制二者在实施生态损害法律责任规则方面并无绝对的功能优劣之分。但为了比较分析二者在功能方面的相对优劣,本书仍需假定两种机制具有相同实施效益,并结合二者的理论基础、作用原理、程序结构来对制度实施成本进行比较研究。最终所得结论也与前述论证相同,即不同的影响因素对机制实施成本的影响并不一致,导致二者具有不同的优劣势。具言之,在机制启动成本方面,行政机制更易获取生态损害事件相关违法信息,而司法机制在决策主体的权限配置方面更加清晰。在机制运行成本方面,无论是做出还是执行裁判,行政机关在处理科学技术难题方面具有相对于法院的优势,并且行政机制因依托于行政命令程序而更具程序效率价值;在附属成本方面,司法机制中的异议审查机制虽更易于启动,但其异议审查机制的运行成本也相对更高。此外,行政机制更易于导致决策主体的机会主义行为,但二者在促使可能责任人采取对策行为方面的作用相当。最后,行政机制还具有优先于司法机制的附加价值,更能保障相对人的程序性权利;行政机制更能契合中国特色法治体系中的国家权力结构特征,具有更低的机制生成成本。总之,通过对这些制度实施成本影响要素的分析可知,两种法律责任实施机制并无绝对的功能优劣之分。

也正是因为这种定性意义上的对比分析,为我们开始重新思考中国立法者应如何在两种不完善的生态损害法律责任实施机制之间进行路径选择的问题奠定了讨论基础。制度设计或选择并不是在一张白纸上绘画,它需要以一国已确立或形成的法制传统为基础。中国在生态损害法律责任实施机制上的制度设计,虽未臻完善,但它的制度框架已初步成形。从对侵权法的扩展解释(从传统损害到新型生态损害问题)到环境民事公益诉讼制度,再到生态环境损害赔偿制度，中国立法者（实际上有时是最高司法者）的决策已经趋向于选择司法实施机制。至于摒弃行政实施机制的原因，可能是极其复杂的，本书将尝试在第五章中作简要分析。无论如何，中国生态损害法律责任实施机制的路径选择注定要在既有制度规范基础上进行修补，本书在第五章中对未来中国应选择的模式展开详细论证。

第 五 章

生态损害法律责任实施机制的中国选择

  如果说因"哥伦布大交换"带来的生物物种全球化迁徙直接催生的是全球生态发展的"生物同质世"时代,① 那么 20 世纪以来为适应全球化的贸易活动及与此相关的文化、政治交往活动而蓬勃发展的法律全球化运动（包括不同地方性法律文化、制度间的交流、借鉴、传播和移植）则预示着人类社会即将步入一种新的"法律同质世"时代。② 这种"法律同质世"的影响不独发生于法理念层面，它还更多地体现为对具体法律制度选择的影响。有学者将前者定性为立法理念的共同性，而将后者定性为法律对策的共同性。③ 对于生态损害救济问题，其在各国范围内的产生、发展具有极大的相似性或者说共通性，且很多生态问题本身更是直接肇因于全球化的贸易交往活动，这便使得"法律同质世"的影响更加明显。其中，尤为

---

  ① 所谓"同质世"是指 1492 年新大陆发现后全球生态环境系统渐趋同质化，生物多样性衰退的时代。曼恩认为，欧洲人的远征和扩张促成了全球生物种类的混杂、交换和融合，最终导致各大洲的生物种类越来越相似。参见 [美] 查尔斯·曼恩《1493》，朱菲等译，中信出版社 2016 年版，第 1 页。

  ② 有关法律全球化的研究文献，参见谢晖《法律的全球化与全球化的法理》，《山东公安专科学校学报》2002 年第 3 期；孙晓东《全球化视野中的法理念变迁》，《河北法学》2006 年第 9 期。

  ③ 参见王宏巍《法律移植与中国环境法的发展》，科学出版社 2015 年版，第 60—68 页。

显著者当属当前各国立法者普遍选择以法律责任规则作为救济生态损害问题的规制工具。但"法律乃是地方性知识"①，因此，即使各国均认可了生态损害法律责任规则，但受制于法制传统和现实国情，各国最终会选择不同的实施机制，主要有三类：行政机制、司法机制以及融合了二者的混合机制。在法律全球化的现实背景下，作为生态损害救济立法后发型国家的代表，中国面临着一项核心课题，即如何在吸收、借鉴域外经验的基础上，选择最佳的且最符合中国国情的生态损害法律责任实施机制。本书认为，在公、私法相互融合发展的时代背景下，生态损害法律责任的实施机制应选择融合了行政机制和司法机制元素的混合实施机制。混合实施机制的构建需要综合考虑两种机制的相对功能优劣。本章先从宏观层面探讨构建这种生态损害法律责任混合实施机制的理由；然后再从微观角度分析生态损害法律责任混合实施机制的具体规范进路。

第一节　选择生态损害法律责任混合实施机制的理由

本书第一章第二节将生态损害法律责任定性为公法责任，决定了生态损害法律责任的实施机制既可以是行政机制，也可以是司法机制，甚至是融合二者的混合实施机制。那么，中国应该如何选择生态损害法律责任的实施机制呢？是确立纯粹的行政机制、司法机制，还是选择混合实施机制？生态损害法律责任实施机制的选择不能是对国外法制经验的照搬照抄，② 更需要尊重本国既有法制的传统和现实。之所以要尊重传统，是因为从一般意义上讲，传统的通常是合理的，传统意味着互动中的妥协，传统意味着秩序和法治的积

---

① 梁治平：《法律的文化解释》，生活·读书·新知三联书店1994年版，第126页。
② 事实上，从本书第二章列举的各国生态损害法律责任实施机制选择来看，彼此之间差异很大。

累。如果没有充分且正当的理由要求我们去改变传统，持守传统就是唯一的选择。① 事实上，在缺乏对不同制度优势和关系进行深入分析、论证的情况下，就直接基于对策论的思路引入新的制度，容易导致制度冗余和系统紊乱。② 之所以尊重现实，是由于法制资源的有限性。针对特定问题的立法，不能不顾既有的法制情况，若不假思索、不利用既有的法制资源，就选择推倒重来，势必导致一国立法资源的浪费。事实上，相较于其他社会科学更加保守的法学，一般会奉行以下基本原理——为了保证最低的社会试错成本，对于社会不断出现的问题，都需要首先考虑如何运用现存的法律原则和规则、法律制度和工具，法律概念和术语来适用和解释。此外，生态损害法律责任实施机制的选择还需要考虑生态损害法律责任自身的特性。生态损害法律责任旨在救济生态公共利益的目标决定了混合实施机制的选择更加合理。本节内容将着重从前述几个方面论述选择生态损害法律责任混合实施机制的理由。

一 生态公共利益要求采纳混合实施机制

生态损害法律责任的制度目标在于救济生态损害。结合本书第一章关于生态损害本质的理解，生态损害法律责任目标的实质其实是对公共性生态权益（即生态公共利益）的补救、维护和增进。从生态公共利益的角度来看，最佳生态损害法律责任实施机制的选择其实就是选择一种最能有效补救和维护生态公共利益的实施机制，也就是最能有效实施生态损害修复的责任实施机制。那么，行政机制和司法机制何者更能契合生态损害修复的特征呢？从理论和现实的双重维度来看，本书第四章已经向我们揭示了一个基本原理——无论是行政机制，还是司法机制，二者在实现生态损害法律责任目

---

① 参见王轶、关淑芳《民法商法关系论》，《社会科学战线》2016年第4期。
② 参见王明远《论我国环境公益诉讼的发展方向：基于行政权与司法权关系理论的分析》，《中国法学》2016年第1期。

标方面的功效并无绝对的优劣之分。换言之，在某些方面，行政机制更有效，而在另一些方面，司法机制相对占优。既然立法者在行政机制和司法机制之间选择难以避免"代理彩票"难题。由此，采纳生态损害法律责任混合实施机制便成为一种可行的方案。事实上，只要不同机制间彼此衔接有序，采纳混合实施机制，也有利于发挥制度的整体效力。

生态公共利益具有多样性、多层次性特征，决定了生态损害修复、生态公共利益的补救和维护过程具有高度的不确定性。尽管这种特性实际上和更具主动性特征、自主性特征的行政实施机制更为契合，但传统行政机制（生态修复行政命令制度）的运行过程具有封闭性，相对人无法参与责任决策，导致生态损害法律责任认定和实施缺乏制约。由此，生态损害法律责任的行政机制需要修正，一是创设新型的行政实施机制，如行政协商和解制度，二是授权行政机关借道司法机制实施生态损害法律责任。这两种实施机制能有效弥补生态修复行政命令制度的制度缺陷。具言之，其一，磋商不同于强制性的、单向度的行政机制，行政主体和利益相关方可以通过信息交流、理性协商的方式，来理解彼此立场，并在相互倾听和交流的基础上，调整各自诉求，有利于寻求共识和合意。生态修复是系统工程，从修复责任分配到具体修复方案的设计、选择，再到修复活动的监管和验收等，都需行政机关和利益相关方的精诚合作。相较于行政机制，磋商更能为讨论生态环境修复公共事务提供一种合作平台。其二，司法机制和行政机制之间的最大区别不是结果意义上的不同，而是取得这种结果的程序规则上的差异。当行政机关凭借民事索赔权进入司法领域，其权力运用方式发生了重大转变，其也从一种权力的拥有者（决定机关）质变为权利的诉请者（法定原告）。这种转变并非要剥夺和削弱行政权，而是试图将整个行政权的运行过程暴露在司法这个相对透明的系统下，接受行政机关和社会各界的监督，行政权的运行会更加公开化、透明化、规范化。① 此外，在披上司法外衣之后，还可增强最终结果的合法性和权威性，通过诉讼程序的"过滤"和"担保"，增强结果公信力。因此，在当前人们普遍对行政机关实施环境法律的态度与能力保持高度怀疑和不信任的社会背景下，② 可对行政权施加一种"制衡"和"保护"的司法机制更具优势。

行政机关可以利用协商和解和司法诉讼两种机制来实施生态损害法律责任是否意味着传统行政实施机制就此必须退出历史舞台，完全没有了适用余地？答案并非如此绝对。结合前文第四章的描述可知，行政机制具有相对于司法机制的制度优势。事实上，在行政机制内部，行政命令制度也具有相较于协商和解的制度优势。一方面，从程序公正的角度来看，协商和解制度优于行政命令制度。这是因为，行政命令目前尚未成为一种形式化的行政行为，故其程序要求是最基本的要求，一般只要满足正当法律程序的要求即可。由此导致的结果是，行政相对人在行政命令实施过程中的程序权利仅能获得最基本的保障。而磋商和解制度是一种柔性平等化的执法机制，故相对人在磋商和解过程中可以尽情表达自己的意见，并提交对自己有利的事实证据。由此，相对人在磋商和解制度中的程序权利可以得到较为充分的保障。另一方面，从效率的角度来看，协商和解的接受效率可能高于行政命令制度，这是因为相对人在行政命令制度实施过程中的参与程度低于其在协商和解制度中的参与程度，然而，协商和解制度的决策效率明显低于行政命令制度。尽管目前尚无立法专门规定行政命令制度的实施期限，但参考行政处罚的60日，以及磋商和解的90日期限可知，前者的决策效率要高于后

---

① 参见王树义、李华琪《论我国生态环境损害赔偿诉讼》，《学习与实践》2018年第11期。

② 长久以来，生态环境治理效果不尽如人意、执法腐败、权力寻租、地方保护，只会追求政绩等现象屡屡见诸报端，不绝于耳，人们对行政机关实施生态环境法律的态度与能力保持高度怀疑和不信任。参见陈海嵩《国家环保义务的溯源与展开》，《法学研究》2014年第3期。

者。由此，行政命令制度至少还应在一些情形下发挥作用。

生态公共利益最鲜明的特征是不确定性，即利益内容的不确定性和受益对象的不确定性。由此，任何代表和维护生态公共利益之主体的行为都有可能与真正的生态公共利益发生偏离，造成"代表失灵"困境。例如，经长时间的联络，行政机关和相对人之间可能会达成一些暗地里的协议，不当处分生态公共利益。诚如本书第四章所述，只要委托—代理机制的存在，理论上这种"代表失灵"就无法消除。在将公共利益代表权完全收归公众这个抽象主体的做法不具有可行性的背景下，可行的方案除了要求加强对既有公共利益代表者——行政机关的权力约束以外，包括提倡协商和解、引进司法机制，还应当考虑生态公共利益代表主体的多元化。多元化的实质是生态公共利益代表权力的分立，有利于起到权力约束的目标。既有域外法制已经为我们揭示了现代社会中检察机关和环保组织可以作为生态公共利益代表者的经验。除了非正式的建议、请求之外，检察机关和环保组织理论上均应有权利用司法机制来制约行政机关在生态公共利益维护时的违法、不当行为。

总之，生态公共利益的不确定性、多元性、复杂性等特征，决定了不同生态公共利益代表主体利用不同实施机制来追究生态损害法律责任具有正当性和合理性。事实上，只要不构成不同利益代表主体之间的权利冲突（容易导致一种"反公地悲剧"），多元实施机制的混合有利于促进生态公共利益综合性维护机制的构建，最终形成一种体系完整的"东边不亮西边亮"的生态公共利益维护效果。

二 公私法的融合式发展奠定了规范基础

环境法学者普遍认为，生态公共利益的维护是一个公法与私法相互交错的地带。事实上，公法与私法的划分经历了一个从相互排斥到相互参照再到相互补充的历史演变过程。如今，公法与私法的相互补充成为其突出特点，即私法与公法是相互配合的完备法律体系，这一点在环境法领域尤为突出。① 此观点亦得到了民法学者的认可，如有学者认为："面对这些因不特定多数发生源的积蓄而给不特定多数人造成的损害，仅依靠民法中追究个人责任的机制无济于事。要保护环境，维持生态平衡，就迫切需要通过国家公权力的全方位介入，包括事先的预防（如对清洁生产的规定、实行排污许可制度等），事后的惩治与赔偿（如公法责任、行政处罚等）。唯其如此，方能全方位地贯彻保护环境的公共目标。"② 公法和私法在生态环境保护方面的功能协同式发展已经成为必然趋势。这种协同式发展体现为公法和私法在生态公共利益维护方面均应在各自适用范围内发挥调整作用。以生态损害法律责任问题为例，统筹利用行政责任、民事责任、刑事责任实现生态修复已经成为趋势。不仅《民法典》开始纳入生态修复，行政法和刑法各自也在不断扩张，努力将生态损害救济纳入各自责任体系之中。另外，协同化发展主要体现为二者的融合，即公法私法化、私法公法化。所谓私法公法化是指公法对私法的渗透，其最具有意义的方面是国家以行政行为介入私法关系进行直接干预，通过行政方式来规范私法关系。最为典型的例子是绿色原则进入《民法典》，生态公共利益成为约束私法主体行为的边界。所谓公法私法化，是指一系列私法调整机制及相关理念被引入公法领域，特别是私法体系中的平等合作理念、契约理念、自愿理念、诚信理念、和解理念等。其本质是强调行政机关和潜在责任人之间的法律关系日趋平等化，行政机关有权以私法手段来完成公共目标。在这一制度发展背景下，行政机关行政权的运行方式发生了根本转变，从传统高权式的"命令—服从"模式转变为现代平等式的"对话—商谈"模式。③ 生态损害法律责任所旨在救济之利益

---

① 参见刘士国《关于设立环境污染损害国家补偿基金的建议：以重金属污染损害为中心的思考》，《政法论丛》2015年第2期。
② 程啸：《侵权责任法》，法律出版社2015年版，第572页。
③ 参见陈可《行政民主化发展的路径选择》，《中国行政管理》2005年第7期。

类型是生态公共利益而非私人利益，故公法私法化的现象相较于私法公法化更普遍。公法私法化在生态损害法律责任实施领域最具意义的影响可能是不断促使行政机关和潜在责任人之间的法律地位不断趋于平等，其用来实施生态损害法律责任的机制也随之变得更加柔性化，如协商和解、司法诉讼等机制。

总之，在合作行政理念的广泛推动下，公私法的融合式发展已经在我国成为一种现实。在环境法领域，这种公私法融合的特征更加明显。其中，最为关键者当属——公私法的融合式发展使得行政机关在实现行政任务（公共目标）时享有了双重自由，一是主体选择自由，二是形式选择自由。前者是指立法者或者行政机关有权将行政任务委托给私人组织实施，后者是指行政机关在实施行政任务时享有手段选择自由。由此，从理论上来看，公私法融合发展的现实为生态损害法律责任混合实施机制的成立奠定了规范基础。具言之，无论是具有单方面行政决定特征的传统行政命令制度，还是更加柔性化的协商和解制度，还是以司法权作为首次判断权主体的司法机制，均可以成为行政机关在实施生态损害法律责任时利用的制度工具。但立法者如何具体选择、配置这些机制，属于立法者的裁量权。

三 域外立法经验对混合实施机制的支持

生态损害法律责任是个新问题，各国立法在实施机制选择方面并未形成统一共识。但仔细研究后可以发现，貌似不同的各国经验，实际上存在着一些共同之处，其中最为鲜明的特征就是各国在生态损害法律责任实施机制选择时普遍青睐于混合实施机制。这可以为构建我国生态损害法律责任混合实施机制提供借鉴。

首先，在英国法体系中，生态损害法律责任的实施机制包括行政机关发起的协商和解制度和行政命令制度，以及环保组织在相对人不履行行政命令时发起的司法机制（即刑事诉讼）。其中，协商和解是行政机关实施行政命令前履行的制度程序。具言之，在英国环境法实施体系中，为了维持规制者与被规制者之间的良好合作关系，经常需要利用一种等级式的实施机制组合。实施过程的第一步骤侧重于劝服（psersuasion），即建议（advice）或者教育（education）与违法相关的问题。为了缓和刑事制裁的严厉性、提高规制灵活性、降低规制成本，英国2008年民事制裁改革规定，行政主体可以适用"恢复令"和"实施承诺"实现生态环境修复，此处的"实施承诺"实际上就是相对人和行政主体间的协商。用来实施生态损害法律责任的行政命令制度则分散在一系列立法中，主要包括两个方面：一方面是以法定妨害为基础模型而建构起来的传统上法定环境责任机制；[①] 另一方面是英国为转化 ELD 制定的《环境损害预防与修复规则》（2009年制定，2015年修订），系统规定了针对生物多样性损害、土地损害和水损害的公法性法定环境责任机制，即行政命令制度。[②] 最后，尽

---

① 具言之，由行政机关发布行政命令要求适当责任人进行污染清理或污染消除，既有将受损环境要素或生态系统恢复至损害发生前状况的规则（如《水资源法》《野生生物和乡村法》和《栖息地和物种保护规则》），也包括仅移除污染物质的规则（如《环境保护法》第59条项下的废弃物非法处置清理）。但即使是包含将受损环境要素或生态系统恢复至先前状况要求的规则，它对生态损害的救济也是相当有限且不充分的。具言之，这些不足之处包括：其一，这些"污染清理"或"污染消除"规则仅强调的是对受损生态环境的"基础性修复"，而并不涉及 ELD 项下的"补充性修复""赔偿性修复"。其二，修复以"实际可行且成本合理"为条件。换言之，不符合该条件的修复可以不进行，行政机关对此享有自由裁量权。其三，在这些规则中，并不存在利益相关方或环保公益组织提请行政机关采取行动的权力，或对行政机关之决定进行评论的权力。其四，损害发生后，适当责任人也并不负有向行政机关报告相应损害的义务。有关现有英国法中的法定环境责任机制在救济生态损害问题上存在的不足之处，See BIO Intelligence Service, "Environment Implementation Challenges and Obstacles of the Environmental Liability Directive: Final Report", 16 May 2013, https://ec.europa.eu/environment/archives/liability/eld/eldimplement/documents.html。

② 然而，《环境损害预防与修复规则》并未在土壤污染/损害领域获得了普遍适用，相反，在这一领域，英国《环境保护法》第 IIA 部分中的"污染土地机制"仍是主导机制。从机制的内容和功能看，"污染土地机制"的特征仍借鉴自英国法律体系中的"法定妨害机制"，它是对普通法项下法定妨害机制的一种简单重塑，在性质上仍强调的是一种法律责任规则的行政实施机制，只不过在定义、具体实施程序等方面进行了精（转下页）

管英国环保组织在民事诉讼中被剥夺了资格（代表生态环境公共利益发起民事索赔诉讼），①但它们可以针对责任人不履行生态损害法律责任发起刑事诉讼。之所以是刑事诉讼，是因为英国将违反行政命令的行为视为刑事犯罪。在此意义上，英国环保组织发起的刑事诉讼，在制度功能上与美国公民执法诉讼具有相类似的地方。

其次，在法国法体系中，法国《民法典》直接将生态损害纳入可救济损害的范围，为生态损害法律责任的实现引入了全新的司法机制，尽管偏离了欧盟层面取消民事责任而改用行政机制的现有做法，但也为其他国家提供了一种生态损害救济的新立法样本。然而，司法机制在法国法体系中仍是不完善的机制，不仅内部可能会与其他生态损害民事诉讼发生重叠，引发"重复救济"的风险，进而与法国民事责任法领域（对受害人所受损害给予）充分赔偿的原则相冲突；②在与其他行政实施机制的衔接方面也存在不适当的地方。由于缺乏妥当的衔接机制，法国新《民法典》中的新司法机制会与以《环境责任法》为代表的传统行政命令制度发生重叠、冲突，进而造成混乱，甚至引发责任过度问题。③换言之，实践中，行政命令制度和司法机制均有适用的可能，但二者之间缺乏顺位关系。这种做法与意大利的做法类似。④诚如有学者所言，对此问题，立法者似乎倾

（接上页）确化。See Valerie M. Fogleman, "English Law–Damage to Environment", *Tulane Law Review*, Vol. 72, No. 2, 1997, p. 592.

① 参见［英］马克·韦尔德《环境损害的民事责任：欧洲和美国法律与政策比较》，张一心、吴婧译，商务印书馆 2017 年版，第 66 页。

② 该原则的内容是赔偿法人或自然人遭受的所有损害，但不超过所遭受的损害，即无损失或利润的赔偿。

③ 这两种制度并存无疑是复杂的一个根源，它们在范围、补救办法和时效期限方面都存在不同。

④ 意大利环境法规定，意大利环境、领土和海洋部可以在行政机制（行政命令）和司法机制（行政诉讼）间进行选择，以修复生态损害。一旦采取行政命令，就不能再对责任人提起民事诉讼。参见中国工程院、环境保护部编《中国环境宏观战略研究》（战略保障卷），中国环境科学出版社 2011 年版，第 295 页。

向于让法官在实践中思考解决办法。可以预见，在法国，很有可能会出现"州长根据《环境责任法》行事，而环境协会根据《民法典》采取平行行动"，诉讼数量会成倍增加，导致补救措施发生重叠的风险。① 最后，对于环保组织，法国法不仅允许其针对政府不当行为提起越权之诉，但该诉属于客观诉讼（旨在保障行政行为的合法性），② 还被授权直接针对责任人提起生态损害赔偿诉讼，并且只要协会将赔偿金用于修复生态环境，则其便可作为第一顺序的赔偿权利人。③ 值得注意的是，法国将行政协议限缩为公共服务领域而排斥其在干涉行政领域适用，直接限制了行政主体通过协商和解要求责任人履行生态损害法律责任。

再次，在德国法体系中，德国采取了公私协动的生态损害法律责任制度设计模式，这就决定了生态损害法律责任实施机制是一种混合机制。一方面，德国《民法典》第 823 条第 1 款和《环境责任法》第 16 条在有限范围内发挥着间接救济生态损害的作用；另一方面，《环境损害法》作为总则内容协同《土壤保护法》、《自然保护法》和《水法》三部单行环境法律，具体负责调整德国领土范围内的大部分生态损害法律责任问题。通过前述法律，德国确立了完善的生态损害法律责任行政命令制度。然而，与英美法系国家大力促进协商和解手段在生态损害法律责任方面制度效能的做法不同，《行政程序法》第 55 条规定的行政执法和解只存在有限的适用空间（如在无法识别生态损害责任人或者非经不成比例之成本支出无法查明生态损害相关因果关系时），而德国行政机关是否会根据《行政程序法》第 54 条的授权充分利用行政协议替代行政命令来实现生态损害法律责任，仍然有待实践的检验。在环保组织的功能方面，德国并

---

① See Simon Taylor, "Extending the Frontiers of Tort Law: Liability for Ecological Harm in the French Civil Code", *Journal of European Tort Law*, Vol. 9, No. 1, 2018, pp. 81-103.

② 参见胡静《环保组织提起的公益诉讼之功能定位：兼评我国环境公益诉讼的司法解释》，《法学评论》2016 年第 4 期。

③ 参见法国《民法典》第 1248 条。

不允许环保组织直接针对污染者提起诉讼要求其履行生态损害法律责任，环保组织只能请求行政主体采取行动要求责任人救济生态损害。① 此外，根据德国《环境法律救济法》（2006 年制定，2013 年修改）的授权，② 环保组织有权对行政主体做出的违反法定义务的行政决定提起环境团体诉讼（环境行政公益诉讼）。③

复次，在荷兰法体系中，生态损害法律责任实施机制也是多元的。其一，以 2008 年《环境责任法》为代表的行政实施机制，主要是行政命令制度。《环境责任法》被编入《环境管理法》中的第 17.2 章，但其内容是对 ELD 的复制，使得它在适用时还要依靠其他的相关立法。④ 由此，《环境责任法》确立的是行政命令制度。其二，传统环境单行法中规定的生态损害法律责任行政实施机制，主要包括：用以救济荷兰《环境管理法》项下设施的第 17.1 章规则，⑤ 预防和救济土壤损害的《土壤保护法》（Soil Protection Law），⑥ 用于水污染

---

① 根据《环境损害法》第 10 条的规定，当事人以及可以提出第 11 条第 2 款法律救济的环境协会，只要主张的事实表面证明确实发生了环境损害，即可要求主管机关采取措施。由于第 10 条仅规定了修复义务，可知德国采纳了《欧盟环境责任指令》第 12 条第 5 款的规定，将环境协会可请求主管机关作为的内容限制在了修复义务。但环境协会能否请求预防措施，在司法实践中仍然存在争议。

② 2013 年《环境法律救济法》不再以明确存在个人主观权利为保护的基础，转而以环境保护为目的，这一变化就使德国环境团体诉讼的性质从主观诉讼转向了客观诉讼。参见吴宇《德国环境团体诉讼的嬗变及对我国的启示》，《现代法学》2017 年第 2 期。

③ 《环境法律救济法》第 1 条规定："对于违反法定义务的行政决定、用水许可、规划同意决定以及《环境损害法》中规定之行政决定均可以提起诉讼。"

④ 如《行政法通则》（General Administrative Law Act）、《经济犯罪法》（Economic Offences Act）。

⑤ 荷兰《环境管理法》第 17.1 章规定设施内的突发事件必须由运营者向行政机关报告，并且设施运营者必须采取措施预防、限制或救济损害。如果运营者未能在突发事件发生时采取这些行动，则行政机关可以采取行政命令要求运营者采取措施或自行采取措施，并且行政机关可以从运营者处收回成本。但第 17.1 章的规则仅限于《环境管理法》内的设施，并且行政机关的权力相较于第 17.2 章也更为有限。

⑥ 《土壤保护法》第 13 条给责任人施加的注意义务规则，第 30—35 条也规定发生突发事故时行政机关必须紧急采取的措施。行政机关可通过发布行政命令要求（转下页）

损害修复的《水法》(Pollution of Surface Water Act, 随后的 Water Act),① 以及用于救济生物多样性损害的 1998 年《自然保护法》(Nature Conservancy Act) 和《动植物法》(Flora and Fauna Act)。② 然而, 这些传统行政实施机制存在一些制度缺陷, 无法充分救济生态损害。值得注意的是, 传统单行环境法也可能会规定司法实施机制, 如荷兰《土壤保护法》第 75 条第 1 款和第 3 款规定的民事侵权诉讼, 即行政机关发起的土壤修复措施成本收回诉讼。但该司法机制并不具有独立性, 本书主张将其定性为保障《土壤保护法》中生态损害法律责任行政命令制度得以有效实施的辅助性程序。其三, 与法国法类似, 荷兰私法在生态损害法律责任追究方面亦能发挥作用。目前来看, 荷兰《民法典》第三编第 305a 条和司法实践经验分别确立了环保公益组织和政府机关可以提起旨在维护环境公共利益之集体性侵权诉讼的资格, 但可获救济的损害类型仅限于二者实际支出的环境损害预防或救济措施成本。由此, 荷兰法面临着一个困境, 即行政机关在实施生态损害法律责任时既可利用传统环境单行法和 2008 年《环境责任法》中的行政命令制度, 也可以利用《民法典》中的侵权诉讼, 故存在制度重叠。为解决此问题, 荷兰确

(接上页) 责任人采取措施, 亦可自行实施, 并依第 75 条向责任人收回成本。然而, 若土壤损害发生于荷兰《环境管理法》项下设施内, 则行政机关也可根据《环境管理法》的许可机制执法。原则上看, 设施运营者必须救济许可持续期间内发生的所有污染, 如运营者不进行修复, 则行政机关可进行修复。若许可中并未规定此项义务, 则行政机关可援引《土壤保护法》第 13 条。

① 根据 2009 年荷兰《水法》(替换了先前的《地表水污染法》) 规定了水污染修复责任, 以及特定污染者向采取了修复措施的行政机关支付赔偿费用的责任。但地下水污染的修复责任由《土壤保护法》调整。

② 1998 年《自然保护法》调整的是《欧盟栖息地指令》和《欧盟野生鸟类指令》中规定的保护区类型, 以及对自然遗迹的保护。根据《自然保护法》的规定, 没有达到许可的条件, 则禁止实施那些可能对特定区域内物种的自然栖息地构成损害或对指定区域内物种构成干扰的项目计划或活动。而《动植物法》规范的是植物和动物物种的保护, 其包含了一系列的禁止性规范, 但也存在豁免的例外。在发生实际损害或损害可能时, 行政机关可以发布行政命令或强加制裁支付命令 (penal payment order)。

立了行政机制优先方案。荷兰行政机关只有在行政机制不适当时才能启用司法机制针对潜在责任人提起侵权诉讼。为了确立何时启用行政机制构成不适当，荷兰法院先后确立了两项判断标准，即"受侵权保护的利益"和"侵犯性检验"。由于何谓"受保护的利益"过于模糊，难以达成共识性定义，法院最终采纳了第二项标准。根据"侵犯性检验标准"，只要不对法定监管机制构成不可接受的侵犯，则行政机关可启用司法机制。① 总之，在荷兰法中，行政机制和司法机制并行适用。②

最后，美国生态损害法律责任实施机制的法律规范最为复杂。以《超级基金法》为例，生态损害法律责任的制度设计采取的是"双轨制"，一是适用于土壤或者水污染的反应行动（包括清除行动和修复行动，前者是应急性修复，后者是修复性修复），二是自然资源损害赔偿制度。其中，自然资源损害赔偿制度是侵权法和行政法的"混合物"，但其中并无行政命令制度的适用空间，行政机关一般使用的制度工具是协商和解和索赔诉讼，并且和解的适用频率高于诉讼（高达95%）。而在反应行动中，行政机关可以通过"单方行政命令"实施生态环境修复，但要注意，"单方行政命令"仅是行政机关在实施反应行动时的一种手段，行政机关还可以并且通常选择的其实是另一种制度工具——协商和解（高达80%）。根据适用阶段和内容不同，这种和解协议可以是经由法院审查的同意令，或者行政主导的合意行政裁决、行政协议等。由此，无论是在反应行动，还是在自然资源损害赔偿制度中，协商和解都是主导性的手段，而"单方行政命令"只是反应行动中的一种次优选择（其适用情形一般是行政机关无法达成和解协议时）。此外，环保组织在美国生态

---

① 荷兰最高法院认为该标准可分解为三个具体要素：第一，监管法规的内容和目的；第二，公民利益在公法上是否得到了充分保护；第三，使用公共权力是否可以达到同样结果。参见［英］马克·韦尔德《环境损害的民事责任：欧洲和美国法律与政策比较》，张一心、吴婧译，商务印书馆2017年版，第312—314页。

② 受笔者收集到的资料所限，荷兰法中是否有协商和解制度，目前尚无从得知。

损害法律责任实施过程中也发挥着一定的作用。公民诉讼制度在反应行动领域仍然适用。《超级基金法》第310条规定，任何人都能发起两种公民诉讼，一是针对任何人（包括政府和非政府主体）的污染行为；二是针对行政机关的行政违法行为提起的司法审查。在实践中，公民诉讼很少由公民个人以自己名义提起，大多数公民诉讼是通过公民团体即环保组织来进行的，即使没有现成的团体，他们也会临时成立团体或者协会来代表公共利益者起诉。① 在美国自然资源损害制度设计中，索赔权被受托人垄断，公民个人和环保组织无权通过公民诉讼直接向责任人主张自然资源损害赔偿。然而，美国立法者认为："公众制约政府的权利必须保留。"②

综前所述，域外各国确立的生态损害法律责任实施机制虽各有不同，但大体趋势是采用混合实施机制，只不过具体混合方式不同。总体上看，可供混合的要素包括行政命令、协商和解与司法机制。

四 我国生态损害法律责任法的客观现实

通过总结梳理相关政策法律文件（详见表5-1）可知，我国生态损害救济制度正式进入国家层面政策法律议程的标志是2012年《民事诉讼法》第55条和2014年《环境保护法》第58条。此后，环境民事公益诉讼制度获得了长足发展。一是环境民事公益诉讼的程序规则不断完善，从2014年《关于审理环境民事公益诉讼案件适用法律若干问题的解释》到2018年《关于检察公益诉讼案件适用法律若干问题的解释》。二是原告资格从环保组织扩展至检察机关。

---

① 参见贾峰等编著《美国超级基金法研究》，中国环境出版社2015年版，第88页。
② 为此，自然资源损害赔偿制度保留了公众参与渠道：其一，公民诉讼，任何公民个人和环保组织均可对受托人的不当索赔行为提起公民诉讼（对应我国行政法中的行政诉讼）；其二，如果受托人的主张不充分，公民和环保组织有权介入自然资源损害赔偿诉讼（Intervention Right）；其三，公民个人和环保组织有权参与受托人主导的自然资源损害评估和修复计划程序。See Peter Wettersten (ed.), *Harm to the Environmental: The Right to Compensation and the Assessment of Damages*, Oxford: Clarendon Press, 1997, pp.197-205.

2015年，最高人民检察院启动《检察机关提起公益诉讼改革试点方案》；随后，全国人大于2017年修改《行政诉讼法》和《民事诉讼法》，正式纳入检察公益诉讼。除了这种自下而上推动的环境民事公益诉讼制度实践外，我国还自上而下地建构了一套极具政治特色的生态环境损害赔偿制度，其实施程序具体包括生态环境损害赔偿磋商和生态环境损害索赔诉讼。2013年，党的十八届三中全会《中共中央关于全面深化改革若干重大问题的决定》明确提出"要加快生态文明制度建设"，直接促成了我国生态环境损害赔偿制度的2015年试点行动和2018年全国推行。至此，我国正式建成了"环境公益诉讼制度"和"生态环境损害赔偿制度"并存的二元生态损害救济模式。但与该两项制度相关之政策法律文件的效力位阶并不高，且多侧重于程序规则（如《民事诉讼法》第55条和《环境保护法》第58条只规定了起诉资格），导致生态损害救济制度的实体法依据不足。① 为破解困局，2020年《民法典》直接规定了"生态环境修复责任"和"生态环境损害赔偿"，② 为二者在私法体系内的可能融合奠定了实定法上的基础。③ 此外，尽管还存在一些严重缺陷（即无法充分救济生态损害），传统环境单行法中还存在一些"责令消除污染""责令（限期）改正""责令（限期）治理"等行政命令制度，可以在一定程度上用来实施生态损害法律责任。值得注意的是，《土壤污染防治法》系统规定了土壤污染损害法律责任的行政命令制度，即该法第四章系统规定的"要求修复"，同时第94条规定了责令改正。

综上所述可知，我国既有的生态损害法律责任实施机制已经具有了基本的混合特征，具体包括：（1）环保组织提起的环境民事公益诉讼；（2）检察机关提起的环境民事公益诉讼；（3）行政机关提

---

① 参见周珂、林潇潇《论环境民事公益诉讼案件程序与实体法律的衔接》，《黑龙江社会科学》2016年第2期。

② 参见《民法典》第1234条和第1235条。

③ 参见吕忠梅《全国政协常委吕忠梅详细解读民法典绿色条款："意思自治"不是污染环境的"保护伞"》，《中国环境报》2020年6月2日第8版。

起的生态环境损害赔偿诉讼;(4)行政机关发起的生态环境损害赔偿磋商;(5)行政机关针对责任人做出的行政命令。其中,(1)、(2)、(3)属于司法机制,而(4)、(5)属于行政机制。如此多元复杂的实施机制在理论和实践双重维度上带来了制度冲击。在理论层面,不少学者关于生态损害法律责任最佳实施机制选择的争鸣即是明证;在实践维度,已有不少司法案例展示了行政机制和司法机制在实践中的冲突。例如,甘肃省高级人民法院提到,"永登县农林局作为具有行政执法权的国家机关,并不具备环境民事公益诉讼的原告主体资格,且永登县农林局对于毁坏林木的行为可以按照《森林法》第44条利用行政执法手段予以救济"[①]。

表5-1　　我国生态损害救济制度相关政策法律文件总结

文件发布日期	文件名称	主要制度内容
2007	西南、长江中下游、东部沿海等地区启动环境民事公益诉讼地方实践	
2012.08	《民事诉讼法》修订后第55条	法律规定的机关和环保公益组织提起公益诉讼
2014.04	《环境保护法》修订后第58条	提起环境民事公益诉讼之社会组织的条件
2014.12	《关于审理环境民事公益诉讼案件适用法律若干问题的解释》	规定了环境民事公益诉讼的程序规则
2015.06	《关于审理环境侵权责任纠纷案件适用法律若干问题的解释》	规定(私益)被侵权人可请求恢复环境原状[②]
2015.07	《检察机关提起公益诉讼试点方案》	在全国试点检察环境公益诉讼
2015.12	《生态环境损害赔偿制度改革试点方案》	在全国部分省市试点生态环境损害赔偿制度
2017.06	《民事诉讼法》和《行政诉讼法》修订	纳入检察民事公益诉讼和检察行政公益诉讼

---

① 参见甘肃省高级人民法院民事裁定书,〔2017〕甘民终第505号。

② 德国《环境责任法》第16条也有类似规定。我国实践中亦有相应案例,环境侵权受害人在主张个人财产损失的同时,可能会主张由加害人支付相应土壤修复费用。参见江苏省无锡市中级人民法院,〔2013〕锡环民终字第1号;广西防城港市中级人民法院明确支持了原告主张的要求责任人承担原告支出的相应水底污泥清除费用和水质改良费用。参见防城港市中级人民法院民事判决书,〔2017〕桂06民终137号。

续表

文件发布日期	文件名称	主要制度内容
2017.08	《生态环境损害赔偿制度改革方案》	授权在全国范围内开展生态环境损害赔偿制度
2018.02	《关于检察公益诉讼案件适用法律若干问题的解释》	规定了检察公益诉讼的程序规则
2018.08	《土壤污染防治法》	同时规定土壤污染损害法律责任的行政机制、生态环境损害赔偿制度和环境民事公益诉讼制度
2019.06	《生态环境损害赔偿案件若干规定（试行）》	规定了生态环境损害赔偿诉讼的程序规则
2020.05	《民法典》侵权责任编第七章	规定了生态环境的修复责任和损害赔偿责任

总之，我国生态损害法律责任现有立法中已经就生态损害法律责任实施机制做出了混合实施机制的选择。在域外各国普遍选择生态损害法律责任混合实施机制的现实背景下，简单地排斥一种实施机制、扩大另一种实施机制的做法是极不妥当的。相对而言，一种可行的方案是结合不同实施机制的功能优劣和不同的生态损害具体情形，构建一种能发挥协同作用的生态损害法律责任混合实施机制。

第二节 生态损害法律责任混合实施机制的规范进路

诚如前述，中国立法者基本上确立了以生态损害法律责任司法实施机制为主导的规则体系，主要包括：扩展适用于生态损害救济的传统侵权责任法（类似于德国《环境责任法》第 16 条的规则）、环境民事公益诉讼制度、生态环境损害赔偿诉讼制度，以及 2020 年《民法典》正式确立的生态损害侵权责任。但在司法机制以外，中国法律体系中还存在一些确立了生态损害法律责任行政实施机制的范例。经梳理总结，笔者列出以下几项：《水污染防治法》《大气污染防治法》等传统污染单行法确立的污染物消除规则，《土地管理法》

中的土地复垦责任，① 突发环境事故应急管理处置制度，② 以及《土壤污染防治法》规定的土壤风险管控和修复制度。事实上，除《土壤污染防治法》以外，其他用以环境污染防治的制度或规则仅具有行政机制的"外貌"——以行政权的行使作为责任实施机制运行的动力，但它的"内核"远非现代环境法意义上的生态损害法律责任规则。因为，生态损害法律责任内含的完全修复/填补生态损害的要求无法在这些制度中得到贯彻、落实，例如：土地复垦很少会顾及已被开发利用土地的生态服务功能价值，应急管理处置和传统的污染物消除规则也仅限于移除、清除污染物质，或者初步修复受损生态环境，而很少顾及对受损生态服务功能的恢复。然而，即使是已经确立了公法实施机制的《土壤污染防治法》也仍然保留了司法实施机制适用的可能性，且这种可能性会导致行政机制和司法机制在土壤/损害法律责任实施领域内的重叠、冲突适用。③ 由此，我国当

---

① 依《土地管理法》第 42 条的规定，因挖损、塌陷、压占等造成土地破坏，用地单位和个人应当按照国家有关规定负责复垦；没有条件复垦或者复垦不符合要求的，应当缴纳土地复垦费，专项用于土地复垦。为确保该得到履行，该法第 75 条设定了罚则条款，即"拒不履行土地复垦义务的，政府部门可责令限期改正；逾期不改正的，责令缴纳复垦费，专项用于土地复垦，可以处以罚款"。可见，土地复垦责任实际上是一种公法性恢复责任，即一种法律责任行政实施机制，但复垦至何种水平（是否包含对生态价值的考量）是存有疑问的，因此它也无法完全等同于现代环境法意义上的生态损害法律责任行政实施机制。

② 继 2007 年《突发环境事件应对法》出台以后，我国突发环境事件领域的应急管理制度也不断发展。2014 年《环境保护法》第 47 条规定了突发环境事件的风险控制、应急准备、应急处置和事后恢复制度；2014 年 12 月 29 日，国务院办公厅印发《国家突发环境事件应急预案》；2015 年 4 月 16 日原环境保护部发布《突发环境事件应急管理办法》。实际上，突发环境事件应急处置过程中会涉及污染的清除和生态损害的初步修复问题，因此它与美国《超级基金法》中的反应行动责任机制相似。

③ 若立法者并未厘清《土壤污染防治法》中行政机制和司法机制之间适用关系，无疑会对土壤风险管控和修复责任的实施产生不利影响。从《土壤污染防治法》的文本来看，该法确立了行政机制和司法机制的双轨制度，最终导致民事诉讼、公益诉讼、行政执法、政府"磋商"多头并举的责任实施机制格局。法律提供多种工具本是好事，但前提是这些机制及其相应责任之间关系清楚、顺位合理、规则明确，否则，难免重蹈长期困扰我国环境治理的"九龙治水"覆辙，使这一重要制度在争功诿过、叠床架屋中大打折扣甚至落空。

前生态损害法律责任实施机制实际上是以司法机制为主导,而行政机制适用范围相对狭窄、不确定。一方面,狭窄是因为传统污染防治单行法、突发环境事件应急处置和土地复垦制度等,仅将行政机制用于污染物质的移除或土地地貌的恢复,而极少顾及受损生态服务价值的恢复。可以说,除了《土壤污染防治法》以外,我国立法者并未在一般法意义上确立用以实施生态损害法律责任的行政机制。另一方面,不确定是因为,即使是《土壤污染防治法》,也未对行政机制和司法机制的功能定位和先后适用关系进行厘定,可能会引发二者的功能重叠和适用冲突。

对于当前生态损害法律责任混合实施机制已经基本确立的中国,我们必须思考的是,既有实施机制是否足以确保生态损害法律责任目标得以实现?如果答案为否,我们还需要进一步思考完善之策。为避免稀缺法制资源的浪费,本书以为立法者应当考虑既有的法制现实,着重于修正现有的规则,具体方案包括以下两方面的内容:其一,在土壤污染损害领域,立法者应借鉴域外经验深入探讨如何完善《土壤污染防治法》中行政机制的实施程序,并明确该法第97条与行政机制的适用关系。其二,对于非土壤污染损害的其他生态损害,立法者应考虑既有司法机制能否实现生态损害法律责任目标,并在第三章、第四章分析结论的基础上探究司法机制的完善之策。此处,域外法制经验就具有了借鉴意义。

一 对《土壤污染防治法》第97条体系定位的解读和反思

土壤污染损害具有特殊性,是所有污染物质的最终汇聚之地,且土地的价值不菲,往往是一国经济的重要支柱,故各国立法者一般均会较早针对土壤污染损害确立相应的法律责任机制,这不同于我国《土壤污染防治法》刚于近期出台的现实。由于土壤污染损害法律责任机制历史悠久,以至于欧盟成员国即使制定了转化ELD的成员国法,也仍然需要在土壤污染损害领域适用传统的责任机制,这一点对于荷兰、英国如是,对于法国和德国亦如是。从机制选择来看，各国土壤污染损害法律责任实施机制一般均以行政机制为主导，司法机制仅起到辅助作用，仅在修复成本追偿环节发挥作用。

在我国，2018年8月31日通过的《土壤污染防治法》授权行政机关实施土壤污染的风险管控和修复并追究污染者责任，预示着中国立法者已经关上了环境保护法律体系中的"最后一个漏洞"。尽管《土壤污染防治法》在价值目标、政府主体、监管对象、制度设置和动力机制方面作出了创新性的规定，但它仍不免整体受制于传统立法模式的结构框架与言说风格，使得它仍沿袭的是传统民法典模式，最终形成的也是一部由大量原则性条款构成的"虚化"框架，既与已有立法大量重复、重叠，甚至不乏冲突；又缺乏可直接适用、管用、好用的刚性规则。① 这种不足之处也集中体现于有关土壤污染损害法律责任规则的规定中。《土壤污染防治法》删除了二审稿第95条规定，② 改变了二审稿将"风险管控"和"修复义务"定性为私法责任的做法，③ 转而从公法责任角度出发，构建土壤污染损害法律责任的行政实施机制。具言之，行政机关有权要求可能责任人（即土壤污染责任人或土地使用权人）履行以下公法义务：进行土壤污染状况调查；进行土壤污染风险评估；采取风险管控措施；实施土壤修复措施；风险管控、修复活动完成后另行委托有关单位对风险管控效果、修复效果进行评估。一旦可能责任人不履行前述修复

---

① 参见巩固《绿色发展与环境立法新思维：兼评〈土壤污染防治法〉》，《法学论坛》2018年第6期。

② 《土壤污染防治法二审稿草案》第95条规定："土壤污染责任人未依照本法规定履行土壤污染风险管控和修复义务，土地使用权人可以向人民法院提起诉讼，请求土壤污染责任人履行相应义务。土壤污染责任人未按照生效裁判履行相应义务的，人民法院可以委托他人代为履行，所需费用由土壤污染责任人承担。"

③ 《土壤污染防治法二审稿草案》第95条将污染责任人履行义务的决定权赋予法院，实质是将其定义为私法责任，偏离土壤修复的公法责任属性，在逻辑上也难以圆通。因为土壤污染责任人未承担修复义务，应由行政机关强制执行，而非由土地使用权人向法院起诉。参见胡静《对〈土壤污染防治法（二次征求意见稿）〉责任条文的修改意见》，http://huanbao.bjx.com.cn/news/20180405/889965-2.shtml，2021年3月13日。

义务，则行政机关有权责令改正（同时处罚款），并在可能责任人不改正时，委托他人代为履行，所需费用由可能责任人承担。实际上，尽管《土壤污染防治法》确立了一种土壤污染/损害法律责任行政实施机制，但它并未严格封闭适用司法实施机制的"阀门"。《土壤污染防治法》第97条采用引致规定的方式，认可了有关机关和组织"在污染土壤损害国家利益或公共利益时依据相关法律提起民事诉讼"的权利。然而，《土壤污染防治法》并未明确提及二者的关联性以及它们在适用上的先后逻辑关系。

从实践来看，尽管2019年生效的《土壤污染防治法》确立了系统的土壤污染损害法律责任行政实施机制，但该机制在现实中并未得到环境行政机关的广泛适用。① 造成这种现象的主要原因包括以下几个方面，首先，具体的责任认定规则——《农用地土壤污染责任人认定暂行办法》（环土壤〔2021〕12号）和《建设用地土壤污染责任人认定暂行办法》（环土壤〔2021〕12号），直到2021年5月1日才生效。其次，《土壤污染防治法》虽然规定了土壤污染损害法律责任的行政实施机制，但并未明确规定具体的实施程序，导致行政机关无所适从。此外，还有一些其他制约《土壤污染防治法》发挥效力的缺陷，包括农用地土壤污染修复成本（高达每亩数万元，甚至是30万元/亩）脱离国情实际，相关法律规范标准体系不健全等。② 实践中，除少数案例是行政机关与相对人之间达成协商和解之外，目前土壤污染损害责任的追究主要依赖于该法第97条中所引致

---

① 事实上，不仅《土壤污染防治法》中行政命令制度未得到有效实施，行政处罚亦适用不多。根据初步统计，截至2020年6月，全国各级生态环境部门仅立案查处49起案件，并且集中于行政处罚，罚款合计586.28万元。参见栗战书《全国人民代表大会常务委员会执法检查组关于检查〈中华人民共和国土壤污染防治法〉实施情况的报告》，《中华人民共和国全国人民代表大会常务委员会公报》2020年第5期。

② 参见栗战书《全国人民代表大会常务委员会执法检查组关于检查〈中华人民共和国土壤污染防治法〉实施情况的报告》，《中华人民共和国全国人民代表大会常务委员会公报》2020年第5期。

的司法机制，包括环境民事公益诉讼和生态环境损害赔偿诉讼。具言之，其一，笔者以 2019 年 1 月 1 日—12 月 31 日为时间轴，同时以"土壤""公益诉讼"为关键词在中国裁判文书网中进行模糊检索，共得出 414 份裁判文书。其二，根据统计，2019 年全国法院共依法审结省市政府提起的新型、重大生态环境损害赔偿诉讼 36 件，其中不乏土壤污染损害案件。从最终结果来看，督促污染者处理固体废物 14800 吨，修复土壤、水体 4224 万立方米，修复土地、林地、矿山 46821 平方米。① 由此，在实践中，《土壤污染防治法》第四章和第 94 条中所规定的土壤污染损害法律责任行政实施机制实际上被"依法架空"。如此产生的一个疑问是，《土壤污染防治法》对环境行政机关在土壤污染损害风险管控和修复方面的行政职责被虚置，并且法院将替代行政机关成为主导者，这与土壤污染损害修复过程的复杂性、动态性特征并不契合。事实上，之所以造成如此困境，主要是因为《土壤污染防治法》第 97 条的规定过于原则性，并未申明司法机制和《土壤污染防治法》第四章和第 94 条授权行政机关实施的行政机制之间的适用关系。

　　从理论上看，前述适用关系不明困境在实践中会引发双重难题。一是行政机关内部行政执法机制和索赔诉讼之间的适用冲突，有学者称为"政府索赔权和监管权的冲突"；② 二是环保公益组织的民事公益诉讼会与行政机关实施的行政执法机制发生冲突。这些冲突并非只是假想，在实践中业已成为现实。对于前者，除少数磋商案例以外，现实中行政机关多采用生态环境损害赔偿诉讼来实现土壤污染损害法律责任目标，行政命令制度并未得到适用；对于后者，在行政机关实施行政机制追究土壤损害法律责任的过程中，环保公益

---

　　① 参见最高人民法院《中国环境资源审判（2019）》，人民法院出版社 2020 年版，第 132 页。

　　② 参见张宝《生态环境损害政府索赔权与监管权的适用关系辨析》，《法学论坛》2017 年第 3 期。

组织可能另行提起环境民事公益诉讼，导致责任追究机制的重叠适用。最为典型的案例当属轰动一时的常州毒地案。[①] 在该案中，三家化工企业的历史性污染行为导致了原有工业用场地的土壤和地下水遭受了污染，后来地方政府收储了该污染场地，并在将土地投入市场再开发前组织了对污染场址的修复。但修复过程中出现了一些问题，致使有毒气体进入空气，进而导致场址临近常州外国语学校的学生受到损害。环保公益组织遂针对三家被告企业提起公益诉讼，要求三家企业承担修复受损土壤的法律责任，并赔礼道歉。江苏省高级人民法院在其二审判决中提出如下主张：其一，"地方政府组织实施的风险管控和修复措施和污染责任人承担侵权责任之间并无冲突，且地方政府实施的措施已涵盖了污染责任人的侵权责任范围"；其二，"上诉人提出的污染责任人应承担地方政府污染治理费用的诉讼请求并不属于本案审理范围"；其三，"如果新北区政府认为污染治理费用（即实施风险管控和修复措施的成本）应由被上诉人负担或分担，可依法向被上诉人追偿"；其四，"鉴于涉案风险管控、修复工作尚未完成，修复效果存在一定的不确定性，污染行为对周边生态环境造成损害的风险依然存在，如果由新北区政府组织实施的风险管控、修复未能完成，或完成后仍不足以消除污染对周边生态环境、公众健康的影响，符合条件的社会组织等适格主体依然可另行提起环境民事公益诉讼"。[②] 如果我们扩展法院的前述结论，将行政机关实施的修复措施解释为可以涵盖"利用行政执法机制实施的修复措施"，则可以进一步推出以下结论：江苏省高级人民法院认为，环保公益组织的民事公益诉讼权利在功能上后位于行政机关的行政执法权力（环保公益组织只能在行政机关修复措施实施的不彻

---

① 尽管该案并非严格意义上的旨在分析行政执法和环保公益组织诉讼权利间关系的案件（因为行政机关在本案中通过土地收储成为土地使用权人后，组织实施的风险管控和修复措施，并非是行政机关直接行使行政执法权实施的风险管控和修复措施），但法院在案件中的主张可以从侧面印证二者之间存在的矛盾。

② 参见江苏省高级人民法院判决书，〔2017〕苏民终第232号。

底或修复效果不达标时,替补行政机关直接针对污染者提起民事诉讼),且行政机关可以通过民事诉讼方式收回自己组织实施之修复措施的实际成本支出。然而,这种理解仅仅是一种推论,未能在立法层面获得明确承认,并且本案事实上也并未涉及行政权的运用。

为化解适用关系冲突,笔者建议,立法者可从以下两方面考虑:第一,对于行政机关而言,应确立"行政执法优于民事诉讼"的规则,即行政机关能且仅能在极有限条件下提起民事侵权诉讼(即生态损害无法修复以至于政府机关无法适用"责令消除、修复环境并适用代履行"),① 否则均应启动行政机制,包括行政命令制度和行政磋商制度。这是因为:相较于行政执法权,民事诉讼权利可赋予行政机关相对更大的自由裁量权,不利于控制政府权力;民事诉讼的运行要耗费大量的时间,在效率上远不及行政执法程序;对于法律规范本就宽松且选择性执法现象严重的中国而言,这种放弃行政执法而遁入民事诉讼的方案,也令人怀疑。第二,在法律层面确认常州毒地案中的法院主张,即行政机关发起并主导的行政机制优先于其他主体发起的司法机制。具言之,环保公益组织,甚至是检察机关,在提起生态损害民事诉讼前应尊重行政机关的行政权,具体包括以下两个方面:其一,诉前通知,即环保公益组织应在起诉之前通知行政机关,并给予其在一定期限内(美国是 60 日)主动执法的机会;其二,在行政机关已实施了行政机制的情形下,环保公益组织的民事诉讼权利应当被暂时封存,仅在修复责任目标无法实现时才可以再次启动。如此,立法者方可正确厘清行政机关的行政权、索赔诉讼权利以及其他机关和组织的诉讼权利等之间的适用关系问题。具言之,在土壤污染损害法律责任领域,《土壤污染防治法》应明确第 97 条和第四章、第 94 条之间的适用关系。

---

① 参见张宝《生态环境损害政府索赔权与监管权的适用关系辨析》,《法学论坛》2017 年第 3 期。

二 一般生态损害（非土壤损害）法律责任实施机制的完善

诚如前文所述，与土壤污染损害不同，除了生态环境损害赔偿制度中的行政磋商制度以外，我国客观法制现实并没有为其他一般生态损害确立系统的行政机制——行政命令制度。相反，立法者借助侵权法并在对其进行创新的基础上，① 为一般生态损害设立了系统的司法机制。并且，随着2020年《民法典》侵权责任编纳入生态损害侵权责任规则，有关司法机制的法律依据从司法政策上升为正式的基本法律，一般生态损害法律责任的司法实施机制得到了明确规范。然而，无论从理论还是实践层面看，这种司法机制在实现生态损害法律责任目标方面都面临困境。

（一）司法机制的理论困境

从理论角度看，司法实施机制的实体法基础是民法（即侵权法）；且它依托的程序框架是民事诉讼，即民事侵权诉讼。2020年《民法典》侵权责任编确立了生态损害侵权责任，但这种新型侵权责任规则在民法理论框架体系内是否可以实现自洽，一直是萦绕在环境法学者心头的困扰。这种不确定性势必会直接关系到生态损害法律责任司法实施机制自身的正当性问题。也正是在此意义上，已有一些学者开始主张在公法责任的框架中解读《民法典》侵权责任编第1234条和第1235条，② 所谓司法机制其实是行政机关利用民事诉

---

① 创新主要是民事责任规则的创新，包括：第一，在诉讼资格方面，生态损害民事诉讼的适格原告资格被赋加给多元的生态公共利益代表人，如检察机关、环保公益组织和行政机关等；第二，在责任方式方面，恢复原状优先于金钱赔偿，并允许"替代性异地修复"；第三，在责任构成要件方面，立法者主张沿袭传统私人环境侵权责任规则，一体适用无过错责任原则、举证责任倒置等规则，并构建了一套用以证明生态损害存在及其规模的证据制度；第四，司法者也开发了各种创新性裁判执行方式，且提倡公众参与。

② 参见吕忠梅、窦海阳《以"生态恢复论"重构环境侵权救济体系》，《中国社会科学》2020年第2期；胡静《土壤修复责任的公法属性：目的和工具面向的论证》，《湖南师范大学社会科学学报》2020年第5期。

讼手段实现环境行政任务。但这种观点目前尚属于少数派的主张，能否得到学界普遍承认仍不得而知，并且从《民法典》侵权责任编的具体条文来看，第1234条和第1235条明确使用了"侵权人"的概念，导致司法机制的实体法基础很难从私法走向公法。事实上，侵权法和生态损害之间能否兼容始终未能获得正面且充分的论证。一般来说，很多学者主张侵权责任法无法用以救济生态损害问题的主要原因是它具有的两项属性，即仅关注个人利益的维护、传统侵权法为损害救济提供的措施有局限性。① 对于前者，传统民法理论将侵权视为债的发生原因，强调侵权责任法归属于债法，把侵权责任法的解释落在加害人与受害人之间的"债权—债务关系"上予以考察，关注焦点仍在于赔偿权利人有权请求赔偿义务人给予损害赔偿，这便使得环境侵权责任法的视野仍然局限于环境侵权肇事方与受害人之间的损害填补问题，而不能及于生态系统自身的损害。② 换言之，传统民法理论将侵权责任视为一种旨在调整私人利益间关系的"双极结构"，它侧重于亚里士多德语境中的"矫正正义"，而非"分配正义"。③ 对于后者，一般认为，作为侵权责任方式的"恢复原状"仅指恢复受损财产的原状，④ 无法扩展解释至对受损环境要素或生态系统的恢复（这是因为，"生态环境"并非民法上的"财产"）。⑤ 并且，原告对自身权益享有的处分权也会影响生态损害法律责任目标的实现。由于存在这些问题，有学者主张，"民法法统与

---

① See Maria Lee, "Tort, regulation and environmental liability", *Legal Studies*, Vol. 22, No. 1, 2010, pp. 33-52.

② 参见侯佳儒《生态环境损害的赔偿、移转与预防：从私法到公法》，《法学论坛》2017年第3期。

③ 参见［加］欧内斯特·温里布《私法的理念》，徐爱国译，北京大学出版社2007年版，第65页。

④ 参见王胜明主编《〈中华人民共和国侵权责任法〉解读》，中国法制出版社2010年版，第80页。

⑤ 参见侯佳儒《亟待解释与澄清：评中国大陆最高院〈环境侵权司法解释〉》，《月旦财经法》2015年第11期。

生态损害赔偿法律问题之间存在天然隔阂",① 以民法或侵权责任法来救济生态损害实际上是一种"不可能的任务"。② 若这种兼容性无法得到正面论证，生态损害法律责任司法实施机制的正当性也始终无法得到证成。

笔者认为，生态损害法律责任司法机制的证成必须采取公法路径，这是因为生态损害法律责任的法律属性是公法责任。正因为是公法责任，行政机关应当在责任实施过程中发挥主导作用，这种主导作用既可以依托于传统的行政执法机制，包括行政命令制度和行政磋商制度，也可以借道司法诉讼程序。从正当性的角度来看，行政机关和潜在责任人之间法律关系的日趋平等化是行政机关据以借道司法机制追究生态修复责任的正当化理由。事实上，随着公法私法化的不断发展，一系列私法调整机制及相关理念被引入公法领域，特别是私法体系中的平等理念、契约理念、自愿理念、诚信理念、和解理念等。但公法私法化的本质特征是以私法手段来完成公共目标。在此制度背景下，行政权的运行方式发生了根本转变，从传统高权式的"命令—服从"模式转变为现代平等式的"对话—商谈"模式。③ 在新模式中，行政机关和潜在责任人法律地位平等，用来追究生态修复责任的机制也变得更加柔性化，转变为磋商和诉讼司法机制。此外，由于司法机制相较于行政机制有制度优势，以司法机制追究生态修复责任亦具有合理性。诉讼和行政机制之间的最大区别不是结果意义上的不同，而是取得这种结果的程序规则上的差异。当行政机关凭借民事索赔权进入司法领域，其权力的运用方式就发生了重大转变，其也从一种权力的拥有者（决定机关）质变为权利的诉请者（法定原告）。这种转变并非要剥夺和削弱行政权，而是试

---

① 参见柯坚《环境法的生态实践理性》，中国社会科学出版社2012年版，第41页。
② 参见辛帅《不可能的任务：环境损害民事救济的局限性》，中国政法大学出版社2015年版，第147页。
③ 参见陈可《行政民主化发展的路径选择》，《中国行政管理》2005年第7期。

图将整个行政权的运行过程暴露在司法这个相对透明的系统下，接受行政机关和社会各界的监督，行政权的运行会更加公开化、透明化、规范化。① 此外，在披上司法外衣之后，还可以增强最终结果的合法性和权威性，通过司法诉讼程序的"过滤"和"担保"，增强结果公信力。因此，在当前人们普遍对行政机关实施环境法律的态度与能力保持高度怀疑和不信任的社会背景下，② 可对行政权施加一种"制衡"和"保护"的司法机制更符合现实需要。总之，以司法机制实施生态损害法律责任的正当性基础不在于私法本身对公共利益的涵摄，而是行政法私法化的结果。

(二) 司法机制的实践难题

在实践层面上，司法实施机制亦面临很多难题。其一，相关案例显示，判决书通常只对环境修复或治理提出笼统的目标，但一般没有具体的修复要求。③ 这是因为，司法机关自身专业能力不足，更青睐"修复生态环境"的抽象判决，但这类判决不具有可执行性，对责任人的威慑不足，难以达到审判的预期效果。在调查样本中，有 47.5% 案件仅做出抽象判决，仅 9% 的案件对环境修复实效的验收程序进行了裁判。④ 其二，以司法机制实施生态损害法律责任，易发生由"原地直接修复"遁向"异地替代修复"，甚至"一赔了之"的问题，导致生态损害法律责任的生态环境修复目标被金钱赔偿替

---

① 参见王树义、李华琪《论我国生态环境损害赔偿诉讼》，《学习与实践》2018 年第 11 期。

② 长久以来，生态环境治理效果不尽如人意、执法腐败、权力寻租、地方保护，只会追求政绩等现象屡屡见诸报端，不绝于耳，人们对行政机关实施生态环境法律的态度与能力保持高度怀疑和不信任。参见陈海嵩《国家环保义务的溯源与展开》，《法学研究》2014 年第 3 期。

③ 参见李挚萍《环境修复的司法裁量》，《中国地质大学学报》（社会科学版）2014 年第 4 期。

④ 参见王亚萌《实践与规范：环境修复责任的绿色价值与实现进路》，《上海审判实践》2020 年第 1 期。

代。① 根据实证研究，司法机关判决适用"替代修复"的案件占59%，判决同时适用"直接修复"和"替代修复"的案件占21%，判决单独适用"直接修复"仅20%。② 另有研究表明，司法机关做出金钱损害赔偿的判决远超生态环境修复判决，仅判决实施生态环境修复（包括判决被告不履行修复义务之后再行损害赔偿）的案件数量占样本的29.6%。③ 由于缺乏明确的法律规则，责任人支付的金钱赔偿最终滞留在法院和行政机关的专门账户之中，生态损害法律责任目标并未切实得到实现。其三，司法机制的运行不仅耗时，而且费钱。一方面，根据欧盟15个成员方提供的494件案例信息，行政机制中的修复措施平均持续12个月。④ 而民事公益诉讼，诉讼时间长和诉讼紧迫性之间始终有矛盾，从一审、二审到再审，短则一两年，长则十几年。⑤ 另一方面，利用行政机制实施生态损害法律责任的金钱成本远低于司法机制。以北京市为例，2015年全年共查处1.2万起环境违法案件，全年环境执法监察总共支出1659.18万元，平均查处一个环境违法案件的成本是1382.65元。北京高级人民法院结案9904件，案件审判预算支出7196.734429万元，平均审结一个案件的成本是7266.49元。⑥ 总之，受限于自身的专业能力，司法机关因欠缺专业性而无法完全胜任实施生态损害法律责任的重任，但这种困难并非无法克服。

---

① 参见徐以祥《论生态环境损害的行政命令救济》，《政治与法律》2019年第9期。

② 参见王亚萌《实践与规范：环境修复责任的绿色价值与实现进路》，《上海审判实践》2020年第1期。

③ 参见胡静、崔梦钰《二元诉讼模式下生态环境修复责任履行的可行性研究》，《中国地质大学学报》（社会科学版）2019年第6期。

④ See European Commission, REFIT Evaluation of the Environmental Liability Directive, Brussels, 2016, SWD (2016) 121 final, p. 34.

⑤ 例如，泰州公益诉讼案长达3年，曲靖铬污染案耗时10年，美国埃克森瓦尔迪兹号邮轮案长达20年。

⑥ 参见王浴勋《我国环境行政权与环境司法权关系研究》，博士学位论文，北京理工大学，2017年，第121页。

(三) 现行生态损害法律责任司法实施机制的完善

如果从司法实施机制功能劣势的相对性特征看，为克服生态损害法律责任司法实施机制的弊端，有必要对其进行"修补"。结合第四章有关生态损害法律责任行政机制相较于司法机制之制度优势的内容，立法者可考虑将行政权元素融入司法机制的内部结构中，尝试构建一种可以融入行政权特色的特殊司法实施机制。

1. 将风险管控/应急处置责任作为独立的公法性责任

在尝试于司法实施机制中引入行政权元素之前，笔者认为，我国应先借鉴美国法的经验，将风险管控从生态损害法律责任中抽离出来，作为一种独立的法律责任，类似于美国法中的反应行动法律责任。因为，风险管控是行政机关在生态损害事件发生后运用行政权积极并高效地组织实施的一系列旨在清除污染物质、消除污染风险的应急行动，其可能涉及对受损环境要素或生态系统的初步恢复，但它的目的始终是应急处置，与旨在恢复受损生态服务功能价值且以公共信托原则作为诉权基础的自然资源损害赔偿诉讼存在本质差异。结合中国既有法律的规定，这种风险管控法律责任规则类似于中国法中的突发环境事故应急处置/管理制度。一般而言，将风险管控独立出来的具体做法包括两方面：其一，在环境单行法中，将风险管控/应急处置单独列为一种法律责任，适用行政执法方案；其二，删除当前已被纳入生态损害民事责任赔偿范围内的"应急处置费用"。

这种处理方案可以充分发挥行政机制的制度效率优势。一般来说，在生态损害事件发生后，我们应及时清除已经释放入生态环境中的有害物质并做应急性修复，以防止生态损害的发生或进一步扩大，尤其是那些可能对生态或公众健康产生紧迫性威胁的生态损害事件。因此，立法者要考量将这种启动应急处置措施的权力赋予行政机关还是司法机关。由于司法权具有的判断权本质以及其具备的中立性、被动性特征,① 使得它无法胜任生态损害发生后及时启动应急处置措施的任务。因为,生态损害应急处置措施这种极富紧迫性、专业性的问题,与更具积极性、创造性、主动性、自主性、权宜性以及带有利益倾向等特征的行政权更加契合。② 换言之,在公平正义理念之外,行政权更具效率优势,是一种主动创造性而非被动反应性的权力,它更能应付具有特殊性、专业性以及具有极其紧迫性的生态损害事件。正是基于行政权的这种相对功能优势,有些国家的立法者甚至主张将这种行政权应用于应急处置措施完成后的长期修复活动过程中,即由行政机关负责将受损生态恢复至"特定状态"。因此,在启动司法机制收回全部生态损害之前,立法者可以授权行政机关通过行政权来预先完成部分生态损害的救济。这种方案不仅可以充分保证生态损害的扩大可能性被及时得到遏制,也可以为后续生态损害修复措施的实施奠定修复基础。换言之,在司法机制启动之前设定与之相衔接的行政机制,可起到运用公权力及时救济生态损害的制度效果。因为,一般来说,很多生态损害的短期或长期修复具有时效性。此外,行政实施机制的制度实施成本相对较低,这在一定程度上可以避免运用司法实施机制带来的高额制度实施成本。总之,行政实施机制的提前规制,可以在制度运行方面产生相应的功能优势。

2. 构建一种融入了行政权元素的特殊司法实施机制

于司法实施机制之外设定前置的行政实施机制,以两种机制将生态损害区分为两段进行救济,是一种理性的制度构建方案。但这无法直接推导出结论——"司法实施机制可针对'剩余生态损害'实现最佳抑或最有效的救济"。因为,司法实施机制具有的功能劣势是内生性的,无法从根源上予以彻底消除。由此,立法者还要考虑如何完善既有的司法实施机制,一种可行的思路即是在司法实施机

---

① 参见张泽涛《司法权专业化研究》,法律出版社2009年版,第16—25页。
② 参见张泽涛《司法权专业化研究》,法律出版社2009年版,第25—33页。

制内部引入行政权元素。关于如何在司法机制中融入行政权元素，自然需要中国立法者仔细考量行政实施机制相较于司法实施机制具有的功能优势。由于美国是较早利用司法机制来实施生态损害法律责任规则的立法先例，且法国《民法典》所确立生态损害法律责任司法实施机制尚处于起步阶段，故本书立法建议多参照美国法的经验。在结合美国法制经验的基础上，笔者认为应着重于以下几方面：

(1) 司法实施机制中的原告有权参与风险管控/应急处置过程

相对于行政实施机制中的行政机关，司法实施机制中的实施主体在获取违法信息方面具有相对更高的制度实施成本，加之启动司法实施机制的适格原告也需要收集有关剩余生态损害的证据材料以确认它是否满足实施生态损害法律责任规则的实施条件（进而提起生态损害民事诉讼），故立法者需要为适格原告提供一种方便获取违法信息资料的机会。最为直接的方案便是允许适格原告参与行政机关所主导的生态损害事件应急处置行动，并且当这些适格原告决定提起生态损害民事诉讼时，立法者还应允许它们享有要求行政机关主动提供生态损害事件相关证据材料的权利。从立法例来看，美国《超级基金法》《石油污染法》《清洁水法》等法律，均允许自然资源损害赔偿诉讼原告有权参与行政机关所主导的反应行动程序。例如，美国《超级基金法》规定，对于那些可能发生自然资源破坏的污染场地，联邦环保署（EPA）必须与自然资源受托人协商有关场地的反应行动，即 EPA 必须将其与可能责任人达成的和解谈判通知给自然资源受托人，并且允许受托人参加辖区内的谈判事项。而且，受托人是唯一可以在和解协议内作出不向可能责任人提起赔偿诉讼保证的授权主体。① 此外，为确保适格原告可依法获取各种有关生态损害事件及反应行动的信息，《超级基金法》规定了行政公开制度，即第 104 条（e）款规定的污染场地信息公开制度和第 113 条

---

① 参见贾峰等主编《美国超级基金法研究》，中国环境出版社 2015 年版，第 112—113 页。

(k)款规定的用于选择反应行动方案的行政记录公开制度。① 那么，借鉴美国法的经验，中国立法者便要在风险管控/应急处置相关规则中赋予后续民事诉讼原告的参与地位和相关程序规则。

(2) 明确司法实施机制中不同民事诉讼原告诉权间的顺位或合作

在司法实施机制中，针对可能存在多个不同适格原告的案件，立法者应预先确立一套科学合理的诉讼合作及冲突解决机制。由于司法实施机制的理论基础是生态公共利益的多元代表理论，因此针对同一生态损害事件便可能会在理论上同时存在多个适格原告的情形。可以预见，如果缺乏相应的诉讼合作、协调规则，便可能会出现"诉权重叠"或"诉权冲突"问题：其一，诉权的积极冲突，多个适格原告可能会同时针对某一生态环境损害事件争相提起诉讼，导致司法资源的浪费；其二，诉权的消极冲突，指的是可能会出现诉权行使的"公地悲剧"，亦即各适格原告可能会选择"搭便车"，而不积极行使诉权。② 面对诉权冲突问题，理论学界提出了各种方案，核心思路是要为多元的生态损害民事诉讼适格原告确立一种"诉权顺位规则"。③ 从美国法的经验来看，《超级基金法》将提起"反应行动费用追偿民事诉讼"以及"自然资源损害赔偿诉讼"的诉讼资格"垄断性地"赋予行政机关，前者是联邦环保署，后者是自然资源受托人。并且，为确保公民参与，美国法一般还会授权公民享有一种直接针对可能责任人提起民事诉讼的诉讼权利，是为美

---

① 参见贾峰等主编《美国超级基金法研究》，中国环境出版社2015年版，第86—87页。

② 有学者认为诉权顺位规则的确立，可以敦促环境诉权行使，保障司法救济到位。参见张锋《环境公益诉讼起诉主体的顺位设计刍议》，《法学论坛》2017年第2期。

③ 参见张锋《环境公益诉讼起诉主体的顺位设计刍议》，《法学论坛》2017年第2期；刘韵《同心圆理论视阈下环境公益诉讼原告主体的建构》，《大连理工大学学报》（社会科学版）2018年第1期；邓辉、张满洋《中国环境民事公益诉讼起诉权的冲突与重置》，《江西财经大学学报》2018年第3期；杨朝霞：《论环境公益诉讼的权利基础和起诉顺位：兼谈自然资源物权和环境权的理论要点》，《法学论坛》2013年第3期。

国法上的"公民诉讼"。例如:《超级基金法》第 310 条即允许任何公民针对任何人违反法律、规范的行为提起公民诉讼,以促进法律实施。通常来看,这些公民很少会以自己的名义提起诉讼,多数会经由环保公益组织或临时成立的组织代为起诉。① 并且,为督促行政机关勤勉执法,公民诉讼条款往往还被施加了一种限制条件,即当且仅当行政机关未采取执法行动且经过 60 日诉前告知程序后仍不实施执法行动时,方可提起。

因此,若中国立法者意图确立这种双阶段的生态损害法律责任实施机制,则在司法机制中,就必须对不同适格原告主体间的诉权顺位作出规定。其一,立法者可允许行政机关以私法性主体身份针对可能责任人提起生态损害民事诉讼,但具体负责的部门应被指定为自然资源管理机关,而非一般性的生态保护行政管理机关;其二,行政机关的民事诉讼权利应当优先于其他适格原告,即以行政机关作为诉讼顺位第一人,而以环保公益组织、检察院为第二和/或第三阶梯的顺位。当然,为促进诉讼合作,立法者也应允许检察院、环保公益组织以共同原告或第三人身份介入由行政机关提起的生态损害民事诉讼;其三,针对环保公益组织或者检察院提起的生态损害民事诉讼,立法者应为它确立诉前告知程序,以赋予行政机关享有主动勤勉实施生态损害法律责任的机会。其中,之所以要确立政府行政机关的优先顺位,是因为它在公益代表性(如代表程序、代表的稳定化)、诉讼经济能力(如费用承担、诉讼专业化)两个方面均具有相对的制度优势。②

(3)建立一套具有行政执法特征的生态损害鉴定评估程序

无论选择何种生态损害法律责任实施机制,均会面临一些难以解决的专业化难题,包括但不限于:生态损害的认定、量化,污染

---

① 参见贾峰等主编《美国超级基金法研究》,中国环境出版社 2015 年版,第 88 页。
② 参见胡静《环保组织提起的公益诉讼之功能定位:兼评我国环境公益诉讼的司法解释》,《法学评论》2016 年第 4 期。

者加害行为和损害结果间的因果关系，以及不同责任人各自污染行为对损害结果的原因力等。因此，有必要确立一套科学合理的生态损害鉴定评估程序规则，如美国法中的自然资源损害评估程序。根据《超级基金法》第 111 条的规定，自然资源损害应由《国家应急计划》（即 NCP）中规定的自然资源受托人负责评估。[①] 为确保这种授权，《超级基金法》明确规定："应制定用以调整、规范自然资源损害评估的规则，目的是在考虑特定因素（包括但不限于：替换价值、使用价值以及生态系统或资源的恢复能力）的基础上确认用以决定自然资源损害（包括直接和间接损害、破坏或损失）的最佳可得评估程序。"[②] 根据所关涉"释放"（即污染物质排放）的不同，内政部分别于 1986 年和 1987 年制定了两类损害评估规则：其一，A 型规则用以评估微小释放，但实际上仅限于评估海岸和海洋环境损害；[③] 其二，B 型规则主要用以评估因相对严重有害物质释放导致损害的个案。[④] 两组规则在经过修正后，形成了最终的版本，并指导了美国法的实践。可见，美国法将自然资源损害评估事项交由自然资源受托人（即行政机关）负责实施，但是为确保其程序合法、正当，美国内政部先后制定了用以实施《超级基金法》项下自然资源损害评估程序的规则。值得注意的是，美国自然资源损害评估程序规则设定了一项特殊规定，即如果自然资源损害的评估程序符合内政部发布的评估规则，则有关自然资源损害评估的结论可以在随后的从可能责任人处收回损害赔偿的诉讼程序中获得"可推翻推定"的效力。[⑤] 然而，尽管符合 NRDA 规则的损害评估结果具有可推翻推定效力，自然资源损害赔偿诉讼原告的说服责任并未一并发生转移。

---

① 42 U.S.C. § 9611.

② 42 U.S.C. § 9651（c）（2）.

③ See 52 Fed. Reg. 9042（1987），amended at 53 Fed. Reg. 9769（1988）；53 Fed. Reg. 20143（1988）；54 Fed. Reg. 39015（1989）.

④ See 51 Fed. Reg. 27674（1986），amended at 53 Fed. Reg. 5166（1988）.

⑤ See 42 U.S.C. § 9607（f）（2）（C）.

中国目前正推进的生态损害鉴定评估制度，试图将所有生态损害相关科学问题完全依托于独立第三方机构的鉴定意见、专家意见等的做法，实有不妥，这种做法极易导致评估程序效率低下、各方合作不足等问题，进而发生多次鉴定、重复鉴定等问题。因此，以美国为借鉴，未来中国立法者可选择建立一种以政府主导的生态损害鉴定评估程序，并将鉴定评估结论作为一种法定的行政决定结果（即一种特殊的行政文书），赋予"可推翻推定"的证据效力。

（4）在生态损害法律责任相关裁判执行规则中引入行政机关监督

生态损害具有的科学技术性特征不仅仅停留在生态损害法律责任相关裁判被作出的过程中，它还会进一步延伸至相关裁判的具体执行过程中，这便使得生态损害民事诉讼案件的裁判执行相比于传统私益诉讼更为复杂，传统的民事执行机制应予以适当修正。由于生态损害法律责任相关裁判执行过程必然会牵涉诸多专业化的环境科学技术难题，如修复方案实施的监督、修复效果的评估、根据实际情况对修复方案进行调整、将获得的损害赔偿金用于生态恢复等问题，使得在裁判执行程序中引入行政机关的公共行政权力成为可行且必然的选择。因为行政权的专业化、积极性、主动性等特征可以更好地与生态修复措施的复杂性、动态性等特征相契合，而司法权相对非专业化、被动性和反应性等特征显然略逊一筹。但由于缺乏法律明确规定，生态损害法律责任相关裁判的执行规则在各地呈现出纷繁多样的新颖性特征。换言之，因为具体法律规则的欠缺以及司法实践的现实需要，各地法院搭乘"环境司法专门化"的快车，在生态损害法律责任相关裁判的执行方面发挥了积极的主观能动性，进行了大量司法创新。一方面，对于生态修复责任行为给付判决的执行，法院或主动介入监督判决的执行情况，[1] 并在特定条件下移送

---

[1] 在无锡滨湖区法院公益诉讼案中，在滨湖区人民法院环保合议庭与执行法官共同到场监督下，债务人全部履行其植树义务。因为法院的有力监督，执行机关并未采取执行措施，执行程序因判决全部履行而终结。

执行，如泰州天价环境民事公益诉讼案；① 法院委托原告或第三方负责监督判决的执行，如贵阳公众环境教育中心诉清镇百隆陶业有限公司等三家公司污染纠纷案；② 法院亦可委托行政机关监管，并由检察院负责监督，以确保责任人及时履行修复责任，如铜仁市人民检察院诉湘盛公司、沃鑫公司土壤污染责任民事公益诉讼案。③ 另一方面，对于损失赔偿金钱给付判决的执行，各地法院一般选择将包括生态修复费用在内各类损失支付给政府部门或法院指定的专门财政账户，④ 国库，⑤ 或专门设立的公益基金专项账户。⑥ 并且，司法实践形成的惯例是向专门账户支付的资金应专门用于当地生态修复。⑦ 此外，还有部分法院采取"延期支付"和"技术改良代偿"

---

① 在泰州市环保联合会与江苏常隆农化有限公司、泰兴锦汇化工有限公司等环境污染责任纠纷案效后，审判庭通过对案件的跟踪调查，确定环境侵害人未在法定期限内履行义务，遂将案件移送执行庭。

② 2014年5月，贵阳公众环境教育中心诉清镇百隆陶业有限公司等三家公司污染纠纷案中，法院在调解书中明确由贵州省贵阳市生态文明基金会作为第三方对环境侵害人履行义务情况进行监督。由贵阳公众环境教育中心、三家陶瓷厂与贵州省贵阳市生态文明基金会分别签订《环境保护第三方监督协议》。

③ 在铜仁市人民检察院诉湘盛公司、沃鑫公司土壤污染责任民事公益诉讼案中，法院决定移送案件，并进行强制执行。当地政府已经启动对涉案污染土壤的管控工作，检察院对后续工作依法履行监督职责。本案的审理为涉案土壤污染构建起"责任人修复+政府监管+人民法院强制执行+人民检察院监督"的全新复合治理路径，既使土壤治理与修复工作得以推进，又使涉地农业生产环境安全保障成为现实。

④ 在连云港市赣榆区环境保护协会诉王升杰环境污染损害赔偿公益诉讼案中，被告王升杰赔偿其对环境污染造成的损害人民币51000元，于本判决书生效后10日内交付到江苏省连云港市中级人民法院指定的财政专户，用于对生态环境恢复和治理。

⑤ 在广东省环境保护基金会与焦云水污染责任纠纷案中，被告焦云于本判决发生法律效力之日起10日内赔偿人民币416404.8元，以上款项上缴国库，用于修复被损害的生态环境。

⑥ 在徐州市鸿顺造纸有限公司环境污染责任纠纷案中，被告徐州市鸿顺造纸有限公司于本判决生效后30日内赔偿生态环境修复费用及生态环境受到损害至恢复原状期间服务功能损失共计人民币105.82万元，支付至徐州市环境保护公益金专项资金账户。

⑦ 例如，在泰州市天价环境公益诉讼案中，法院判决常隆公司等六家公司在判决生效后9个月内分别赔偿环境修复费用（合计约1.6亿元），用于泰兴地区的环（转下页）

方式（以提高守法水平作为抵扣部分应赔偿生态修复费用的条件），旨在鼓励责任人积极整改污染设施和提高环境管理水平。① 有些地方法院为确保案件执行，确立了专门的"案件执行回访制度"，如贵州省清镇市人民法院制定的《环境保护法庭环保案件回访制度》。②

从当前中国生态损害法律责任相关司法实践的经验来看，仅有部分地方法院确立了以行政机关为主导的裁判执行程序，大多数法院仍强调"司法权在判决执行方面的能动"。从长远看，这种做法并非上佳。生态修复措施的实施以及修复措施完成后的验收评估，乃至修复措施过程中如何根据情势变化进行修复方案调整，均具有高度专业化的特征。鉴于此，相较于司法机关，更具专业化科学技术问题解决能力的行政机关更加适合来承担执行生态损害法律责任相关裁判的任务。因此，立法者应考虑如何建构起一种以行政权力为核心的创新性生态损害法律责任裁判的执行方案，而检察机关和法院在裁判执行过程中仅适合作为适格监督主体。

（接上页）境修复。在重庆市人民政府、重庆两江志愿服务发展中心与重庆藏金阁物业管理有限公司、重庆首旭环保科技有限公司环境污染责任纠纷案中，被告重庆藏金阁物业管理有限公司和重庆首旭环保科技有限公司连带赔偿的生态环境修复费用（1441.6776万元），由原告重庆市人民政府及其指定部门和原告环保公益组织结合本区域生态损害情况用于开展替代修复。

① 在泰州天价环境公益诉讼案中，本判决生效之日起1年内，如常隆公司等6家公司能够通过技术改造对副产酸进行循环利用，明显降低环境风险，且1年内没有因环境违法行为受到处罚的，它已支付的技术改造费用可以凭环保行政主管部门出具的企业环境守法情况证明、项目竣工环保验收意见和具有法定资质的中介机构出具的技术改造投入资金审计报告，向泰州市中级人民法院申请在延期支付的40%额度内抵扣。

② 贵州省清镇市人民法院制定的《环境保护法庭环保案件回访制度》，规定对于具有给付内容的环保民事案件，法院将采用直接回访（承办人回访、庭长回访）、间接回访（电话、书面调查回访、邀请人大代表和政协委员回访等）、专题回访等形式，对案件的执行效果进行跟踪监督。

第三节　生态损害法律责任混合实施机制的程序构成

理论分析始终要回归现实，服务于具体的法律实践。生态损害法律责任的公法责任属性决定了其责任实施机制具有二元性，既可以是行政机制，也可以是司法机制。区分土壤污染损害和一般生态损害适用不同责任实施机制组合的生态损害法律责任混合实施机制，其实是立足于我国客观法制现实的一种次优选择。事实上，无论是行政机制，还是司法机制，其旨在实施的生态损害法律责任在实体内容方面并无差别，核心区别在于二者的实施程序，以及实施程序的主导者。本节内容着重于从实施程序的角度来分析本章前两节中提出的混合实施机制方案。

一　土壤污染损害法律责任实施机制的程序结构

诚如前文关于《土壤污染防治法》第 97 条体系地位的解读，土壤污染损害法律责任实施机制以行政机制为主，无论是行政机关发起的司法机制，还是其他生态公共利益代表人（如检察机关、环保公益组织）发起的司法机制，都仅能起到补充作用。其中，司法机制的程序结构和一般生态损害法律责任实施机制的程序结构并无差别，但土壤污染损害法律责任行政实施机制的程序具有独特性。本书认为，这种土壤污染损害法律责任行政实施机制应当是一种基于生态环境行政命令制度的规范体系，包括责令修复和责令赔偿两种，二者程序有别。以修复责任的实施为例，这种由环境行政机关主导的土壤污染损害法律责任行政实施机制应至少包括以下几个程序：其一，土壤污染损害修复行政决定的作出；其二，土壤污染损害修复行政决定的实施；其三，针对相关修复行政决定的异议审查；其四，对责任人违反修复行政决定施加行政制裁/刑事制裁。下文分述之。

（一）土壤污染损害修复行政决定作出的程序

从实施程序的角度看，土壤污染/损害事件一旦发生，行政机关（即生态保护行政管理部门）便应当主动或依申请（即环保公益组织、普通公众或者其他任何主体的申请，这种申请权可由法律明确授权）启动实施土壤污染/损害法律责任规则（这里主要是指公法性修复责任）的裁判程序。一般而言，土壤损害事件发生后，行政机关需采取一定的紧急性应急处置措施以防止损害扩大或其他损害结果的发生，这些措施包括但不限于：清除污染物质、停止破坏行为、设置隔离栏等。但对于是否需要采纳周期相对更长的生态修复措施，则属于行政机关的自由裁量权，即行政机关需要根据个案特殊情况自行决定是否需要进行土壤修复。至于如何实施或评估修复活动，则需要立法者事前制定专门性的《土壤修复指南》，内容包括但不限于：如何评估受污染/损害的土壤是否需要进行长期修复、如何选择修复方案、修复到何种标准、修复方案如何实施和评估、如何根据新情况修正修复方案、如何对修复措施的实施过程进行监管、如何在修复完成后对已经获得修复之土壤（及地下水）进行后期照管，以及如何确保可能责任人和社会公众参与具体修复方案的选择和实施过程中等。换言之，政府行政机关应根据《土壤修复指南》确立的程序性规则来确定是否以及如何进行受损土壤（及地下水）的修复。最终，如果行政机关决定修复受损土壤，则它需要作出相应的环境行政决定，即要求可能责任人履行生态修复法律义务的环境行政决定。[①] 由于任何事前的土壤生态修复方案均可能在实施过程中面临新情况，因此立法者还要授权行政机关在修复措施实施过程中享有按照新情况调整原有修复方案的权力。

从《土壤污染防治法》的现有规定来看，立法者采取了"一般规定+特殊规定"模式。一方面，根据第四章第一节的一般规定，在

[①] 当然，受制于当前环境科学技术水平或成本效益原则的要求，行政机关也可作出不修复受损土壤的决定。

发生突发事件可能造成土壤污染时，地方人民政府及其有关部门和相关企业事业单位以及其他生产经营者应及时采取风险管控和修复措施等。① 另一方面，在第四章第二节中，将修复农用地的条件确定为"产出的农产品污染物含量超标";② 在第四章第三节中，将修复建设用地的条件确定为"被列入土壤污染风险管控和修复名录的地块"。③ 换言之，只有在农用地"产出的农产品污染物含量超标"和建设用地被纳入"土壤污染修复名录"时，有关政府部门才可以向责任人发送土壤修复决定。此外，在发生了突发土壤污染/损害事件后，行政机关也有权利发送土壤修复决定。这样的规定显然会存在制度漏洞，使大量的土壤污染/损害无法纳入行政实施机制中，只能借助于司法机制得以救济。同时，因《土壤修复指南》《建设用地风险管控和修复名录》尚未制定，行政实施机制的适用空间会进一步受到挤压。

（二）土壤污染损害生态修复决定的实施程序

行政机关在依照法定程序作出修复受损土壤污染/损害的行政决定后，需要向责任人送达，一旦责任人收到行政决定后，如果其并不提起异议审查，则土壤修复行政决定便进入正式的实施阶段，即责任人需按行政决定内容来履行土壤污染损害修复责任。因此，土壤修复行政决定应是正式的书面行为，且在决定书中应载有明确的履行方式、履行期限、提出异议审查的渠道和期限，以及不履行法律义务可能要承担的制裁（行政和/或刑事制裁）等，否则，责任人会面临无所适从的境地。例如，在英国法中，行政机关应就决定最终拟采取的修复措施方案向责任运营者发送修复措施通知，告知责任运营者以下内容：损害、必须采取的损害修复措施及理由、修复措施的期限、修复期间应采取的额外监测或调查措施和对该通知的

---

① 参见《土壤污染防治法》第44条。
② 参见《土壤污染防治法》第57条第1款。
③ 参见《土壤污染防治法》第69条。

申诉权。① 行政机关也可以在通知中包括以下内容：修复的目标、预期结果、陈述方法、项目管理或报告规则。② 此外，在修复措施实施过程或结束后，行政机关可根据个案情况向责任运营者发送要求采取进一步修复措施的通知。③ 对于修复决定的实施程序而言，一般来说，行政机关在责任人收到生态修复决定后，根据责任人的态度不同决定采纳不同的实施程序。一方面，如可能责任人未提出异议并愿意主动实施行政决定赋予的法定义务，则土壤修复决定便由责任人自主实施（当然，责任人可能会因为能力有限而委托专业机构实施），只不过修复措施的具体实施过程要受到行政机关的监督，修复措施完成后的效果评估以及事后的监测、照管也应确保行政机关的参与。另一方面，如责任人未提出异议但它不愿主动实施行政决定，则土壤修复决定的实施应由行政机关自行负责。同理，由于行政机关可能并不具备充分的科学技术资源和能力，行政机关一般会委托专业机构负责实施修复措施。而且，按污染者负担原则，修复措施的费用应由责任人负担。由此，土壤修复决定的实施一般要依托于传统的行政代履行制度。

　　从《土壤污染防治法》的规定来看，第94条规定了土壤污染损害修复决定的实施程序，但该条规定的"行政代履行"规定过于原则、笼统，不具有可操作性。有学者认为，最终的《土壤污染防治法》删除了二审稿第92条中就土壤修复代履行制度规定的"拒不承担的（土壤修复责任），依照国家有关法律强制执行"，甚为遗憾。④ 笔者认为，实则不然，因为我国的行政代履行制度本就不完善，⑤ 故仅

---

　　① 《环境损害预防和修复规则》（2015年）第20条第2款。
　　② 《环境损害预防和修复规则：英格兰、威尔士法定指南》（2009年）第6.16条。
　　③ 《环境损害预防和修复规则》（2015年）第22条。
　　④ 参见巩固《公法责任视角下的土壤修复：基于〈土壤污染防治法〉的分析》，《法学》2018年第10期。
　　⑤ 实际上，长期以来，我国各类行政立法中所规定的行政代履行制度也过于原则、笼统，不具有可操作性。一般而言，由于"对主体、程序、费用等问题规定不（转下页）

依靠第二审稿第 92 条的转致规定实际上也并不足以解决土壤污染损害修复代履行制度在实践中的缺陷问题。因此，在不对《行政强制法》中有关代履行规则进行修改的背景下，笔者建议，立法者可以考虑在《环境保护法》或《土壤污染防治法》中，结合生态修复或土壤修复的特殊性，对如何实施代履行制度作一些细化规定。具言之，该条应当包括但不限于以下内容：代履行的费用具体应包括哪些，如何计算和承担，责任人拒不缴纳费用时如何处理，是先收费再代履行（如法官的押金制度），可否对场址设定抵押（如英国的抵押制度），还是先由执法者或被委托者垫资履行嗣后再追讨（如荷兰、德国的民事诉讼）等。

（三）土壤污染损害修复行政决定异议审查程序

法律应当允许责任人和利害关系人对修复行政决定提出异议。其中，责任人实际上是土壤污染损害修复决定的相对人。从相对人的角度来看，土壤污染损害修复决定是对相对人的负担性行政行为，其虽然并未直接制裁相对人，但对相对人的权利义务构成了直接影响，并且决定以行政处罚和行政强制为保障，更是加深了这种影响。因此，修复决定的相对人（责任人）针对行政机关作出的要求其修复受损土壤的行政决定存在异议，此时，为保障责任人的正当程序权利，法律应允许责任人提起异议。一般来说，异议审查程序主要有两种，即行政异议审查和司法异议审查，前者系指行政机关内部或独立行政机关的异议裁决机制，而后者指的是将异议争端交由司法机关负责裁决。结合中国基本行政法理可知，我国采取的是双轨式的行政行为异议审查机制。但这并不意味着所有针对行政机关具体行政行为提出的异议审查均须严格实施两种异议审查程序，相反，我国立法者区别不同类型的政府具体行政行为（本书所指的环境行

（接上页）明确"，直接导致实践中"代履行制度较少被应用且不被执法人员看好"。参见竺效、丁霖《论环境行政代履行制度入〈环境保护法〉：以环境私权对环境公权的制衡为视角》，《中国地质大学学报》（社会科学版）2014 年第 3 期。

政决定实际上即是一种具体行政行为）设定了不同的异议审查模式。① 至于立法者缘何为不同具体行政行为确立不同异议审查机制模式，背后的法律政策原因十分复杂，主要是在公平和效率之间的平衡。但一般来说，如法无明文规定，则适用自由选择型模式。那么，相对人如对土壤污染损害修复决定有异议（也可能是对修复措施代履行费用通知的异议），便可自由选择复议或诉讼。此外，由于土壤修复涉及公共利益，立法者应将异议权扩展至利益相关方，包括修复措施所在场地的权利人、环保组织，甚至是参与了行政决定公共评议程序的第三人。一个值得深思的问题是，针对行政机关做出的土壤污染损害修复决定，环保公益组织、检察院可否提出异议，即发起环境行政公益诉讼。对此问题，我国已建立起由检察行政公益诉讼制度，但环保公益组织和普通公民个人的公益诉讼资格仍受限制。笔者建议，进一步扩张环保公益组织的诉讼资格。

最后，关于异议期间是否停止执行修复行政决定的问题。按一般行政法理，复议、诉讼期间不停止执行原行政决定，除非违反公共利益保护要求。这一原理对于土壤污染损害修复决定亦同样适用，因为不及时修复土壤会导致损害的进一步扩大，但不能排除，有时考虑到土壤环境的自我恢复能力，停止执行并不必然导致公共利益受到损害，反而可能有利于公共利益的保护，此时立法者也应允许停止执行原有决定。事实上，从理论和实践来看，一边倒地保护土壤环境也并不必然会有利于经济社会的可持续发展，故立法者应允许异议审查者在平衡生态公共利益和其他公共利益（如经济发展）后裁判是否暂停原有修复决定的执行。

---

① 实际上，为解决围绕具体行政行为异议审查所产生行政争议，中国结合具体行政行为特征设定了多元模式：选择型（相对人在行政复议和行政诉讼间进行自由选择）、选择兼终局型（相对人可自由选择复议或诉讼，但选择复议后不得提起诉讼）、必经型（即复议先行或复议前置）和复议终局型（相对人只能提起行政复议，且复议后不得诉讼）。参见张树义主编《行政法学》，北京大学出版社2010年版，第326—327页。

（四）土壤污染损害修复决定的公法制裁程序

长期以来，尽管理论学界一直在热烈讨论有关环境行政命令和环境行政处罚两种制度间关系的实然问题和应然状态，但在我国的环境行政执法实践中，一般并不严格关注二者的关系，致使立法者目前对二者的关系仍缺乏清晰的认识，直接导致的后果是现实世界中环境行政处罚和环境行政命令两者间的界限模糊。实际上，如果将行政处罚（其制度目标是违法行为制裁）定性为一种不同于旨在实现损害填补之环境行政命令的制度工具，我们便很好理解以环境行政处罚为代表之行为制裁工具（包括行政制裁和刑事制裁）和环境行政命令间的关系。从功能上看，二者之间是前后相继的关系，即当且仅当相对人不履行相应环境行政命令后，行政机关才可施加环境行政处罚（抑或更为严格的刑事制裁），此即为日本法上的"直罚制"。这种制度设计具有很多的制度优势，一方面，环境行政命令在损害填补之外可以起到弱化行政执法权刚性的作用，允许当事人自行补救由其行为造成的生态损害结果，可以起到教育作用；另一方面，环境行政处罚的实施程序复杂（会导致较高的制度实施成本）及其侵犯人权的特征，致使环境行政处罚属于"立法者进行管制所运用之最后手段"。① 正是在此意义上，可以说，一旦法律确立了行政机关负有作出土壤修复命令的职权后，其还应就相对人不履行土壤修复命令的行为施加法律制裁。从《土壤污染防治法》第94条来看，② 立法者认可了这种关系，在相对人不履行风险管控和修复责任时，行政机关可以"责令改正+处罚"，在拒不改正时，可以加处罚款。至于具体的制裁额度和方式以及需考虑的因素等问题，当属立法者的自由裁量权运行范围。本书建议借鉴域外法制经验。例如，英国法对责任单位或个人的命令违反行为设定了刑罚规

---

① 参见陈清秀《行政罚法》，法律出版社2016年版，第8页。
② 参见《土壤污染防治法》第94条第1款。

则。① 法国对责任人的命令违反行为处以 6 个月的监禁和罚款。法国法还允许法院延迟做出判决并责令责任人履行修复命令，并且可以施加按日计罚。②

值得注意的是，根据《土壤污染防治法》第 94 条的规定，对于未履行土壤污染损害修复责任的责任人，行政机关可以责令其改正，并对其处以罚款；对于拒不改正的，处罚款，并委托他人代履行。对于动辄数百万、数千万元的土壤修复责任而言，第 94 条规定的罚款封顶制度，实际上能否起到有效激励作用，仍有待实践检验。

二 一般生态损害法律责任实施机制的程序结构

生态损害法律责任司法实施机制依托于民事诉讼程序，故其程序结构与传统民事诉讼程序应当基本一致，具体包括：起诉及受理程序、裁判作出程序（具体包括证据交换、质证、认证、法庭辩论程序、合议庭审理程序等）、裁判异议程序和裁判执行程序。然而，由于诞生的制度背景不同，生态损害法律责任司法实施机制导向的民事诉讼其实是一种现代型诉讼，这类诉讼所涉及的案件带有传统型民事诉讼模式不能容纳的新要素。换言之，生态损害法律责任司法实施机制的程序结构并不能完全等同于传统的民事诉讼程序。生态损害法律责任司法实施机制的程序结构需要在基本遵循传统民事诉讼程序基础上进行修正。从我国目前已经制定的与生态损害法律责任司法实施机制相关的法律依据来看，③ 相较于传统民事诉讼程

---

① 参见《环境损害预防和修复规则》（2015 年）第 34 条。
② See BIO Intelligence Service, "Environment implementation challenges and obstacles of the environmental liability directive: final report", 16 May 2013, https://ec.europa.eu/environment/archives/liability/eld/eldimplement/documents.html.
③ 包括但不限于：《关于审理环境侵权责任纠纷案件适用法律若干问题的解释》《关于审理环境民事公益诉讼案件适用法律若干问题的解释》《关于检察院公益诉讼案件适用法律若干问题的解释》《生态环境损害赔偿改革试点方案》《关于审理生态环境损害赔偿案件的若干规定（试行）》等。

序，生态损害法律责任司法实施机制的程序结构具有两大特征，一是生态损害法律责任司法实施机制的程序结构有典型的职权主义特征；二是行政机关在生态损害法律责任司法实施机制的程序结构中发挥着重要作用。

(一) 生态损害法律责任司法实施机制的职权主义特征

对于环保公益组织而言，其经济实力、诉讼实力无法与造成生态损害的被告相提并论。加之，与生态损害相关的证据难以保存、因果关系链条极其复杂。因此，借助传统二元对立的纠纷解决模式和纯粹尊重"私法自治"的民法规则来维护生态公共利益，是不可取的。从目前各国立法通例来看，环境民事公益诉讼程序多采取职权主义。换言之，在环境民事公益诉讼中，法院拥有更大的职权，行使司法权更为积极。这一点，在我国环境民事公益诉讼制度的规则设计中也较为明显。具言之，最高人民法院《关于审理环境民事公益诉讼案件用法律若干问题的解释》第9条、第14条、第16条、第17条、第25条、第27条中涉及的关于"法官的释明义务""依职权调查证据和依职权委托鉴定""对原告自认的限制""对被告反诉的限制""对撤诉和调解的审查及公告"等规定，均体现了环境民事公益诉讼制度中的职权主义色彩。然而，法官的职权主义是有边界的，应当以保护生态公共利益为限，即以"是否损坏社会公共利益"为衡量之标准。

存疑的是，对于检察机关发起的环境民事公益诉讼和行政机关发起的生态环境损害赔偿诉讼，这种职权主义特征是否仍应有所体现？有学者认为，相较于环保公益组织，检察机关和行政机关均是政府机关，二者均能行使行政权，且有稳定的财政预算来源，故具有能够与造成生态损害之被告相匹敌的经济实力和诉讼实力。由此，是否还有必要保持生态损害法律责任司法实施机制程序结构中的职权主义特征？本书以为，答案是肯定的。这是因为，尽管二者诉讼实力相当，但二者的诉讼实力相较于认定生态损害的技术要求而言仍是不足的。更何况，多元生态公共利益代表人均可能发生代表失灵，因此必须保证法院在生态损害法律责任司法实施机制的程序结构中保持积极的角色。事实上，2019 年《关于检察公益诉讼案件适用法律若干问题的解释》第 16 条和第 18 条分别规定了"对被告反诉的限制"和"法官的释明义务"，2020 年《关于审理生态环境损害赔偿案件的若干规定（试行）》第 20 条规定了人民法院对磋商协议的司法确认权。这些规则设计均体现了法院在生态损害法律责任司法实施机制中的职权主义特征。然而，一个值得深思的问题是，环保公益组织发起环境民事公益诉讼中的其他具有职权主义特征的制度设计能否适用于检察机关发起的环境民事公益诉讼和行政机关发起的生态环境损害赔偿诉讼？笔者认为，答案是肯定的，这是因为这些生态公共利益多元代表者在处分生态公共利益时都有可能会发生代表失灵，需要法院运用职权加以矫正。

（二）生态损害法律责任司法实施机制的行政介入特征

生态损害法律责任的核心目标是填补受损的生态系统服务功能，其形式是修复受损的环境要素或者生态系统。然而，生态修复的本质是一项科学技术活动和社会工程活动的综合。一方面，生态修复需要遵循基本的恢复生态学规律；另一方面，生态修复过程还涉及利益平衡，包括修复成本和修复收益的比较。这种特殊属性决定了生态修复过程的实施应当以行政机关为主导者。这是因为，无论是和其他生态公共利益代表者（如检察机关和环保公益组织）相比，还是与司法机关相比，行政机关在实施生态修复方面具有更专业的知识和资源。因为中国具有一个根据条块进行专业分工的庞大行政体系，一个行政机关往往长期与其主管领域保持接触，从而形成较为全面、深入的知识或经验。① 由此，生态损害法律责任司法实施机制的运行离不开行政机关的专业知识，问题的关键是具体如何发挥行政机关的作用。从目前的法律规范依据来看，在《关于审理生态

---

① 参见宋亚辉《环境管制标准在侵权法上的效力解释》，《法学研究》2013 年第 3 期。

环境损害赔偿案件的若干规定（试行）》中，行政机关作为原告在生态损害认定、生态修复方案的制定、生态修复方案的实施、验收评估等方面都享有直接的权利；但在《关于检察公益诉讼案件适用法律若干问题的解释》《关于审理环境民事公益诉讼案件适用法律若干问题的解释》中，行政机关并非法定的原告，且相关条文仅提及行政机关享有支持起诉的权利、法院立案后通知的权利以及诉讼过程中继续履职的权利等。[①] 实践中，行政机关发挥的作用却远超过这些。例如，关于生态修复的实施、监管和验收，地方法院也多"假手于行政机关"。在铜仁市人民检察院诉湘盛公司、沃鑫公司土壤污染责任民事公益诉讼案中，法院为涉案土壤污染构建起"责任人修复+政府监管+人民法院强制执行+人民检察院监督"的全新复合治理路径。另外，有实证研究表明，在判决了验收的案件中，法院判决行政机关负责验收的最多。[②] 由此可见，行政机关介入检察机关发起的环境民事公益诉讼和行政机关发起的生态环境损害赔偿诉讼不仅在理论上是必要的，在实践中也已成为现实。未来制度完善的关键是如何将这些实践上升为体系化的规范。

本章小结

伴随着全球化运动诞生的"法律同质世"，不仅促使现代法律发展的思想或理念发生了重大变化，也对各国最终所选择的具体法律制度构成了直接影响。具体到生态损害救济问题，这种"法律同质世"直接促使各国立法者普遍选择以法律责任规则作为生

[①] 参见《关于审理环境民事公益诉讼案件适用法律若干问题的解释》第 11 条、第 12 条和第 26 条。

[②] 参见王亚萌《实践与规范：环境修复责任的绿色价值与实现进路》，《上海审判实践》2020 年第 1 期。

态损害救济工具，但受制于法律的"地方性知识"特征，各国为生态损害法律责任配置了不同的实施机制。一般来说，可供各国立法者采用的有三类方案，包括：行政机制、司法机制以及融合了二者的混合机制。结合本书对各国立法例的综合分析可知，不同国家在不同生态损害领域中所采取的法律责任实施机制并不完全一致，但基本上均体现了一定程度上的混合特色。那么，对于中国而言，立法者应当如何作出选择呢？除了域外法制经验支持以外，结合生态损害法律责任旨在实现公共利益目标的特质、现代社会公私法互动融合式发展的背景以及我国现行生态损害救济法制的客观现实，本章建议采纳生态损害法律责任的混合实施机制。从规范进路的角度来看，为避免稀缺法制资源的浪费，立法者应当考虑既有的法制现实，着重于修正现有的规则，具体方案包括两方面的内容：其一，在土壤污染损害领域，立法者应借鉴域外经验完善《土壤污染防治法》中行政机制的实施程序，并明确该法第 97 条中司法机制与行政机制的适用关系。其二，对于非土壤污染损害以外的其他生态损害，立法者应在既有司法机制无法充分实现生态损害法律责任目标的基础上，结合第三章、第四章中的分析结论，探究生态损害法律责任司法实施机制的完善之策。具言之，第一，立法者应构建一套科学合理的程序规则，确保所有司法实施机制的适格原告均有机会参与生态损害事件的应急处置行动。当然，立法者还应明确适格原告享有从行政机关处获取事件相关证据材料的权利。第二，针对存在多种不同适格原告的案件，立法者应确立一套科学合理的诉讼合作以及冲突解决机制，尤其是以行政机关为侵权诉讼原告时。第三，建构一套科学合理并以行政机关主导的生态损害鉴定评估程序规则，将所得结论作为一种法定的行政决定，赋予其"可推翻推定"的证据效力。第四，在裁判执行环节，立法者还应探讨建构一种以行政权力为核心而以检察院法律监督权和法院司法监督权为制约的创新性执行方案。

最后，本章从实施程序的角度提出了完善混合实施机制方案的建议。一是构建土壤污染损害修复行政命令的实施程序，二是完善生态损害法律责任司法实施机制的程序，主要强调法院的职权主义以及行政机关的介入。

结　　语

　　生态损害具有事实损害和法律损害的双重属性，决定了其可以也应当成为一种由法律予以救济的事实损害。经过环境法律的现代化发展，各国立法者普遍选择以不同的法律制度工具来救济生态损害。其中，具有事后救济功能的法律责任规则业已成为一种不可或缺的生态损害救济规制工具。就生态损害问题而言，法律责任在本体上指向一种对受损环境要素或生态系统进行救济（修复或赔偿）的责任规则，具体表现为一种典型的救济权法律关系，即权利人有权要求义务人履行修复受损环境要素或生态系统的行为义务，或者根据恢复成本（或环境价值减损）支付相应金钱用于履行生态环境修复的损害赔偿义务。然而，作为生态损害救济法制发展的后发型国家，中国无论在理论研究还是制度实践的维度，对生态损害法律责任的认知和探索都是不足的。一方面，有关生态损害法律责任法律属性的认知聚讼纷纭、莫衷一是，公法责任说、私法责任说和混合责任说等学说争执不休；另一方面，生态损害法律责任法律属性的不确定性直接影响了其实施机制的选择，不同理论学者就此给出了各种方案，总体上可分为三种，即行政机制、司法机制和混合机制。从制度实践来看，中国立法者更倾向于利用司法机制来实施生态损害法律责任规则，而行政机制的发展相对滞后。这种做法不仅与域外立法普遍采用（不同程度）混合机制的做法有别，还在理论和实践层面引发了颇多争议。

为化解争议，必须正本溯源，探究生态损害法律责任的法律属性。本书将生态损害法律责任定性为公法责任，决定了其实施机制既可以是行政机制，也可以是司法机制，甚至是两种机制的混合。一般来看，行政机制和司法机制的理论基础不同，前者的逻辑前提是"社会契约论"视域中的"政府（行政机关）应是生态公共利益的天然唯一代表"，这也就意味着行政机关的行政执法程序是实现生态损害法律责任的最佳机制；而后者强调的是"政府（代表生态公共利益时）行政失灵"和"生态公共利益的多元代表理论"。事实上，司法能动主义和公法私法化的现代化发展促进了司法机关职能角色的转变，为司法机制介入生态损害法律责任实施奠定了正当性基础。然而，理论基础不同并不意味着两种实施机制的作用原理亦有差别，其实这两种机制所旨在实施生态损害法律责任的本质同一性决定了两种实施机制的作用原理具有相似性。它们均是对生态损害风险行为的事前定价，均授权行为人自行决定如何在实施风险行为并承担法律责任与避免实施风险行为之间作出选择。只不过两种实施机制中实施主体的差别导致二者的实施程序存在差异。对于司法实施机制，其实施程序完全依托于民事诉讼和执行方案，且异议程序也仅在司法实施机制内进行；而对于行政实施机制，它的具体实施程序依赖于行政机关的行政执法机制，且异议程序包括行政救济和/或司法救济，因各国法制传统不一而有别。在具备不完全信息特征的现实世界中，这两种实施机制的"最佳实施条件"均难获得满足，通过制度成本效益分析可知：在两种不同法律责任实施机制之间作制度选择，实际上是在两种不完善事物之间做选择。

不同的影响因素对机制实施成本的影响程度和广度并不一致，使得二者具有不同的制度功能优劣势。具言之，在机制启动成本方面，行政机制更易获取生态损害事件相关违法信息，而司法机制在决策主体的权限配置方面更加清晰。在机制运行成本方面，无论是作出还是执行裁判，行政机关在处理科学技术难题方面具有相对于法院的优势，并且行政机制因依托于行政命令程序而更具程序效率价值。在附属成本方面，司法机制中的异议审查机制虽然更易于启动，但其异议审查机制的运行成本也相对更高。此外，行政机制更易于导致决策主体的机会主义行为，但二者在促使可能责任人采取对策行为方面的作用相当。最后，行政机制还具有优先于司法机制的附加价值，更能保障相对人的程序性权利；行政机制更能契合中国特色法治体系中的国家权力结构特征，具有更低的机制生成成本。总之，通过对这些制度实施成本影响要素的分析可知，两种法律责任实施机制并无绝对的功能优劣之分。这种定性意义上的比较分析，为我们重新思考中国立法者应如何在两种生态损害法律责任实施机制之间进行选择的问题奠定了讨论基础。

制度设计或者选择并不是在一张白纸上作画，它需要以一国已确立或者形成的法制传统为基础。我国现行生态损害救济法制的客观现实，决定了中国应区分土壤污染损害和一般生态损害，采纳生态损害法律责任的混合实施机制。此外，生态损害法律责任旨在实现公共利益目标的特质、现代社会公私法互动融合式发展的背景，以及域外法制经验的支持，也为中国选择混合实施机制奠定了正当性基础。具言之，一方面，在土壤污染损害领域，立法者应借鉴域外经验完善《土壤污染防治法》中行政机制的实施程序，并明确该法第97条中司法机制与行政机制的适用关系。其中，对于前者，立法者需要构建土壤污染损害修复行政命令的具体实施程序规则；对于后者，立法者应当明确司法机制的补充适用地位，包括"行政执法优先于生态环境损害赔偿诉讼"和"行政执法优先于环境民事公益诉讼"。另一方面，对于非土壤污染损害的其他生态损害，立法者应当在既有司法机制无法充分实现生态损害法律责任目标的基础上，思考生态损害法律责任司法实施机制的完善之策。首先，立法者应当构建一套科学合理的程序规则，确保所有司法机制的适格原告均有机会参与生态损害事件的应急处置行动。当然，立法者还应明确适格原告享有从行政机关处获取事件相关证据材料的权利。其次，针对存在多种不同适格原告的案件，立法者应确立一套科学合理的诉讼合作和冲突解决机制，尤其是以行政机关为诉讼原告时。再次，立法者应建构一套科学合理并以行政机关主导的生态损害鉴定评估程序规则，将所得结论作为一种法定的行政决定，赋予其"可推翻推定"的证据效力。最后，在裁判执行环节，立法者还应当探讨建构一种以行政权力为核心而以检察院法律监督权和法院司法监督权为制约的创新性执行方案。此外，司法实施机制具体程序规范的完善必须严格把握两条基本原则，即确保法院的职权主义和行政机关的妥当介入。

有效实施生态损害法律责任是生态有价原则和生态正义原则的必然要求。罗尔斯说，正义是社会的首要价值，正像真理是思想体系的首要价值一样，一种理论或者制度无论多么精致、简洁，只要它不真实，就必须加以拒绝或者修正；同样，法律和制度，不管它们如何有效率、有条理，只要它们不正义，就必须加以改造乃至废除。[①] 生态损害法律责任实施机制的选择也必须以正义为导向，然而何谓正义？按照一般法经济学的观点，"判断行为和制度是否正义或善的标准就在于它们能否使社会财富最大化，这种态度容许效用、自由以至平等这些相互竞争的伦理原则之间的协调"[②]。这就意味着，所谓法律制度的社会财富最大化实际上是效率、平等、自由等一系列价值的综合体。由此，从严格意义上来看，本书仅以"制度实施成本"来比较分析两种不同生态损害法律责任实施机制之间的功能优劣，无论是科学性还是说理性，均存在不足。诚然，在当前学术争鸣的时代，中国在生态损害法律责任实施机制选择方面的争论才刚刚起步。本书只能算是笔者尝试对此问题展开思考的初步答案，笔者希冀更多的学者参与争鸣。

---

① [美]约翰·罗尔斯：《正义论》，何怀宏等译，中国社会科学出版社2009年版，第3页。

② [美]理查德·波斯纳：《法律的经济分析》，蒋兆康等译，中国大百科全书出版社1992年版，第853页。

参考文献

一 中文参考文献

（一）著作类

［德］奥托·基尔克：《私法的社会任务：基尔克法学文选》，刘志阳、张小丹译，中国法制出版社 2017 年版。

［美］查尔斯·曼恩：《1493》，朱菲等译，中信出版社 2016 年版。

［美］丹尼尔·F. 史普博：《管制与市场》，余晖等译，上海三联书店 1999 年版。

［德］弗里德里希·卡尔·冯·萨维尼：《论立法与法学的当代使命》，中国法制出版社 2001 年版。

［德］汉斯·贝恩德·舍费尔等：《民法的经济分析》，江清云、杜涛译，法律出版社 2009 年版。

［法］霍尔巴赫：《自然的体系》，管士滨译，商务印书馆 1964 年版。

［日］交告尚史、臼杵知史、前田阳一等：《日本环境法概论》，田林、丁倩雯译，中国法制出版社 2014 年版。

［美］凯斯·R. 桑斯坦：《风险与理性：安全、法律及环境》，师帅译，中国政法大学出版社 2005 年版。

［德］柯武刚：《制度经济学：社会秩序与公共政策》，史漫飞译，商务印书馆 2008 年版。

［德］克里斯蒂安·冯·巴尔：《大规模侵权损害责任法的改革》，贺栩栩译，中国法制出版社 2010 年版。

［美］理查德·波斯纳：《法律的经济分析》，蒋兆康等译，中国大百科全书出版社 1992 年版。

［美］罗斯科·庞德：《普通法的精神》，唐前宏等译，法律出版社 2018 年版。

［英］马克·韦尔德：《环境损害的民事责任：欧洲和美国法律与政策比较》，张心一、吴婧译，商务印书馆 2017 年版。

［美］曼瑟尔·奥尔森：《集体行动的逻辑》，陈郁等译，上海三联书店 1995 年版。

［法］孟德斯鸠：《论法的精神》（全 2 卷），许明龙译，商务印书馆 2012 年版。

［美］米尔伊安·R. 达玛什卡：《司法和国家权力的多种面孔》，郑戈译，中国政法大学出版社 2004 年版。

［加］欧内斯特·温里布：《私法的理念》，徐爱国译，北京大学出版社 2007 年版。

［德］施密特·阿斯曼：《秩序理念下的行政法体系建构》，林明锵等译，北京大学出版社 2012 年版。

［美］斯蒂文·萨维尔：《事故法的经济分析》，翟继光译，北京大学出版社 2004 年版。

［日］田中英夫、竹内昭夫：《私人在法实现中的作用》，李薇译，法律出版社 2006 年版。

［德］乌尔里希·贝克：《风险社会》，何博闻译，译林出版社 2004 年版。

［美］约翰·罗尔斯：《正义论》，何怀宏等译，中国社会科学出版社 2009 年版。

曹明德：《生态法新探》，人民出版社 2007 年版。

陈清秀：《行政罚法》，法律出版社 2016 年版。

程啸：《侵权责任法》，法律出版社 2015 年版。

钭晓东：《论环境法功能之进化》，科学出版社 2008 年版。

冯军：《刑事责任论》，法律出版社 1996 年版。

傅剑清：《论环境公益损害救济：从"公地悲剧"到"公地救济"》，中国社会科学出版社 2010 年版。

何勤华：《西方法律思想史》，复旦大学出版社 2005 年版。

胡卫：《环境侵权中修复责任的适用研究》，法律出版社 2017 年版。

贾峰等：《美国超级基金法研究》，中国环境出版社 2015 年版。

柯坚：《环境法的生态实践理性》，中国社会科学出版社 2012 年版。

梁治平：《法律的文化解释》，生活·读书·新知三联书店 1994 年版。

鲁晓明：《权利外利益损害的赔偿责任研究》，法律出版社 2015 年版。

宋亚辉：《社会性规制的路径选择》，法律出版社 2017 年版。

苏永钦：《民事立法与公私法的传统》，北京大学出版社 2005 年版。

汤欣：《公共利益与私人诉讼》，北京大学出版社 2009 年版。

王宏巍：《法律移植与中国环境法的发展》，科学出版社 2015 年版。

王利明：《中华人民共和国侵权责任法释义》，中国法制出版社 2010 年版。

王名扬：《美国行政法》（下），北京大学出版社 2016 年版。

王泽鉴：《侵权行为》，北京大学出版社 2016 年第 3 版。

吴英姿：《法官角色与司法行为》，中国大百科全书出版社 2008 年版。

辛帅：《不可能的任务：环境损害民事救济的局限性》，中国政法大学出版社 2015 年版。

徐祥民等：《海上溢油生态损害赔偿的法律与技术研究》，海洋出版社 2009 年版。

徐银波：《侵权损害赔偿论》，中国法制出版社 2014 年版。

杨立新：《〈中华人民共和国侵权责任法〉精解》，知识产权出版社 2008 年版。

曾世雄：《损害赔偿法原理》，中国政法大学出版社 2001 年版。
张宝：《环境侵权的解释论》，中国政法大学出版社 2015 年版。
张宝：《环境规制的法律构造》，北京大学出版社 2018 年版。
张辉：《美国环境法研究》，中国民主法制出版社 2015 年版。
张树义：《行政法学》，北京大学出版社 2011 年版。
张文显：《法理学》，高等教育出版社 2003 年第 2 版。
张艳蕊：《民事公益诉讼制度研究：兼论民事诉讼机能的扩大》，北京大学出版社 2007 年版。
张泽涛：《司法权专业化研究》，法律出版社 2009 年版。
张梓太：《环境法律责任研究》，商务印书馆 2004 年版。
郑少华：《生态主义法哲学》，法律出版社 2002 年版。
朱景文：《比较法社会学的框架和方法》，中国人民大学出版社 2001 年版。
朱庆育：《民法总论》，北京大学出版社 2013 年版。
竺效：《生态损害综合预防和救济的法律机制研究》，法律出版社 2016 年版。
竺效：《生态损害的社会化填补法理研究》，中国政法大学出版社 2017 年版。

(二) 论文类

[英] 奥·凯恩·弗伦德：《比较法与法律移植》，贺卫方译，《比较法研究》1990 年第 3 期。
[日] 大久保规子：《环境公益诉讼与行政诉讼的原告适格：欧盟各国的发展情况》，汝思思译，《交大法学》2015 年第 4 期。
白彦：《检察机关提起公益诉讼的现实困境与对策研究》，《法学杂志》2016 年第 3 期。
别涛：《环境公益诉讼立法的新起点：〈民诉法〉修改之评析与〈环保法〉修改之建议》，《法学评论》2013 年第 1 期。
蔡守秋：《公众共用物的治理模式》，《现代法学》2017 年第 3 期。
蔡守秋：《论公众共用自然资源》，《法学杂志》2018 年第 4 期。

曹凤中：《环境保护运动式执法模式剖析》，《中国环境法治》2007年第1期。

曹实：《行政命令与行政处罚的性质界分》，《学术交流》2016年第2期。

陈海嵩：《国家环境保护义务的溯源与展开》，《法学研究》2015年第2期。

陈泉生：《论环境行政命令》，《环境导报》1997年第2期。

陈泉生、秘明杰：《环境公益代表之环保组织运行体制研究》，《中国社会科学院研究生院学报》2015年第1期。

陈太清：《行政罚款与环境损害救济：基于环境法律保障乏力的反思》，《行政法学研究》2012年第3期。

陈小康：《生态环境损害责任的因果关系认定探析》，《重庆科技学院学报》（社会科学版）2019年第1期。

程啸、王丹：《损害赔偿的方法》，《法学研究》2013年第3期。

邓辉、张满洋：《中国环境民事公益诉讼起诉权的冲突与重置》，《江西财经大学学报》2018年第3期。

范忠信、侯猛：《法律冲突问题的法理认识》，《江苏社会科学》2000年第4期。

高雁、高桂林：《环境公益诉讼原告资格的扩展与限制》，《河北法学》2011年第3期。

龚学德：《论公法制裁后环境民事公益诉讼中的重复责任》，《行政法学研究》2019年第5期。

巩固：《绿色发展与环境立法新思维：兼评〈土壤污染防治法〉》，《法学论坛》2018年第6期。

巩固：《公法责任视角下的土壤修复：基于〈土壤污染防治法〉的分析》，《法学》2018年第10期。

韩英夫、黄锡生：《生态损害行政协商与司法救济的衔接困境与出路》，《中国地质大学学报》（社会科学版）2018年第1期。

韩中节：《论强化过错在认定因果关系中的基本功能》，《法学杂志》

2009 年第 7 期。

何香柏：《我国威慑型环境执法困境的破解：基于观念和机制的分析》，《法商研究》2016 年第 4 期。

侯佳儒：《亟待解释与澄清：评中国大陆最高院〈环境侵权司法解释〉》，《月旦财经法》2015 年第 11 期。

侯佳儒：《生态环境损害的赔偿、移转与预防：从私法到公法》，《法学论坛》2017 年第 3 期。

胡静、崔梦钰：《二元诉讼模式下生态环境修复责任履行的可行性研究》，《中国地质大学学报》（社会科学版）2019 年第 6 期。

胡静：《污染场地修复的行为责任和状态责任》，《北京理工大学学报》（社会科学版）2015 年第 6 期。

胡静：《环保组织提起的公益诉讼之功能定位：兼评我国环境公益诉讼的司法解释》，《法学评论》2016 年第 4 期。

胡静：《我国环境行政命令体系探究》，《华中科技大学学报》（社会科学版）2017 年第 6 期。

胡静：《土壤修复责任的公法属性：目的和工具面向的论证》，《湖南师范大学社会科学学报》2020 年第 5 期。

江国华、张彬：《检察机关提起民事公益诉讼的现实困境与完善路径》，《河南财经政法大学学报》2017 年第 4 期。

康京涛：《生态损害法律责任的法律性质及其实现机制》，《北京理工大学学报》（社会科学版）2019 年第 5 期。

况文婷、梅凤乔：《生态环境损害行政责任方式探讨》，《人民论坛》2016 年第 5 期。

李晨光：《生态环境损害救济模式探析：游走在公法与私法之间》，《南京大学法律评论》2017 年春季卷。

李霞、廖慧：《基于公共选择理论对政府失灵的原因分析》，《现代商贸工业》2008 年第 11 期。

李学：《新公共管理运动的缺陷分析》，《云南行政学院学报》，2002 年第 6 期。

李义松、苏胜利:《环境公益诉讼的制度生成研究:以近年几起环境公益诉讼案为例展开》,《中国软科学》2011 年第 4 期。

李挚萍:《环境修复法律制度探析》,《法学评论》2013 年第 3 期。

李挚萍:《环境修复的司法裁量》,《中国地质大学学报》(社会科学版) 2014 年第 4 期。

李挚萍:《生态环境修复司法的实践创新及其反思》,《华南师范大学学报》(社会科学版) 2018 年第 2 期。

栗楠:《环保组织发展困境与对策研究:以环境民事公益诉讼为视角》,《河南大学学报》(社会科学版) 2017 年第 2 期。

廖建凯:《生态损害救济中环保组织的定位与功能:以几个典型环境公益诉讼案件为切入点》,《社会科学家》2017 年第 10 期。

廖建求、姜孝贤:《法律责任模型之法经济学分析》,《西北大学学报》(哲学社会科学版) 2010 年第 6 期。

刘长兴:《论行政罚款的补偿性:基于环境违法事件的视角》,《行政法学研究》2020 年第 2 期。

刘超:《环境修复审视下我国环境法律责任形式之利弊检讨:基于条文解析与判例研读》,《中国地质大学学报》(社会科学版) 2016 年第 2 期。

刘静:《预防与修复:荷兰土壤污染法律责任及资金保障机制评析》,《法学评论》2016 年第 3 期。

刘倩:《生态环境损害赔偿:概念界定、理论基础与制度框架》,《中国环境管理》2017 年第 1 期。

刘士国:《关于设立环境污染损害国家补偿基金的建议:以重金属污染损害为中心的思考》,《政法论丛》2015 年第 2 期。

刘水林、王波:《论环境法公共实施和私人实施的结合与衔接》,《甘肃政法学院学报》2011 年第 6 期。

刘友芝:《论负的外部性内在化的一般途径》,《经济评论》2001 年第 3 期。

刘韵:《同心圆理论视阈下环境公益诉讼原告主体的建构》,《大连理工大学学报》（社会科学版）2018 年第 1 期。

吕忠梅、张忠民、熊晓青：《中国环境司法现状调查：以千份环境裁判文书为样本》，《法学》2011 年第 4 期。

吕忠梅、窦海阳：《修复生态环境责任的实证解析》，《法学研究》2017 年第 3 期。

吕忠梅：《"生态环境损害赔偿"的法律辨析》，《法学论坛》2017 年第 3 期。

马强伟：《德国生态环境损害的救济体系以及启示》，《法治研究》2020 年第 2 期。

梅宏、胡勇：《论行政机关提起生态环境损害赔偿诉讼的正当性与可行性》，《重庆大学学报》（社会科学版）2017 年第 5 期。

倪培根：《论检察机关在民事公益诉讼中的职能定位》，《太原理工大学学报》（社会科学版）2017 年第 1 期。

欧阳志云、王如松、赵景柱：《生态系统服务功能及其生态经济价值评价》，《应用生态学报》1999 年第 5 期。

彭中遥：《生态损害赔偿磋商制度的法律性质及发展方向》，《中国人口·资源与环境》2020 年第 10 期。

沈百鑫：《环境损害的修复责任制度初探——以水体损害修复责任中的中德比较为视角》，《清华法治论衡》2014 年第 3 期。

孙国华：《论法与利益之关系》，《中国法学》1994 年第 4 期。

孙国华、黄金华：《论法律上的利益选择》，《法律科学》（西北政法学院学报）1995 年第 4 期。

孙晓东：《全球化视野中的法理念变迁》，《河北法学》2006 年第 9 期。

孙笑侠：《公、私法责任分析》，《法学研究》1996 年第 4 期。

涂永前：《环境行政处罚与环境行政命令的衔接：从〈环境保护法〉第 60 条切入》，《法学论坛》2015 年第 6 期。

汪夜丰：《检察机关提起环境民事公益诉讼现状考察与实践操作》，《中国检察官》2017 年第 11 期。

王彬：《论土壤污染责任人的认定》，《环境保护》2018年第18期。

王灿发：《论生态文明建设法律保障体系的构建》，《中国法学》2014年第3期。

王岚：《个体环境责任制度与环境责任社会化的互补：以土壤污染修复费筹措机制为视角》，《甘肃政法学院学报》2016年第3期。

王明远：《论我国环境公益诉讼的发展方向：基于行政权与司法权关系理论的分析》，《中国法学》2016年第1期。

王世进、王蔚中：《论环境请求权与生态环境损害赔偿》，《江西社会科学》2016年第10期。

王曦：《论环境公益诉讼制度的立法顺序》，《清华法学》2016年第6期。

王小钢：《生态环境修复和替代性修复的概念辨正：基于生态环境恢复的目标》，《南京工业大学学报》（社会科学版）2019年第1期。

王旭光：《环境损害司法鉴定中的问题与司法对策》，《中国司法鉴定》2016年第1期。

王旭光：《〈民法典〉绿色条款的规则构建与理解适用》，《法律适用》2020年第23期。

王雅琪、张忠民：《现代环境治理体系中环境司法与环境行政执法协作机制的构建》，《中国矿业大学学报》（社会科学版）2021年第3期。

王亚萌：《实践与规范：环境修复责任的绿色价值与实现进路》，《上海审判实践》2020年第1期。

王浴勋：《我国环境行政权与环境司法权关系研究》，博士学位论文，北京理工大学，2017年。

吴启才、杨勇、冯晓音：《论构建完整的公诉权：以国家利益、社会公共利益完整性为视角》，《政治与法律》2008年第4期。

吴英姿：《司法的限度：在司法能动和司法克制之间》，《法学研究》2009年第5期。

吴英姿：《风险时代的秩序重建与法治信念：以"能动司法"为对

象的讨论》,《法学论坛》2011 年第 1 期。

吴元元:《双重博弈结构中的激励效应与运动式执法:以法律经济学为解释视角》,《法商研究》2015 年第 1 期。

谢晖:《法律的全球化与全球化的法理》,《山东公安专科学校学报》2002 年第 3 期。

谢菁岚:《中国环境 NGO 失灵研究》,硕士学位论文,上海交通大学,2011 年。

忻林:《布坎南的政府失败理论及其对我国政府改革的启示》,《政治学研究》2000 年第 3 期。

熊明:《检察机关不宜成为民事公益诉讼的主体:以新修订的民事诉讼法为视角》,《辽宁公安司法管理干部学院学报》2013 年第 2 期。

徐以祥:《论生态环境损害的行政命令救济》,《政治与法律》2019 年第 9 期。

杨朝霞:《论环境公益诉讼的权利基础和起诉顺位:兼谈自然资源物权和环境权的理论要点》,《法学论坛》2013 年第 3 期。

杨凌雁、钟恩华:《检察机关环境民事公益诉讼实证分析》,《江西理工大学学报》2017 年第 6 期。

杨群芳:《论生态损害的救济及其特征》,《学术交流》2011 年第 12 期。

于文轩:《论我国生态损害赔偿金的法律制度构建》,《吉林大学社会科学学报》2017 年第 5 期。

余军、朱新力:《法律责任概念的形式构造》,《法学研究》2010 年第 4 期。

詹思敏、辜恩臻:《我国环境公益诉讼原告主体资格再探析:以诉权理论为分析视角》,《中山大学法律评论》2011 年第 1 辑。

占善刚、王译:《检察机关提起民事公益诉讼的角色困境及其合理解脱:以 2018 年〈检察公益诉讼解释〉为中心的分析》,《学习与探索》2018 年第 10 期。

张宝：《生态环境损害政府索赔权与监管权的适用关系辨析》，《法学论坛》2017年第3期。

张镝：《公民个人作为环境公益诉讼原告的资格辨析》，《学术交流》2013年第2期。

张东峰、杨志强：《政府行为内部性与外部性分析的理论范式》，《财经问题研究》2008年第3期。

张锋：《环保社会组织环境公益诉讼起诉资格的"扬"与"抑"》，《中国人口·资源与环境》2015年第3期。

张锋：《环境公益诉讼起诉主体的顺位设计刍议》，《法学论坛》2017年第2期。

张恒：《公共选择理论的政府失灵说及其对我国政府改革的启示》，《广西社会科学》2001年第4期。

张辉：《论环境民事公益诉讼裁判的执行："天价"环境公益诉讼案件的后续关注》，《法学论坛》2016年第5期。

张平华：《事实与法律：损害的二象性及其展开》，《现代法学》2016年第2期。

张旭东：《环境民事公私益诉讼并行审理的困境与出路》，《中国法学》2018年第5期。

张怡、徐石江：《我国环境公益诉讼的发展困境与对策分析》，《河北法学》2010年第12期。

张中、石美森：《论科学证据的证明力》，《证据科学》2012年第1期。周翠：《〈侵权责任法〉体系下的证明责任倒置与减轻规范》，《中外法学》2010年第5期。

周珂、林潇潇：《论环境民事公益诉讼案件程序与实体法律的衔接》，《黑龙江社会科学》2016年第2期。

周旺生：《论法律利益》，《法律科学》（西北政法学院学报）2004年第2期。

周伟铎、蒋金星、刘呈庆：《从SEE基金会看中国绿色公益基金的资金来源》，《环境保护》2014年第19期。

周友军：《我国侵权责任形式的反思》，《法学杂志》2009年第3期。

朱健新、陈迎：《环境案件专业化审判的实践路径》，《法律适用》2014年第4期。

朱景文：《中国诉讼分流的数据分析》，《中国社会科学》2008年第3期。

竺效：《论生态（环境）损害的日常性预防》，《中国地质大学学报》（社会科学版）2018年第2期。

二 外文参考文献

（一）著作类

Akiho Shibata, *International Liability Regime for Biodiversity Damage*: *The Nagoya-Kuala Lumpur Supplementary Protocol*, Routledge, 2014.

Hugh Collins, *Regulating Contracts*, Oxford: Oxford University Press, 1999.

J. M. Van Dunne, Jan-Willem Meijer, *The Duty of Care in Contract and Tort*: *Selected Eassays on Contract, Construtian Law, Tort, Environmental Liability, Jurisprudence*, Maastricht: Shaker, 2006.

Lucas Bergkamp, BarbaraGoldsmith (eds.), *The EU Environmental Liability Directive*: *A Commentary*, Oxford: Oxford University Press, 2013.

Macrory (ed.), *Reflections on 30 years of EU Environmental Law*, Groningen: Europa Law Publishing, 2006.

Marie-Louise Larsson, *The Law of Environmental Damage*: *Liability and Reparation*, Leiden: Brill, 1999.

Michael Bowman and Alan Boyle (eds.), *Environmental Damage in International and Comparative Law*: *Problems of Definition and Valuation*, Oxford Press, 2002.

Monika Hinteregger (ed.), *Environmental Liability and Ecological Damage in European Law*, Cambridge: Cambridge University Press, 2008.

Peter Wettersten (ed.), *Harm to the Environmental*: *The Right to Com-*

pensation and the Assessment of Damages, Oxford: Clarendon Press, 1997.

Stuart Bull, Donald McGillivray, Ole W. Pedersen, Emma Less, Elen Stokes, *Environmental Law*, 9th edition, Oxford: Oxford University Press, 2017.

Thomas F. P. Sullivan et al., *Environmental Law Handbook*, Bernan Press, 2017.

（二）论文类

Acharya, Viral V. et al., "Market Failures and Regulatory Failures: Lessons from Past and Present Financial Crises", *ADBI Working Paper*, No. 264, 2011.

Andrew F Seidl, Andre Steffens Moraes, "Global Valuation of Ecosystem Services: Application to the Pantanal da Nhecolandia, Brazil", *Ecological Economics*, Vol. 33, No. 1, 2000.

Barbara Pozzzo, "Liability for Environmental Harm in Europe: Towards a Harmonised Regime?", *Hitotsubashi Journal of Law and Politics*, Vol. 44, 2016.

Charles B. Anderson, "Damage to Natural Resources and the Costs of Restoration", *Tulane Law Review*, Vol. 72, 1997.

Chenggang Xu, Katharina Pistor, "Law Enforcement under Incomplete Law: Theory and Evidence from Financial Market Regulation", *Columbia Law and Economic Working Paper*, No. 222, 2002.

Craig H. Allen, "Proving Natural Resource Damage Under OPA 90: Out with the Rebuttable Presumption, in with APA – Style Judicial Review?", *Tulane Law Review*, Vol. 85, 2011.

Eckard Rehbinder, "Implementation of the Environmental Liability Directive in Germany", *Environmental Liability*, Vol. 15, No. 5, 2007.

Edward H. P. Brans, "Liability for Damage to Public Resources under the

2004 EC Environmental Liability Directive: Standing and Assessment of Damages", *Environmental Law Review*, Vol. 7, No. 2, 2005.

Emanuela Orlando, "From Domestic to Global? Recent Trends in Environmental Liability from a Multi-level and Comparative Law Perspective, Review of European", *Comparative & International Environmental Law*, Vol. 24, No. 3, 2016.

Gerd Winter, Jan H. Jans, Richard Macrory, Ludwig Krämer, "Weighing up the EC Environmental Liability Directive", *Journal of Environmental Law*, Vol. 20, No. 2, 2008.

Gordon Johnson, "Playing the Piper: Comments on Liability for Natural Resources Injury: Beyond Tort ", *Alb. L. J. Sci. & Tech.*, Vol. 6, 1996.

James Peck, "Measuring Justice for Nature: Issues in Evaluating and Litigating Natural Resources Damages", *J. Land Use & Envtl. L.*, Vol. 14, 1999.

John C. Cruden, Steve O'Rourke, Sarah D. Himmelhoch, "The Deepwater Horizon Oil Spill Litigation: Proof of Concept for the Manual for Complex Litigation and the 2015 Amendments to the Federal Rules of Civil Procedure", *Michigan Journal of Environmental & Administrative Law*, Vol. 6, No. 1, 2016.

Julia Black, "Constitutionalising Self-Regulation", *Modern Law Review*, Vol. 59, No. 1, 1996.

Kanner, A. , "Issues Trustees Face in Natural Resource Damage Assessments, Part I", *Journal of Environmental Protection*, No. 8, 2017.

Maria Lee, "From Private to Public: The Multiple Roles of Environmental Liability", *European Public Law*, Vol. 7, No. 3, 2001.

Maria Lee, "Tort, Regulation and Environmental Liability", *Legal Studies*, Vol. 22, No. 1, 2010.

Michael C. Jensen, William H. Meckling, "Theory of the Firm: Managerial Behavior, Agency Costs and Ownership Structure", *Journal of Financial Economics*, Vol. 3, No. 4, 1976.

Pamela Carina Tolosa, "Advantages and Restrictions of Tort Law to Deal with Environmental Damages", *Revue Générale De Droit*, Vol. 38, No. 1, 2008.

P. Brad Limpert, "Beyond the Rule in Mohan: a New Model for Assessing the Reliability of Scientific Evidence", *Toronto Law Review*, Vol. 54, No. 1, 1996.

Peter Cane, "Tort Law as Regulation", *Common Law World Review*, Vol. 31, No. 4, 2002.

Peter M. Manus, "Natural Resource Damages from Rachel Carson's Perspective: A Rite of Spring in American Environmentalism", *William and Mary Law Review*, Vol. 37, No. 2, 1996.

Richard Ferris, Jr and Hongjun Zhang, "Reaching Out to the Rule of Law: China's Continuing Efforts to Develop an Effective Environmental Law Regime", *William & Mary Bill of Rights Journal*, Vol. 11, No. 2, 2004.

Robert Costanza et al., "The Value of the World's Ecosystem Services and Natural Capital", *Nature*, Vol. 387, No. 1, 1997.

Ronald J. Allen, "Expertise and the Supreme Court: What is the Problem?", *Seton Hall. L. Rev.*, Vol. 34, No. 1, 2003.

Sanne H. Knudsen, "The Long-Term Tort: In Search of a New Causation Framework for Natural Resource Damages", *Northwestern University Law Review*, Vol. 108, No. 2, 2014.

Steven Shavell, "The Fundamental Divergence Between the Private and the Social Motive to Use the Legal System", *Journal of Legal Studies*, Vol. 26, No. S2, 1997.

Valerie M. Fogleman, "English Law-Damage to Environment", *Tulane Law Review*, Vol. 72, No. 2, 1997.

Virginia H. Dale, Stephen Polasky, "Measures of the Effects of Agricultural Practices on Ecosystem Services", *Ecological Economics*, Vol. 64, No. 2, 2007.

Yoshifumi Tanaka, "Costa Rica v. Nicaragua and Nicaragua v. Costa Rica: Some Reflections on the Obligation to Conduct an Environmental Impact Assessment", *Review of European Community and International Environmental Law*, Vol. 26, No. 1, 2017.

索　引

《超级基金法》22，25，27，28，93，177－186，188，189，192，213，284，311，312，316，330-333

成本效益 5，22，40，42，60，76，112，125，236，275，338，351

法律的公共实施 33，94，96

法律的私人实施 31，104

公法私法化 84，91-93，217，224，225，234，304，305，325，351

公法责任 11，12，41，67，81-87，89－93，95，98-102，109，110，114，117，119，167，168，195，198，216，299，304，318，323，325，337，340，350，351

环境民事公益诉讼 3－6，11，13，52，86，90，99－101，104，105，217，226，230，232，233，256，261－264，283，296，312－315，320，321，331，335，344－347，352

混合机制 299，308，348，350

混合实施机制 32，299－301，305，312，315，317，337，348，349，352

救济权法律关系 80－82，95，108，226，275，350

《欧盟环境责任指令》2，36-38，109，119，120，123，128，131，136，193，212，309

生态服务功能 53-58，60，62-64，66，68-70，73-76，82，

107, 216, 227, 316, 328
生态公共利益 10, 15, 37, 50, 62, 63, 88－91, 94, 101, 103, 106, 131, 193, 203, 204, 206, 207, 216－218, 220, 222, 225, 227－229, 234, 238－240, 249, 255, 257, 259－264, 273, 274, 290, 300, 301, 303－305, 323, 331, 337, 342, 345, 346, 351
生态环境损害赔偿诉讼 3, 93, 100, 101, 103, 104, 107, 224, 226, 256, 258, 283, 302, 314, 315, 320, 326, 345-347, 352
生态系统服务功能 2, 39, 56, 88, 89, 210, 245, 346
生态修复 2, 3, 11, 12, 39, 63－65, 75, 76, 86, 91, 92, 94, 99-101, 103, 112, 121－127, 130, 131, 137, 149, 150, 155, 156, 168, 203, 208, 209, 212, 213, 227, 232, 233, 243, 271, 284, 301, 304, 325, 334－336, 338-341, 346, 347
生态有价 68, 70, 71, 353
生态正义 68, 70, 71, 74, 353

生物多样性损害 116, 122, 135, 136, 141, 152, 159, 162, 168-170, 306, 310
水体损害 86, 152, 244
司法机制 3, 4, 6, 8, 10, 12-14, 16, 25, 33, 35, 36, 38, 41, 42, 45, 84, 92－94, 96, 97, 105, 108, 109, 113, 115, 190, 192, 193, 198, 223－225, 235, 240, 241, 245, 272, 275, 277－279, 281－285, 288, 292－296, 299－303, 305, 307, 310－312, 314－318, 320, 322－330, 332, 337, 339, 348, 350-352
司法能动主义 104, 217, 224-226, 234, 271, 351
私法责任 3, 11, 14, 41, 67, 79, 81－87, 89, 90, 95, 98－101, 110, 194, 244, 318, 350
土壤污染损害 146, 147, 175, 194, 195, 245, 313, 315, 317－320, 322, 323, 337－344, 348, 349, 352
行政处罚 11, 99, 102, 103, 140, 147, 156, 157, 181, 182, 198, 204－211, 244,

245, 282, 283, 302, 304, 319, 341, 343

行政磋商 41, 214, 215, 322, 323, 325

行政机制 4, 6, 8, 10, 12-16, 25, 33, 36, 41, 42, 45, 84, 93, 104, 108, 109, 116, 117, 190, 192, 193, 198, 224, 245, 251, 275, 277-279, 282, 283, 285, 288, 290, 292-296, 299-302, 307, 311, 314-318, 320, 322, 323, 325, 327-329, 337, 348, 350-352

行政命令 11, 13, 41, 92-94, 97, 99, 102, 103, 121, 129, 134, 140, 147, 154, 155, 160, 161, 170, 182-185, 190, 192, 193, 205-216, 238, 239, 242-246, 251, 283, 285, 296, 301-303, 305-314, 319, 320, 322, 323, 325, 327, 337, 343, 349, 351, 352

制度实施成本 40-43, 197, 237, 253, 254, 273-277, 279, 285, 286, 288, 289, 292-296, 329, 330, 343, 352, 353

制度实施效益 43

自然资源损害 2, 15, 16, 22, 24, 25, 37, 62, 74, 92, 109, 177, 178, 185, 186, 188-190, 192, 193, 212, 213, 284, 311, 312, 328, 330, 331, 333

后　　记

　　本书是在我的博士学位论文的基础上修改完成的。

　　感谢硕士、博士阶段的导师曹明德教授及其夫人邵方教授。在我六年法大求学期间，两位恩师对我谆谆教诲，勉励我丰富人生、砥砺品行、精进学术。我从他们身上感受到了一种治学、为人的精神。学术方面，曹老师以知天命之年远赴异乡，成为国内第一位获得美国环境法博士学位的学者，值得吾辈学习；为人方面，两位恩师奉行的方便他人、祝福他人、成就他人的理念，成为我的行为准则。

　　在博士学位论文写作和修改过程中，曹老师都提出了很多建设性的意见。本书出版之际，承蒙恩师慷慨作序，提携后辈。

　　感谢博士后阶段的合作导师冷罗生教授。从事博士后研究是人生的第一份工作，冷老师的无私帮助和慷慨接纳至关重要。冷老师多次组织师门内部学术讨论，交流心得，碰撞思想，学思并进，使我受益良多。

　　感谢中国政法大学环境资源法研究所的各位老师。感念于诸位导师的包容与提携，才使我的漫漫学术之路得以顺利开启。在本书修改过程中，我已自觉书稿质量之不足、论证尚有诸多不完善之处，因此本书只能算作学生给各位导师预交的一份阶段性答卷。错漏之处，我愿诚待时间的检验和读者的斧正。

在论文评阅和答辩环节，天津大学法学院孙佑海教授、中国人民大学李艳芳教授、北京大学汪劲教授，对我的论文提出了中肯的评阅意见，对我后续修改、完善论文给予了有利帮助，特致谢意。

本书的修改和出版得到国家社科基金后期资助暨优秀博士学位论文资助项目的资助，匿名评审专家提出了很多详细的修改建议，我谨在此表达最真诚的感谢！

中国社会科学出版社的梁剑琴老师是本书的责任编辑，本书的编辑出版有赖于她的工匠精神，谢谢她的辛勤付出！

在法大的十年，是我极其幸运的十年。在这里，通过环保活动、课堂学习，我逐渐与环境法结缘，并坚定信念，将环境法学术研究作为自己一生的志业。在找寻这份内心归属的旅程中，我受惠于诸多良师益友。十年人生路，让这份名单长到我无法具体列明所有于我有过恩惠的师友。但我们相知、相交的过往，都已成为我生命中不可磨灭的印迹，是我选择、实践、坚持一生所爱的力量源泉。

谨以此书献给我的父母，以及我的妻子杨未名女士！唯愿未来的我们，以我们共同的名，携手并进，看遍这个世界最美最精彩的瞬间，行善积福。

程 玉

2021 年 3 月 23 日